실무에서 바로 쓰는
네이버 클라우드 플랫폼

써드아이시스템 지음

실무에서 바로 쓰는 네이버 클라우드 플랫폼

초판 1쇄 인쇄   2025년 5월 30일
초판 1쇄 발행   2025년 6월 10일

지은이   써드아이시스템
펴낸이   한준희
펴낸곳   (주)아이콕스

책임편집   한준희
디자인   홍정현
영업   김남권, 조용훈, 문성빈
경영지원   김효선, 이정민

Education by Sympathy

주소   (14556) 경기도 부천시 조마루로 385번길 122 삼보테크노타워 2002호
홈페이지   www.icoxpublish.com
쇼핑몰   www.baek2.kr (백두도서쇼핑몰)
이메일   icoxpub@naver.com
전화   032-674-5685
팩스   032-676-5685
등록   2015년 7월 9일 제 386-251002015000034호
ISBN   979-11-6426-266-3 (93000)

컨설팅 · 운영 · 장애 대응까지 실무에서 바로 쓰는
네이버 클라우드 플랫폼

써드아이시스템 지음

들어가며

클라우드 서비스(Cloud Service)는 인터넷을 통해 서버, 스토리지, 네트워크, 소프트웨어 등 컴퓨팅 자원을 사용자의 요청에 따라 유연하게 제공하는 기술 및 서비스를 말합니다. 장비나 소프트웨어를 직접 소유하거나 유지보수하지 않고도, 사용자가 필요한 자원을 빌려쓰듯 이용할 수 있습니다. 상황에 따라 자원을 즉시 확장/축소하는 것도 가능하고, 사용한 만큼만 비용을 지불하기 때문에 합리적인 비용으로 IT자원을 이용할 수 있습니다. 또한, 데이터 백업, 복구, 보안 등을 서비스 제공업체가 관리함으로서 안정성 및 신뢰성을 높일 수 있다는 특징이 있습니다.

인터넷 서비스 구축 (온프레미스 환경)

온프레미스(IDC) 환경에서 일반적인 인터넷 서비스 구축은 다음과 같은 순서로 이루어집니다.

> **요구사항 분석 및 계획 수립** ⇨ **IDC 선정 및 장비 구매** ⇨ **장비 설치 및 프로그램 셋팅**
> ⇨ **네트워크 및 보안 설정** ⇨ **어플리케이션 설치** ⇨ **외부서비스 연동**
> ⇨ **모니터링 및 백업 시스템 구축**

인터넷 서비스를 구축하기 위해서 제일 먼저 할 일은 요구사항을 분석하고 계획을 수립하는 일입니다. 게임서비스, 웹서비스, 스트리밍서비스, 전자상거래 플랫폼 등 제공하려는 서비스의 종류와 규모를 정의하고, 예상 사용자 수, 트래픽 패턴, 데이터 저장 용량 등을 고려하여 시스템의 성능과 확정성 요구사항을 결정합니다. 물론 데이터 보호 및 개인정보 처리방침 등 관련 법률과 규정을 준수하기 위한 방안도 함께 마련해야 합니다.

이러한 기본적인 정보가 수집되면 IDC를 선정해야 하고, 설계된 사양에 맞는 서버, 스토리지, 네트워크 장비 등을 구매하여 IDC 내 지정된 랙에 설치하게 됩니다. 서버에 전기를 공급하고, 서버에 필요한 운영체제(OS)와 웹 서버(Apache, Nginx 등), 데이터베이스(MySQL, PostgreSQL 등) 등의 소프트웨어를 설치합니다.

그 후에 네트워크 구성 및 보안 설정, 서비스 설정을 해야 합니다. 서버에 공인 IP를 할당하고, 도메인 네임 시스템(DNS)을 설정하여 도메인과 서버를 연결합니다. 방화벽을 구축하여 허용된 트래픽만 통과하도록 방화벽 규칙을 설정해야 합니다. 지금까지 과정을 통해 기초적인 설정이 완료되었는데, 이 정도만 하더라도 작게는 한달, 규모에 따라서는 6개월 이상 소요되는 일이기도 합니다.

이제 본격적인 서비스 구성을 해야 합니다. 개발된 애플리케이션 코드를 서버에 업로드하고, 프로그램을 설치하고 운영 환경에 맞게 애플리케이션의 설정 파일과 환경 변수를 조정합니다. 필요한 경우, 외부 API 결제 게이트웨이나 이메일 서비스 등과의 연동도 설정해야 합니다. 이렇게 처음 정의했던 서비스가 정상적으로 돌아가게 되면 1차적인 구성은 끝난 상태가 됩니다.

IT 서비스를 한다는 것은 여기에서 끝낼 수 없습니다. 서비스를 진행하는 동안 발생하는 많은 문제에 대응하기 위해서 모니터링 시스템 구축 및 백업 시스템 구축은 필수적입니다. 모니터링 시스템은 시스템을 24시간 감시하며, 문제가 발생했을 때 즉시 알람을 제공하여 빠른 대처를 가능하게 합니다. 시스템 성능 지표를 지속적으로 모니터링 함으로서 성능 저하의 원인을 신속하게 파악하고, 문제의 가능성을 사전에 인지하여 대응할 수 있게 합니다. 백업 시스템을 가동시킴으로써 하드웨어 고장, 사이버 공격, 인적 오류, 자연재해로 인한 데이터 손실이 발생했을 때 신속한 복구를 가능하게 하여 비즈니스 운영의 중단을 최소화합니다. 이는 기업의 생존과 직결되는 중대한 문제입니다.

클라우드 환경에서 서비스 구축

클라우드 환경에서도 앞에서 소개한 온프레미스 환경에서와 비슷한 흐름으로 서비스 구축이 이루어집니다.

먼저 요구사항을 분석하고, 예상 사용자수, 트래픽 패턴, 데이터 저장 용량 등을 고려하여 서비스 계획을 수립합니다. 온프레미스 환경에서는 이 과정이 비교적 타이트하게 이뤄졌다면, 클라우드 환경에서는 증설과 축소가 좀더 손쉽기 때문에 어느 정도는 유연한 계획을 수립할 수 있습니다. 클라우드 서비스 업체를 선정하고 계정을 만들면 기존 온프레미스에서 했던 서비스 규모에 따른 스팩 산정 및 네트워크 용량 산정 등의 문제는 바로 테스트를 하면서 결정할 수 있습니다.

클라우드 환경에서의 서비스 구축은 신속하고 유연한 확장성을 가지고 있기 때문에, 잘못된 결정에 의한 리스크를 대폭 축소시킬 수 있으며 무엇보다 구축에 들어가는 시간을 대폭 감소시켜 빠른 서비스를 가능하게 합니다. 무엇보다도 초기 하드웨어 구매 및 설치에 필요한 대규모 투자를 없애고, 사용한 만큼만 비용을 지불하는 '사용량 기반 요금제'를 제공합니다. 이를 통해 기업은 필요할 때만 자원을 사용하여 비용 효율성을 극대화할 수 있습니다.

온프레미스 환경 VS 클라우드 환경

클라우드 서비스의 도입은 IT 서비스 구축 방식에 혁신적인 변화를 가져왔습니다. 전통적인 온프레미스(IDC) 환경에서의 서비스 구축과 클라우드 환경에서의 서비스 구축을 비교하여 그 차이점을 정리해 보겠습니다.

자원 조달 및 확장성

- **온프레미스(IDC) 환경** : 서비스를 구축하기 위해서는 먼저 요구 사항을 분석하고, 이에 맞는 하드웨어를 구매하여 IDC에 설치해야 합니다. 이 과정은 상당한 시간과 비용이 소요되며, 서비스 확장을 위해서는 추가적인 하드웨어 구매와 설치가 필요합니다.

- **클라우드 환경** : 클라우드 서비스는 필요에 따라 컴퓨팅 자원을 즉시 할당하고 확장할 수 있는 온디맨드 서비스를 제공합니다. 이를 통해 **초기의 투자 비용을 절감하고, 서비스의 변화에 신속하게 대응할 수 있습니다.**

비용 구조

- **온프레미스(IDC) 환경** : 하드웨어 구매, 설치, 유지보수 등 초기 투자와 지속적인 운영 비용이 발생합니다. 자원의 활용률이 낮을 경우에도 고정 비용이 유지되므로, 비용 효율성이 떨어질 수 있습니다.

- **클라우드 환경** : 사용한 만큼만 비용을 지불하는 종량제 모델을 채택하고 있어, 자원의 활용에 따른 비용 조절이 가능합니다. 이를 통해 **불필요한 지출을 최소화할 수 있습니다.**

관리 및 유지보수

- **온프레미스(IDC) 환경** : 기업이 직접 하드웨어와 소프트웨어의 유지보수, 보안 패치, 업그레이드 등을 관리해야 합니다. 이는 전문 인력과 추가 비용을 요구합니다.

- **클라우드 환경** : 클라우드 서비스 제공업체가 인프라의 관리와 유지보수를 담당하므로, **기업은 서비스 개발과 운영에 집중할 수 있습니다.**

보안 및 규정 준수

- **온프레미스(IDC) 환경** : 데이터를 직접 관리하므로 보안 통제가 용이하지만, 이를 위해서는 높은 수준의 보안 전문성과 지속적인 투자가 필요합니다.

- **클라우드 환경** : 클라우드 제공업체는 다양한 보안 인증과 기능을 제공하지만, 데이터의 물리적 위치와 관리에 대한 통제권이 제한될 수 있습니다. 따라서 기업은 **클라우드 보안 위협에 대비한 전략을 수립해야 합니다.**

🖧 서비스 제공 속도

- **온프레미스(IDC) 환경** : 하드웨어 조달부터 설치, 설정까지 시간이 많이 소요되어 서비스 출시까지의 기간이 길어질 수 있습니다.

- **클라우드 환경** : 필요한 자원을 즉시 할당하여 **빠르게 서비스를 구축하고 배포**할 수 있습니다. 이는 시장 변화에 신속하게 대응하는 데 유리합니다.

클라우드 서비스는 온프레미스(IDC) 환경에서의 한계를 극복하고, IT 서비스 구축과 운영에 있어 유연성, 비용 효율성, 신속성을 제공합니다. 그러나 보안, 규정 준수, 특정 성능 요구 사항 등은 여전히 신중한 고려가 필요합니다. 기업은 자신의 비즈니스 요구와 환경에 맞는 최적의 방식을 선택해야 합니다.

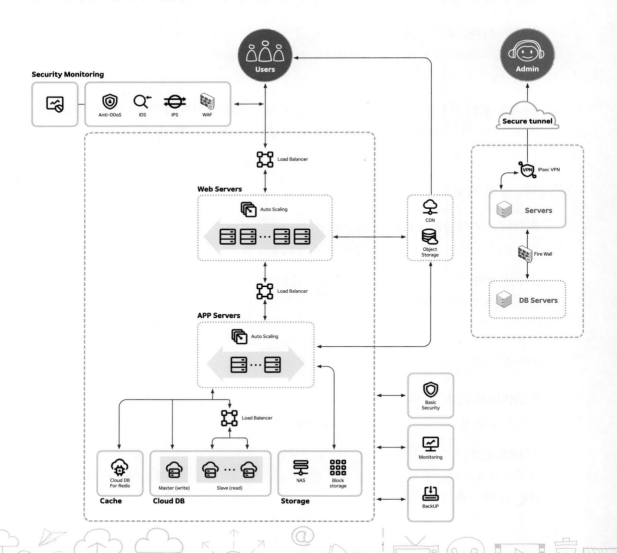

네이버 클라우드 플랫폼

네이버 클라우드 플랫폼은 네이버클라우드 주식회사가 보유한 IT 인프라와 보안 기술을 기반으로, 안정적이고 고품질의 클라우드 서비스를 제공하는 플랫폼입니다. 2017년 4월, 퍼블릭 클라우드 서비스인 '네이버 클라우드 플랫폼'을 공식 출범하였으며, 이후 다양한 산업 분야에 특화된 서비스를 출시하며 경쟁력을 강화해 왔습니다.

2018년에는 금융 및 의료 전용 클라우드 서비스를 선보였으며, 2019년부터는 미국, 일본, 싱가포르 등 글로벌 리전을 바탕으로 해외 시장에서도 경쟁력을 확보하였습니다. 2020년에는 코로나19 대응을 위한 공적 마스크 앱, 재난지원금 플랫폼 등을 지원하며 사회적 기여를 하였고, 2021년에는 국내 점유율 2위의 클라우드 서비스 제공자로 성장하였습니다.

현재 네이버 클라우드 플랫폼은 서버, 스토리지, 네트워킹, 데이터베이스, 보안 등 다양한 서비스를 글로벌 인프라를 통해 전 세계 고객들에게 안정적으로 제공하고 있습니다.

이 책은 써드아이시스템의 고객사들이 네이버 클라우드 플랫폼을 사용하면서 발생되는 여러 가지 문제들에 대한 해결 방법 중 가장 빈도가 높고 중요한 내용들만 선별하여 정리하였습니다.

MSP 엔지니어를 비롯한 실무자들을 위해 현장에서 바로 쓸 수 있는 실제 사례들을 통해 네이버 클라우드 플랫폼에 관련된 컨설팅과 운영 및 장애 대응까지 단계별로 안내합니다. 이론을 넘어 실전으로, MSP 실무자들을 위한 필독서가 되기를 바랍니다.

CONTENTS

2 STORAGE

3 NETWORKING

4 DATABASE

5 SECURITY

6 MANAGEMENT

7 CONTAINERS

8 AI SERVICES

9 APPLICATION SERVICES

10 DEVELOPER TOOLS

11 MEDIA

12 API

소스코드 제공

본 도서의 소스 파일은 써드아이시스템 GitHub에서 다운로드할 수 있습니다.

▶ **GitHub URL : https://github.com/3rdeyesys/ncp-exam**

서버 생성

01 VPC 환경에서 서버 생성하는 방법
01-1

네이버 클라우드 플랫폼 VPC 환경에서 서버를 생성하는 과정을 알아보겠습니다. VPC 환경에서 서버를 생성하기 위해서는 VPC 생성, Subnet 생성 등 사전에 미리 설정해야 하는 작업이 있고, 서버 생성 이후에 설정해야 하는 몇 가지 작업들도 있습니다.

───── **서버 생성의 주요 순서** ─────

VPC 생성 ⇨ **Subnet 생성** ⇨ **서버 생성 (서버 인증키 설정)** ⇨ **ACG(방화벽) 설정**

 **1 VPC 설정**

VPC(Virtual Private Cloud, 클라우드 상에서 논리적으로 격리된 고객 전용 네트워크 공간)을 먼저 생성하고 해당 공간에 서버를 생성하게 됩니다. VPC는 고객의 계정마다 **최대 3개**를 생성할 수 있으며, 각 VPC는 최대 넷마스크 0.0.255.255/16 (IP 65,536개) 크기의 네트워크 주소 공간을 제공합니다.

[VPC] 서비스는 **[Console] - [Services] - [Networking]**에 위치해 있으며, 하부 서비스 메뉴로는 **[VPC Management], [Subnet Management], [Network ACL], [NAT Gateway], [Route Table], [VPC Peering], [Virtual Private Gateway]** 등이 있습니다.

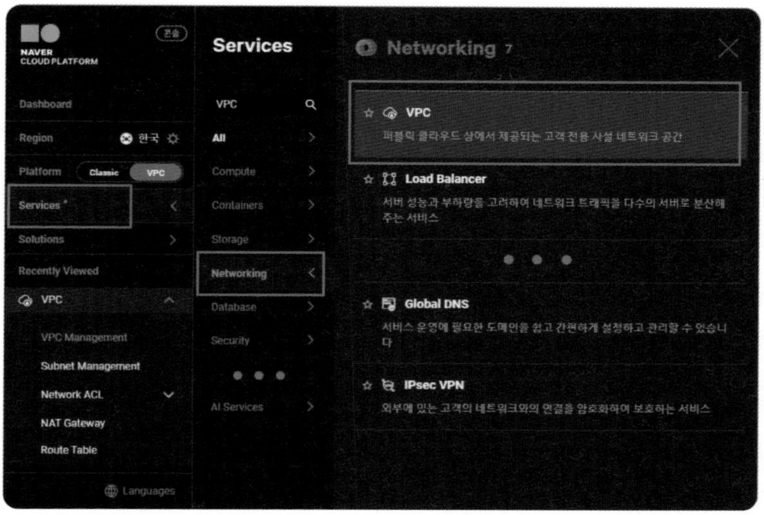

2 VPC 생성

[VPC] - [VPC Management]에서 **[VPC 생성]** 버튼을 클릭합니다. **[VPC 생성]** 화면에서 **[VPC 이름]**과 **[IP 주소 범위]**를 입력합니다.

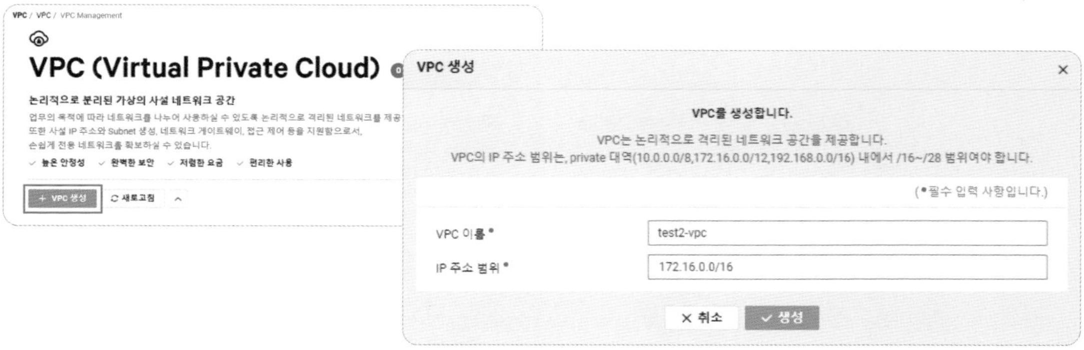

VPC의 IP 주소 범위

VPC의 IP 주소 범위는 private 대역(10.0.0.0/8, 172.16.0.0/12, 192.168.0.0/16) 내에서 /16~/28 범위여야 합니다.

Example → 10.0.0.0/16, 172.16.0.0/16, 192.168.0.0/16

3 Subnet 생성 -

[VPC] - [Subnet Management]에서 [Subnet 생성] 버튼을 클릭합니다.

- [Subnet 이름]을 적절하게 입력하고 위에서 생성했던 [VPC]를 선택한 다음 Subnet에서 사용 할 [IP 주소 범위]를 입력합니다.

- [Internet Gateway 전용 여부]는 외부와 인터넷 연결이 필요할 경우에는 [Public], 내부 서버 끼리만 통신할 경우에는 [Private]을 선택합니다.

- [용도]는 일반 서버일 경우에는 [일반]을 선택하면 됩니다.

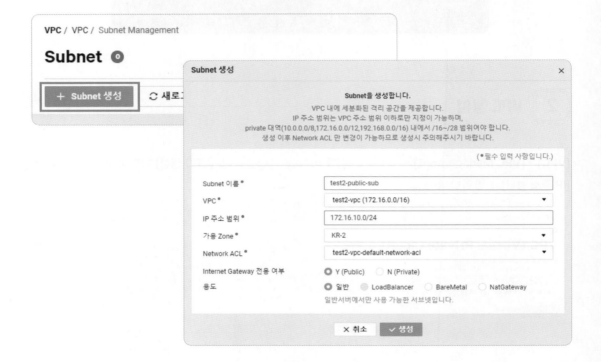

🔧 Subnet의 IP 주소 범위

Subnet의 IP 주소 범위는 private 대역(10.0.0.0/8, 172.16.0.0/12, 192.168.0.0/16) 내에서 /16~/28 범위여야 합니다.

Example → *10.0.1.0/24, 172.16.10.0/24, 192.168.101.0/24*

4 서버 생성

VPC와 Subnet 설정을 마쳤으니 이제부터 서버(Server)를 설정해 보겠습니다. **[Server]** 서비스는
[Console] - [Services] - [Compute]에 위치해 있습니다.

[Server] - [Server]에서 **[서버 생성]** 버튼을 클릭합니다.

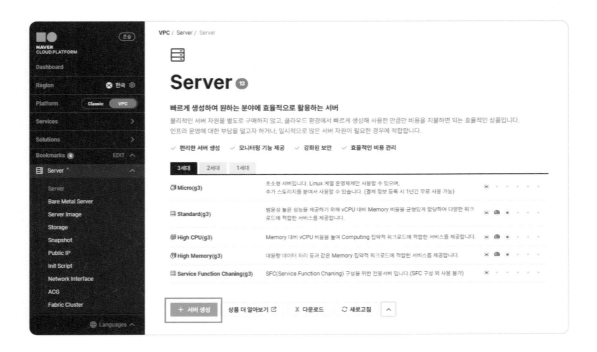

🖥 서버 생성 콘솔 선택

네이버 클라우드 플랫폼 서버 생성 콘솔 화면은 신규 기능이 업데이트 되면서 2가지를 선택할 수 있습니다. 여기에서는 **[신규 콘솔 화면]**으로 진행하겠습니다.

- 기존 콘솔 화면 : **XEN, RHV** 하이퍼바이저 기반의 서버(g1,g2)를 생성할 수 있습니다.
- 신규 콘솔 화면 : **XEN, RHV** 하이퍼바이저 기반의 서버(g1,g2)뿐만 아니라 **KVM** 기반 및 다 양한 성능을 제공하는 기본 스토리지로 서버(g3)를 생성할 수 있습니다.

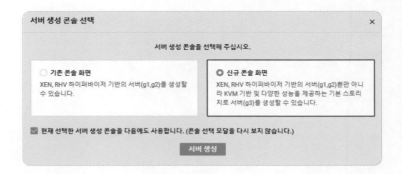

🖥 서버 이미지 선택

[서버 이미지 선택] 단계에서는 네이버 클라우드 플랫폼에서 제공하는 다양한 서버 이미지를 선택할 수 있고, **[최신 서버 이미지]**와 **[내 서버 이미지]**를 따로 볼 수 있는 기능도 제공 하고 있습니다. 여기서는 **[최신 서버 이미지]**에서 제공하는 서버 이미지로 서버를 생성해 보겠습니다.
(최신 버전이 아닌 서버 이미지는 **[NCP 서버 이미지]** 탭에서 확인할 수 있습니다.)

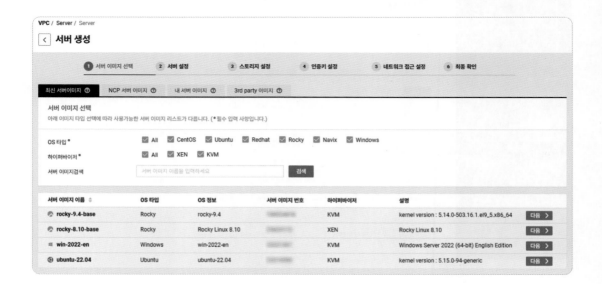

또한 하이퍼바이저 기준으로 [XEN]과 [KVM]의 두 가지 타입이 제공되는데, 여기서는 **[XEN]** 타입의 서버로 테스트해 보겠습니다.

☁ XEN vs KVM

네이버 클라우드 플랫폼에서 제공하는 하이퍼바이저의 종류는 **XEN**, **KVM**이 있으며, 각각의 특징은 다음과 같습니다.

하이퍼바이저	서버 세대	서버 타입	서버 이미지	스토리지 타입
XEN	g1, g2	Micro, Standard, CPU-Intensive, High-CPU, High-Memory	-	HDD, SDD
KVM	g3	Micro, Standard, CPU-Intensive, High-CPU, High-Memory	KVM 기반 서버 이미지	FB1, CB1

스토리지 특징

하이퍼바이저	스토리지 타입	미디어 타입	최소 크기	최대 크기	추가 가능 개수
XEN	HDD	HDD	10GB	2TB	15개
	SSD	SSD	10GB	2TB	15개
KVM	FB1	HDD	100GB	16TB	20개
	CB1	SSD	10GB	16TB	20개

🖧 서버 설정

서버 설정 단계에서는 앞에서 생성한 **[VPC]**와 **[Subnet]**을 선택하고 **[서버 스펙]**과 **[요금제]**, **[Network Interface]**, **[공인 IP 할당 여부]** 등을 선택하게 됩니다.

① [VPC], [Subnet]

앞에서 생성했던 [VPC]와 [Subnet]을 선택합니다.

② [서버 스펙]

[서버 스펙]은 [High-CPU], [CPU-Intensive], [Standard], [High-Memory] 등의 타입 중에서 원하는 타입을 선택하고, 각 타입별로 서비스에 적절한 vCPU와 Memory를 선택합니다.

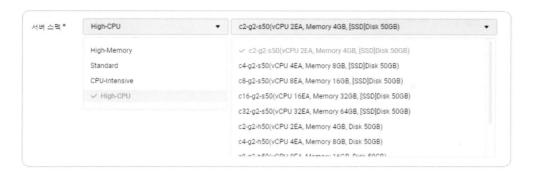

3 **[요금제 선택], [서버 개수], [서버 이름]**

요금제는 [월요금제]와 [시간 요금제] 중에서 선택하고, 한번에 생성할 서버 개수와 서버 이름을 입력합니다.

4 **[Network Interface] 사설 IP 할당**

사설 IP 할당은 자동 할당과 수동 할당 방법 중에서 선택합니다. IP 입력 칸에 아무 것도 입력하지 않으면 자동 할당이 되며, 선택된 Subnet 범위 내의 원하는 IP를 직접 입력해서 수동으로 할당할 수도 있습니다.

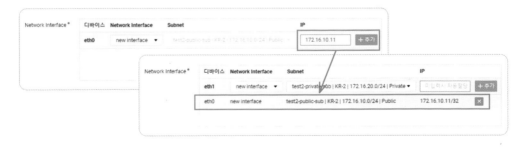

5 **[공인 IP]**

Public Subnet을 선택했고 서버에 공인 IP가 필요할 경우에는 **[새로운 공인 IP 할당]**을 선택합니다. 공인 IP는 요금이 과금(월 이용료: 4,032원)되므로 **사용하지 않을 때는 반납하기를 권장**합니다. 서버 생성 시 공인 IP를 함께 생성하려면 Subnet 타입은 Public Subnet, 서버 개수는 1개여야 합니다.

❻ [물리 배치 그룹]

물리 배치 그룹 설정은 서버들을 하나의 그룹으로 묶어서 해당 그룹에 속한 서버들을 클러스터에 배치할 때 어떻게 할 것인지 결정할 수 있습니다. [물리 배치 그룹]을 사용하게 되면 배치 그룹명과 배치 종류를 선택할 수 있습니다. **[Anti-Affinity (분산 배치)]**의 경우 같은 배치 그룹에 소속된 서버들은 가급적 서로 다른 클러스터에 배치됩니다. 다만 그 결과가 엄격히 보장되지 않는 Best effort 방식입니다.

❼ [반납 보호]

반납 보호를 설정하면 실수로 서버를 반납하여 서버가 삭제되는 사고를 방지할 수 있습니다.

❽ [Script 선택]

서버가 켜질 때 자동으로 실행되어야 하는 스크립트가 있다면 **[Server] – [Init Script]** 메뉴에서 미리 Script를 등록한 후에 적용할 수 있습니다.

---

5 스토리지 설정 ·······························

하이퍼바이저 **[XEN]** 타입의 서버는 서버 생성이 완료된 이후에 추가 스토리지를 설정할 수 있으므로 **[스토리지 설정]** 단계는 그냥 넘어가겠습니다. 스토리지 추가와 관련된 내용은 **<069쪽>**을 참조합니다.

6 인증키 설정

[인증키 이름]을 입력하고 [인증키 생성 및 저장] 버튼을 클릭해서 인증키를 로컬 PC에 다운로드 받아서 안전한 곳에 보관해야 합니다. 기존에 사용하고 있던 인증키가 있을 경우에는 [보유하고 있는 인증키 이용]을 선택하면 됩니다.

🔒 인증키

인증키는 해당 서버의 **관리자 비밀번호**를 확인하는데 사용되므로 **안전한 곳에 잘 보관**해야 합니다. 로컬 PC에 저장한 인증키 파일은 ***.pem** 확장자를 가집니다.

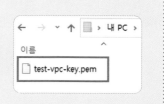

7 네트워크 접근 설정

네트워크 접근은 **[ACG]**로 설정하게 되는데, **ACG(Access Control Group)는 서버 간 네트워크 접근 제어 및 관리를 할 수 있는 IP/Port 기반 필터링 방화벽 서비스**로, 서버에 별도의 복잡한 방화벽 구축없이 간단하게 서버에 대한 네트워크 접근 제어를 할 수 있습니다. **[VPC]**를 생성하면 자동으로 생성되는 **기본 ACG**를 선택하거나 별도로 생성한 ACG가 있을 경우 해당 ACG를 선택하면 됩니다. **적용할 ACG는 최대 3개**까지 선택할 수 있습니다.

8 서버 생성 완료

모든 단계를 마치고 나면 다음
과 같이 서버가 생성된 것을 확
인할 수 있습니다.

9 서버 접속

이제 생성된 서버에 관리자(root) 계정으로 접속해 보겠습니다.

방화벽(ACG) 설정

우선 서버 접속을 위한 방화벽(ACG)을 설정하겠습니다. 테스트로 생성했던 서버를 선택하고 **[ACG 수정]** 버튼을 클릭해서 적용된 ACG를 확인합니다. **[ACG 수정]** 화면에서 현재 적용된 ACG 이름을 확인할 수 있습니다.

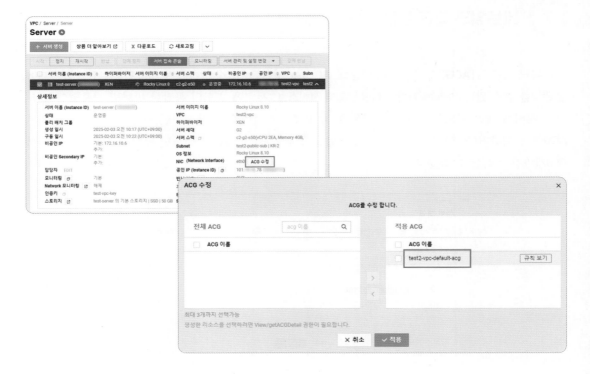

[Server] - [ACG]에서 앞에서 확인한 ACG를 선택하고 [ACG 설정]을 클릭합니다.

[ACG 규칙 설정] 화면의 [Inbound] 탭에서 [myIp] 버튼을 클릭해서 현재 접속한 PC나 회사 IP를 입력하고, 허용 포트에는 SSH 접속을 위한 22포트를 추가합니다.

관리자 비밀번호 확인

서버 접속에 필요한 관리자 비밀번호를 확인하려면 서버를 선택하고 [서버 관리 및 설정 변경] 메뉴에서 [관리자 비밀번호 확인] 메뉴를 선택합니다.

[관리자 비밀번호 확인] 팝업에서 로컬 PC에 저장해 두었던 해당 서버의 인증키 파일(*.pem)을 첨부하고 **[비밀번호 확인]** 단추를 눌러 관리자 계정(root)에 대한 비밀번호를 확인할 수 있습니다.

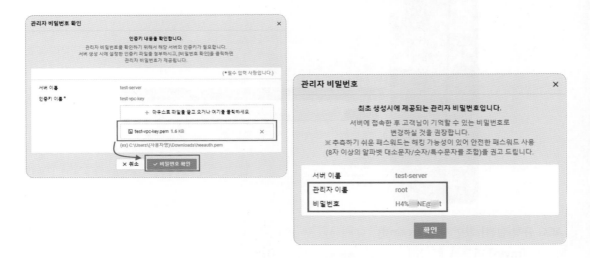

서버 IP 주소 확인

서버 정보 화면에서 서버의 **[공인 IP 주소]**를 확인하고 복사합니다. SSL VPN 등을 사용하는 경우에는 사설 IP 주소를 사용하면 됩니다.

서버 접속하기

대표적인 서버 접속 클라이언트인 Putty를 실행하고 서버의 IP 주소를 입력합니다.

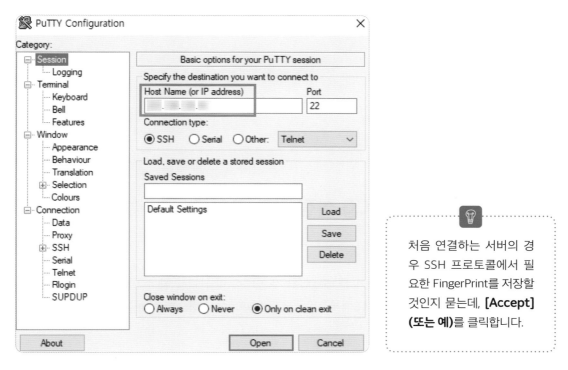

처음 연결하는 서버의 경우 SSH 프로토콜에서 필요한 FingerPrint를 저장할 것인지 묻는데, **[Accept]** **(또는 예)**를 클릭합니다.

관리자 계정인 **[root]**와 앞에서 확인했던 **[관리자 비밀번호]**를 입력하면 서버에 접속됩니다.

## Chapter 2

ACG

방화벽 ACG 설정 기본 가이드

02-1

ACG(Access Control Group)는 서버 간 네트워크 접근 제어 및 관리를 할 수 있는 IP/Port 기반 필터링 방화벽 서비스입니다. 참고로 AWS에서는 Security Group에서 비슷한 기능을 수행합니다.

1 제한 사항

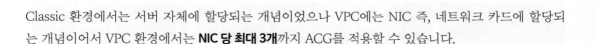

Classic 환경에서는 서버 자체에 할당되는 개념이었으나 VPC에는 NIC 즉, 네트워크 카드에 할당되는 개념이어서 VPC 환경에서는 **NIC 당 최대 3개**까지 ACG를 적용할 수 있습니다.

VPC 환경과 Classic 환경에서의 제한 사항은 다음과 같습니다.

VPC 환경	Classic 환경
• VPC당 최대 **500개**까지 ACG 생성 가능	• 계정당 최대 **100개**까지 ACG 생성 가능
• NIC당 **3개**의 ACG를 허용	• 각 ACG에는 최대 **100개**까지의 규칙을 설정할 수 있음
• Inbound/Outbound 각각 **50개**의 규칙 생성 가능	• 서버는 최대 **5개**의 ACG에 중복 포함될 수 있음
	• 서버가 생성될 시 선택한 ACG는 변경이 불가하며, 반납 전까지 해당 ACG 규칙을 적용받게 됨

2 ACG 위치

네이버 클라우드 플랫폼 콘솔에서 ACG는 **[Services] - [Compute] - [Server] - [ACG]**에 위치해 있습니다.

VPC 환경

Classic 환경

3 기본 규칙

Default ACG (기본적으로 추가되는 ACG)	Custom ACG (Default 외 사용자가 추가하는 ACG)
• 모든 들어오는 연결(Inbound traffic)을 차단함 • 모든 나가는 연결(Outbound traffic)을 허용함 • Default ACG 내 속한 서버들끼리의 네트워크 양방향 통신(TCP, UDP, ICMP)이 허용됨 • 원격 접속 기본 포트(Linux - 22, Windows - 3389)에 대한 TCP 허용됨	• 모든 들어오는 연결(Inbound traffic)을 차단함 : 규칙으로 명시되어 있지 않음 • 모든 나가는 연결(Outbound traffic)을 허용함 : 규칙으로 명시되어 있지 않음

VPC 환경

▶ Inbound

VPC 환경의 Inbound 권장 설정

기본으로 생성된 ACG에는 앞의 그림처럼 22, 3389 포트에 대해 0.0.0.0/0 즉, 전체 IP에 대해 허용되어 있습니다. 보안을 위해서는 이 항목들을 삭제하고 다음과 같이 지정된 IP에서만 접속하도록 수정하는 것을 적극 권장합니다. **[myip]** 버튼을 클릭해서 허용할 IP를 추가할 수 있습니다.

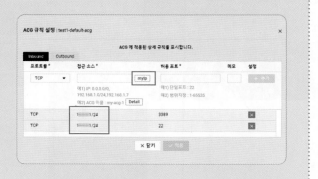

▶ Outbound

Classic 환경

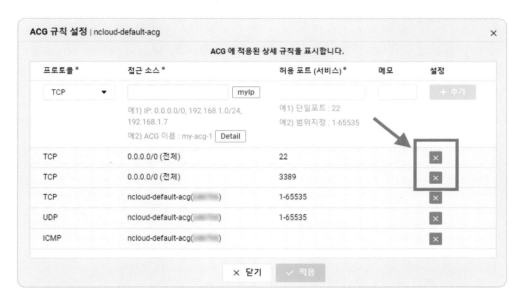

Classic 환경의 권장 설정

기본으로 생성된 ACG에는 앞의 그림처럼
22, 3389 포트에 대해 0.0.0.0/0 즉, 전체
IP에 대해 허용되어 있습니다. 보안을 위해
서는 이 항목들을 삭제하고 다음과 같이 지
정된 IP에서만 접속하도록 수정하는 것을
적극 권장합니다. [myip] 버튼을 클릭해서
허용할 IP를 추가할 수 있습니다.

4 접근 소스 설정

ACG를 설정할 때 접근 소스 항목은 보통 IP 주소를 입력하게 됩니다. 하지만 특수한 경우로 Load Balancer를 지정하거나 ACG 이름을 지정하는 경우도 있습니다. 이 중에서 다른 ACG를 접근 소스 항목으로 지정하는 경우는 해당 ACG가 적용된 서버들이 접근할 수 있도록 규칙을 설정하는 것인데, 아래 예시를 이용해 정리해 보겠습니다.

> **예시**
>
> - **ACG-1 적용 서버 → SVR-1, SVR-2**
>
> - **ACG-2 적용 서버 → SVR-3**
>
> - **ACG-2 적용 규칙 → 프로토콜 : TCP, 접근 소스 : ACG-1, 허용 포트 : 80**
>
> 위와 같은 경우 ACG-1이 적용된 SVR-1, SVR-2 서버에서 ACG-2가 적용된 SVR-3 서버로 80포트를 이용한 접근을 허용한다는 의미입니다. 참고로 VPC 환경에서 ACG의 접근 소스를 설정할 때는 동일한 VPC에 생성된 ACG만 접근 소스로 설정할 수 있습니다.

03
02-2

방화벽 ACG 권장 설정과 CUSTOM ACG 설정 예시

네이버 클라우드 플랫폼의 IP/Port 기반 필터링 방화벽 서비스인 ACG(Access Control Group) 권장 설정과 Custom ACG 설정할 때 참고할 만한 예시를 몇가지 정리해 보겠습니다.

1 Inboud 기본 규칙 삭제

서버 생성 시에 기본으로 생성되는 **Default ACG**에는 22, 3389 포트에 대해 0.0.0.0/0 즉, 전체 IP에 대해 접근이 허용되어 있는데 보안을 위해 이 항목들을 삭제하고 지정된 IP에서만 접속하도록 수정하는 것을 적극 권장합니다. 자세한 내용은 **<036쪽>**을 참조합니다.

2 Custom ACG 생성하기

ACG는 사용하는 서버들을 용도별로 구분해서 기본 ACG 외에 별도의 Custom ACG를 아래의 예시 처럼 그룹별로 생성해서 적용하는 것이 좋습니다.

⊟ VPC 환경에서 ACG 생성하기

[Server] – [ACG]에서 생성할 수 있으며 이름 규칙은 최소 3자, 최대 30자, 소문자만, 숫자와 하이픈(-) 사용이 가능합니다. 그리고, ACG를 적용할 VPC도 선택해야 합니다.

🔳 Classic 환경에서 ACG 생성하기

[Server] – [ACG]에서 생성할 수 있으
며 이름 규칙은 최소 6자, 최대 30자,
소문자만, 숫자와 하이픈(-) 사용이 가
능합니다.

🔳 복수의 ACG 적용

1개 서버에 허용이 필요한 설정을 모두 추가한 1개의 ACG만 무리하게 적용하려 하기 보다는 용도별
로 구분한 ACG를 여러 개 복수로 적용하는 것을 추천합니다. 각각의 용도별 서버에 맞춰 ACG를 구
분해서 적용하는 몇 가지 예를 들어 보겠습니다.

예를 들어 채팅 서버에 ACG를 적용할 때의 예시는 다음과 같습니다.
→ **적용 ACG : APP-ACG, Chat-Server-ACG**
마찬가지로 QA 빌링 DB에 ACG를 적용할 때의 예시는 다음과 같습니다.
→ **적용 ACG : DB-ACG, BILL-ACG, QA-System-ACG**

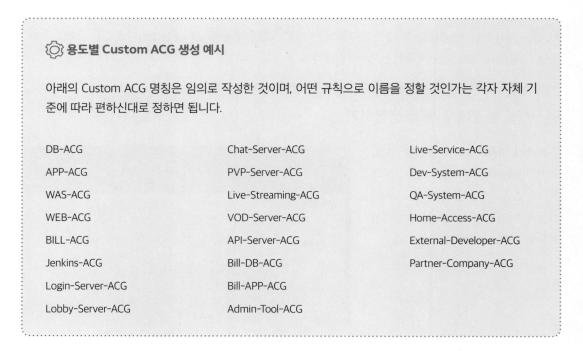

⚙️ 용도별 Custom ACG 생성 예시

아래의 Custom ACG 명칭은 임의로 작성한 것이며, 어떤 규칙으로 이름을 정할 것인가는 각자 자체 기
준에 따라 편하신대로 정하면 됩니다.

DB-ACG	Chat-Server-ACG	Live-Service-ACG
APP-ACG	PVP-Server-ACG	Dev-System-ACG
WAS-ACG	Live-Streaming-ACG	QA-System-ACG
WEB-ACG	VOD-Server-ACG	Home-Access-ACG
BILL-ACG	API-Server-ACG	External-Developer-ACG
Jenkins-ACG	Bill-DB-ACG	Partner-Company-ACG
Login-Server-ACG	Bill-APP-ACG	
Lobby-Server-ACG	Admin-Tool-ACG	

3 Custom ACG 적용 순서

앞의 방법대로 ACG를 용도별로 구분해서 생성하였다면, 다음으로 생성한 ACG를 서버에 적용하는
단계를 거쳐야 합니다. VPC, Classic 각각의 환경별로 살펴보겠습니다.

VPC 환경

VPC 환경은 NIC에 ACG가 적용되는 구조이므로 **NIC당 최대 3개**까지 할당할 수 있습니다.

Classic 환경

Classic 환경에서는 서버에 적용되는 구조이고, **최대 5개**까지 선택 가능합니다. 이때 Classic 환경
ACG는 서버를 생성하는 단계에서만 적용할 수 있으며, **서버 생성이 완료된 후에는 추가로 ACG를 적용할
수 없다는 점에 주의합니다.**

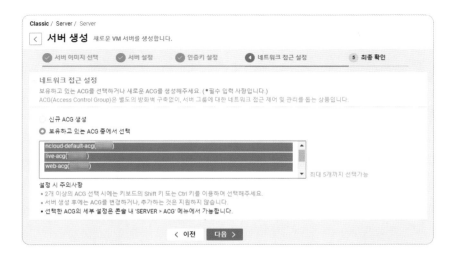

방화벽 ACG 권장 설정과 Custom ACG 설정 예시   **041**

4 Custom ACG 추가 적용 및 제거 -----------------------------

Classic 환경과 달리 **VPC** 환경에서는 ACG가 서버가 아닌 NIC에 적용되는 구조이며, **기존에 적용된 ACG** 외에 추가로 ACG를 적용하거나 제거할 수 있습니다. 다음과 같이 서버의 상세정보 **NIC** 항목에서 **[ACG 수정]** 버튼을 클릭합니다.

ACG 추가 적용

[ACG 수정] 화면의 왼쪽 창에서 적용하려는 ACG를 선택하고 오른쪽 창으로 이동시키면 됩니다.

ACG 제거

[ACG 수정] 화면의 오른쪽 창에서 제거하려는 ACG를 선택하고 왼쪽 창으로 이동시키면 됩니다. 이때 ACG는 최소 1개가 적용되어 있어야 하므로 **마지막 ACG 1개는 제거할 수 없습니다.**

5 접근 소스를 Load Balancer로 설정

ACG를 설정할 때 [접근 소스] 항목은 보통 IP 주소를 입력하게 됩니다. 하지만 특수한 경우로 로드밸런서(Load Balancer)를 지정하거나 ACG를 직접 지정하는 경우도 있습니다. 여기서는 먼저 로드밸런서를 생성하고 서버와 연결한 후에 서버측 ACG에 로드밸런서의 접근을 허용하는 방법에 대해 살펴보겠습니다.

VPC 환경

VPC 환경에서 아래와 같이 로드밸런서의 서브넷 네트워크가 **[10.0.4.0/24] 대역**이라고 가정해 보겠습니다.

서버의 **[ACG 규칙 설정]** 화면에서 **[접근 소스]**에 위에서 확인한 로드밸런서의 서브넷 네트워크 **[10.0.4.0/24]**를 입력하면 됩니다.

⚙️ 추가로 설정해야 할 것들

VPC 환경에서 로드밸런서와 서버를 연결할 때에는 ACG 설정 외에도 Network ACL 등 추가로 설정해야 하는 것들이 많이 있습니다. 자세한 설정 방법은 **<269쪽>**을 참고하기 바랍니다.

Classic 환경

Classic 환경에서는 다음과 같이 로드밸런서의 ACG 소스 명칭이 [ncloud-load-balancer]로 고정되어 있습니다.

[ACG 규칙 설정] 화면의 [접근 소스]에 로드밸런서의 ACG 소스인 [ncloud-load-balancer]를 입력하면 됩니다.

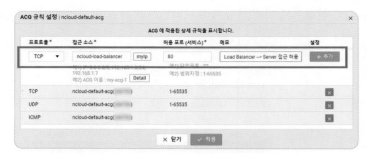

6   접근 소스를 ACG로 설정

ACG를 설정할 때 [접근 소스] 항목으로 다른 ACG를 직접 지정하는 경우도 있습니다. 이것은 해당 ACG가 적용된 서버들이 접근할 수 있도록 규칙을 설정하는 것인데, 다음 설정 방법과 예시를 통해 간단히 살펴보겠습니다.

VPC 환경

[ACG 규칙 설정]에서 [접근 소스] 항목에 지정하려는 ACG 이름을 일부 입력하면 그림과 같이 적용 가

능한 ACG 리스트가 나타나는데, 그 중에서 지정하려는 ACG를 선택하면 됩니다. VPC 환경에서 ACG를 접근소스를 설정할 때는 **동일한 VPC에 생성된 ACG만 접근 소스로 설정할 수 있습니다.**

⊏⊐ Classic 환경

Classic 환경에서도 마찬가지로 **[ACG 규칙 설정]**에서 **[접근 소스]** 항목에 지정하려는 ACG 이름을 일

부 입력하면 그림과 같이 적용 가
능한 ACG 리스트가 나타나는데,
그 중에서 지정하려는 ACG를 선
택하면 됩니다. Classic은 VPC와
달리 특별한 제한이 없습니다.

7 ACG 삭제 ---

Custom ACG는 VPC 환경과 Classic 환경 모두 **[Console] - [Server] - [ACG]** 메뉴에서 삭제할 수 있습니다. 삭제하려는 ACG를 선택하고 **[ACG 삭제]** 버튼을 클릭한 다음 ACG 삭제 팝업에서 **[예]** 버튼을 클릭합니다.

> ⚙ **ACG 삭제가 불가한 경우**
>
> ACG를 삭제할 때 만약 삭제가 불가능한 경우라면 삭제할 수 없다는 메시지가 표시됩니다.
>
> - 기본적으로 생성된 Default ACG는 삭제할 수 없습니다.
> - **VPC 환경** : ACG에 속해 있는 NIC(Network Interface)이 존재하는 경우 삭제할 수 없습니다.
> - **Classic 환경** : 서버가 한대라도 ACG에 적용되어 있는 상태라면 해당 ACG는 삭제할 수 없습니다.

Rocky Linux

ROCKY LINUX에서
APACHE SSL 인증서 설정하기

03-1

네이버 클라우드 플랫폼 Rocky Linux(록키 리눅스) 서버에 Apache 웹서버를 설치하고, HTTPS 접속을 위한 SSL 인증서 설정 및 HTTP로 접속 시 HTTPS로 리다이렉트하는 방법까지 정리해 보겠습니다.

테스트 환경

테스트에 사용할 서버 환경은 다음과 같습니다.

VPC / Server / Server

Server ⓘ

| + 서버 생성 | 상품 더 알아보기 ☑ | X 다운로드 | ↻ 새로고침 | ∨ |

| 시작 | 정지 | 재시작 | 반납 | 강제 정지 | 서버 접속 콘솔 | 모니터링 | 서버 관리 및 설정 변경 ▼ | 강제 반납 |

	서버 이름 ≑	하이퍼바이저	서버 세대	서버 이미지 이름 ≑	서버 이미지 번호	서버 스펙	상태 ≑	비공인 IP ≑	공인 IP ≑	
☐	▤ rocky-linux-https-test	XEN	G2	● Rocky Linux 8	1█████2	c2-g2-s50	● 운영중	10.0.0.6	████████	∨

OS : Rocky Linux 8.6 | **웹서버 :** Apache 2.4 | **테스트 사이트 :** rocky-https-test.com

---

1 패키지 업데이트

우선 패키지 관련한 보안-버그 수정 사항만 최소한으로 업데이트를 해보겠습니다.

```
dnf -y upgrade-minimal
```

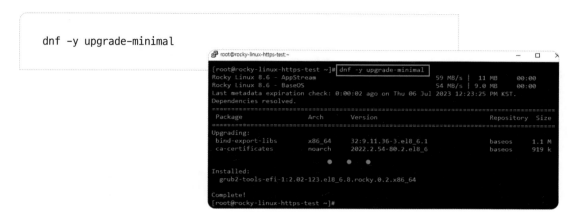

> ⚙ **dnf upgrade-minimal과 dnf update-minimal의 차이점**
>
> man dnf 명령어의 매뉴얼을 살펴보면 Rocky Linux에서 패키지 업데이트를 위한 기본 명령어는 **dnf upgrade-minimal**이며, dnf update-minimal는 더 이상 사용되지 않는 별칭이라고 합니다.

2 Apache 웹서버 설치

Apache 버전 확인

[Rocky Linux 8.6]에서 기본으로 지원하는 Apache 버전을 확인해보면 **[Apache 2.4]**인 것을 확인할 수 있습니다.

```
dnf module list httpd
```

⊹ Apache 2.4 설치

```
dnf -y install httpd
```

⊹ Apache 실행, 상태 확인

설치를 마쳤으면 Apache를 실행하고 상태를 확인합니다.

```
systemctl start httpd
systemctl status httpd
```

[3] 테스트용 웹사이트 생성 --------------------------◁=□

테스트에 필요한 웹사이트 홈 디렉토리와 웹페이지를 생성합니다.

```
mkdir -p  /ncloud/data/www/rocky-https-test.com/
vim /ncloud/data/www/rocky-https-test.com/index.html
```

```html
<!doctype html>
<html lang="kr">
 <head>
  <meta charset="UTF-8">
  <title>Rocky Linux HTTPS Test Site</title>
 </head>
```

| 048

Chapter 3. Rocky Linux

```
<body>
    <h1>Rocky Linux HTTPS Test Site</h1>
</body>
</html>
```

4 Apache 환경 설정 파일 생성 ------------------------------

rocky-https-test.com 웹사이트에 대한 Apache 환경 설정 파일을 생성하고, HTTP 접속에 필요한
80 포트용 설정을 추가합니다.

```
vim /etc/httpd/conf.d/rocky-https-test.com.conf
```

```
<VirtualHost *:80>
    ServerName rocky-https-test.com
    DocumentRoot /ncloud/data/www/rocky-https-test.com
    DirectoryIndex index.htm index.html

    CustomLog "/var/log/httpd/rocky-https-test.com-access_log" combined
    ErrorLog  "/var/log/httpd/rocky-https-test.com-error_log"

    <Directory /ncloud/data/www/rocky-https-test.com>
        Options None
        AllowOverride None
        Require all granted
    </Directory>
</VirtualHost>
```

설정 파일을 저장한 후에 Apache 데몬을 재시작합니다.

```
systemctl restart httpd
```

```
[root@rocky-linux-https-test ~]# systemctl restart httpd
[root@rocky-linux-https-test ~]#
```

5 hosts 파일 수정

지금과 같이 테스트용으로 임의 설정한 도메인(**rocky-https-test.com**)으로 접속하게 될 경우에는 hosts 파일을 수정해야 합니다.
실제 도메인을 사용할 경우에는 다음 과정이 필요 없기에 다음 단계로 바로 이동하시면 됩니다.

Windows 운영체제에서 hosts 파일은 **C:₩Windows₩System32₩drivers₩etc** 에 존재하는데 직접 수정할 수 가 없으므로 다음과 같은 단계를 거쳐야 합니다.

① C:₩Windows₩System32₩drivers₩etc₩hosts 파일을 임의의 작업 폴더(예: D:₩Work)로 복사합니다.

② 복사한 hosts 파일을 수정해서 **123.456.789.123 rocky-https-test.com** 처럼 접속할 IP 주소와 도메인을 추가합니다.

③ 수정한 파일을 **C:₩Windows₩System32₩drivers₩etc** 위치로 덮어쓰기 합니다.

④ 덮어쓰기 할 때 관리자 권한이 필요하다는 안내 메시지가 나타나면 **[계속]** 버튼을 클릭합니다

6 ACG (방화벽) 설정

테스트로 생성했던 서버를 선택하고 **[ACG 수정]** 버튼을 클릭한 후 [ACG 수정] 화면에서 현재 적용된 **[ACG 이름]**을 확인할 수 있습니다. 다음 그림과 같이 **[Server] - [ACG]**에서 해당 ACG를 선택하고 **[ACG 설정]**을 클릭합니다.

내부 테스트용 ACG 설정

내부 테스트용 설정은 [ACG 규칙 설정] 화면의 [Inbound] 탭에서 [myIp] 버튼을 클릭해서 현재 접속한 PC나 회사 IP를 입력하고, HTTP용 80포트와 HTTPS용 443포트를 추가합니다.

라이브 서비스용 ACG 설정

라이브 서비스용 설정의 경우 접근 소스에는 [0.0.0.0/0]을 입력하고, 마찬가지로 HTTP용 80포트와 HTTPS용 443포트를 추가합니다.

7 HTTP 접속 테스트

ACG 설정을 마치고 웹브라우저에서 테스트용 사이트의 주소 http://rocky-https-test.com으로 접속을 해보면 문제없이 잘 접속되는 것을 확인할 수 있습니다.

Rocky Linux HTTPS Test Site

Rocky Linux에서 Apache SSL 인증서 설정하기

⑧ SSL 인증서 설정

⊟ mod_ssl 설치

```
dnf -y install mod_ssl
```

우선 인증서 저장용 디렉토리를 생성합니다.

```
mkdir -p /root/ssl/
```

⊟ SSL 테스트 인증서 생성

여기서는 테스트용 인증서를 생성해서 사용하게 되는데, 정식 서비스의 경우 SSL 인증서 발급 기관에서 정식 인증서를 발급받아 사용하게 됩니다. 정식 인증서를 사용하는 경우에는 테스트 인증서 생성 단계는 무시하고 다음 단계로 이동하면 됩니다.

```
openssl req -newkey rsa:2048 \
-nodes -keyout /root/ssl/rocky-https-test.com.key \
-x509 -days 365 -out /root/ssl/rocky-https-test.com.crt
```

인증서 파일이 제대로 생성되었는지 확인합니다.

```
ls -al /root/ssl/
```

```
root@rocky-linux-https-test:~
[root@rocky-linux-https-test ~]# ls -al /root/ssl/
total 8
drwxr-xr-x  2 root root   70 Jul  6 16:29 .
dr-xr-x---. 3 root root  139 Jul  6 16:24 ..
-rw-r--r--  1 root root 1537 Jul  6 16:29 rocky-https-test.com.crt
-rw-------  1 root root 1704 Jul  6 16:27 rocky-https-test.com.key
[root@rocky-linux-https-test ~]#
```

HTTPS용 환경 설정 추가

앞에서 생성했던 환경 설정 파일 **rocky-https-test.com.conf** 에 HTTPS용 설정을 추가합니다.

```
vim /etc/httpd/conf.d/rocky-https-test.com.conf
```

```
<VirtualHost *:443>
    ServerName rocky-https-test.com
    DocumentRoot /ncloud/data/www/rocky-https-test.com
    DirectoryIndex index.htm index.html

    CustomLog "/var/log/httpd/rocky-https-test.com-ssl-access_log" combined
    ErrorLog  "/var/log/httpd/rocky-https-test.com-ssl-error_log

    SSLEngine on
    SSLProtocol -all +TLSv1.2 +TLSv1.3
    SSLHonorCipherOrder on
    SSLCipherSuite PROFILE=SYSTEM

    SSLCertificateFile /root/ssl/rocky-https-test.com.crt
    SSLCertificateKeyFile /root/ssl/rocky-https-test.com.key

    <Directory /ncloud/data/www/rocky-https-test.com>
        Options None
        AllowOverride None
        Require all granted
```

```
        </Directory>
    </VirtualHost>
```

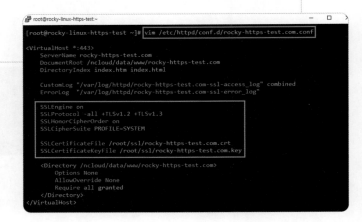

설정 파일을 저장한 후에 Apache 데몬을 재시작합니다.

```
systemctl restart httpd
```

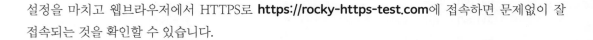

⑨ HTTPS 접속 테스트 ------------------------------------

설정을 마치고 웹브라우저에서 HTTPS로 **https://rocky-https-test.com**에 접속하면 문제없이 잘
접속되는 것을 확인할 수 있습니다.

🖧 인증서 확인

HTTPS로 테스트 사이트에 접속 후에 인증서를 확인해보면 위에서 테스트로 생성했던 정보가 제대로 설정되어 있는 것을 확인할 수 있습니다.

[10] HTTP 접속 시 HTTPS로 리다이렉트 ---------------

이제 HTTPS 설정까지 마쳤으니, HTTP로 접속하는 경우에 HTTPS로 리다이렉트시키는 설정을 적용해야 합니다. HTTPS 리다이렉트에 대한 내용은 별도의 챕터로 구성하였으니 **<056쪽>**을 참조하세요.

## Chapter 4

HTTPS 리다이렉트

05

04-1

HTTP 접속 시에 HTTPS로 강제 리다이렉트
– APACHE / ROCKY LINUX

네이버 클라우드 플랫폼 Rocky Linux(록키 리눅스) 서버 Apache 웹서버에서 http 접속 시에 https 로 강제 리다이렉트 시키는 방법은 크게 2가지가 있는데 각각에 대해 정리해 보겠습니다.

테스트 환경

테스트에 사용할 서버 환경은 다음과 같습니다.

OS : Rocky Linux 8.10 ┃ **웹서버 :** Apache 2.4 ┃ **테스트 사이트 :** rocky-https-test.com

---

 1 **방법1 : Redirect 옵션** -----------------------------

첫번째 방법은 **[Redirect]** 옵션을 이용하는 방법입니다.
HTTP용 환경 설정에서 **[ServerName]**을 제외한 다른 항목들은 모두 삭제하거나 주석 처리한 후에 리다이렉트 설정을 추가합니다.

```
vim /etc/httpd/conf.d/rocky-https-test.com.conf
```

```
<VirtualHost *:80>
    ServerName 사이트_도메인
    Redirect permanent / https://사이트_도메인
</VirtualHost>
```

```
root@rocky-linux-https-test:~                                          –  □  ×

[root@rocky-linux-https-test ~]# vim /etc/httpd/conf.d/rocky-https-test.com.conf

<VirtualHost *:80>
    ServerName rocky-https-test.com
    Redirect permanent / https://rocky-https-test.com/
</VirtualHost>


<VirtualHost *:443>
    ServerName rocky-https-test.com
    DocumentRoot /ncloud/data/www/rocky-https-test.com
    DirectoryIndex index.htm index.html
```

301 리다이렉트 → Redirect **permanent** / https://사이트_도메인/
                 Redirect **301** / https://사이트_도메인/
302 리다이렉트 → Redirect / https://사이트_도메인/
                 Redirect **302** / https://사이트_도메인/
307 리다이렉트 → Redirect **307** / https://사이트_도메인/
308 리다이렉트 → Redirect **308** / https://사이트_도메인/

2 방법2 : RewriteRule 옵션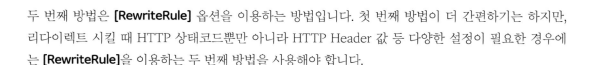

두 번째 방법은 **[RewriteRule]** 옵션을 이용하는 방법입니다. 첫 번째 방법이 더 간편하기는 하지만, 리다이렉트 시킬 때 HTTP 상태코드뿐만 아니라 HTTP Header 값 등 다양한 설정이 필요한 경우에는 **[RewriteRule]**을 이용하는 두 번째 방법을 사용해야 합니다.

```
vim /etc/httpd/conf.d/rocky-https-test.com.conf
```

```
<VirtualHost *:80>
    ServerName 사이트_도메인

    RewriteEngine On
    RewriteCond %{HTTPS} !on
    RewriteRule ^(.*)$ https://%{HTTP_HOST}$1 [R=301,L]
</VirtualHost>
```

```
 root@rocky-linux-https-test:~                                     —  □  ×

[root@rocky-linux-https-test ~]# vim /etc/httpd/conf.d/rocky-https-test.com.conf

<VirtualHost *:80>
    ServerName rocky-https-test.com

    RewriteEngine On
    RewriteCond %{HTTPS} !on
    RewriteRule ^(.*)$ https://%{HTTP_HOST}$1 [R=301,L]
</VirtualHost>


<VirtualHost *:443>
    ServerName rocky-https-test.com
    DocumentRoot /ncloud/data/www/rocky-https-test.com
    DirectoryIndex index.htm index.html
```

위 설정 중에서 **[R=301,L]** 부분에 원하는 상태코드를 입력하면 됩니다.

```
301 리다이렉트 → RewriteRule ^(.*)$ https://%{HTTP_HOST}$1 [R=301,L]
302 리다이렉트 → RewriteRule ^(.*)$ https://%{HTTP_HOST}$1 [R=302,L]
307 리다이렉트 → RewriteRule ^(.*)$ https://%{HTTP_HOST}$1 [R=307,L]
308 리다이렉트 → RewriteRule ^(.*)$ https://%{HTTP_HOST}$1 [R=308,L]
```

설정 파일을 저장한 후에 Apache 데몬을 재시작합니다.

```
systemctl restart httpd
```

```
 root@rocky-linux-https-test:~

[root@rocky-linux-https-test ~]# systemctl restart httpd
[root@rocky-linux-https-test ~]#
```

③ 리다이렉트 여부 확인

웹브라우저에서 **[F12]** 키를 눌러 개발자 모드로 변경한 후에 **http://사이트_도메인/** 으로 접속하면 다음 그림처럼 HTTP 301 상태코드를 반환하면서 **https://사이트_도메인** 으로 리다이렉트된 것을 확인할 수 있습니다.

> ⚙️ **SSL 모듈 설치**
>
> 리다이렉트 설정과 관계없이 SSL 인증서를 설정하고 HTTPS 접속을 하려면 **[mod_ssl]**이 설치되어 있어야 하는데, 혹시나 설치되어 있지 않다면 설치해야 합니다. SSL 인증서 설정과 관련된 내용은 **<052쪽>**을 참고합니다.
>
> ```
> dnf -y install mod_ssl
> ```

서버 접속을 위한
인증과 보안 설정

서버 어드민 패스워드(관리자 비밀번호)
초기화하기

06
05-1

네이버 클라우드 플랫폼 서버의 관리자 비밀번호, 즉 어드민 패스워드를 초기화하는 방법을 정리해 보겠습니다. 어드민 패스워드를 초기화하게 되는 경우는 다음과 같은 경우가 있습니다.

- 보안을 위해 주기적으로 비밀번호를 변경하는 경우
- 해킹이나 패스워드 유출 등이 의심되어 비밀번호를 변경해야 하는 경우
- 담당자 퇴사 등으로 비밀번호 변경이 필요한 경우

1 비밀번호 확인 ----------------------------

비밀번호를 초기화 하기 전에 먼저 비밀번호를 확인하는 방법부터 알아보겠습니다(Linux, Windows 서버 모두 동일). 어드민 패스워드(관리자 비밀번호)를 확인하려면 먼저 서버를 선택하고 **[서버 관리 및 설정 변경] - [관리자 비밀번호 확인]** 메뉴를 선택합니다.

관리자 비밀번호를 확인하려면 서버를 생성할 때 로컬 PC에 따로 저장해 두었던 ***.pem** 형식의 인증
키를 첨부해야 합니다.

② 비밀번호 초기화 --

어드민 패스워드(관리자 비밀번호)를 초기화 하려면, 먼저 **서버를 정지**시키고 **[서버 관리 및 설정 변경]** –
[관리자 비밀번호 초기화] 메뉴를 선택하면 됩니다.

> - [관리자 비밀번호 초기화] 기능은 **마스터 계정에서만 가능**합니다. 서브 어카운트에서는 메뉴가 활성
>   화 되지 않습니다.
> - [관리자 비밀번호 초기화] 기능은 **서버를 정지시킨 상태에서만 가능**합니다.

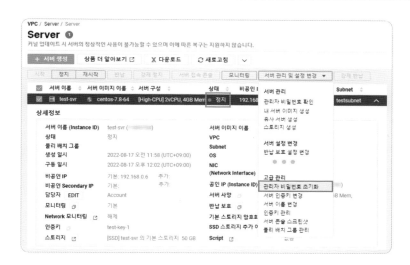

🖥 사용자 확인

[관리자 비밀번호 초기화]를 하려면 먼저 **접속 계정의 비밀번호**를 입력해서 사용자 확인을 해야 합니다.

🖥 인증키 확인

비밀번호를 초기화 할 때에도 확인할 때와 마찬가지로 **pem 인증키를 사용**합니다.

초기화 후 서버 시작

인증키를 확인하고 나면 다음과 같이 비밀번호
가 초기화 되고, 정지 상태인 서버를 **[지금 시작]**
할 것인지 **[나중에 시작]**할 것인지 묻는 창이 나
타납니다. **[지금 시작]** 버튼을 클릭하면 정지되어
있던 서버가 다시 시작됩니다.

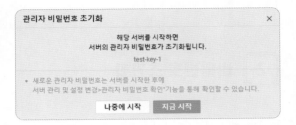

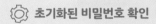

초기화된 비밀번호 확인

서버가 시작된 후에 다시 **[관리자 비밀번호 확인]**을 해보면 비밀번호가 초기화 되고 새로운 비밀번호가
할당된 것을 확인할 수 있습니다.

07
05-2
서버 인증키 변경하기

네이버 클라우드 플랫폼 서버의 인증키는 서버의 [관리자 비밀번호 확인], [비밀번호 초기화] 등에 꼭 필요한 ***.pem** 형식의 파일입니다. 만약 인증키를 분실했을 경우에는 다른 인증키로 변경해야 하는데, 어떻게 변경하는지 정리해 보겠습니다.

1 인증키 변경

인증키를 변경하려면 먼저 **서버를 정지**시키고, 서버를 선택한 후에 **[서버 관리 및 설정 변경] - [서버 인증키 변경]** 메뉴를 선택합니다.

- [서버 인증키 변경] 기능은 **마스터 계정에서만 가능**합니다. 서브 어카운트에서는 메뉴가 활성화 되지 않습니다.

- [서버 인증키 변경] 기능은 **서버를 정지시킨 상태에서만 가능**합니다.

인증 메일을 통한 사용자 확인

인증키를 변경하려면 먼저 사용자 확인을 해야 합니다. **[인증 메일 발송]** 버튼을 클릭하면 등록된 메일 주소로 **인증 메일이 발송**됩니다.

인증 메일 확인

메일을 열어보면 다음과 같이 **인증 메시지**를 확인할 수 있습니다. 메일로 발송된 인증 메시지를 앞의 [사용자 확인] 창에 입력하고 [확인] 단추를 클릭하면 인증이 완료됩니다.

2 인증키 선택

변경할 인증키는 기존에 보유하고 있는 다른 인증키를 선택할 수도 있고, 새로운 인증키를 생성할 수도 있습니다. 여기서는 **[새로운 인증키]**를 생성해 보겠습니다.

인증키 생성 및 저장

새로운 인증키 이름을 입력하고 **[인증키 생성 및 저장]** 버튼을 클릭하면 인증키가 다운로드 됩니다. 인증키 다운로드 완료 후에 **[변경]** 버튼을 클릭하면 인증키가 변경됩니다.

3 인증키 변경 완료

서버 인증키가 변경되고 나면 정지 상태인 서버를 **[지금 시작]**할 것인지, **[나중에 시작]**할 것인지 묻는 창이 나타납니다. 여기서는 **[지금 시작]** 버튼을 선택하겠습니다

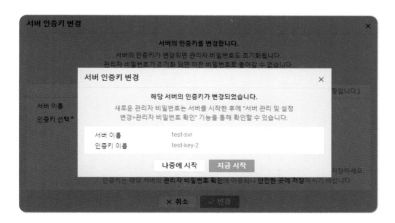

⚙ 인증키 확인하기

변경된 인증키가 제대로 작동하는지 확인하기 위해서 서버 관리자 비밀번호를 확인해 보세요. 서버 관리자 비밀번호 확인 방법에 대한 자세한 내용은 **<060쪽>**을 참고합니다.

08 LINUX 서버 SSH 접속 보안 설정하기

05-3

리눅스 서버에서는 서버에 접속할 때 SSH를 이용하게 되는데, 이때 root 계정에 대한 무작위 패스워드 입력 등의 해킹시도가 있을 수 있습니다. 여기서는 이러한 해킹시도를 차단하기 위한 보안설정 중에서 root 계정과 관련한 보안 설정 내용을 정리해 보겠습니다.

1 설정 파일 위치 --

root 계정에 대한 보안 설정은 **/etc/ssh/sshd_config** 파일에 있습니다.

```
vi /etc/ssh/sshd_config
```

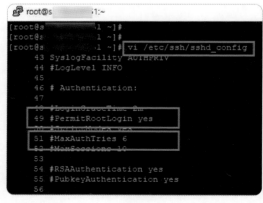

▲ CentOS

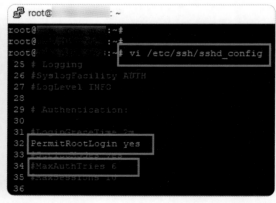

▲ Ubuntu

Chapter 5. 서버 접속을 위한 인증과 보안 설정

② root 로그인 차단

로그인 차단은 위 설정에서 **PermitRootLogin** 항목을 yes에서 **no**로 바꾸면 됩니다.

- **CentOS** : 주석 처리 되어 있으므로 주석을 해제하고 설정을 **no**로 변경합니다.
- **Ubuntu** : 주석이 해제된 상태이므로 설정값만 **no**로 변경합니다.

> ⚙ **주의!**
>
> root 로그인을 차단하기 전에 다른 관리자 계정을 생성한 후에 차단 설정을 적용해야 합니다.

기타 옵션

```
# 패스워드 로그인은 차단하고 Key 파일을 이용한 로그인만 허용
PermitRootLogin prohibit-password
```

③ 로그인 시도 횟수 제한

MaxAuthTries 옵션을 지정하게 되면 지정한 횟수 이상으로 로그인을 실패했을 때 접속이 강제 종료되는데, **기본값은 6회**이니 적절하게 수정하시면 됩니다.

```
# 기존
#MaxAuthTries 6
# 변경
MaxAuthTries 3
```

데몬 재시작 설정을 수정하고 파일을 저장한 후에 sshd 데몬을 재시작합니다.

```
systemctl restart sshd
```

데몬 재시작 후 로그인을 시도해보면 로그인이 실패하는 것을 확인할 수 있습니다.

4 SSH 접속 로그 확인 --

SSH로 접속을 하면 성공/실패에 대한 로그가 모두 남게 되는데, 이 로그를 주기적으로 확인하는 것이 좋습니다.

접속 실패 로그

```
last -f /var/log/btmp

# 또는
 Lastb
```

접속 성공 로그

```
last -f /var/log/wtmp
```

Chapter 6

서버 스토리지(디스크) 설정

09
06-1

LINUX 서버 스토리지(디스크) 추가 생성 기본 가이드

네이버 클라우드 플랫폼에서 서버 생성 후에 스토리지를 추가 생성하는 경우가 있는데, 이때 사용되는 스토리지는 **블록스토리지(Block Storage)**라고 해서 AWS의 EBS(Elastic Block Store)와 유사합니다.

1 스토리지 추가의 제약 사항

XEN 하이퍼바이저 기반 서버의 경우 Bare Metal 서버와 Micro 타입 서버에는 스토리지를 추가할 수 없습니다.

2 추가 가능한 최대 사이즈와 개수

하이퍼바이저	스토리지 타입	미디어 타입	최소 크기	최대 크기	추가 가능 개수
XEN	HDD	HDD	10GB	2TB	15개
	SSD	SSD	10GB	2TB	15개
KVM	FB	HDD	100GB	16TB	20개
	CB	SSD	10GB	16TB	20개

3 리눅스 OS 서버 이미지별 포맷 명령어

리눅스는 OS, 즉 네이버 클라우드 플랫폼에서 제공하는 서버 이미지별로 추가된 스토리지를 포맷하는 명령어가 다릅니다.

또한 포맷 명령어 뒤에 입력하는 장치명(/dev/**xvdb1**, /dev/**vdb1** 등)은 하이퍼바이저에 따라 다를 수 있으니 반드시 **fdisk -l** 등의 명령어로 확인하고 입력해야 합니다.

	XEN 하이퍼바이저	KVM 하이퍼바이저
CentOS 5.x	mkfs.ext3 /dev/**xvdb1**	mkfs.ext3 /dev/**vdb1**
CentOS 6.x	mkfs.ext4 /dev/**xvdb1**	mkfs.ext4 /dev/**vdb1**
CentOS 7.x	mkfs.xfs /dev/**xvdb1**	mkfs.xfs /dev/**vdb1**
Rocky Linux	mkfs.xfs /dev/**xvdb1**	mkfs.xfs /dev/**vdb1**
Ubuntu Server / Desktop	mkfs.ext4 /dev/**xvdb1**	mkfs.ext4 /dev/**vdb1**

4 ext4 vs XFS 명령어 비교

항목	ext4	XFS	항목	ext4	XFS
포맷	mkfs.ext4	mkfs.xfs	마운트	mount	mount
리사이즈	resize2fs	xfs_growfs*	복구	e2fsck	xfs_repair
리사이즈	e2label	xfs_admin -L	디버깅	debugfs	xfs_db
할당량 설정	quota	quota			

* xfs_growfs 명령어는 파일 시스템의 크기를 줄일 수는 없고 늘릴 수만 있습니다.

10

06-2

LINUX 서버 스토리지(디스크) 추가 상세 가이드

네이버 클라우드 플랫폼에서 리눅스 서버에 디스크를 추가하는 것은 스토리지 즉, Block Storage를 생성해서 서버에 연결하는 작업이 필요합니다.

 전체 과정 요약

스토리지(디스크)를 추가하는 전체 과정은 다음과 같이 하이퍼바이저별로 정리할 수 있으며, 각 단계별 상세 설명은 **XEN 하이퍼바이저** 기반 서버를 이용해서 진행하겠습니다.

XEN 하이퍼바이저

```
fdisk -l

fdisk /dev/xvdb

mkfs.xfs /dev/xvdb1

mkdir /mnt/data
mount /dev/xvdb1 /mnt/data

df -hT

vim /etc/fstab
### =============================
UUID=1fd5s61f5d-*** 중략 ***-f84ew13 /mnt/data xfs defaults 1 2

# 또는
/dev/xvdb1 /mnt/data ext4 defaults 1 2
### =============================
```

OS 서버 이미지별로 포맷 명령어가 다름

- CentOS 5.x: mkfs.ext3 /dev/xvdb1

- CentOS 6.x: mkfs.ext4 /dev/xvdb1

- CentOS 7.x: mkfs.xfs /dev/xvdb1

- Rocky Linux: mkfs.xfs /dev/xvdb1

- Ubuntu : mkfs.ext4 /dev/xvdb1

KVM 하이퍼바이저

```
fdisk -l

fdisk /dev/vdb

mkfs.xfs /dev/vdb1 ●┄┄┄┄┄┄┄┄┄

mkdir /mnt/data
mount /dev/vdb1 /mnt/data

df -hT

vim /etc/fstab
### ============================
UUID=1fd5s61f5d-*** 중략 ***-f84ew13 /mnt/data xfs defaults 1 2

# 또는
/dev/vdb1 /mnt/data xfs defaults 1 2
### ============================
```

OS 서버 이미지별로 포맷 명령어가 다름

- CentOS 5.x: mkfs.ext3 /dev/vdb1
- CentOS 6.x: mkfs.ext4 /dev/vdb1
- CentOS 7.x: mkfs.xfs /dev/vdb1
- Rocky Linux: mkfs.xfs /dev/vdb1
- Ubuntu : mkfs.ext4 /dev/vdb1

2   스토리지 생성, 할당

네이버 클라우드 플랫폼 콘솔 **[Server] - [Storage]**에서 **[스토리지 생성]** 버튼을 클릭합니다. [스토리지 생성] 화면에서 **스토리지 종류, 이름, 적용서버, 크기** 등을 선택하고 [추가] 버튼을 클릭합니다.

앞에서 설정한 스토리지 정보를 다시 살펴보고 이상이 없으면 **[확인]** 버튼을 클릭합니다.

추가된 스토리지는 **[Server]** – **[Server]** 리스트에서 해당 서버를 클릭한 다음 상세정보에서 확인할 수 있습니다.

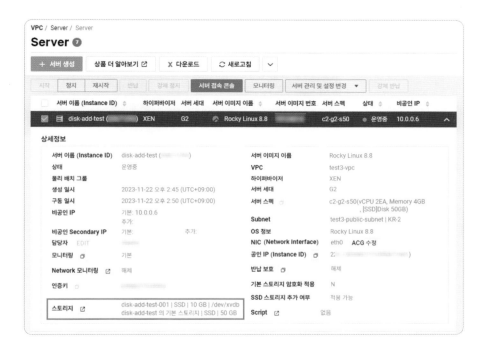

3 스토리지 할당 확인

네이버 클라우드 플랫폼 콘솔에서 할당한 스토리지를 확인하기 위해 **putty**를 실행해 서버에 접속합니다. 이후 과정은 모두 서버에 접속한 상태에서 진행하게 됩니다.

> ⚙️ **중요!! 명령어 뒤의 장치명 확인하기**
>
> 이후의 디스크 추가 과정에서 사용하게 되는 명령어 뒤에 입력하는 장치명(/dev/**xvdb1**, /dev/**vdb1** 등)은 환경에 따라 다를 수 있으니 반드시 **fdisk -l** 등의 명령어로 확인하고 입력해야 합니다.

fdisk -l 명령어를 실행하면 다음 그림처럼 **/dev/xvdb** 디스크가 할당된 것을 확인할 수 있습니다.

```
fdisk -l
```

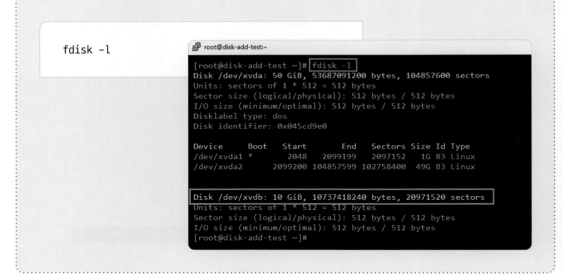

```
root@disk-add-test:~
[root@disk-add-test ~]# fdisk -l
Disk /dev/xvda: 50 GiB, 53687091200 bytes, 104857600 sectors
Units: sectors of 1 * 512 = 512 bytes
Sector size (logical/physical): 512 bytes / 512 bytes
I/O size (minimum/optimal): 512 bytes / 512 bytes
Disklabel type: dos
Disk identifier: 0x045cd9e0

Device     Boot   Start      End Sectors Size Id Type
/dev/xvda1 *       2048  2099199  2097152   1G 83 Linux
/dev/xvda2       2099200 104857599 102758400  49G 83 Linux

Disk /dev/xvdb: 10 GiB, 10737418240 bytes, 20971520 sectors
Units: sectors of 1 * 512 = 512 bytes
Sector size (logical/physical): 512 bytes / 512 bytes
I/O size (minimum/optimal): 512 bytes / 512 bytes
[root@disk-add-test ~]#
```

4 디스크 파티션

다음 명령어를 입력해 할당된 디스크에 파티션을 생성합니다.

```
fdisk /dev/xvdb
```

파티션 설정에는 기본인 MBR 방식과, 2TB 이상의 디스크를 인식하기 위해 사용하는 GPT 방식이 있습니다. 네이버 클라우드 플랫폼은 최대 2,000GB까지만 지원하므로 여기서는 기본방식인 **MBR**을 사용하겠습니다.

파티션 생성

파티션을 생성할 때는 여러 단계의 옵션이 있습니다. 일반적으로는 다음과 같은 단계로 진행하면 됩니다.

① 파티션을 새로 생성하기 위해 'n'을 입력

```
root@disk-add-test:~
[root@disk-add-test ~]# fdisk /dev/xvdb

Welcome to fdisk (util-linux 2.32.1).
Changes will remain in memory only, until you decide to write them.
Be careful before using the write command.

Device does not contain a recognized partition table.
Created a new DOS disklabel with disk identifier 0x70d75067.

Command (m for help): n
```

② 생성할 파티션 타입에 따라 **primary type**이면 'p', **extended type**이면 'e'를 입력

primary type으로 생성하는 것이 일반적이며, primary 영역의 파티션이 부족할 경우 추가로 extended type으로 생성합니다.

```
root@disk-add-test:~
[root@disk-add-test ~]# fdisk /dev/xvdb

Partition type
   p   primary (0 primary, 0 extended, 4 free)
   e   extended (container for logical partitions)
Select (default p): p
```

③ 생성할 파티션 번호와 **cylinder** 영역을 입력

일반적으로 추가할 disk 전체를 mount하게 되고, 이 경우 default값을 그대로 사용하므로 Enter를 입력합니다.

```
root@disk-add-test:~
[root@disk-add-test ~]# fdisk /dev/xvdb

Partition number (1-4, default 1):
First sector (2048-20971519, default 2048):
Last sector, +sectors or +size{K,M,G,T,P} (2048-20971519, default 20971519):

Created a new partition 1 of type 'Linux' and of size 10 GiB.
```

④ 'w'를 입력해 해당 구성을 적용하고 파티션 생성 완료

```
root@disk-add-test:~
[root@disk-add-test ~]# fdisk /dev/xvdb

Command (m for help): w
The partition table has been altered.
Calling ioctl() to re-read partition table.
Syncing disks.

[root@disk-add-test ~]#
```

⑤ 마지막으로 **fdisk -l** 명령어로 생성된 파티션을 다시 확인

디스크가 /dev/xvdb1 장치로 인식된
것을 확인할 수 있습니다.

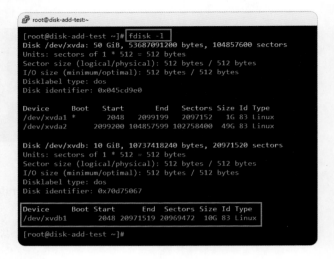

---

5 디스크 포맷

다음으로 파티션이 생성된 디스크를 포맷하면 되는데, OS별로 명령어가 다르므로 확인 후에 실행해야 합니다. OS별 포맷 명령어는 **<070쪽>**을 참조합니다.

```
mkfs.xfs /dev/xvdb1
```

---

6 디스크 마운트

다음으로 디스크를 마운트할 포인트 즉, 디렉토리를 원하는 이름으로 생성하고 마운트를 합니다. 아래의 마운트 경로 /mnt/data 는 예시입니다. 원하는 경로를 직접 설정하면 됩니다.

```
mkdir /mnt/data
mount /dev/xvdb1 /mnt/data
```

```
root@disk-add-test:~
[root@disk-add-test ~]# mkdir /mnt/data
[root@disk-add-test ~]# mount /dev/xvdb1 /mnt/data
[root@disk-add-test ~]#
```

마운트된 내역을 확인합니다.

```
df -hT
```

```
root@disk-add-test:~
[root@disk-add-test ~]# df -hT
Filesystem      Type      Size  Used Avail Use% Mounted on
devtmpfs        devtmpfs  1.8G     0  1.8G   0% /dev
tmpfs           tmpfs     1.8G     0  1.8G   0% /dev/shm
tmpfs           tmpfs     1.8G   17M  1.8G   1% /run
tmpfs           tmpfs     1.8G     0  1.8G   0% /sys/fs/cgroup
/dev/xvda2      xfs        49G  3.6G   46G   8% /
/dev/xvda1      xfs      1014M  253M  762M  25% /boot
tmpfs           tmpfs     365M     0  365M   0% /run/user/0
/dev/xvdb1      xfs        10G  104M  9.9G   2% /mnt/data
[root@disk-add-test ~]#
```

7 마운트 정보 등록

마운트 정보는 설정에 저장하지 않으면 서버가 리부팅될 때 사라지기 때문에 fstab에 저장합니다. 마운트 정보를 등록할 때 장치명을 사용하는 방법과, 장치의 UUID를 사용하는 방법이 있는데, 경우에 따라서는 장치명이 변경될 수도 있으므로 이를 대비해 가능하면 UUID로 등록합니다.

UUID 확인

UUID를 확인하려면 **blkid** 명령어를 사용합니다. 여기서 확인한 UUID를 별도로 복사해두었다가 fstab에 입력하게 됩니다.

```
blkid /dev/xvdb1
```

```
root@disk-add-test:~                                            —  □  ×
[root@disk-add-test ~]# blkid /dev/xvdb1
/dev/xvdb1: UUID="79f        -4  2-4  d-be 1-8          4d5" BLOCK_SIZE="512" TYPE="xfs" PARTU
UID="70     67-01"
[root@disk-add-test ~]#
```

vi로 **/etc/fstab** 파일을 열면 다음과 같습니다. 서버 생성과 함께 장착된 기본 디스크도 UUID로 입력된 것을 확인할 수 있습니다.

```
vim /etc/fstab
```

앞에서 확인하고 복사해둔 추가 디스크의 UUID와 기타 정보를 입력합니다. 입력을 완료한 후 fstab 파일을 저장하고 빠져 나옵니다. fstab에 입력할때 사용하는 디스크 정보 옵션에 대한 정리는 이어서 설명하겠습니다.

```
### /etc/fstab
UUID=79f58417-*** 중략 ***38d0f /mnt/data xfs defaults 1 2
# 또는
/dev/xvdb1 /mnt/data ext4 defaults 1 2
```

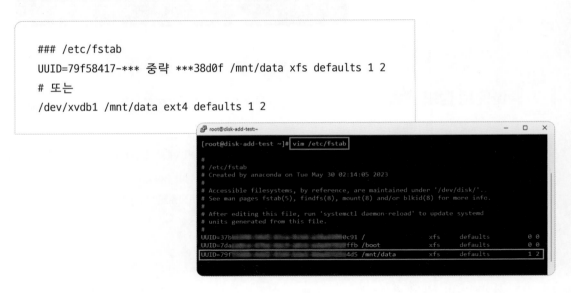

8 | fstab 설정 상세정보 ---------------------------------◁⊏

/etc/fstab은 부팅 단계에서 마운트되어야 할 볼륨 정보들이 저장되는 곳입니다. OS 이미지에 따라 파일 시스템이 다르기 때문에 주의해야 합니다.

파일의 각 항목이 의미하는 바는 다음과 같으며 각 항목은 Tab 또는 Space Bar로 구분합니다.

> ## (장치명) (마운트 포인트) (파일시스템 종류) (옵션) (dump 설정) (fsck 설정)

① 장치명

장치명은 장치의 UUID를 사용하거나 /dev/xvdb1와 같은 장치이름을 사용합니다.

② 마운트 포인트

볼륨을 마운트하고자 하는 위치입니다. 예시에서는 /mnt/data 디렉토리에 마운트했습니다.

③ 파일시스템 종류

OS별로 기본 파일시스템이 다르므로 알맞게 입력합니다.

CentOS 5.x	CentOS 6.x	CentOS 7.x	Rocky Linux	Ubuntu Server / Desktop
ext3	ext4	xfs	xfs	ext4

④ 옵션

예시에서는 defaults 옵션을 사용하였으며, 해당 옵션에는 rw, nouser, auto, exec, suid 등의 속성이 포함됩니다. 각 속성의 내용은 다음과 같습니다. 필요한 옵션만 사용할 경우 각 옵션을 쉼표(,)로 구분하여 작성하면 됩니다.

> **auto** : 부팅 시 자동 마운트, **rw** : 읽기, 쓰기 모두 가능하도록 마운트, **nouser** : root 계정만 마운트 가능, **exec** : 파일 실행을 허용, **suid** : SetUID와 SetGID를 허용

⑤ dump 설정

dump 명령으로 백업을 할 것인지에 대한 설정입니다.

> **0** : dump 되지 않는 파일 시스템,   **1** : dump 가능한 파일 시스템

⑥ **fsck 설정**

부팅시에 fsck 명령으로 파일시스템에 대한 무결성 검사를 할 것인지에 대한 설정입니다.

0 : 부팅 시 fsck 실행하지 않음,

1 : 부팅 시 root 파일 시스템을 우선 체크,

2 : 부팅 시 root 이외의 파일 시스템을 우선 체크

11
06-3

블록 스토리지(디스크) 크기 확장하기
- LINUX

네이버 클라우드 플랫폼 리눅스 환경 서버의 블록 스토리지 볼륨 크기를 확장하고 적용하는 방법을 정리해 보겠습니다.

테스트 환경

- Rocky Linux 8.8 (KVM 타입)
- CentOS 7.8 (KVM 타입)
- Ubuntu 22.04 (KVM 타입)
- 추가 블록 스토리지 10GB

OS 영역에서 사용하는 10G 블록 스토리지 외에 다음과 같이
추가로 할당된 10G의 블록 스토리지의 크기를 변경하고 적용해 보겠습니다.

---

1 스토리지 스냅샷 백업

블록 스토리지의 크기를 변경하는 과정에 만에 하나 있을지 모르는 상황에 대비해서 해당 블록 스토리지의 **스냅샷**을 생성해서 백업해 두는 것을 적극 권장합니다.

[Console] - [Server] - [Storage]에서 크기를 변경할 스토리지를 선택하고 **[스토리지 설정] - [스냅샷 생성]** 메뉴를 선택한 다음 **[스냅샷 이름]**을 입력하여 스냅샷을 생성합니다.

2 스토리지 크기 변경 -------------------------------

스냅샷 생성이 끝났으면 스토리지 크기를 변경하기 위해 **[스토리지 설정] - [스토리지 변경]** 메뉴를 선택합니다.

서버 정지

스토리지 크기 변경은 서버가 정지된 상태에서만 가능하므로, 혹시 서버가 동작중인 경우라면 알림 메시지가 표시됩니다. 참고로 KVM 타입의 서버는 서버가 가동중인 상태에서도 스토리지 변경이 가능하지만, 안정적인 작업을 위해 서버 정지 후에 작업하는 것을 추천합니다.

크기 변경

서버를 정지한 후 **[스토리지 변경]** 메뉴를 선택하면 다음과 같이 변경할 크기를 입력할 수 있습니다. KVM 타입은 최대 16,380GB, XEN 타입은 최대 2,000GB까지 가능합니다. 스토리지 크기는 확대만 가능하며 축소 기능은 제공하지 않습니다.

XEN 타입도 같은 방법으로 스토리지 크기를 변경할 수 있습니다.

변경할 크기를 입력하고 **[확인]** 버튼을 클릭하면 안내 메시지가 나타나며 크기 변경 작업이 진행됩니다. 이후에 서버에서 해당 스토리지의 파티션 확장 등의 작업을 추가로 진행해야 정상적으로 사용할 수 있습니다.

서버 시작

스토리지 크기 변경 작업이 끝났으면 서버를 다시 시작합니다.

3 서버 디스크 파티션 확장 ----------------------------

네이버 클라우드 플랫폼 콘솔에서 블록 스토리지 크기를 변경 완료했으면, 다음으로 서버에 접속해서 할당된 디스크의 파티션을 확장해야 합니다.

디스크 마운트 해제

일반적으로 추가 디스크는 서버가 재시작되어도 사용하는데 문제없도록 fstab에 마운트 정보를 등록해 두기 때문에 서버가 재시작되면서 자동으로 마운트되어 있습니다.

마운트 된 상태에서는 파티션 확장을 할 수 없으므로 먼저 마운트를 해제합니다. 여기서는 마운트 해제가 잘 되었는지 df 명령으로 확인을 해보겠습니다.

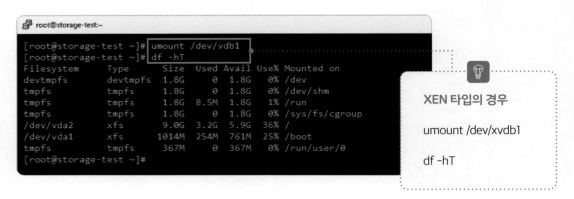

growpart 패키지 설치

디스크 파티션 확장에 필요한 **growpart 패키지**를 설치합니다. 해당 패키지가 이미 설치되어 있는 경우에는 추가 설치 없이 통과됩니다.

▶ **Rocky Linux**

```
dnf -y install cloud-utils-growpart
```

▶ **Ubntu**

```
apt -y install cloud-guest-utils
```

▶ **CentOS**

```
yum -y install cloud-utils-growpart
```

📑 파티션 확장

파티션을 확장할 때 growpart 명령 실행 후의 다음 단계는 XFS, EXT 등 디스크의 파일 시스템 타입에 따라 차이가 있으니 확인하고 진행해야 합니다.

```
# growpart {장치명} {파티션 번호}

# KVM 타입
growpart /dev/vdb 1

# XEN 타입
growpart /dev/xvdb 1
```

```
root@storage-test:~
[root@storage-test ~]# growpart /dev/vdb 1
CHANGED: partition=1 start=2048 old: size=20969472 end=20971519 new: size=41940959 end=41943006
[root@storage-test ~]#
```

▶ **XFS 시스템**

xfs 파일 시스템은 **마운트를 먼저** 하고 최종 파티션 확장 작업을 진행합니다.

```
# KVM 타입
mount /dev/vdb1 /mnt/data
xfs_growfs /dev/vdb1

# XEN 타입
mount /dev/xvdb1 /mnt/data
xfs_growfs /dev/xvdb1
```

```
root@storage-test:~
[root@storage-test ~]# mount /dev/vdb1 /mnt/data
[root@storage-test ~]# xfs_growfs /dev/vdb1
meta-data=/dev/vdb1              isize=512    agcount=4, agsize=655296 blks
         =                       sectsz=512   attr=2, projid32bit=1
         =                       crc=1        finobt=1, sparse=1, rmapbt=0
         =                       reflink=1    bigtime=0 inobtcount=0
data     =                       bsize=4096   blocks=2621184, imaxpct=25
         =                       sunit=0      swidth=0 blks
naming   =version 2              bsize=4096   ascii-ci=0, ftype=1
log      =internal log           bsize=4096   blocks=2560, version=2
         =                       sectsz=512   sunit=0 blks, lazy-count=1
realtime =none                   extsz=4096   blocks=0, rtextents=0
data blocks changed from 2621184 to 5242619
[root@storage-test ~]#
```

작업이 모두 끝난 후에 디스크 상태를 확인해보면 다음과 같이 문제 없이 확장된 것을 알 수 있습니다.

```
df -hT
```

```
root@storage-test:~
[root@storage-test ~]# df -hT
Filesystem     Type     Size  Used Avail Use% Mounted on
devtmpfs       devtmpfs 1.8G     0  1.8G   0% /dev
tmpfs          tmpfs    1.8G     0  1.8G   0% /dev/shm
tmpfs          tmpfs    1.8G  8.5M  1.8G   1% /run
tmpfs          tmpfs    1.8G     0  1.8G   0% /sys/fs/cgroup
/dev/vda2      xfs      9.0G  3.3G  5.8G  36% /
/dev/vda1      xfs     1014M  254M  761M  25% /boot
tmpfs          tmpfs    367M     0  367M   0% /run/user/0
/dev/vdb1      xfs      20G  176M   20G   1% /mnt/data
[root@storage-test ~]#
```

▶ **EXT4 시스템**

ext4 파일 시스템은 최종 **파티션 확장 작업을 먼저** 진행하고 나서 마운트를 하게 됩니다.

```
# KVM 타입
e2fsck -f /dev/vdb1
resize2fs /dev/vdb1
mount /dev/vdb1 /mnt/data

# XEN 타입
e2fsck -f /dev/xvdb1
resize2fs /dev/xvdb1
mount /dev/xvdb1 /mnt/data
```

```
root@storage-test-ubuntu: ~

root@storage-test-ubuntu:~# e2fsck -f /dev/vdb1
e2fsck 1.46.5 (30-Dec-2021)
Pass 1: Checking inodes, blocks, and sizes
Pass 2: Checking directory structure
Pass 3: Checking directory connectivity
Pass 4: Checking reference counts
Pass 5: Checking group summary information
/dev/vdb1: 11/655360 files (0.0% non-contiguous), 66753/2621184 blocks
root@storage-test-ubuntu:~#
```

```
root@storage-test-ubuntu: ~

root@storage-test-ubuntu:~# resize2fs /dev/vdb1
resize2fs 1.46.5 (30-Dec-2021)
Resizing the filesystem on /dev/vdb1 to 5242619 (4k) blocks.
The filesystem on /dev/vdb1 is now 5242619 (4k) blocks long.

root@storage-test-ubuntu:~# mount /dev/vdb1 /mnt/data
root@storage-test-ubuntu:~#
```

```
df -hT
```

```
root@storage-test-ubuntu: ~

root@storage-test-ubuntu:~# df -hT
Filesystem     Type   Size  Used Avail Use% Mounted on
tmpfs          tmpfs  392M 1000K  391M   1% /run
/dev/vda2      ext4   9.8G  3.8G  5.5G  41% /
tmpfs          tmpfs  2.0G     0  2.0G   0% /dev/shm
tmpfs          tmpfs  5.0M     0  5.0M   0% /run/lock
tmpfs          tmpfs  392M     0  392M   0% /run/user/0
/dev/vdb1      ext4   20G   24K   19G   1% /mnt/data
root@storage-test-ubuntu:~#
```

Auto Scaling

12
07-1

AUTO SCALING 서비스 제한 사항

AutoScaling 서비스는 미리 등록한 설정에 따라 서버 수를 자동으로 증가 또는 감소시켜 안정적인 서비스를 유지하면서 비용을 절감할 수 있도록 해주는 서비스입니다. 모든 클라우드 서비스의 핵심 중의 하나가 Auto Scaling이라고 할 수 있습니다. 네이버 클라우드 플랫폼도 예외가 아닌데, Auto Scaling을 설정할 때 몇가지 제한 사항이 있어서 정리해 보았습니다.

① 스펙 및 서비스 환경 제한 사항

서버 스펙이나 서비스 환경과 관련한 제한 사항은 다음과 같습니다.

- **XEN** 타입: 총 디스크 사이즈 150GB 미만 서버만 가능
- **KVM** 타입: 총 디스크 사이즈 2TB 미만 서버만 가능
- **Micro** 서버는 불가
- **GPU** 서버는 불가
- 베어메탈 서버는 불가

따라서 서버타입 기준으로 Auto Scaling 설정이 가능한 서버타입은 다음과 같습니다.

- Classic : Compact, Standard
- VPC : High CPU, Standard, High Memory

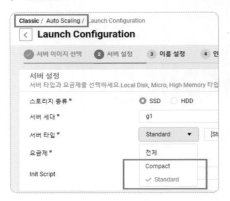

▶ Classic　　　　　　　▶ VPC

2 OS 서버 이미지 제한 사항 --------------------------------

CentOS-7.8-64, Ubuntu-18.04 이 2가지 OS 이미지의 경우 개인 회원은 KR-1 1세대 서버에서 생성이 불가능한 이미지입니다. 2세대 서버를 선택하시거나 KR-2에서 생성해야 합니다.

⌗ 설정 제한 사항

Auto Scaling 설정을 할 때 생성 가능한 최대 서버 수 등의 설정 제한 사항은 다음과 같습니다.

- 고객별 생성 가능한 Auto Scaling Group 최대 수 : 100

- 고객별 생성 가능한 Launch Configuration 최대 수 : 100

- Auto Scaling Group당 생성 가능한 스케줄(Scheduled Action) 최대 수 : 100

- Auto Scaling Group당 생성 가능한 Scaling Policy 최대 수 : 10

- Auto Scaling Group당 생성 가능한 최대 서버 수 : 30대

- Auto Scaling Group당 연결 가능한 Load Balancer 최대 수 : 10

> ⚙ 계정당 생성 가능한 최대 서버 개수
>
> 네이버 클라우드 플랫폼에서 한 계정당 생성할 수 있는 최대 서버 수는 기본 50대입니다. 서버 수 한도를 조정하려면 **[Management & Governance] - [Service Quota]**를 이용하여 한도증설 신청을 해야 합니다.

13
07-2

VPC 환경에서 AUTO SCALING 설정하기

네이버 클라우드 플랫폼 VPC 환경에서 AutoScaling 설정하는 방법을 정리해 보겠습니다.

언제 서버 수를 증가, 감소 시킬 것인지에 대한 이벤트 설정은 **Classic 환경의 경우 오토 스케일 그룹에 속한 서버들의 평균값을 기준**으로 하지만, **VPC 환경의 경우 이 방법 말고도 특정 서버를 지정해서 해당 서버를 기준으로 이벤트 설정을 할 수도 있습**니다.

여기서는 사전에 준비된 서버를 기준으로 AutoScaling이 작동되는 것을 살펴보겠습니다.

1 기준 서버 생성

AutoScaling 이벤트 설정의 기준이 되는 서버 1대를 다음과 같이 미리 생성하였습니다.

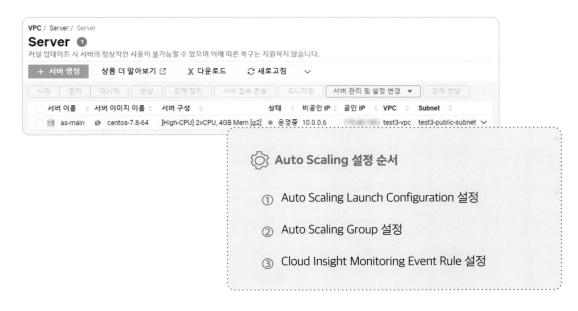

○ **Auto Scaling 설정 순서**

① Auto Scaling Launch Configuration 설정

② Auto Scaling Group 설정

③ Cloud Insight Monitoring Event Rule 설정

2 **Launch Configuration 설정**

Auto Scaling 설정은 우선 **[Auto Scaling] – [Launch Configuration]**에서 **[Launch Configuration 생성]** 버튼을 클릭하는 것으로 시작합니다.

서버 이미지 선택

서버 이미지는 네이버 클라우드 플랫폼에서 제공하는 [최신 서버 이미지] 또는 [NCP 서버 이미지]를 선택할 수도 있고, 기존에 사용하던 서버로 만들어 둔 [내 서버 이미지]를 사용할 수도 있습니다.

서버 설정

스토리지 종류와 서버 타입 등을 선택합니다.

이름 설정

Launch Configuration의 이름을 입력합니다.

인증키 설정

인증키는 기존에 보유하고 있던 인증키를 이용해도 되고, 새로운 인증키를 설정해도 됩니다.

최종 확인

지금까지 설정한 내용이 이상 없는지 최종 확인을 하고 이상 없으면 **[Launch Configuration 생성]** 버튼을 클릭합니다.

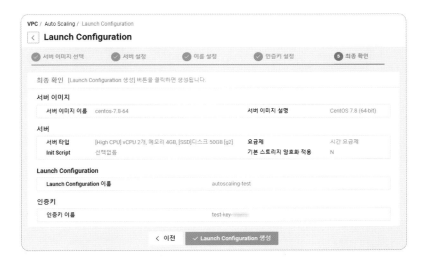

Auto Scaling Group 설정

다음으로 Auto Scaling Group을 생성합니다. **[Auto Scaling] - [Auto Scaling Group]**에서 **[Auto Scaling Group 생성]** 버튼을 클릭합니다.

⊒ Launch Configuration 선택

앞의 과정에서 생성했던 Launch Configuration 을 선택합니다.

⊒ 그룹 설정

여기서는 VPC와 Subnet 등의 네트워크 환경을 선택하고 생성될 서버들의 이름과 최소, 최대 개수 등을 설정합니다.

① **서버이름 Prefix : 최대 7자**까지 지정할 수 있고, 나머지 이름의 뒷부분은 영문과 숫자의 조합으로 무작위 자동 생성됩니다.

② **서버 용량** : 최소, 최대, 기대 용량은 서버 대수를 의미하며 각각 **0~30까지** 입력 가능합니다.

③ **쿨다운 기본값** : 새로운 서버가 생성되었다고 해도 init script 실행이나 업데이트 설치 등의 이유로 실제 서비스를 수행할 수 있을 정도로 준비되기까지는 시간이 소요될 수 있습니다. 즉, 쿨다운(Cooldown) 시간이란 실제 Scaling이 수행 중이거나 수행 완료된 이후에 모니터링 이벤트 알람이 발생하더라도 반응하지 않고 무시하도록 설정한 기간입니다. **값을 입력하지 않으면 기본값인 300초가 적용됩니다.**

④ **헬스 체크 보류 기간** : 서버 인스턴스가 생성되어 상태가 '운영 중'으로 바뀌었더라도, 서버의 업데이트 설치 등 작업에 의해서 헬스 체크에 정상 응답하지 못하는 경우가 생길 수 있습니다. 이런 경우 헬스 체크 보류 기간을 지정하면 해당 기간 동안에는 헬스 체크에 실패하더라도 서버에 이상이 있다고 판단하지 않습니다. **값을 입력하지 않으면 기본값인 300초가 적용**됩니다.

⑤ **헬스 체크 유형** : 헬스 체크 유형은 [서버]와 [로드밸런서] 중에서 선택할 수 있습니다. 여기에서 선택한 헬스 체크 유형은 이후에 다시 변경할 수 없으며, 변경하려면 Auto Scaling Group을 다시 생성해야 합니다.

> ⚙️ **로드밸런서 연결**
>
> Auto Scaling으로 생성된 서버가 로드밸런서에 자동으로 연결되도록 하려면 **[헬스 체크 유형]**을 **[로드밸런서]**로 선택하고 **[Target Group]** 항목에서 원하는 로드밸런서의 Target Group을 선택하면 됩니다. VPC 환경에서 로드밸런서를 생성하는 방법은 **<269쪽>**을 참조합니다.

네트워크 접근 설정

네트워크 접근에 필요한 ACG를 설정하고 선택합니다.

⊹ 정책/일정 설정

정책과 일정을 여기서 바로 설정할 수도 있고 나중에 설정할 수도 있는데, 우선은 [정책 설정]에서
[서버 수 증가 정책]과 [서버 수 감소 정책]을 설정합니다.

⊹ 통보 설정

서버가 생성될 때 또는 서버가 반납될 때 언제 통보를 받을 것인지 선택하고, 누가 언제 통보 받을 것
인지 설정합니다.

먼저 [통보대상 관리 그룹]을 선택하고, 다음으로 관리자와 통보 방법을 선택합니다. 아직 통보대상 관리 그룹을 설정하지 않았을 경우에는 [통보대상관리] 버튼을 클릭해 통보를 받을 대상의 그룹을 설정할 수 있습니다.

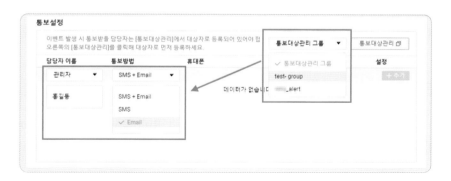

최종 확인

지금까지 설정한 Auto Scaling Group 내역을 확인하고, 이상이 없으면 **[Auto Scaling Group 생성]** 버튼을 클릭합니다.

4 Event Rule 설정

지정한 서버를 모니터링 하다가 설정한 조건에 해당되면 즉, 지정한 Event가 발생하면 Auto Scaling 설정을 적용해 서버를 증가시키거나 감소시키기 위한 감시 규칙인 [Event Rule]을 설정합니다.

서버 증가 Event Rule 생성

VPC에서는 Cloud Insight로 모니터링을 합니다. Event Rule을 설정하려면 **[Cloud Insight (Monitoring)] - [Configuration] - [Event Rule]**에서 **[Event Rules 생성]** 버튼을 클릭합니다.

▶ 감시 상품 선택

Cloud Insight는 Server 뿐만 아니라 Load Balancer, Object Storage도 감시할 수 있는데 여기서는 처음에 생성했던 서버를 감시할 것이니 **[Server(VPC)]**를 선택합니다.

▶ 감시 대상 설정

맨 처음에 생성했던 서버를 선택합니다.

▶ 감시 항목 및 조건 설정

감시 항목 설정에서 **[전체 보기]**를 선택하고, **[SERVER]** 탭에서 **[Metric ID]**를 "cpu"로 검색한 후 평균 CPU 사용률 항목인 [SERVER/avg_cpu_used_rto]에서 [Level]과 [Condition], [Method], [Duration]을 선택합니다.

먼저 서버를 증가시키는 경우에 해당하는 감시 항목을 설정하겠습니다. 다음 그림의 설정 내용은 **"평균 CPU 사용률이 1분간 50% 이상일 경우 경고 수준으로 이벤트 통보를 한다"**라는 설정입니다.

▶ 액션 설정

앞에서 설정한 이벤트가 발생했을 경우 어떤 액션을 취할 것인지 설정하는데, 앞에서 살펴보았던 **[Auto Scaling Group]** 설정에서 생성했던 정책을 선택하면 됩니다.

여기서는 [CPU 사용률 50% 이상]인 경우이므로 **서버를 증가시키는 정책을 선택**합니다.

▶ 최종 확인

설정한 내용이 이상없는지 최종 확인하고, 규칙 이름을 입력한 후에 **[생성]** 버튼을 클릭합니다.

서버 감소 Event Rule 생성

앞에서 생성한 [서버 증가 Event Rule]과 같은 방식으로 **[서버 감소 Event Rule]**을 생성합니다.

다음 그림의 설정 내용은 **"평균 CPU 사용률이 1분간 10% 이하일 경우 정보 알림 수준으로 이벤트 통보를 한다"**라는 설정입니다.

▶ 액션 설정

여기서는 [CPU 사용률 10% 이하]인 경우이므로 **서버를 감소시키는 정책**을 선택합니다.

▶ 최종 확인

설정한 내용이 이상없는지 최종 확인하고, 규칙 이름을 입력한 후에 **[생성]** 버튼을 클릭합니다.

생성을 마치면 서버 증가와 감소에 대한 Event Rule 2가지가 모두 생성된 것을 확인할 수 있습니다.

5 Stress Tool 실행

Stress Tool을 이용하여 CPU 사용률에 따른 Auto Scaling 작동 여부를 테스트해 보겠습니다.

Stress Tool 설치

Stress Tool을 설치에 앞서 다음 명령어를 이용해 **[EPEL 리포지토리]**를 설정해야 합니다.

```
yum -y install epel-release
```

이어서 다음 명령어를 이용해 Stress Tool을 설치합니다.

```
yum -y install stress
```

CPU 코어 개수 확인

CPU에 강제로 부하를 발생 시키기 위해서는 서버의 CPU 코어 개수를 확인하여 모든 코어에 부하를 발생시키는 것이 좋습니다. CPU 코어 개수를 확인하려면 다음 명령어를 이용합니다.

```
grep -c processor /proc/cpuinfo
```

```
root@as-main:~

[root@as-main ~]# grep -c processor /proc/cpuinfo
2
[root@as-main ~]#
```

명령어 테스트

CPU에 부하를 주는 명령어를 테스트해 보겠습니다.

```
stress --cpu 2 --timeout 60 –verbose
```

위 옵션의 내용은 다음과 같습니다.

- **cpu** : 몇 개의 코어에 부하를 발생 시킬 것인가

- **timeout** : 몇 초 동안 부하를 발생 시킬 것인가

- **verbose** : 상세 로그를 표시

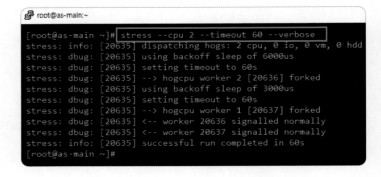

≒ CPU 부하 발생

부하 발생 테스트를 마쳤으니 실제 Auto Scaling 테스트를 위해 300초 즉, 5분 동안 부하를 발생 시켜보겠습니다.

```
stress --cpu 2 --timeout 300 —verbose
```

≒ 서버 증가 확인

Stress Tool로 부하를 발생 시키고 서버 리스트를 확인해 보면, 다음과 같이 Auto Scaling 설정에서 지정한 대로 서버가 생성되고 있는 것을 확인할 수 있습니다.

⊞ CPU 사용률 확인

[Cloud Insight]에서 서버 사용률을 확인해 보면 다음과 같이 5분간 CPU 사용률이 100%까지 올라간 것을 확인할 수 있습니다.

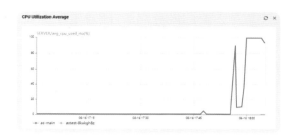

⊞ 서버 반납 확인

Stress Tool로 부하를 발생시키도록 설정한 5분이 지난 후에 서버 리스트를 보면 Auto Scaling으로 생성되었던 서버가 반납되고 있는 것을 확인할 수 있습니다.

⊞ 이벤트 발생 확인

[Cloud Insight] - [Event]에서 서버 증가, 감소 관련 이벤트가 제대로 발생했는지 다음과 같이 그래프와 리스트로 확인할 수 있습니다.

🖥 이벤트 통보 확인

이벤트 통보에서 설정한 대로 다음과 같이 Email로 Auto Scaling 이벤트 발생과 완료에 대한 통보 메일이 도착한 것을 확인할 수 있습니다.

6 상세 모니터링 ----------------------------------🔌

네이버 클라우드 플랫폼에서는 기본 모니터링 외에 [상세 모니터링]도 지원하는데, [상세 모니터링]에서는 좀 더 자세하고 다양한 모니터링 항목(Extended Metric)을 지원합니다.

예를 들어 CPU 사용과 관련한 모니터링 항목에서도 다음과 같이 **[CPU idle ratio average]** 항목들도 확인할 수 있습니다.

또한, [Server] 탭에서는 CPU들의 평균 값을 모니터링할 수 있는 것에 비해, 상세 모니터링을 적용하면 다음 그림과 같이 [CPU] 탭에서 **CPU 코어별로 각각 모니터링**을 할 수도 있습니다.

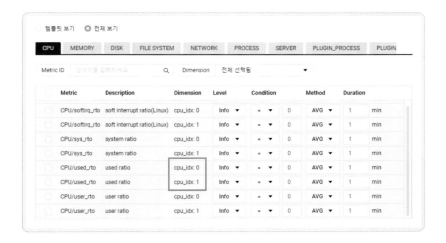

⊟ 상세 모니터링 설정

상세 모니터링을 적용하는 방법은 서버를 선택하고 **[서버 관리 및 설정 변경]** 메뉴에서 **[상세 모니터링 설정 변경]** 메뉴를 선택합니다.

상세 모니터링 신청 팝업에서 [예] 버튼을 클릭하면 상세 모니터링이 적용됩니다. 상세 모니터링 신청 후 실제 데이터가 수집되기까지는 약간의 시간이 소요되므로 잠시 기다렸다 확인해보면 됩니다.

## Chapter 8

NginX 설치, 설정

ROCKY LINUX에서 NGINX 설치 및 설정하기

네이버 클라우드 플랫폼 Rocky Linux(록키 리눅스) 서버에 NginX 최신 버전을 Package로 설치하고 기본 설정을 하는 방법에 대한 내용을 정리해 보겠습니다.

테스트 환경

OS : Rocky Linux 8.10 | **NginX :** NginX 1.27.0 | **테스트 사이트 :** nginx-test.com

네이버 클라우드 플랫폼에서는 현재 Rocky Linux 8.10, 9.4 버전을 VPC 환경에서 제공하고 있습니다.
여기서는 **8.10** 버전을 기준으로 소개합니다.

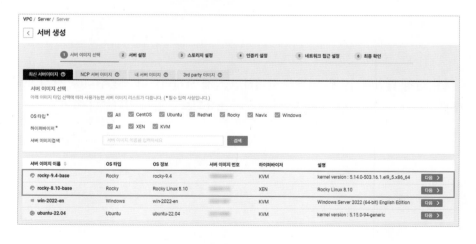

---

1 패키지 업데이트 -----------------------------

패키지 관련한 보안-버그 수정 사항만 최소한으로 업데이트를 합니다.

```
dnf -y upgrade-minimal
```

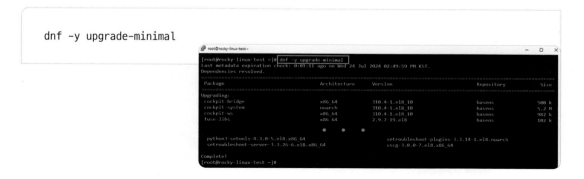

 dnf 명령어

Dandified YUM의 약자인 **dnf**는 기존의 yum 패키지 관리자가 갖고 있던 여러 단점들을 수정, 업그레이드해서 Fedora 18 이후 버전에서 사용되고 있으며, Rocky Linux도 마찬가지로 dnf를 기본 패키지 관리자로 사용하고 있습니다. 물론 호환성을 위해서 yum 명령어를 사용할 수도 있습니다.

2 NginX 버전 확인 -----------------------------

Rocky Linux 8.10에 포함된 NginX 버전을 확인해보면 다음과 같습니다.

```
dnf module list nginx
```

앞의 그림에서는 1.24버전이 최신 버전이지만, 다음 단계에서 NginX 공식 사이트에 최신 버전을 확인하고 설치하는 방법을 안내합니다.

버전 활성화 정보 초기화

일단 앞에서 확인했던 NginX 버전 활성화 정보를 초기화합니다. 혹시 활성화된 버전이 없을 경우에는 별다른 변화 없이 과정이 완료됩니다.

```
dnf module reset nginx
```

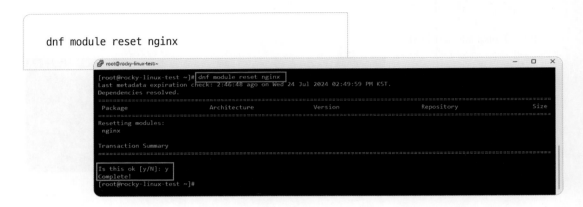

NginX 최신 버전 확인

NginX 공식 사이트(https://nginx.org)에서 2024-07-25 기준 최신 버전 정보를 확인해보면 다음과 같습니다. (책의 원고를 집필할 당시 기준이므로 참고하기 바랍니다.)

- [2024-05-29] nginx-1.26.1 stable version
- [2024-04-16] nginx-1.27.0 mainline version

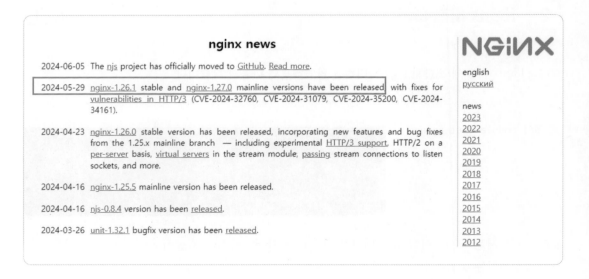

🖧 Repository 설정

우선, NginX package를 다운 받아 설치하기 위한 Repository를 설정해야 합니다.

Repository 디렉토리에 **nginx.repo** 파일을 만들고 다음과 같은 내용을 입력합니다.

```
vim /etc/yum.repos.d/nginx.repo
```

```
[nginx-stable]
name=nginx stable repo
baseurl=http://nginx.org/packages/centos/8/$basearch/
gpgcheck=1
enabled=1
gpgkey=https://nginx.org/keys/nginx_signing.key
module_hotfixes=true

[nginx-mainline]
name=nginx mainline repo
baseurl=http://nginx.org/packages/mainline/centos/8/$basearch/
gpgcheck=1
enabled=0
gpgkey=https://nginx.org/keys/nginx_signing.key
module_hotfixes=true
```

```
root@rocky-linux-test:~
[root@rocky-linux-test ~]# vim /etc/yum.repos.d/nginx.repo
[nginx-stable]
name=nginx stable repo
baseurl=http://nginx.org/packages/centos/8/$basearch/
gpgcheck=1
enabled=1
gpgkey=https://nginx.org/keys/nginx_signing.key
module_hotfixes=true

[nginx-mainline]
name=nginx mainline repo
baseurl=http://nginx.org/packages/mainline/centos/8/$basearch/
gpgcheck=1
enabled=0
gpgkey=https://nginx.org/keys/nginx_signing.key
module_hotfixes=true
```

3 NginX 설치

여기서는 1.27.0 버전인 **mainline** 버전을 설치합니다.

- [dnf config-manager] 기능을 사용해 **stable 버전을 비활성화** 합니다.
- [dnf config-manager] 기능을 사용해 **mainline 버전을 활성화** 합니다.

```
dnf config-manager --disable nginx-stable
dnf config-manager --enable nginx-mainline

dnf -y install nginx
```

4 디렉토리 설정

다음으로 홈으로 사용할 디렉토리를 생성하고, 해당 디렉토리의 소유권을 설정하겠습니다. 그리고, NginX가 정상 작동하는지 확인하기 위해 설치시에 포함된 index.html을 포함한 파일들을 홈 디렉토리로 복사합니다.

```
# 테스트 사이트 홈 디렉토리 생성
mkdir -p /ncloud/data/www/nginx-test/

# 해당 디렉토리에 nginx에 권한 부여
chown -R nginx:nginx /ncloud/data/www/nginx-test
```

```
# nginx 샘플 페이지를 사이트 디렉토리로 복사
cp /usr/share/nginx/html/*.* /ncloud/data/www/nginx-test/

# 복사된 파일들 확인
ls -al /ncloud/data/www/nginx-test/
```

```
root@rocky-linux-test:~
[root@rocky-linux-test ~]# mkdir -p /ncloud/data/www/nginx-test/
[root@rocky-linux-test ~]# chown -R nginx:nginx /ncloud/data/www/nginx-test
[root@rocky-linux-test ~]# cp /usr/share/nginx/html/*.* /ncloud/data/www/nginx-test/
[root@rocky-linux-test ~]# ls -al /ncloud/data/www/nginx-test/
total 8
drwxr-xr-x 2 nginx nginx  40 Jul 25 17:32 .
drwxr-xr-x 3 root  root   24 Jul 25 17:31 ..
-rw-r--r-- 1 root  root  497 Jul 25 17:32 50x.html
-rw-r--r-- 1 root  root  615 Jul 25 17:32 index.html
[root@rocky-linux-test ~]#
```

5 환경 설정 ────────────────────────

설정 파일 위치

NginX 환경 설정 파일의 위치는 /etc/nginx/ 디렉토리입니다. tree 명령으로 해당 디렉토리에서 conf와 관련된 파일 리스트와 디렉토리 구조를 확인하면 다음과 같습니다.

```
tree -P *conf* /etc/nginx/
```

```
root@rocky-linux-test:~
[root@rocky-linux-test ~]# tree -P *conf* /etc/nginx/
/etc/nginx/
├── conf.d
│   └── default.conf
└── nginx.conf

1 directory, 2 files
[root@rocky-linux-test ~]#
```

⊟ 기본 설정 파일

위에서 확인할 수 있는 파일들 중에서 기본 환경 설정 파일은 **/etc/nginx/nginx.conf** 입니다. **nginx. conf** 파일을 열어보면 아래쪽에 **include /etc/nginx/conf.d/*.conf** 와 같이 **conf.d** 디렉토리에 있는 설정 파일을 모두 불러오도록 되어 있습니다. 그리고, 현재는 **/etc/nginx/conf.d/default.conf** 파일에 기본 설정이 저장되어 있습니다.

물론, 사이트 설정을 **default.conf** 파일에 직접 설정해도 되지만, 여러 개의 사이트를 설정해야 하는 경우도 생각해서 **conf.d** 디렉토리에 사이트 이름별로 환경 설정 파일을 별도로 만들어서 진행하도록 하겠습니다.

```
vim /etc/nginx/nginx.conf
```

```
root@rocky-linux-test:~
[root@rocky-linux-test ~]# vim /etc/nginx/nginx.conf
 21
 22      access_log  /var/log/nginx/access.log  main;
 23
 24      sendfile          on;
 25      #tcp_nopush        on;
 26
 27      keepalive_timeout  65;
 28
 29      #gzip  on;
 30
 31      include /etc/nginx/conf.d/*.conf;
 32 }
```

⊟ 기본 설정 주석 처리

/etc/nginx/conf.d/default.conf 파일을 열어서 모두 주석 처리합니다.

```
vim /etc/nginx/conf.d/default.conf
```

```
root@rocky-linux-test:~
[root@rocky-linux-test ~]# vim /etc/nginx/conf.d/default.conf
#server {
#    listen       80;
#    server_name  localhost;

    #access_log  /var/log/nginx/host.access.log  main;

#    location / {
#        root   /usr/share/nginx/html;
#        index  index.html index.htm;
#    }

    #error_page  404              /404.html;

    # redirect server error pages to the static page /50x.html
    #
```

⊏╦⊐ 환경 설정 파일 생성

nginx-test.com 이라는 도메인의 사이트 설정을 **nginx-test.conf** 설정 파일을 생성해서 저장합니다.

```
vim /etc/nginx/conf.d/nginx-test.conf
```

```
server {
    listen      80;

    # 사이트 도메인 설정
    server_name     nginx-test.com www.nginx-test.com;

    # 홈 디렉토리, 기본 문서 설정
    root        /ncloud/data/www/nginx-test;
    index       index.html index.htm;

    # 404 error 페이지 설정
    error_page 404 /404.html;
      location = /404.html {
    }

    # 50x error 페이지 설정
    error_page 500 502 503 504 /50x.html;
      location = /50x.html {
      root      /ncloud/data/www/nginx-test;
    }

    # .htaccess 파일 접근 금지 설정
    location ~ /\.ht {
      deny      all;
    }
}
```

6 NginX 설정 검사

다음 명령어로 위에서 설정한 환경설정에 오류가 없는지 확인합니다.

```
nginx -t
```

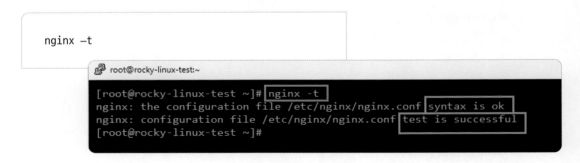

```
[root@rocky-linux-test ~]# nginx -t
nginx: the configuration file /etc/nginx/nginx.conf syntax is ok
nginx: configuration file /etc/nginx/nginx.conf test is successful
[root@rocky-linux-test ~]#
```

7 NginX 실행

설정을 모두 마쳤으면 NginX를 시작하고 상태를 확인합니다.

```
systemctl enable nginx
systemctl start nginx
systemctl status nginx
```

```
[root@rocky-linux-test ~]# systemctl enable nginx
Created symlink /etc/systemd/system/multi-user.target.wants/nginx.service → /usr/lib/systemd/system/nginx.service.
[root@rocky-linux-test ~]# systemctl start nginx
[root@rocky-linux-test ~]# systemctl status nginx
● nginx.service - nginx - high performance web server
   Loaded: loaded (/usr/lib/systemd/system/nginx.service; enabled; vendor preset: disabled)
   Active: active (running) since Thu 2024-07-25 18:38:42 KST; 1s ago
     Docs: http://nginx.org/en/docs/
  Process: 42546 ExecStart=/usr/sbin/nginx -c /etc/nginx/nginx.conf (code=exited, status=0/SUCCESS)
 Main PID: 42547 (nginx)
    Tasks: 3 (limit: 23226)
   Memory: 2.9M
   CGroup: /system.slice/nginx.service
           ├─42547 nginx: master process /usr/sbin/nginx -c /etc/nginx/nginx.conf
           ├─42548 nginx: worker process
           └─42549 nginx: worker process

Jul 25 18:38:42 rocky-linux-test systemd[1]: Starting nginx - high performance web server...
Jul 25 18:38:42 rocky-linux-test systemd[1]: Started nginx - high performance web server.
[root@rocky-linux-test ~]#
```

8 hosts 파일 수정

지금과 같이 테스트용으로 임의 설정한 도메인(**nginx-test.com**)으로 접속하게 될 경우에는 **hosts 파일을 수정**해야 합니다. 그러나 실제 도메인을 사용할 경우 hosts 파일을 수정하는 과정이 필요없기에 다음 단계로 이동하면 됩니다.

Windows 운영체제에서 hosts 파일은 **C:₩Windows₩System32₩drivers₩etc** 에 존재하는데 직접 수정할 수 가 없으므로 다음과 같은 단계를 거쳐야 합니다.

① C:₩Windows₩System32₩drivers₩etc₩hosts 파일을 임의의 작업 폴더(예: D:₩Work)로 복사합니다.

② 복사한 hosts 파일을 수정해서 **123.456.789.123 nginx-test.com** 처럼 접속할 IP 주소와 도메인을 추가 합니다.

③ 수정한 파일을 C:₩Windows₩System32₩drivers₩etc 위치로 덮어쓰기 합니다.

④ 덮어쓰기 할 때 관리자 권한이 필요하다는 안내 메시지가 나타나면 [계속] 버튼을 클릭 합니다.

```
18
19   # localhost name resolution is handled within DNS itself.
20   #   127.0.0.1       localhost
21   #   ::1             localhost
22
23
24   2       43      nginx-test.com
25
```

9 사이트 접속

NginX가 정상 작동하면 다음과 같이 서버 접속 화면을 확인할 수 있습니다.

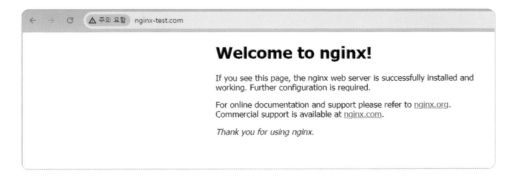

NGINX+PHP 설치 및 연동하기
- ROCKY LINUX

15
08-2

네이버 클라우드 플랫폼 Rocky Linux(록키 리눅스)에 NginX와 PHP를 설치하고 연동하는 방법을 정리해 보겠습니다.

--- 테스트 환경 ---

OS : Rocky Linux 8.10 | **NginX :** NginX 1.27.0 | **PHP :** 8.2 | **테스트 사이트 :** nginx-test.com

네이버 클라우드 플랫폼에서는 현재 Rocky Linux 8.10, 9.4 버전을 VPC 환경에서 제공하고 있습니다.
여기서는 **8.10** 버전을 기준으로 소개합니다.

1 패키지 업데이트 및 NginX 설치 ----------------

패키지 업데이트, NginX 설치 준비, Repository 설정, NginX 설치와 관련된 내용은 **<104쪽>**의 내용을 참고합니다.

2 PHP 설치

버전 리스트

네이버 클라우드 플랫폼 Rocky Linux 8.10에서 지원하는 PHP 버전은 다음과 같이 확인해볼 수 있습니다.

```
dnf module list php
```

```
[root@nginx-php-test ~]# dnf module list php
Last metadata expiration check: 0:00:13 ago on Mon 29 Jul 2024 10:58:19 AM KST.
Rocky Linux 8.10 - AppStream
Name            Stream          Profiles                        Summary
php             7.2 [d]         common [d], devel, minimal      PHP scripting language
php             7.3             common [d], devel, minimal      PHP scripting language
php             7.4             common [d], devel, minimal      PHP scripting language
php             8.0             common [d], devel, minimal      PHP scripting language
php             8.2             common [d], devel, minimal      PHP scripting language

Hint: [d]efault, [e]nabled, [x]disabled, [i]nstalled
[root@nginx-php-test ~]#
```

리스트를 확인해보면 7.2버전이 기본이고, 8.2버전이 최신 버전인 것을 알 수 있습니다. 여기서는 최신 버전인 8.2버전을 설치해 보겠습니다.

PHP 8.2 활성화

```
dnf module reset php
dnf module enable php:8.2
```

```
[root@nginx-php-test ~]# dnf module reset php
Last metadata expiration check: 0:45:45 ago on Mon 29 Jul 2024 10:58:19 AM KST.
Dependencies resolved.
Nothing to do.
Complete!
[root@nginx-php-test ~]# dnf module enable php:8.2
Last metadata expiration check: 0:45:48 ago on Mon 29 Jul 2024 10:58:19 AM KST.
Dependencies resolved.
================================================================================
 Package            Architecture        Version             Repository
================================================================================
Enabling module streams:
 httpd                                  2.4
 nginx                                  1.14
 php                                    8.2

Transaction Summary
================================================================================

Is this ok [y/N]: y
Complete!
[root@nginx-php-test ~]#
```

⛓ PHP 8.2 설치

```
dnf -y install php
php -v
```

```
root@nginx-php-test:~
[root@nginx-php-test ~]# dnf -y install php
Last metadata expiration check: 3:36:14 ago on Mon 29 Jul 2024 10:58:19 AM KST.
Dependencies resolved.
==============================================================================================
 Package                  Architecture        Version                                  Repository
==============================================================================================
Installing:
 php                      x86_64              8.2.13-1.module+el8.10.0+1596+477f03f8    appstream
Installing dependencies:
 apr                      x86_64              1.6.3-12.el8                             appstream
 apr-util                 x86_64              1.6.1-9.el8                              appstream
 httpd                    x86_64              2.4.37-65.module+el8.10.0+1830+22f0c9e0   appstream
                                        ●           ●           ●

Complete!
[root@nginx-php-test ~]# php -v
PHP 8.2.13 (cli) (built: Nov 21 2023 09:55:59) (NTS gcc x86_64)
Copyright (c) The PHP Group
Zend Engine v4.2.13, Copyright (c) Zend Technologies
    with Zend OPcache v8.2.13, Copyright (c), by Zend Technologies
[root@nginx-php-test ~]#
```

PHP 8.2 버전을 설치하고 버전을 확인해보면 **8.2.13** 버전인 것을 알 수 있습니다.

③ 디렉토리 설정 ----------------------------------⊂⊐

다음으로 홈으로 사용할 디렉토리를 생성하고, 해당 디렉토리의 소유권을 설정하겠습니다.

```
mkdir -p /ncloud/data/www/nginx-test/
chown -R nginx:nginx /ncloud/data/www/nginx-test
ls -al /ncloud/data/www/
```

```
root@nginx-php-test:~
[root@nginx-php-test ~]# mkdir -p /ncloud/data/www/nginx-test/
[root@nginx-php-test ~]# chown -R nginx:nginx /ncloud/data/www/nginx-test
[root@nginx-php-test ~]# ls -al /ncloud/data/www/
total 0
drwxr-xr-x 3 root   root   24 Jul 29 14:40 .
drwxr-xr-x 3 root   root   17 Jul 29 14:40 ..
drwxr-xr-x 2 nginx nginx  6 Jul 29 14:40 nginx-test
[root@nginx-php-test ~]#
```

4 환경 설정 ---------------------------------⊏

설정 파일 위치

NginX 환경 설정 파일의 위치는 **/etc/nginx/** 디렉토리입니다. **tree** 명령으로 해당 디렉토리에서 **conf**와 관련된 파일 리스트와 디렉토리 구조를 확인하면 다음과 같습니다. 이 중에서 참고해야 할 파일은 기본 설정 파일인 **/etc/nginx/conf.d/default.conf** 파일입니다.

```
tree -P *conf* /etc/nginx/
```

```
root@nginx-php-test:~
[root@nginx-php-test ~]# tree -P *conf* /etc/nginx/
/etc/nginx/
├── conf.d
│   ├── default.conf
│   └── php-fpm.conf
├── default.d
│   └── php.conf
└── nginx.conf

2 directories, 4 files
[root@nginx-php-test ~]#
```

기본 설정 주석처리, IP 접속 차단

기본 설정 파일인 **/etc/nginx/conf.d/default.conf** 파일의 내용을 참고해서 서비스할 사이트 전용 환경 설정 파일을 만들고, 기본 설정 파일의 내용은 다음과 같이 수정해서 도메인 이외의 IP로 접속하는 경우를 차단하도록 설정합니다.

```
vim /etc/nginx/conf.d/default.conf
```

> **return 444**에 적혀 있는 HTTP 상태코드 444는 일반적인 표준 상태코드는 아니고, 사전에 허용되지 않은 접근인 경우 연결을 차단하는 용도로 사용되는 NginX 전용 상태코드입니다.

```
server {
  listen 80 default_server;
  server_name "";
return 444;
...
```

환경 설정 파일 생성

테스트로 사용할 nginx-test.com 이라는 도메인의 사이트 설정을 nginx-test.conf 설정 파일을 생성해서 저장합니다. 여기서 핵심이 되는 부분은 아래쪽에 있는 **location ~ \.php$ {** 로 시작되는 PHP 연동 설정 부분입니다.

```
vim /etc/nginx/conf.d/nginx-test.conf
```

```
server {
    listen      80;

    # 사이트 도메인 설정
    server_name     nginx-test.com www.nginx-test.com;

    # 홈 디렉토리, 기본 문서 설정
    root        /ncloud/data/www/nginx-test;
    index       index.php index.html;

    # 접속 로그 설정
    access_log  /var/log/nginx/nginx-test.com.access.log  main;

    # 404 error 페이지 설정
    error_page 404 /404.html;
      location = /404.html {
    }

    # 50x error 페이지 설정
    error_page 500 502 503 504 /50x.html;
      location = /50x.html {
      root    /ncloud/data/www/nginx-test;
    }

    # PHP 연동 설정
    location ~ \.php$ {
        fastcgi_pass  unix:/run/php-fpm/www.sock;
        fastcgi_index  index.php;
```

```
        fastcgi_param  SCRIPT_FILENAME  $document_root$fastcgi_script_name;
        include        fastcgi_params;
    }

    # .htaccess 파일 접근 금지 설정
    location ~ /\.ht {
      deny    all;
    }
}
```

환경 설정 오류 확인

NginX는 환경 설정 파일에 오류가 없는지 확인할 수 있는 방법이 있습니다. 다음 명령으로 확인을 해 봅니다.

```
nginx -t
```

```
root@nginx-php-test:~
[root@nginx-php-test ~]# nginx -t
nginx: the configuration file /etc/nginx/nginx.conf syntax is ok
nginx: configuration file /etc/nginx/nginx.conf test is successful
[root@nginx-php-test ~]#
```

5 테스트 페이지 생성 --------------------------------⊏⊐

웹사이트를 테스트할 페이지 **index.php**를 생성하고, 테스트용 PHP 코드를 입력해 보겠습니다.

```
vim /ncloud/data/www/nginx-test/index.php
```

```php
<?php
    echo("<center><h1>NginX + PHP (server name: ".gethostname().")</h1></
center>");
?>
```

```
root@nginx-php-test:~
[root@nginx-php-test ~]# vim /ncloud/data/www/nginx-test/index.php
<?php
    echo("<center><h1>NginX + PHP (server name: ".gethostname().")</h1></center>");
?>
```

6 NginX 실행

설정을 모두 마쳤으면 NginX를 실행하고 상태를 확인합니다.

```
systemctl enable nginx
systemctl start nginx
systemctl status nginx
```

```
root@nginx-php-test:~
[root@nginx-php-test ~]# systemctl enable nginx
Created symlink /etc/systemd/system/multi-user.target.wants/nginx.service → /usr/lib/systemd/system/nginx.service.
[root@nginx-php-test ~]# systemctl start nginx
[root@nginx-php-test ~]# systemctl status nginx
● nginx.service - nginx - high performance web server
   Loaded: loaded (/usr/lib/systemd/system/nginx.service; enabled; vendor preset: disabled)
  Drop-In: /etc/systemd/system/nginx.service.d
           └─php-fpm.conf
   Active: active (running) since Mon 2024-07-29 14:47:50 KST; 711ms ago
     Docs: http://nginx.org/en/docs/
  Process: 19830 ExecStart=/usr/sbin/nginx -c /etc/nginx/nginx.conf (code=exited, status=0/SUCCESS)
 Main PID: 19832 (nginx)
    Tasks: 3 (limit: 23226)
   Memory: 3.0M
   CGroup: /system.slice/nginx.service
           ├─19832 nginx: master process /usr/sbin/nginx -c /etc/nginx/nginx.conf
           ├─19833 nginx: worker process
           └─19834 nginx: worker process

Jun 17 11:31:02 nginx-php-test systemd[1]: Starting nginx - high performance web server...
Jun 17 11:31:02 nginx-php-test systemd[1]: Started nginx - high performance web server.
[root@nginx-php-test ~]#
```

7 hosts 파일 수정

지금과 같이 테스트용으로 임의 설정한 도메인(**nginx-test.com**)으로 접속하게 될 경우에는 hosts 파일을 수정해야 합니다. 그러나 실제 도메인을 사용할 경우 hosts 파일을 수정하는 과정이 필요 없으므로 그냥 다음 단계로 이동하면 됩니다.

Windows 운영체제에서 hosts 파일은 **C:₩Windows₩System32₩drivers₩etc** 에 존재하는데 직접 수정할 수 가 없으므로 다음과 같은 단계를 거쳐야 합니다.

① C:₩Windows₩System32₩drivers₩etc₩hosts 파일을 임의의 작업 폴더(예: D:₩Work)로 복사합니다.

② 복사한 hosts 파일을 수정해서 **123.456.789.123 nginx-test.com** 처럼 접속할 IP 주소와 도메인을 추가 합니다.

③ 수정한 파일을 C:₩Windows₩System32₩drivers₩etc 위치로 덮어쓰기 합니다.

④ 덮어쓰기 할 때 관리자 권한이 필요하다는 안내 메시지가 나타나면 [계속] 버튼을 클릭 합니다.

```
18
19    # localhost name resolution is handled within DNS itself.
20    #   127.0.0.1       localhost
21    #   ::1             localhost
22
23
24    2        43        nginx-test.com
25
```

8 사이트 접속 ----------------------------

NginX와 PHP가 정상 작동하면 다음과 같이 사이트 접속 화면을 확인할 수 있습니다.

IP 접속 차단 확인

앞에서 설정한 대로 도메인이 아닌 IP로 접속해보면 다음과 같이 접속이 차단되고 오류 메시지만 나타나는 것을 확인할 수 있습니다.

16

08-3

로드밸런서에 연동된 NGINX에서 CLIENT IP 기록하고 확인하기

네이버 클라우드 플랫폼에서 로드밸런서(Load Balancer)에 연동된 NginX 웹서버를 사용할 때 Load Balancer IP가 아닌 실제 Client IP를 기록하고 확인하는 방법을 알아보겠습니다. 결론부터 이야기 하자면 NginX에서는 Apache와 달리 별도의 모듈 설치나 환경 설정 파일 수정 없이도 자동으로 실제 Client IP 와 Load Balancer IP가 동시에 모두 기록됩니다. 어떻게 기록되는지 테스트 결과를 보면서 확인해 보겠 습니다.

테스트 환경

Server : Rocky Linux 8.10 | **NginX** : NginX 1.27.0

---

1 서버 준비

네이버 클라우드 플랫폼 콘솔에서 Rocky Linux 8.10 서버를 다음과 같이 준비했습니다. Nginx 설치 와 설정 방법은 **<104쪽>**을 참고합니다.

2 로드밸런서 준비

로드밸런서도 [Application Load Balancer]를 **[10.0.4.0]** 대역으로 설정해서 준비했습니다. Application Load Blancer 를 생성하는 방법은 **<269쪽>**을 참고합니다.

3 Access Log 확인

네이버 클라우드 플랫폼의 상품인 **[Cloud Log Analytics]**에서 NginX의 로그를 확인해보면 다음과 같이 Log 내용에 앞쪽에는 **[Load Balancer IP]**가 기록되어 있고, 제일 뒤쪽에는 **[실제 Client IP]**가 기록되어 있는 것을 확인할 수 있습니다. 해당 서버들에는 오로지 NginX만 설치했고, 다른 모듈을 설치하거나 환경 설정 파일을 변경하지 않은 상태입니다.

Cloud Log Analytics 설정 방법에 대한 자세한 내용은 **<517쪽>**을 참고합니다.

로드밸런서에 연동된 NginX에서 Client IP 기록하고 확인하기

123

## Chapter 9

X-Forwarded-For

PROXY, LOAD BALANCER 환경에서 CLIENT IP 기록하기

X-Forwarded-For (XFF) 는 HTTP Header 중 하나로 Load Balancer(로드밸런서)나 Proxy Server 를 통해 웹서버에 접속하는 **Client의 IP 주소를 식별하는 표준 헤더**입니다. 웹서버나 WAS 앞쪽에 Load Balancer 혹은 Proxy Server 등이 위치하게 된다면, 서버 접근 로그에는 Client IP가 아닌 Load Balancer 혹은 Proxy Server의 IP 주소가 기록됩니다. 이때 웹 어플리케이션에서 **X-Forwarded-For** 헤더를 이용하면 Client IP를 서버 접근 로그에 남길 수 있습니다.

여기서는 Load Balancer와 연동된 CentOS와 Ubuntu, 그리고 **Rocky Linux**의 **Apache 웹서버 환경**에 서 X-Forwarded-For를 이용하여 Apache access_log에 Clinet의 IP를 저장하는 과정을 살펴보겠습니다.

1 테스트 환경

테스트는 CentOS, Ubuntu, Rocky Linux OS가 각각 설치된 서버를 Load Balancer와 연동한 후 Cloud Log Analytics에서 Apache access_log를 수집해 IP 주소를 확인하는 방식으로 진행하겠습니다.

Network 환경

- VPC 대역 : 10.0.0.0/16

- Subnet 대역 (Server) : 10.0.**0**.0/24

- Subnet 대역 (Load Balancer) : 10.0.**4**.0/24

Server 환경

- xff-test-centos : CentOS 7.8

- xff-test-ubuntu : Ubuntu 20.04

- xff-test-rocky : Rocky Linux 8.6

테스트 서버

위 서버 환경에서 정리한 대로 CentOS, Ubuntu, Rocky Linux 이렇게 3대의 서버를 준비했습니다. VPC 환경에서 서버를 생성하는 방법은 **<020쪽>**을 참고합니다.

마찬가지로 로드밸런서도 준비하고, 서버와 연동까지 완료했습니다. VPC 환경에서 로드밸런서를 생성하는 방법은 **<269쪽>**을 참고합니다.

> 로드밸런서 상세정보에서 **[10.0.4.0/24]**로 표시되는 서브넷 정보를 기억했다가 아래쪽에서 테스트할 때 확인해 보겠습니다.

② 설정 전 테스트 ----------------------------------

우선 **X-Forwarded-For (XFF)** 설정을 하기 전에 어떻게 기록이 남는지 확인해 보겠습니다. 다음과 같이 Load Balancer 주소로 접속해서 3대의 서버에 각각 접근하도록 합니다. **<269쪽>**에서 설명하는 로드밸런스 생성 방법을 그대로 따라하면 아래와 같은 메시지를 확인할 수 있습니다.

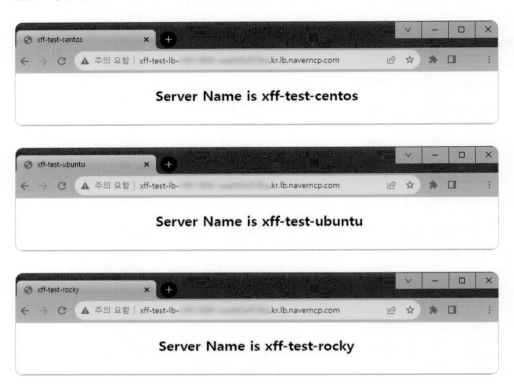

⛓ Apache 접속 로그 확인

Apache 접속 로그 파일은 아래의 위치에 존재합니다.

- CentOS : /var/log/httpd/access_log
- Ubuntu : /var/log/apache2/access.log
- Rocky Linux : /var/log/httpd/access_log

하지만, 여기에서는 네이버 클라우드 플랫폼의 상품 중 하나인 **Cloud Log Analytics**에서 로그를 수집해서 확인해 보겠습니다. Cloud Log Analytics 설정 방법에 대한 자세한 내용은 **<517쪽>**을 참고합니다.

> Cloud Log Analytics에서 수집한 로그를 확인해보면 앞에서 설정했던 Load Balancer의 IP 대역(**10.0.4.xx**)이 기록된 것을 확인할 수 있습니다.

③ CentOS 설정

이제부터 실제 Client IP가 기록되도록 설정을 변경해 보겠습니다.

우선 CentOS에서는 **httpd.conf** 파일만 수정하면 됩니다.

```
vim /etc/httpd/conf/httpd.conf
```

httpd.conf 파일의 **[log_config_module]** 설정에 있는 LogFormat 항목에서 **%h** 를 **%{X-Forwarded-For}i** 로 수정합니다.

⊟ httpd.conf 수정 전

```
LogFormat "%h %l %u %t \"%r\" %>s %b \"%{Referer}i\" \"%{User-Agent}i\""
combined
```

```
root@xff-test-centos:~                                              —  □  ×
[root@xff-test-centos ~]# vim /etc/httpd/conf/httpd.conf

<IfModule log_config_module>
    #
    # The following directives define some format nicknames for use with
    # a CustomLog directive (see below).
    #
    LogFormat "%h %l %u %t \"%r\" %>s %b \"%{Referer}i\" \"%{User-Agent}i\"" combined
    LogFormat "%h %l %u %t \"%r\" %>s %b" common

    <IfModule logio_module>
        # You need to enable mod_logio.c to use %I and %O
        LogFormat "%h %l %u %t \"%r\" %>s %b \"%{Referer}i\" \"%{User-Agent}i\" %I %O" combinedio
    </IfModule>
```

⊟ httpd.conf 수정 후

```
LogFormat "%{X-Forwarded-For}i %l %u %t \"%r\" %>s %b \"%{Referer}i\"
\"%{User-Agent}i\"" combined
```

```
root@xff-test-centos:~                                              —  □  ×
[root@xff-test-centos ~]# vim /etc/httpd/conf/httpd.conf

<IfModule log_config_module>
    #
    # The following directives define some format nicknames for use with
    # a CustomLog directive (see below).
    #
    LogFormat "%{X-Forwarded-For}i %l %u %t \"%r\" %>s %b \"%{Referer}i\"-\"%{User-Agent}i\"" combined
    LogFormat "%h %l %u %t \"%r\" %>s %b" common

    <IfModule logio_module>
        # You need to enable mod_logio.c to use %I and %O
        LogFormat "%h %l %u %t \"%r\" %>s %b \"%{Referer}i\" \"%{User-Agent}i\" %I %O" combinedio
    </IfModule>
```

⊟ Apache 재시작

httpd.conf 파일 수정 후에 Apache를 재시작합니다. 로그 테스트는 Rocky Linux, Ubuntu까지 모두 설정을 마친 후에 진행하겠습니다.

```
systemctl restart httpd
```

4 Rocky Linux 설정

Rocky Linux는 CentOS와 마찬가지로 **/etc/httpd/conf/httpd.conf** 파일에 있는 로그 관련 설정을 변경해주면 완료됩니다.

```
[root@xff-test-rocky ~]# vim /etc/httpd/conf/httpd.conf

<IfModule log_config_module>
    #
    # The following directives define some format nicknames for use with
    # a CustomLog directive (see below).
    #
    LogFormat "{X-Forwarded-For}i %l %u %t \"%r\" %>s %b \"%{Referer}i\" \"%{User-Agent}i\"" combined
    LogFormat "%h %l %u %t \"%r\" %>s %b" common

    <IfModule logio_module>
      # You need to enable mod_logio.c to use %I and %O
      LogFormat "%h %l %u %t \"%r\" %>s %b \"%{Referer}i\" \"%{User-Agent}i\" %I %O" combinedio
    </IfModule>
</IfModule>
```

5 Ubuntu 설정

Ubuntu에서는 apache2.conf 파일을 수정하기 전에 **remoteip** 모듈을 사용하도록 설정해야 합니다.

remoteip 설정

아래 명령어를 실행하면 remoteip 모듈이 활성화 됩니다.

```
a2enmod remoteip
```

```
root@xff-test-ubuntu:~# a2enmod remoteip
Enabling module remoteip.
To activate the new configuration, you need to run:
  systemctl restart apache2
root@xff-test-ubuntu:~#
```

⊐ remoteip.load 수정

다음으로 remoteip.load 파일을 수정해서 아래쪽에 **[RemoteIPHeader X-FORWARDED-FOR]** 을 추가합니다.

```
vim /etc/apache2/mods-enabled/remoteip.load
```

```
LoadModule remoteip_module /usr/lib/apache2/modules/mod_remoteip.so
RemoteIPHeader X-FORWARDED-FOR
```

⊐ apache2.conf 수정

다음으로 **apache2.conf** 파일을 수정합니다.

```
vim /etc/apache2/apache2.conf
```

apache2.conf 파일의 LogFormat 부분에서 **%h** 를 **%a** 로 변경합니다.

▶ **apache2.conf 수정 전**

```
LogFormat "%h %l %u %t \"%r\" %>s %O \"%{Referer}i\" \"%{User-Agent}i\"" combined
```

▶ apache2.conf 수정 후

```
LogFormat "%a %l %u %t \"%r\" %>s %O \"%{Referer}i\" \"%{User-Agent}i\"" combined
```

```
root@xff-test-ubuntu:~
root@xff-test-ubuntu:~# vim /etc/apache2/apache2.conf
#
# Note that the use of %{X-Forwarded-For}i instead of %h is not recommended.
# Use mod_remoteip instead.
LogFormat "%v:%p %h %l %u %t \"%r\" %>s %O \"%{Referer}i\" \"%{User-Agent}i\"" vhost_combined
LogFormat "%a %l %u %t \"%r\" %>s %O \"%{Referer}i\" \"%{User-Agent}i\"" combined
LogFormat "%h %l %u %t \"%r\" %>s %O" common
LogFormat "%{Referer}i -> %U" referer
LogFormat "%{User-agent}i" agent
```

⬚ Apache 재시작

```
systemctl restart apache2
```

⑥ 설정 후 테스트 ----------------------------------⫤

지금까지와 같이 CentOS, Ubuntu, Rocky Linux 3대 서버에서 설정을 모두 마친 후에 로드밸런서
URL로 접속합니다. 이후에 **Cloud Log Analytics**에서 로그를 확인해 보면 다음과 같이 로드밸런서 IP
가 아닌 실제 접속한 **Client의 IP**가 기록된 것을 확인할 수 있습니다.

18
09-2
IIS에서 CLIENT IP 기록하기

X-Forwarded-For (XFF) 는 HTTP Header 중 하나로 Load Balancer(로드밸런서)나 Proxy Server 를 통해 웹서버에 접속하는 **Client의 IP 주소를 식별하는 표준 헤더**입니다. 웹서버나 WAS 앞쪽에 Load Balancer 혹은 Proxy Server 등이 위치하게 된다면, 서버 접근 로그에는 Client IP가 아닌 Load Balancer 혹은 Proxy Server의 IP 주소가 기록됩니다. 이때 웹 어플리케이션에서 **X-Forwarded-For** 헤더를 이용하면 Client IP를 서버 접근 로그에 남길 수 있습니다.

여기서는 Load Balancer와 연동된 **Windows server의 IIS**에서 X-Forwarded-For를 이용하여 IIS(Internet Information Services) Log에 Clinet의 IP를 기록하는 과정을 살펴보겠습니다.

1 | 테스트 환경

테스트는 Windows 서버를 Load Balancer와 연동한 후 Cloud Log Analytics에서 IIS Log를 수집해 IP 주소를 확인하는 방식으로 진행하겠습니다.

Network 환경

- VPC 대역 : 10.0.0.0/16

- Subnet 대역 (Server) : 10.0.**0**.0/24

- Subnet 대역 (Load Balancer) : 10.0.**4**.0/24

Server 환경

- Windows Server 2019 (64-bit) English Edition

📟 테스트 서버

위 서버 환경에서 정리한 대로 Windows 서버를 준비했습니다. VPC 환경에서 서버를 생성하는 방법은 **<020쪽>**을 참고합니다.

마찬가지로 로드밸런서도 준비하고, 서버와 연동까지 완료했습니다. VPC 환경에서 로드밸런서를 생성하는 방법은 **<269쪽>**을 참고합니다.

로드밸런서 상세정보에서 **[10.0.4.0/24]**로 표시되는 서브넷 정보를 기억했다가 아래쪽에서 테스트할 때 확인해 보겠습니다.

[2] IIS 접속 로그 확인

우선, **X-Forwarded-For (XFF)** 설정을 하기 전에 어떻게 기록이 남는지 확인해 보겠습니다. Windows IIS 접속 로그를 [Cloud Log Analytics]에서 확인하는 방법에 대한 자세한 내용은 **<517쪽>**을 참고합니다.

Cloud Log Analytics에서 수집한 로그를 확인해보면 앞에서 설정했던 Load Balancer의 IP 대역(**10.0.4.xx**)이 기록된 것을 확인할 수 있습니다.

3 **IIS 설정**

이제부터 실제 Client IP가 기록되도록 설정을 변경해 보겠습니다.

IIS Manager를 실행하고 **[Logging]**을 선택합니다.

[Logging] 화면에서 **[Format]**은 기본값인 **[W3C]** 그대로 두고, **[Log File]** 항목의 **[Select Fields]** 버튼을 클릭합니다.

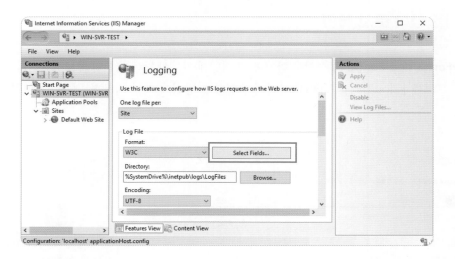

[W3C Logging Fields] 팝업창에서 **[Custom Fields]** 항목의 **[Add Field]** 버튼을 클릭합니다. **[Add Custom Field]** 팝업창에서 **[Field Name]**, **[Source]** 두가지 항목 모두에 **[X- Forwarded-For]**를 입력하고 [OK] 버튼을 클릭합니다.

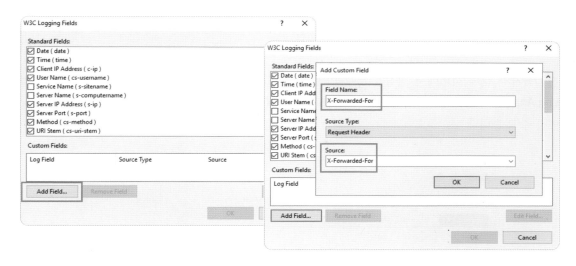

[Custom Fields]에 **[X-Forwarded-For]** 설정이 추가된 것을 확인할 수 있습니다.

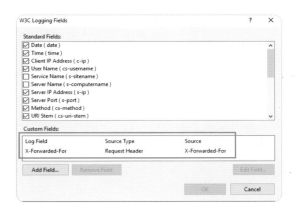

팝업창을 닫고 **[IIS Manager]** - **[Logging]** 설정 화면 오른쪽에 있는 **[Apply]**를 클릭해서 변경된 설정을 적용합니다. 변경된 설정이 적용되었다는 메시지가 표시됩니다.

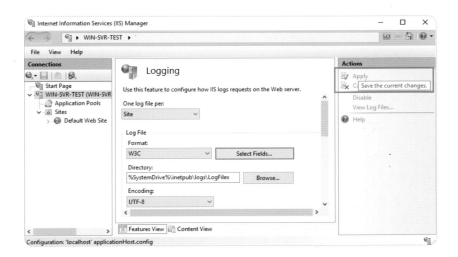

4 설정 후 테스트 -----------------------------⊐⊏

지금까지와 같이 서버에서 설정을 모두 마친 후에 로드 밸런서 URL로 접속합니다. 이후에 **Cloud Log Analytics**에서 로그를 확인해 보면 다음과 같이 **실제 접속한 Client의 IP**가 추가로 기록된 것을 확인할 수 있습니다.

Cloud Functions

19

10-1

CLOUD FUNCTIONS ACTION을 .NET (C#)을 사용하여 VISUAL STUDIO에서 만들기

네이버 클라우드 플랫폼 Cloud Functions에서 Action을 만들 수 있는 언어로는 Node.js, Python, Java, Swift, PHP, .Net, Go Language 등이 있습니다. 다른 언어들은 네이버 클라우드 플랫폼 콘솔에서 직접 코드를 입력하면 되지만, Java는 로컬에서 작업 후 jar 파일로, .Net은 zip 파일로 압축해서 따로 등록해야 합니다.

여기서는 Visual Studio에서 .Net 그 중에서도 C#으로 Action을 만들고 zip 파일로 압축한 후 콘솔에 등록하고 테스트하는 과정까지 정리해 보겠습니다.

⚙️ .Net 설치

네이버 클라우드 플랫폼 Cloud Functions는 .Net Standard 2.0 규격을 요구하는데, 이 규격을 지원하는 버전을 설치하려면 .Net 5.0 또는 .Net Core 2.1 이상을 설치하면 됩니다. 가장 간단한 방법은 Visual Studio를 설치하는 방법이고, 그 외에는 .Net 또는 .Net Core SDK만 별도로 설치하는 방법도 있습니다. 여기서는 Visual Studio를 이용할 것이기 때문에 Visual Studio를 설치하면 됩니다.

- **Visual Studio 무료버전** : https://visualstudio.microsoft.com/ko/free-developer-offers/
- **.Net, .Net Core SDK** : https://dotnet.microsoft.com/download

---

1 프로젝트 생성

프로젝트 템플릿 선택

Visual Studio에서 제공하는 템플릿 중에서 **C# Class library**를 선택합니다.

프로젝트 구성

프로젝트 이름과 저장 위치 등을 입력합니다. 여기서는 **CloudFunctionsTestVisualStudio** 라는 이름으로 시작합니다.

대상 프레임워크 지정

대상 프레임워크는 **.NET Standard 2.0**으로 지정합니다.

프로젝트 생성 후에 CloudFunctionsTestVisualStudio.csproj 파일을 열어보면 **TargetFramework** 값이 **netstandard2.0** 으로 되어 있는 것을 확인할 수 있습니다.

2 json 패키지 설치

네이버 클라우드 플랫폼 Cloud Functions은 json 형식으로 파라미터를 입력받고 결과를 출력하기 때문에 NuGet 패키지 관리자를 이용해서 json 패키지를 설치합니다.

프로젝트 선택하고 마우스 오른쪽 버튼을 클릭해서 **[NuGet 패키지 관리]** 메뉴를 선택합니다.

NuGet 패키지 관리자 화면에서 **json**을 검색하고 **[Newtonsoft.Json]** 패키지를 선택하여 설치합니다.

패키지 설치가 완료되면 [설치] 단추는 [제거] 단추로 변경됩니다.

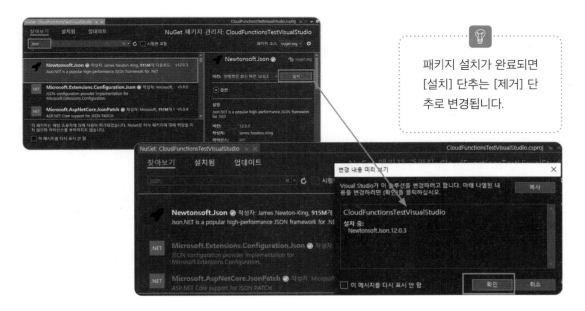

3 Hello.cs 작성

이제 name이라는 파라미터를 json 형태로 받아서 출력하는 **Hello.cs** 스크립트를 작성합니다.

```csharp
using System;
using Newtonsoft.Json.Linq;

namespace CloudFunctionsTestConsole
{
    public class Hello
    {
        public JObject Main(JObject args)
        {
            string name = "no name";
            if (args.ContainsKey("name")) {
                name = args["name"].ToString();
            }
            JObject message = new JObject();
            message.Add("greeting", new JValue($"Hello, {name}!"));
            return (message);
        }
    }
}
```

4 | 프로젝트 게시

이제 위에서 작성한 스크립트를 게시하고, zip 파일로 압축하겠습니다. 여기서 만든 zip 파일을 네이버 클라우드 플랫폼 콘솔에서 등록하게 됩니다.

스크립트를 게시하기 위하여 **[빌드]-[게시]** 메뉴를 선택합니다.

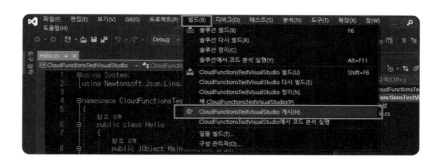

게시 대상은 **폴더**를 선택합니다.

게시할 준비가 되었고 **[게시]** 단추를 클릭해 게시를 시작합니다. 완료 후 게시되었다는 메시지를 확인합니다.

게시된 폴더에 가보면 .nupkg 파일이 생성되는데, 이것을 이용하는 것이 아니라 **상위 폴더에 있는 dll 파일을 사용**합니다.

publish 상위 폴더에 가면 **.deps.json, .dll, .pdb** 이렇게 3개 파일이 생성되어 있는 것을 확인할 수 있는데, Cloud Functions에서는 이 파일들을 사용합니다.

⊏͟ͅ 파일 압축하기

탐색기에서 3개의 파일을 선택하고 압축합니다.

[5] CF 이용신청

네이버 클라우드 플랫폼 콘솔에서 **Cloud Functions**에 들어가 이용 신청을 합니다.

6 CF Action 생성

액션 생성

[Action 생성] 버튼을 선택해 액션을 생성합니다.

기본 정보 입력

먼저 **[생성]** 버튼을 클릭하여 액션이 포함될 패키지를 생성합니다. 그리고, 액션의 이름은 특별한 규칙이 없으니 알아보기 쉬운 것으로 입력하면 됩니다.

소스코드 선택

소스코드 런타임중에서 **dotnet:2.2**를 선택합니다.

소스코드 업로드

소스코드 타입은 코드와 파일이 있지만, java와 .Net은 파일 업로드만 가능합니다. 앞에서 만든 소스 코드 압축 파일을 선택하고 업로드 합니다.

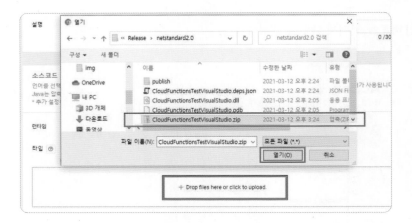

소스코드가 업로드됩니다. 등록된 소스코드는 나중에 다운로드할 수도 있고, 다른 파일을 재업로드할 수도 있습니다.

VPC 연결 정보 선택

VPC 환경에서는 **연결할 VPC와 Subnet을 선택**해야 합니다. Classic 환경에서는 다음 단계로 바로 이동하면 됩니다.

옵션 설정

실행할 Main 함수의 이름을 **{Assembly}::{Class Full Name}::{Method}** 형태의 풀네임으로 입력합니다. 앞에서 만든 Hello.cs에서는 다음과 같이 입력합니다.

```
CloudFunctionsTestVisualStudio::CloudFunctionsTestVisualStudio.Hello::Main
```

액션 메모리와 액션 Timeout
은 기본으로 두어도 되고, 익숙
해진 이후에 상황에 맞게 조정
하면 됩니다.

⚙ Main 함수 이름 작성 방법

입력할 Main 함수 이름을 어떻게 적으면 되는지 한번 더 살펴보겠습니다. 아래 소스코드 화면에서
namespace, class, Main 이렇게 이름이 적혀 있는 곳에서 { 1 }::{ 1 }.{ 2 }::{ 3 } 와 같이 연결하여 적으면
됩니다. 이 이름을 Main 함수 이름 칸에 입력하면 됩니다.

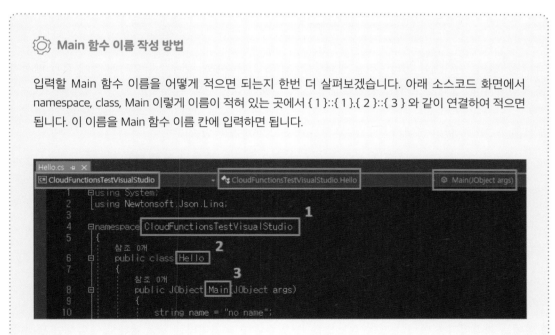

🖧 생성 완료

디폴트 파라미터의 경우 필요
하실 경우 설정하면 됩니다.
모든 준비가 끝났으면 **[생성]**
버튼을 클릭하여 액션을 생성
합니다.

7 CF Action 실행 --

이제 생성된 액션을 실행해 보겠습니다. 액션의 기본정보 화면에서는 액션 실행과 수정, 삭제를 할 수 있고, 모니터링 화면에서는 액션이 실행된 통계 정보를 확인할 수 있습니다.

액션 실행화면 왼쪽에는 파라미터를 입력할 수 있고, 오른쪽에는 결과가 나오는데 전체 결과 메시지를 확인하거나 [결과만 보기] 옵션으로 최종 성공 실패에 대한 결과 메시지만 볼 수도 있습니다.

우선은 파라미터 없이 실행해 보았고, 무사히 성공한 결과가 나왔습니다.

이번에는 파라미터를 입력하고 액션을 실행해보았습니다. 파라미터는 json 형태로 입력하면 됩니다. 왼쪽 창에서 입력한 파라미터가 결과에 잘 반영되어 나왔습니다.

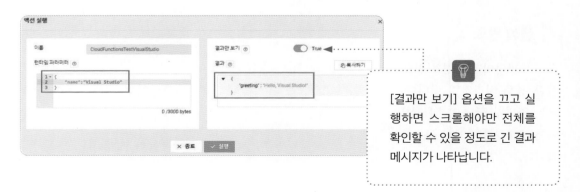

[결과만 보기] 옵션을 끄고 실행하면 스크롤해야만 전체를 확인할 수 있을 정도로 긴 결과 메시지가 나타납니다.

⚙ 가장 많이 겪게 되는 오류 메시지

앞의 순서대로 진행을 하면 문제없이 사용이 가능하겠지만, 이미 다른 방법으로 진행해보면서 오류 메시지를 경험하는 경우도 있을 듯하여 가장 많이 겪게 되는 오류 상황 2가지를 소개합니다.

- `"error" : "main required format is \"Assembly::Type::Function\"."`

  → Main 함수 이름 입력 오류, 액션 Main 함수 이름을 올바르게 입력하지 않은 경우 발생하는 오류 메시지입니다. **<145쪽>**에서 설명한 Main 함수 이름 작성 방법을 참고합니다.

- `"error" : "Unable to locate requested type (\"CloudFunctionsTestVisualStudio.Hello\")."`

  → .Net 대상 프레임워크 오류, 네이버 클라우드 플랫폼 Cloud Functions은 .Net Standard 2.0 규약을 지원하고 있습니다. 이 대상 프레임워크가 맞지 않았을 경우 발생하는 오류 메시지입니다. 프로젝트 생성할 때 대상 프레임워크를 **.NET Standard 2.0**으로 지정해야 합니다.

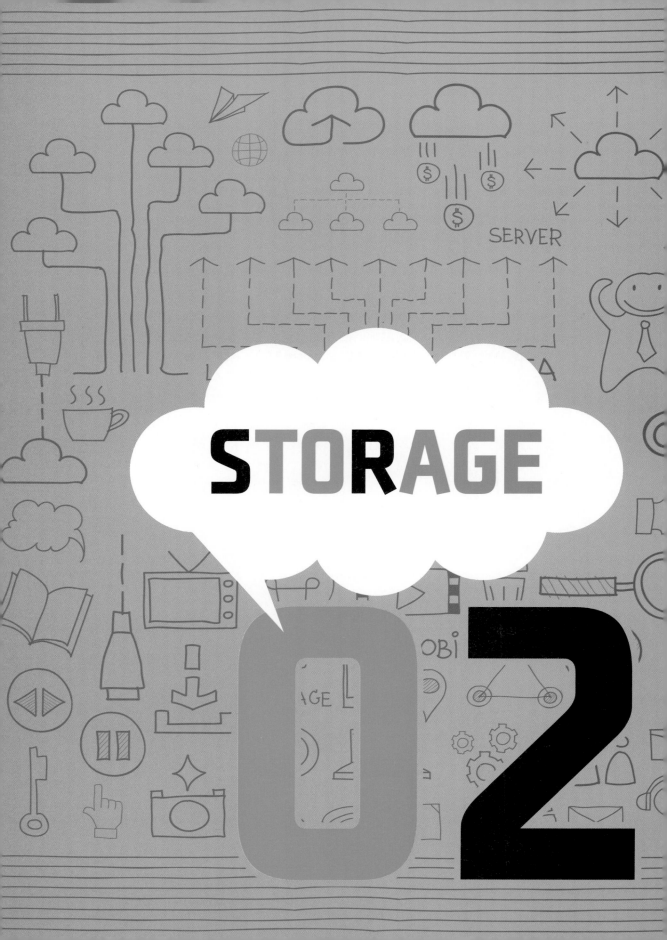

Object Storage

20
01-1

버킷에 CORS 설정하기

Object Storage를 이용해 서비스를 개발하다 보면 종종 CORS와 관련된 오류와 마주치게 됩니다. 여기에서는 테스트 버킷과 사이트를 생성해서 그 해결 방법을 알아보겠습니다. 네이버 클라우드 플랫폼 Object Storage의 CORS 설정은 콘솔이 아닌, CLI와 외부 Client Tool 등을 사용해야 하는데 각각의 방법을 차례로 소개합니다.

⚙️ 테스트 방법

① Object Storage에 **cors-test** 라는 이름의 버킷 생성

② http://cors-test.com라는 테스트 사이트 준비

③ 버킷에 http://cors-test.com 도메인에서 접속 가능하도록 CORS 설정

④ Javascript를 이용해 **cors-test** 버킷에 있는 파일이 호출되는지 확인

⑤ 버킷 CORS 설정을 변경하여 http://cors-test.com 도메인에서는 접속하지 못하게 설정

⑥ **cors-test** 버킷에 있는 파일 호출이 차단되는지 확인

---

1 CORS 구성 요소

CORS(Cross-Origin Resource Sharing)는 웹 애플리케이션이 서비스 되는 도메인에서 다른 도메인에 있는 리소스를 접근해야 할 때 리소스에 대한 접근 허용, 제한 등에 대한 방법을 정의합니다.

CORS는 다음과 같은 요소들로 구성되어 있습니다.

- **AllowedHeader** : 리소스를 요청할 때 사용할 수 있는 Header
- **AllowedMethod** : 리소스를 요청할 때 허용된 Method
- **AllowedOrigin** : 접근 허용된 Origin 도메인
- **ExposeHeader** : 응답에서 접근이 허용된 Header
- **MaxAgeSeconds** : 지정한 리소스에 해당하는 프리플라이트(pre-flight) OPTIONS 요청에 대한 최대 응답 시간

2 CLI 사용

네이버 클라우드 플랫폼 Object Storage는 AWS의 스토리지 서비스 S3와 호환이 되도록 설계되어 있습니다. Object Storage에 접속, 관리할 때 AWS의 CLI(Command Line Interface)를 이용해 접속하게 됩니다. AWS CLI를 이용한 접속 방법에 대한 자세한 내용은 **<189쪽>**을 참조합니다.

json 파일 생성

CLI를 사용하기 위해 먼저 간단하게 GET, PUT Method로 접근 가능하게 하는 CORS 설정을 입력한 별도의 json 파일을 생성합니다. 여기서는 **cors-test.json** 이라는 이름으로 저장합니다.

```
{
  "CORSRules":
  [
    {
      "AllowedHeaders": [
        "*"
```

```
      ],
      "AllowedMethods": [
        "GET",
        "PUT"
      ],
      "AllowedOrigins": [
        "http://cors-test.com"
      ],
      "MaxAgeSeconds": 3000
    }
  ]
}
```

json파일을 생성 하였으면 다음과 같은 형식으로 **CORS 규칙 설정을 버킷에 적용하는 명령어**를 입력합니다. 여기서는 테스트를 위해 미리 **[cors-test]** 라는 이름의 버킷을 생성해 두었습니다.

```
# CORS 설정 입력 명령어 형식
aws --endpoint-url=https://kr.object.ncloudstorage.com s3api put-bucket-
cors --bucket <버킷이름> --cors-configuration file://<json파일 경로>

# 예제
aws --endpoint-url=https://kr.object.ncloudstorage.com s3api put-bucket-
cors --bucket cors-test --cors-configuration file://cors-test.json
```

그런 다음 제대로 적용되었는지 확인하기 위해 **버킷의 CORS 설정을 확인하는 명령어**를 실행합니다.

```
# CORS 설정 조회 명령어 형식
aws --endpoint-url=https://kr.object.ncloudstorage.com s3api get-bucket-
cors --bucket <버킷이름>

# 예제
aws --endpoint-url=https://kr.object.ncloudstorage.com s3api get-bucket-
cors --bucket cors-test
```

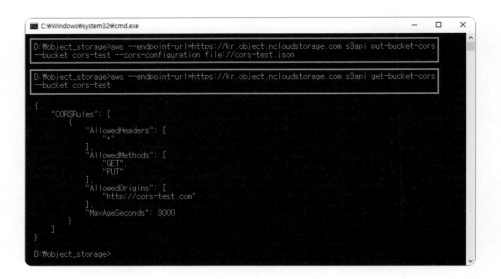

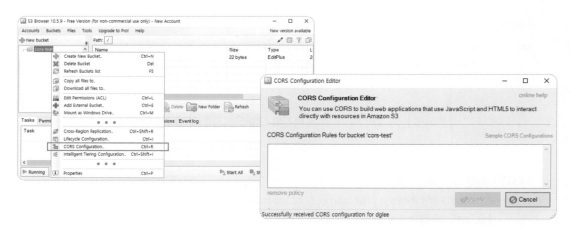

3 S3 Browser 사용

S3 브라우저에 접속한 다음 CORS 설정 대상의 버킷에서 오른쪽 마우스 버튼을 클릭하고 **[CORS Configuration]**을 선택하여 CORS 설정 창을 엽니다. 처음에는 아무 값도 설정되어 있지 않습니다.

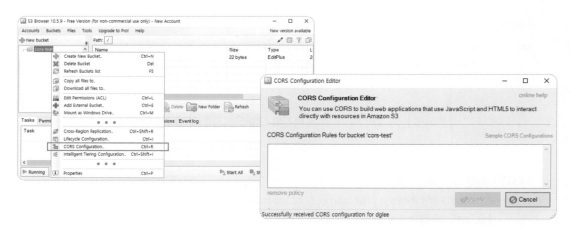

> ### ⚙ S3 Browser
>
> S3 Browser는 네이버 클라우드 플랫폼의 Object Storage에 접속, 관리하기 위한 Windows 클라이언트 툴입니다. S3 Browser의 설치 및 설정에 관련된 내용은 **<180쪽>**을 참고합니다.

⛭ XML 형식의 설정 준비

GET, PUT Method로 접근 가능한 설정을 XML 형식으로 입력하고 **[Apply]** 버튼을 클릭해서 적용합니다.

```
<CORSConfiguration>
  <CORSRule>
    <AllowedHeader>*</AllowedHeader>
    <AllowedMethod>GET</AllowedMethod>
    <AllowedMethod>PUT</AllowedMethod>
    <AllowedOrigin>http://cors-test.com</AllowedOrigin>
    <MaxAgeSeconds>3000</MaxAgeSeconds>
  </CORSRule>
</CORSConfiguration>
```

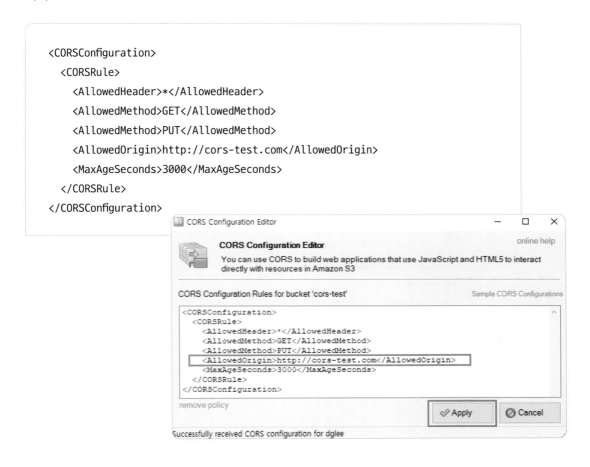

④ 접속 테스트 ···

⛭ 정상 접속 확인

설정을 마친 후 Javascript를 사용해서 cors-test 버킷에 있는 파일을 호출해보면 다음과 같이 문제없이 접속되는 것을 확인할 수 있습니다.

CORS 변경

접속 차단을 테스트 하기 위해 CORS 설정에서 **AllowedOrigin** 값을 임의의 **http://example.com** 으로 변경해 보겠습니다.

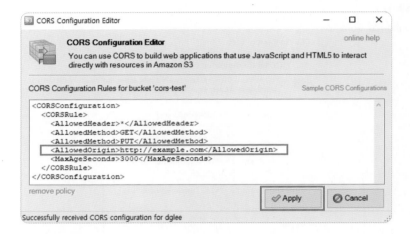

접속 차단 확인

설정을 변경한 후에 접속을 해보면 이전과는 다르게 다음과 같은 메시지가 나타나면서 접속이 차단된 것을 확인할 수 있습니다.

5 CORS 예시

예시 1

아래 예시는 http://*.cors-test.com 즉, cors-test.com 도메인을 가진 모든 하위 도메인에 대해 허용할 요청 Method와 허용할 응답 헤더값을 정의했습니다.

```json
{
  "CORSRules":
  [
    {
      "AllowedHeaders": [
        "*"
      ],
      "AllowedMethods": [
        "PUT",
        "POST",
        "DELETE"
      ],
      "AllowedOrigins": [
        "http://*.cors-test.com"
      ],
      "ExposeHeaders": [
        "x-amz-server-side-encryption",
        "x-amz-request-id",
        "x-amz-id-2"
      ],
      "MaxAgeSeconds": 3000
    }
  ]
}
```

```xml
<CORSConfiguration>
  <CORSRule>
    <AllowedHeader>*</AllowedHeader>
    <AllowedMethod>PUT</AllowedMethod>
    <AllowedMethod>POST</AllowedMethod>
    <AllowedMethod>DELETE</AllowedMethod>
```

```
            <AllowedOrigin>http://*.cors-test.com</AllowedOrigin>
            <ExposeHeader>x-amz-server-side-encryption</ExposeHeader>
            <ExposeHeader>x-amz-request-id</ExposeHeader>
            <ExposeHeader>x-amz-id-2</ExposeHeader>
            <MaxAgeSeconds>3000</MaxAgeSeconds>
        </CORSRule>
    </CORSConfiguration>
```

예시 2

다음 예시는 2가지 도메인에 대해 각각 다른 규칙을 정의했습니다. 먼저 http로 접속하는 www.cors-test.com 도메인에 대해서는 GET 방식의 요청만 허용하고, 다음 https로 접속하는 api.cors-test.com 도메인에 대해서는 PUT, POST, DELETE 요청을 허용하는 규칙입니다.

```json
{
  "CORSRules":
  [
    {
      "AllowedHeaders": [
        "*"
      ],
      "AllowedMethods": [
        "PUT",
        "POST",
        "DELETE"
      ],
      "AllowedOrigins": [
        "https://api.cors-test.com"
      ]
    },
    {
      "AllowedMethods": [
        "GET"
      ],
      "AllowedOrigins": [
        "http://www.cors-test.com"
```

```
        ]
      }
    ]
  }
```

```xml
<CORSConfiguration>
  <CORSRule>
    <AllowedHeader>*</AllowedHeader>
    <AllowedMethod>PUT</AllowedMethod>
    <AllowedMethod>POST</AllowedMethod>
    <AllowedMethod>DELETE</AllowedMethod>
    <AllowedOrigin>http://*.cors-test.com</AllowedOrigin>
    <ExposeHeader>x-amz-server-side-encryption</ExposeHeader>
    <ExposeHeader>x-amz-request-id</ExposeHeader>
    <ExposeHeader>x-amz-id-2</ExposeHeader>
    <MaxAgeSeconds>3000</MaxAgeSeconds>
  </CORSRule>
</CORSConfiguration>
```

21
01-2
SDK FOR S3 API로 CORS 설정하기

네이버 클라우드 플랫폼의 Object Storage 버킷 CORS를 AWS S3에서 제공하는 **[SDK for S3 API]**로
설정하는 방법을 소개합니다. 여기서 소개할 SDK는 **[Python용 SDK for S3 API]**와 **[PHP용 SDK for
S3 API]** 두 가지입니다.

> **CORS 기본 설정 방법**
>
> Object Storage 버킷에 CORS를 설정하는 기본 방법인 CLI와 외부 Client Tool에 대한 자세한 내용은
> **<149쪽>**을 참고합니다.

 Python용 SDK for S3 API

SDK 설치

Python용 SDK를 설치하는 방법은 기본 설치 방법과 특정 버전을 설치하는 방법이 있습니다.

```
# 기본 설치
pip install boto3

# 특정 버전 설치
pip install boto3==1.6.19
```

🔲 예제 코드

다음 예제 코드는 버킷에 CORS를 설정하는 방법과 설정된 CORS를 조회하는 방법입니다.

```python
import boto3

service_name = 's3'
endpoint_url = 'https://kr.object.ncloudstorage.com'
region_name = 'kr-standard'
access_key = '{ACCESS_KEY_ID}'
secret_key = '{SECRET_KEY}'

if __name__ == "__main__":
    s3 = boto3.client(service_name, endpoint_url=endpoint_url,
                            aws_access_key_id=access_key, aws_secret_access_
key=secret_key)

    bucket_name = '{버킷명}'

# Define the configuration rules
    cors_configuration = {
        'CORSRules': [{
            'AllowedHeaders': ['*'],
            'AllowedMethods': ['GET', 'PUT'],
            'AllowedOrigins': ['http://cors-test.com'],
            'MaxAgeSeconds': 3000
        }]
    }

    # Set CORS configuration
    response = s3.put_bucket_cors(Bucket=bucket_name, CORSConfiguration=cors
_configuration)
    print(response['ResponseMetadata'])

    # Get CORS configuration
    response = s3.get_bucket_cors(Bucket=bucket_name)
    print(response['CORSRules'])
```

▶ 예제 코드 실행 결과

```
{
    'RequestId': 'bc4c                              fca',
    'HostId': '',
    'HTTPStatusCode': 200,
    'HTTPHeaders':
    {
        'date': 'Fri, 03 Mar 2023 09:17:56 GMT',
        'x-clv-request-id': 'bc4c                    fca',
        'x-clv-s3-version': '2.5',
        'x-amz-request-id': 'bc4c                    fca',
        'content-length': '0'
    },
    'RetryAttempts': 0
}
```

```
[
    {
        'AllowedHeaders': ['*'],
        'AllowedMethods': ['GET', 'PUT'],
        'AllowedOrigins': ['http://cors-test.com'],
        'MaxAgeSeconds': 3000
    }
]
```

2 PHP용 SDK for S3 API

PHP용 SDK는 다음 2가지 방법 중에서 하나를 선택해서 사용할 수 있습니다.

방법 1 : SDK 설치

첫 번째 방법은 **composer**를 이용해서 설치하는 방법입니다.

```
composer require aws/aws-sdk-php
```

설치 후에 아래 코드를 추가해서 SDK를 불러옵니다.

```
<?php
    require '{경로}/vendor/autoload.php';
?>
```

방법 2 : SDK 다운로드

두 번째 방법은 **SDK Zip** 파일을 다운로드해 사용하는 방법입니다.

▶ 다운로드 : https://docs.aws.amazon.com/aws-sdk-php/v3/download/aws.zip

압축을 풀고 필요한 경로에 복사한 후 아래 코드를 추가해서 SDK를 불러옵니다.

```php
<?php
    require '{경로}/aws-autoloader.php';
?>
```

예제 코드

다음 예제 코드는 버킷에 CORS를 설정하는 방법과 설정된 CORS를 조회하는 방법입니다.

```php
<?php
    use Aws\S3\S3Client;
    use Aws\Exception\AwsException;

    $s3Client = new S3Client ([
        'endpoint' => 'https://kr.object.ncloudstorage.com',
        'region'   => 'kr-standard',
        'credentials' => array(
            'key'      => '{ACCESS_KEY_ID}',
            'secret'   => '{SECRET_KEY}'
        ),
        'version' => 'latest'
    ]);


    $bucketName = "{버킷명}";

    # Set CORS configuration
    try
    {
```

```php
        $result = $s3Client->putBucketCors([
            'Bucket' => $bucketName, // REQUIRED
            'CORSConfiguration' => [ // REQUIRED
                'CORSRules' => [ // REQUIRED
                    [
                        'AllowedHeaders' => ['*'],
                        'AllowedMethods' => ['GET', 'PUT'], // REQUIRED
                        'AllowedOrigins' => ['http://cors-test.com'], // REQUIRED
                        'ExposeHeaders' => [],
                        'MaxAgeSeconds' => 3000
                    ],
                ],
            ]
        ]);

        var_dump($result["@metadata"]);
    }
    catch (AwsException $e)
    {   // output error message if fails
        error_log($e->getMessage());
    }


    echo("<hr />");


    # Get CORS configuration
    try
    {
        $result = $s3Client->getBucketCors([
            'Bucket' => $bucketName, // REQUIRED
        ]);

        var_dump($result["CORSRules"]);
    }
    catch (AwsException $e)
    {   // output error message if fails
        error_log($e->getMessage());
    }

?>
```

```
array(4) {
    ["statusCode"]=>  int(200)
    ["effectiveUri"]=>  string(51) "https://cors-test.kr.object.ncloudstorage.com/?cors"
    ["headers"]=>  array(5) {
        ["date"]=>     string(29) "Fri, 03 Mar 2023 08:49:28 GMT"
        ["x-clv-request-id"]=>     string(36) "acb                              5b5"
        ["x-clv-s3-version"]=>     string(3) "2.5"
        ["x-amz-request-id"]=>     string(36) "acb                              5b5"
        ["content-length"]=>    string(1) "0"
    }
    ["transferStats"]=>  array(1) {
        ["http"]=>  array(1) {
            [0]=>  array(0) {
            }
        }
    }
}
```

```
array(1) {
    [0]=>  array(4) {
        ["AllowedHeaders"]=>     array(1) {
            [0]=>     string(13) "*"
        }
        ["AllowedMethods"]=>     array(2) {
            [0]=>     string(3) "GET"
            [1]=>     string(3) "PUT"
        }
        ["AllowedOrigins"]=>     array(1) {
            [0]=>     string(1) "http://cors-test.com"
        }
        ["MaxAgeSeconds"]=>    int(3000)
    }
}
```

22
01-3
CONTENT-TYPE 설정 문제로
HTML, 이미지 파일 다운로드 문제 해결하기

네이버 클라우드 플랫폼 Object Storage에 html 파일이나 이미지 파일을 올려두고 사용하는 경우가 많습니다. 그런데 간혹, 웹브라우저나 앱에서 해당 파일을 호출했을 때 **html 페이지나 이미지 파일이 화면에 표시되지 않고 다운로드 되는 현상**이 발생하기도 합니다.

이것은 Object Storage에 파일이 등록될 때 파일의 속성을 나타내는 메타 데이터 중에서 **파일의 종류를 구분하기 위한 MIME Type에 대한 정보를 담고 있는 Content-Type 항목이 제대로 설정되지 않아서 발생하는 문제입니다.

1 메타 데이터 --

메타 데이터는 파일의 속성이나 정보를 나타내는 값으로 네이버 클라우드 플랫폼 Object Storage에서는 파일 수정 날짜, 파일 크기 등의 기본으로 설정되는 **시스템 메타 데이터**와 사용자가 임의로 정의하는 **유저 메타 데이터**로 구분할 수 있습니다. 다음과 같이 Console 화면에서 확인할 수 있습니다.

메타 데이터 관리			
해당 파일의 메타데이터를 추가하거나 삭제할 수 있습니다. 기본 속성은 HTTP header 를 통해 자동 수집됩니다.			
키워드	**값**		
x-amz-meta-			메타데이터 추가
Accept-Ranges	bytes		
ETag	3ae1　　　　4417210　　　　21e		
Last-Modified	1671788819000		
Content-Length	82669		
Content-Type	image/png		수정
x-amz-storage-class	Standard		
	× 취소　　✓ 설정		

⊰⊱ MIME Type (Media Type)

MIME은 [Multipurpose Internet Mail Extensions]의 약자로 이메일 전송을 위해 만들어진 인터넷 표준 형식으로, MIME Type이란 이메일로 전송되는 컨텐츠나 파일의 종류를 구분하기 위해 정의된 형식입니다. 최근에는 Media Type으로 표현하는 경우도 있습니다.

⊰⊱ Content-Type

Content-Type은 MIME Type으로 정의된 컨텐츠나 파일을 전송할 때 프로토콜의 **Header 값에 정의되는 속성**입니다. Content-Type Header와 MIME Type은 이메일에 사용하기 위해 정의되었으나, 지금은 HTTP와 같은 다른 인터넷 프로토콜에서 널리 사용하고 있습니다.

네이버 클라우드 플랫폼 Object Storage에서도 업로드된 파일의 종류에 대한 정보를 Content-Type 속성으로 정의하고 있습니다.

② 모류 상황 --

예를 들어 Object Storage에 등록된 이미지 파일에 대한 Content-Type 속성이 제대로 정의되지 않았을 경우라면 다음과 같이 이미지 파일을 호출했을 때 이미지가 화면에 표시되지 않고 다운로드되는 현상이 나타납니다.

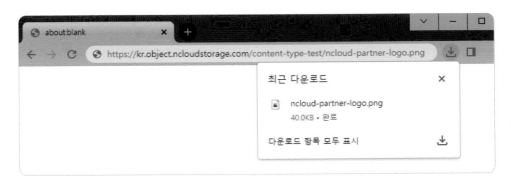

3 | 메타 데이터 변경

문제를 해결하기 위해서는 메타 데이터에 있는 **[Content-Type]**을 변경해야 하므로, 다음과 같이 콘솔 **[Object Storage]** – **[Bucket Management]**에서 해당 파일을 선택하고 **[편집]** – **[메타 데이터 변경]** 메뉴를 선택합니다.

[메타 데이터 관리] 팝업 창에서 **[Content-Type]** 항목에 있는 **[수정]** 버튼을 클릭한 다음 이미지나 html 문서에 맞는 값을 입력합니다.

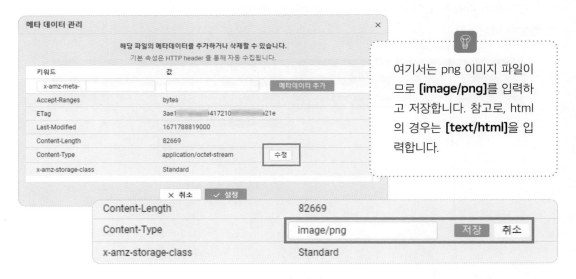

여기서는 png 이미지 파일이므로 **[image/png]**를 입력하고 저장합니다. 참고로, html의 경우는 **[text/html]**을 입력합니다.

[Content-Type] 값 변경 후에 **브라우저의 캐시를 지우고 다시 호출**해보면 이미지가 정상적으로 나타나는 것을 확인할 수 있습니다.

Chapter 1. Object Storage

23
01-4

CONTENT-TYPE 일괄 적용, 변경하기

네이버 클라우드 플랫폼 Object Storage에서 업로드하는 파일의 Content-Type을 업로드 시에 일괄 적용하거나, 이미 업로드된 다수의 파일의 Content-Type을 일괄 변경하는 방법을 정리해 보겠습니다.

⚙️ **테스트 순서**

일괄 적용, 변경 테스트는 다음과 같은 순서로 진행하겠습니다.

① 다수의 txt 파일을 업로드하면서 **[Content-Type]**을 **[application/octet- stream]**으로 일괄 설정

② 업로드된 파일의 **[Content-Type]**이 **[application/octet-stream]**인지 확인

③ AWS CLI를 이용해서 파일들의 **[Content-Type]**을 **[text/plain]**으로 일괄 변경

④ 파일의 **[Content-Type]**이 **[text/plain]**으로 변경되었는지 확인

⑤ CloudBerry Explorer를 이용해 파일들의 **[Content-Type]**을 **[application/octet-stream]**으로 일괄 변경

⑥ 파일의 [Content-Type]이 **[application/octet-stream]**으로 변경되었는지 확인

---

1 업로드 시에 일괄 적용

[Console] – **[Object Storage]** – **[Bucket Management]**에서 버킷을 선택하고 **[파일 올리기]** 버튼을 클릭합니다. [업로드] 팝업에서 파일을 선택하기 전에 먼저 **[권한 및 메타 데이터 설정]** 버튼을 클릭합니다.

메타 데이터 설정

[권한 및 메타 데이터 설정] 팝업에서 **[메타 데 이터 관리]** 탭을 선택하고 **[Content-Type]** 키 워드에 테스트용으로 **[application/octet- stream]**을 입력하고 **[메타데이터 추가]** 버튼을 클릭합니다.

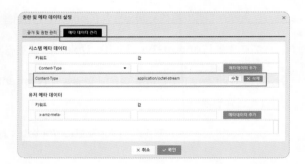

파일 업로드

[Content-Type] 설정을 마쳤으면 업로드할 파 일을 선택하고 **[전송 시작]** 버튼을 클릭합니다. 여기에서는 테스트로 5개의 텍스트 파일을 업 로드하였습니다.

⟜ Content-Type 확인

변경된 **[Content-Type]**을 확인하기 위해 파일 하나를 선택하고, **[편집] – [메타 데이터 변경]** 메뉴를 선택합니다.

[메타 데이터 관리] 팝업에서 **[Content-Type]**이 **[application/octet-stream]**으로 적용된 것을 확인할 수 있습니다.

2 AWS CLI로 일괄 변경

⟜ 파일 리스트 조회

먼저 현재 Object Storage 버킷에 존재하는 파일 리스트를 조회하면 앞에서 업로드했던 5개의 파일을 확인할 수 있습니다.

```
aws --endpoint-url=https://kr.object.ncloudstorage.com s3 ls s3://content-
type-test/ --recursive  --human-readable
```

Content-Type 일괄 적용, 변경하기

⟨⟩ Content-Type 변경

이제 [Content-Type]을 **[text/plain]**으로 변경해 보겠습니다.

```
aws --endpoint-url=https://kr.object.ncloudstorage.com s3 cp s3://content-
type-test/test/ s3://content-type-test/test/ --recursive --content-type
text/plain --metadata-directive REPLACE
```

⟨⟩ Content-Type 확인

앞에서 확인했던 방법대로 **[Console]**에서 파일을 선택하고 **[편집] - [메타 데이터 변경]** 메뉴를 선택하여 **[Content-Type]**을 확인해 보면 **[text/plain]**인 것을 알 수 있습니다.

③ CloudBerry Explorer를 사용해 일괄 변경 ------------------⟨⟩

Object Storage를 편리하게 관리할 수 있는 여러 가지 Client Tool 중에서 **[CloudBerry Explorer]**를 사용해서 [Content-Type]을 변경해 보겠습니다.

[CloudBerry Explorer]로 Object Storage에 접속한 후 앞에서 업로드했던 파일들을 모두 선택하고 마우스 오른쪽 버튼을 클릭하면 나타나는 메뉴에서 **[Set HTTP Headers]**를 선택합니다.

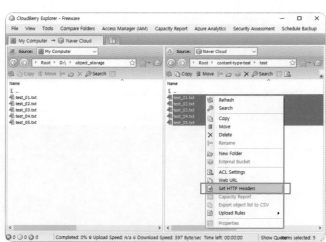

Content-Type 일괄 변경

[Http Headers] 설정 팝업에서 **[Add]** 버튼을 클릭하고 [Http Header]에서는 **[Content-Type]**을, [Value]에서는 **[application/octet-stream]**을 선택합니다.

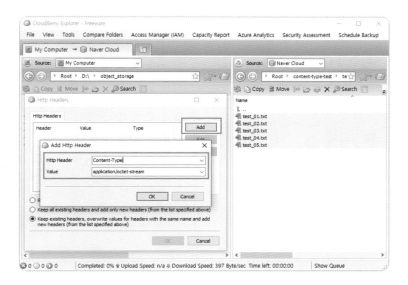

선택한 값을 확인하고, 아래쪽 옵션에서는 기본값 그대로 두고 **[OK]** 버튼을 클릭합니다.

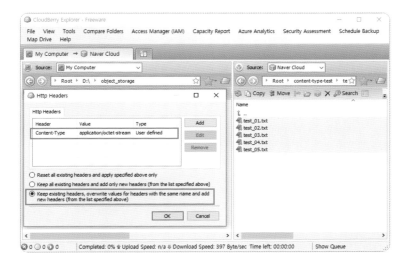

Content-Type 확인

앞에서 확인했던 방법대로 **[Console]**에서 파일을 선택하고 **[편집] - [메타 데이터 변경]** 메뉴를 선택하여 **[Content-Type]**을 확인해 보면 **[application/octet-stream]**인 것을 알 수 있습니다.

4 **Cyberduck을 사용해 일괄 변경** --------------------------------------

또 다른 Client Tool중의 하나인 **[Cyberduck]**을 사용할 경우는 다음과 같이 파일을 모두 선택한 다음
상단의 **[정보 가져오기]** 버튼을 클릭하고 **[메타데이터]** 탭에서 **[Content-Type]**을 변경할 수 있습니다.

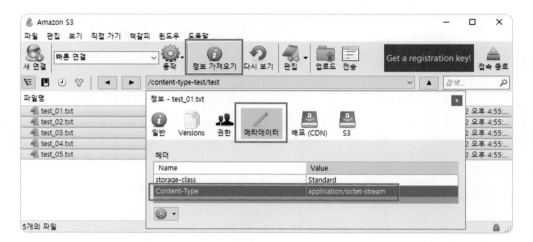

24
01-5
OBJECT STORAGE 접속용
WINDOWS CLIENT TOOL ① : CYBERDUCK

네이버 클라우드 플랫폼 Object Storage에 접속해서 파일을 업로드, 다운로드 등의 관리를 할 수 있는 클라이언트 툴 중에서 **Cyberduck**이라는 무료 제품을 소개합니다.

Object Storage는 AWS S3와 호환되기 때문에 S3를 지원하는 Cyberduck도 사용할 수 있습니다. Cyberduck은 S3뿐만 아니라 FTP, SFTP, WebDAV, Amazon S3, OpenStack Swift, Backblaze B2, Microsoft Azure & OneDrive, Google Drive, Dropbox 등에도 접속 가능합니다.

1 Cyberduck 설치 및 접속정보 확인 ----------------------

Cyberduck은 윈도우용과 macOS용 프로그램을 제공하고 있어, 원하는 제품을 다운로드해 설치하면 됩니다.

▶ **다운로드 : https://cyberduck.io/download/**

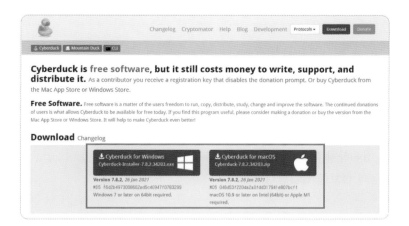

Cyberduck을 실행하고 **[새 연결]** 단추를 클릭하면 스토리지의 접속 정보를 입력하는 창이 나타납니다. 여기에서 필요한 정보는 **서버 접속용 Endpoint URL, API 인증키 (접근 키 ID, Secret Access Key)** 등이 필요한데 네이버 클라우드 플랫폼에 적용하기 위한 내용을 차근차근 살펴보겠습니다.

2 | API 인증키 생성

네이버 클라우드 플랫폼 API 인증키는 **[콘솔]** – **[Sub Account(서브 계정)]** – **[서브 계정 세부 정보]** – **[Access Key]** 탭에서 **Access Key ID**와 **Secret Key**를 가져와야 하며, 아직 만들어진 Key가 없다면 새로 만들어야 합니다.

> 💠 **API 인증키를 서브 계정으로 생성해야 하는 이유**
>
> 메인 계정은 클라우드 서비스의 최대 권한을 가지기 때문에 메인 계정으로 생성한 API도 메인 계정과 동일한 최대 권한을 가지게 됩니다. 그러므로 메인 계정으로 API 인증키를 생성하게 되면 이 Key가 유출되었을 때 심각한 문제가 생기기 때문에 **반드시 서브 계정에서 API 인증키를 생성**해야 합니다. API 인증키 생성 방법에 대한 자세한 내용은 **<622쪽, 475쪽>**을 참고합니다.

3 | 스토리지 접속

Object Storage에 접속하기 위해 앞에서 확인한 **API 인증키**를 이용하여, Cyberduck에서 **[새 연결]** 버튼을 클릭하고 다음의 정보를 입력합니다.

```
# 서버: kr.object.ncloudstorage.com
# 접근 키 ID: 네이버 클라우드 Access Key ID
# Secret Access Key: 네이버 클라우드 Secret Key
```

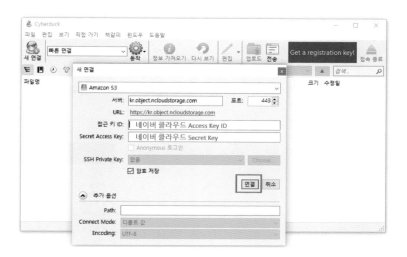

⚙️ **다른 해외 리전의 Object Storage 서버 주소**

· 미국: us.object.ncloudstorage.com   · 일본: jp.object.ncloudstorage.com

· 싱가포르: sg.object.ncloudstorage.com   · 독일: de.object.ncloudstorage.com

Object Storage에 접속한 모습입니다. 이미 생성된 Bucket이 있을 경우 다음과 같이 Bucket 리스트가 표시됩니다.

④ 업로드

Object Storage에 파일을 업로드하기 위해서는 먼저 Bucket이 생성되어 있어야 합니다.

📡 Bucket(버킷) 생성

이미 생성된 Bucket을 사용해도 되고, 새로 만들 경우에는 **[파일]-[새 폴더]** 메뉴를 선택한 후 폴더 이름을 입력해 Bucket을 생성합니다. 여기에서는 **cyberduck-test** 라고 만들었습니다.

📡 파일 업로드

업로드할 대상 Bucket을 선택하고 마우스 오른쪽 버튼을 클릭한 다음 **[업로드]** 메뉴를 선택해 파일을 업로드합니다. 파일 선택창에서 원하는 파일을 선택하면 되고, 파일이 여러 개일 경우 다중 선택도 가능합니다. 다음은 **cyberduck-test**에 여러 개의 그림 파일을 선택해 업로드한 결과 화면입니다.

⑤ 권한설정 ━━━━━━━━━━━━━━━━━━━━━━━━━━━━◁⊏

Object Storage에 업로드한 파일을 외부에서 접근해야 하는 경우에는 파일에 대한 권한을 변경해야 합니다. 권한을 변경할 파일을 선택하고 마우스 오른쪽 버튼을 클릭한 다음 **[정보]** 메뉴를 선택한 후 [정보] 팝업에서 **[권한]** 메뉴를 클릭합니다.

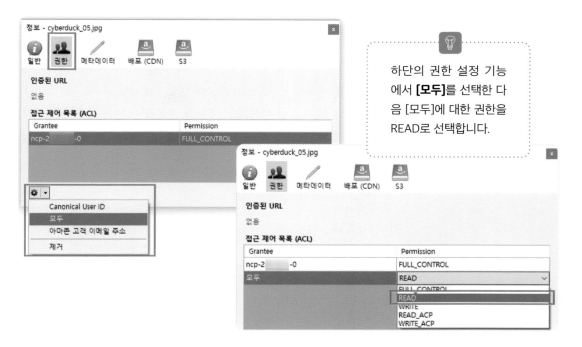

하단의 권한 설정 기능에서 **[모두]**를 선택한 다음 [모두]에 대한 권한을 READ로 선택합니다.

여러 파일의 권한을 동시에 변경할 경우 해당 파일들을 모두 선택하고 권한을 변경할 수도 있습니다.

6 다운로드

Object Storage에 저장된 파일을 로컬로 다운로드 받을 경우에는 대상 파일을 선택하고 마우스 오른쪽 버튼을 클릭하여 **[지정된 위치로 내려받기]** 메뉴를 선택합니다. 다운로드할 폴더를 선택하여 로컬 디스크의 원하는 폴더에 파일을 다운로드할 수 있습니다.

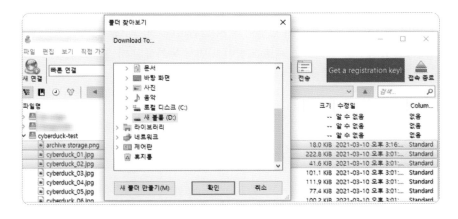

7 동기화

이번에는 업로드나 다운로드가 아닌, 로컬 폴더와 Object Storage에 있는 Bucket을 서로 동기화하는 기능에 대해 확인해 보겠습니다. 동기화할 Bucket을 선택하고 마우스 오른쪽 버튼을 클릭해 **[동기화]** 메뉴를 선택한 후 동기화할 로컬 폴더를 선택합니다.

이제 동기화를 시작할 준비가 되었습니다. 동기화 창에서 **[계속]** 버튼을 클릭해 동기화를 시작합니다.

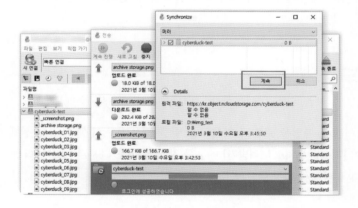

동기화가 완료되었지만 화면에서는 즉시 반영이 되지 않습니다. Bucket을 선택하고 마우스 오른쪽 버튼을 선택해 **[다시보기]** 메뉴를 선택하면 새로 고침이 되면서 동기화된 파일을 확인할 수 있습니다.

8 삭제

Bucket이나 파일을 삭제할 경우에는 대상 파일 등을 선택하고 마우스 오른쪽 버튼을 클릭해 **[삭제]** 메뉴를 선택합니다. 삭제 기능은 한번 더 정말 삭제할 것인지 확인하는 단계가 있습니다.

9 환경설정

메뉴에서 **[편집]-[환경설정]**을 선택하면 Cyberduck의 **[환경설정]** 창이 표시됩니다. 여기에서는 환경설정 항목 중에서 알아두면 좋을 몇 가지 중요한 것들을 소개합니다.

▶ **[전송]-[일반] 설정** : 다운로드와 업로드에 대한 설정을 할 수 있습니다. 기본 다운로드 폴더를 설정할 수 있고, 업로드할 때 파일명이 겹칠 경우 덮어쓸 것인지, 물어보기 할 것인지 등을 설정할 수 있습니다.

▶ **[전송]-[권한] 설정** : 업로드되는 파일의 기본 권한을 원하는 설정으로 변경할 수 있습니다.

▶ **[전송]-[필터] 설정** : 다운로드와 업로드할 때 특정 형식이나 확장자의 파일을 건너뛰기할 수 있는 정규식 기반의 설정을 제공합니다.

▶ **[대역폭] 설정** : 업로드와 다운로드할 때의 네트워크 대역폭을 설정할 수 있습니다.

⚙ Cyberduck 클라이언트 툴의 장점과 단점

장점	단점
• 무료 제품으로 상업적인 용도로도 사용 가능하다. • S3와 그 호환 스토리지 뿐만 아니라 FTP, Dropbox, Google Drive 등 다양한 방식의 접속을 지원한다. • 메뉴가 한글화 되어 있다.	• 인터페이스가 탐색기 형식이 아니라서 업로드, 다운로드할 때 불편하다. • 제공되는 접속용 프로필이 다양하지 않아서 서버 정보를 일일이 입력해야 한다. • 스토리지 대 스토리지 방식의 파일 전송을 지원하지 않는다.

25
01-6
OBJECT STORAGE 접속용
WINDOWS CLIENT TOOL ② : S3 BROWSER

네이버 클라우드 플랫폼 Object Storage에 접속해서 파일을 업로드, 다운로드 등의 관리를 할 수 있는 클라이언트 툴 중 **S3 Browser**의 사용법에 대해 간단히 정리해 보겠습니다.

 ## S3 Browser 설치

S3 Browser는 Amazon S3 and Amazon CloudFront를 위한 클라이언트입니다 이 버전은 무료 버전이기는 하지만 정확히는 **personal use only, non-commecial use only**라고 명시되어 있습니다. 그래서 라이선스와 관계없이 사용이 가능하고, 더 많은 기능이 포함된 유료 버전도 제공하고 있습니다.

▶ **다운로드 및 상세 정보 : https://s3browser.com/**

 ## 스토리지 접속

프로그램을 다운로드해 설치한 다음 실행하면 여러 종류의 스토리지 중에서 원하는 것을 선택하게 됩니다. 이 클라이언트는 AWS S3를 위한 것으로 CloudBerry Explorer와는 다르게 AWS의 다양한 S3 서비스들만 접속이 가능한데, 네이버 클라우드 플랫폼 Object Storage는 AWS의 스토리지 서비스 S3와 호환이 되도록 설계되어 있습니다.

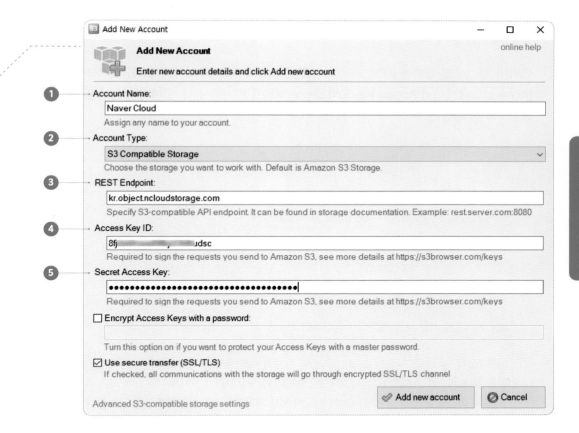

1 **Account name**

알아보기 쉬운 이름을 적으면 됩니다. (예 : Naver Cloud)

2 **Account Type**

S3 Compatible Storage를 선택합니다.

3 **REST Endpoint**

네이버 클라우드 플랫폼의 endpoint-url을 적습니다. (예 : kr.object.ncloudstorage.com)

4 **Access Key ID**

서브 계정에서 생성한 API 인증키에서 확인한 Access Key ID를 적습니다.

5 **Secret Access Key**

서브 계정에서 생성한 API 인증키에서 확인한 Secret Key를 적습니다.

API 인증키 생성

네이버 클라우드 플랫폼 API 인증키는 **[콘솔] – [Sub Account(서브 계정)] – [서브 계정 세부 정보] –
[Access Key]** 탭에서 **Access Key ID와 Secret Key**를 가져와야 하며, 아직 만들어진 Key가 없다면 새
로 만들어야 합니다.

> ⚙️ **API 인증키를 서브 계정으로 생성해야 하는 이유**
>
> 메인 계정은 클라우드 서비스의 최대 권한을 가지기 때문에 메인 계정으로 생성한 API도 메인 계정과 동
> 일한 최대 권한을 가지게 됩니다. 그러므로 메인 계정으로 API 인증키를 생성하게 되면 이 Key가 유출되
> 었을 때 심각한 문제가 생기기 때문에 **반드시 서브 계정에서 API 인증키를 생성해야 합니다.** API 인증키
> 생성 방법에 대한 자세한 내용은 **<622쪽, 475쪽>**을 참고합니다.

계정 정보를 입력하고 접속을 하면 버킷 리스트가 나타나고 원하는 버킷을 선택해서 들어가면 파일들
을 확인할 수 있습니다. Object Storage에 있는 파일을 로컬PC로 가져오려면 원하는 파일을 선택하고
마우스 오른쪽 버튼을 눌러서 **[Download]** 명령을 선택하면 됩니다.

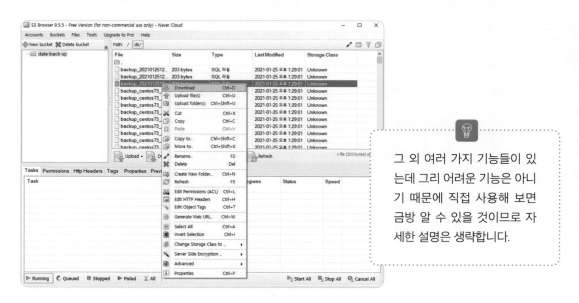

> 💡 그 외 여러 가지 기능들이 있
> 는데 그리 어려운 기능은 아니
> 기 때문에 직접 사용해 보면
> 금방 알 수 있을 것이므로 자
> 세한 설명은 생략합니다.

3 업로드하는 파일 권한 자동 적용 --------------------------------

S3 Browser를 이용해 파일을 업로드할 때 업로드하는 파일의 권한을 자동으로 적용하는 방법에 대해 살펴보겠습니다. S3 Browser에서 **[Tools] - [Options]** 메뉴를 클릭합니다. 다음 그림의 사각형 표시된 2가지 옵션이 중요합니다.

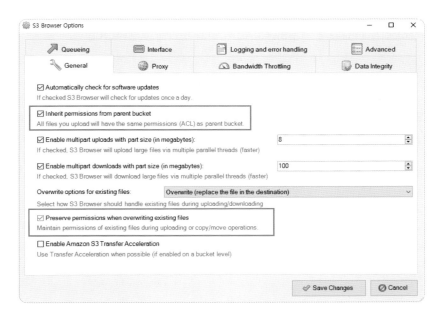

⊹ 버킷(Bucket) 권한 상속

▶ **[Inherit permissions from parent bucket] 옵션**
버킷(Bucket)에 업로드 되는 파일들은 버킷(Bucket)의 권한을 상속받게 하는 옵션입니다. 예를 들어 버킷(Bucket)의 권한이 **[All User]**에게 **[Read]** 권한인 경우에 이 옵션을 선택해 놓으면 이 버킷(Bucket)에 업로드되는 모든 파일은 **[All User]**에게 **[Read]** 권한을 가지게 됩니다.

⊹ 버킷(Bucket) 권한 유지

▶ **[Preserve permissions when overwriting existing files] 옵션**
이미 버킷(Bucket)에 존재하는 파일을 다시 업로드해서 덮어쓰기를 할 경우 기존의 권한을 유지하도록 하는 옵션입니다.

26
01-7
LIFECYCLE MANAGEMENT 관리 대상 설정하기

네이버 클라우드 플랫폼 Object Storage에 저장된 Object 즉, 파일들의 Lifecycle(수명주기)를 설정할 때 관리 대상이 되는 Object를 결정하는 규칙에 대해 정리해 보겠습니다.

1 Lifecycle Management(수명주기) 정책 설정

수명주기 정책 설정은 크게 정책, 관리대상, 이동 위치 3가지 항목으로 구성됩니다.

 정책

정책 유형은 다음의 3가지가 있습니다.

- **만료 삭제** : 설정된 기간이 지난 파일을 삭제
- **이관** : 설정된 기간이 지난 파일을 Archive Storage로 이동
- **이관 후 삭제** : 설정된 기간이 지난 파일을 Archive Storage로 이동한 후 Object Storage에서 삭제

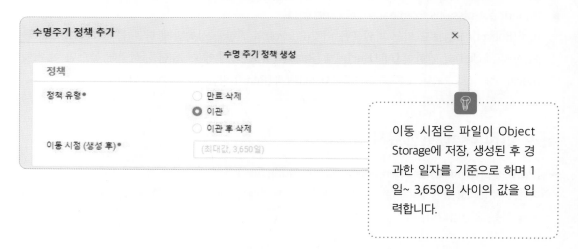

이동 시점은 파일이 Object Storage에 저장, 생성된 후 경과한 일자를 기준으로 하며 1일~ 3,650일 사이의 값을 입력합니다.

🖧 관리 대상 (Source)

관리 대상의 버킷(Bucket)을 선택하고, Object 이름의 규칙을 **접두어** 방식으로 입력합니다.

🖧 이동 위치 (Target)

이동할 위치는 Archive Storage로 고정이며, Archive Storage의 컨테이너(버킷)을 선택하고 세부 경로 즉, 폴더를 입력합니다. 세부 경로에 아무것도 입력하지 않으면 Source 즉, Object Storage의 위치, 폴더 구조 그대로 이동됩니다.

[2] 관리 대상(Source) Object 이름 규칙 -----------------------

네이버 클라우드 플랫폼에서 채택하고 있는 규칙은 **접두어** 방식입니다. 예를 들어 규칙을 **ncp**라고 설정하면 이름이 **ncp로 시작되는 모든 파일과 폴더가 대상**이 됩니다. 하지만, 접두어 규칙이기 때문에 img_ncp_01.png 처럼 파일명 중간이나 끝에 ncp가 들어간 파일과 폴더는 대상이 아닙니다. 또한, 2단계 인증을 사용하면 기존의 보안 수준이 낮은 앱의 액세스 설정을 사용할 수 없습니다.

> ⚙ **Object 이름 규칙의 특수 문자 사용**
>
> - < > : " ₩ | ? * % 는 사용할 수 없습니다.
>
> - /는 첫 글자에 사용할 수 없습니다.
>
> - //처럼 /는 연속해서 사용할 수 없습니다.

3 적용 예시

다음 그림과 같은 폴더와 파일이 저장되어 있다고 가정하고 예를 들어 보겠습니다.

다른 항목들은 동일하고, 관리 대상(Source) Object 이름 규칙에 따라 어떤 결과가 나오지는 확인해 보겠습니다. 물론 다음의 예시들에서 공통적으로 위에서 지정한 수명 주기 날짜에 해당하는 파일들 만 이동하게 됩니다.

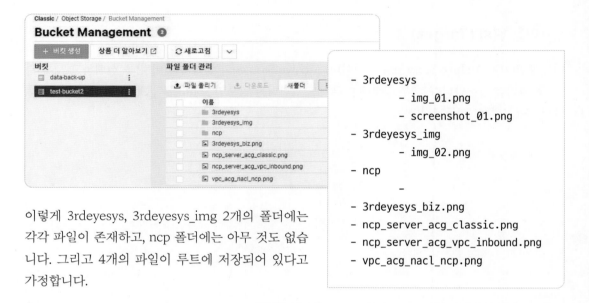

```
- 3rdeyesys
        - img_01.png
        - screenshot_01.png
- 3rdeyesys_img
        - img_02.png
- ncp
        -
- 3rdeyesys_biz.png
- ncp_server_acg_classic.png
- ncp_server_acg_vpc_inbound.png
- vpc_acg_nacl_ncp.png
```

이렇게 3rdeyesys, 3rdeyesys_img 2개의 폴더에는 각각 파일이 존재하고, ncp 폴더에는 아무 것도 없습 니다. 그리고 4개의 파일이 루트에 저장되어 있다고 가정합니다.

⚙️ Object 이름 규칙(접두어) : 3rdeyesys

이 경우 Archive Storage로 이동하는 파일과 폴더는 오른쪽과 같습니다.

즉, 3rdeyesys로 시작하는 파일과 폴더 아래에 있는 파일까지 모두 이동하게 됩니다

```
- 3rdeyesys
        - img_01.png
        - screenshot_01.png
- 3rdeyesys_img
        - img_02.png
- 3rdeyesys_biz.png
```

🔲 Object 이름 규칙(접두어) : ncp

이 경우 Archive Storage로 이동하는 파일과 폴더는
오른쪽과 같습니다.

위의 경우와 다르게 ncp 폴더는 이동하지 않는데, 그
이유는 ncp 폴더 아래에 아무런 파일도 없기 때문에
이동할 파일이 없어 폴더도 이동하지 않습니다.

```
- ncp_server_acg_classic.png
- ncp_server_acg_vpc_inbound.png
```

마찬가지로 ncp 폴더 아래에 파일이 존재하더라도 위에서 지정한 수명 주기 날짜에 해당하는 파일이
없는 경우에도 ncp 폴더는 이동하지 않습니다. 또한 접두어 방식이기 때문에 파일명 중간에 ncp가
들어간 vpc_acg_nacl_ncp.png 파일은 해당되지 않아서 이동하지 않습니다.

🔲 Object 이름 규칙(접두어) : 3rdeyesys/

이렇게 뒤에 "/"를 입력하여 폴더라고 명시한 경우에
Archive Storage로 이동하는 파일과 폴더는 오른쪽
과 같습니다.

즉, 끝에 "/"를 입력했기 때문에 3rdeyesys로 시작하는
폴더만 대상이 되어 다른 파일은 이동하지 않습니다.

```
- 3rdeyesys
    - img_01.png
    - screenshot_01.png
```

🔲 Object 이름 규칙(접두어) : 3rdeyesys/img

이렇게 폴더와 파일명 접두어까지 함께 입력한 경우
Archive Storage로 이동하는 파일과 폴더는 오른쪽과
같습니다.

```
- 3rdeyesys
    - img_01.png
```

즉, 3rdeyesys 폴더 아래에 있는 파일들 중에서 img로 시작하는 이름을 가진 파일만 이동하게 됩니다.

🔲 Object 이름 규칙(접두어) : 아무 것도 입력하지 않았을 때

아무것도 입력하지 않았을 때는 모든 파일과 폴더 아래에 있는 파일들이 이동하게 됩니다. 물론 마찬
가지로 수명 주기 날짜에 해당하는 파일만 이동하게되고, 폴더 아래에 해당하는 파일이 없을 경우 해
동 폴더는 이동하지 않습니다.

정책 실행 시간

Lifecycle Management(수명 주기) 정책 실행 시간은 아래와 같습니다.

[01:00 ~ 02:00], [07:00 ~ 08:00], [13:00 ~ 14:00], [19:00 ~ 20:00]

※ 파일 용량이 클 경우 일부 변동될 수 있음

Example → 정책 유형(이관), 이동 시점(생성 후 1일)로 정책을 생성하고, 대상 파일이 15시에 업로드 되었다면 다음 날 19~20시 사이에 이관 완료.

27

01-8

AWS CLI 버전 2를 이용한
OBJECT STORAGE 접속 방법

네이버 클라우드 플랫폼 Object Storage는 AWS의 스토리지 서비스 S3와 호환이 되도록 설계 되어 있습니다. 그래서 Object Storage에 접속, 관리할 때 AWS의 CLI(Command Line Interface)를 사용할 수 있는데 그 중에서 **AWS CLI 버전 2**의 설치와 사용방법에 대해 정리해 보겠습니다.

1 AWS CLI 버전 2 설치

AWS CLI 버전 1에서는 설치와 실행에 Python과 PIP를 이용하는 방법이 주로 사용되었지만, AWS CLI 버전 2에서는 Python 임베디드 버전이 포함되어 있어 별도로 설치할 필요가 없기에 설치 파일도 **ZIP 압축 파일** 형태로 제공됩니다.

 ### 설치 파일 다운로드

AWS CLI 버전 2 설치 파일을 **awscliv2.zip** 이름으로 다운로드합니다.

```
curl "https://awscli.amazonaws.com/awscli-exe-linux-x86_64.zip" -o "awscliv2.zip"
```

압축 풀기

unzip으로 압축을 풉니다.

```
unzip awscliv2.zip
```

⊟ 설치하기

다음 명령으로 설치를 진행합니다.

```
./aws/install
```

⊟ 버전 확인

설치가 완료된 후 버전을 확인해 보면 다음과 같이 AWS CLI 버전과 임베디드된 Python 버전도 함께 확인할 수 있습니다.

```
aws --version
```

② API 인증키 생성 -----------------------------------

접속에 필요한 네이버 클라우드 플랫폼 API 인증키는 **[콘솔] – [Sub Account(서브 계정)] – [서브 계정 세부 정보] – [Access Key]** 탭에서 **Access Key ID와 Secret Key**를 가져와야 하며, 아직 만들어진 Key 가 없다면 새로 만들어야 합니다.

API 인증키를 서브 계정으로 생성해야 하는 이유

메인 계정은 클라우드 서비스의 최대 권한을 가지기 때문에 메인 계정으로 생성한 API도 메인 계정과 동일한 최대 권한을 가지게 됩니다. 그러므로 메인 계정으로 API 인증키를 생성하게 되면 이 Key가 유출되었을 때 심각한 문제가 생기기 때문에 **반드시 서브 계정에서 API 인증키를 생성**해야 합니다. API 인증키 생성 방법에 대한 자세한 내용은 **<622쪽, 475쪽>**을 참고합니다.

02 · STORAGE

3 AWS CLI 환경 설정

계속해서 AWS CLI로 접속하기 위해 환경 설정을 해야 합니다. 앞 단계에서 확인한 Access Key ID와 Secret Key를 입력하고 나머지 2가지 항목은 입력하지 않으셔도 됩니다.

```
aws configure

AWS Access Key ID [None]: <Access Key ID>
AWS Secret Access Key [None]: <Secret Key>
Default region name [None]: [Enter]
Default output format [None]: [Enter]
```

```
root@aws-cli-install:~
[root@aws-cli-install ~]# aws configure
AWS Access Key ID [None]: 31          92
AWS Secret Access Key [None]: 1AE          E50S0          CBF     D3
Default region name [None]:
Default output format [None]:
[root@aws-cli-install ~]#
```

4 Object Storage 접속

이제 Object Storage로 접속해 보겠습니다. 얼핏 명령어만 보면 AWS에 접속하는 것처럼 보입니다. 그래서 네이버 클라우드 플랫폼으로 접속하기 위한 **-endpoint-url=** 로 시작하는 옵션이 반드시 필요합니다.

```
# Object Storage에 존재하는 전체 버킷 리스트를 조회하는 명령어입니다.
aws --endpoint-url=https://kr.object.ncloudstorage.com s3 ls

# s3 ls 명령으로 Object Storage에 존재하는 aws-cli-test 버킷에 있는 오브젝트 리스트를 조회하
는 예시입니다.
aws --endpoint-url=https://kr.object.ncloudstorage.com s3 ls s3://aws-cli-test

# 로컬에 백업된 데이터를 Object Storage에 백업-동기화하는 명령어 예시입니다.
aws --endpoint-url=https://kr.object.ncloudstorage.com s3 sync /data_backup/ s3://
data-back-up/
```

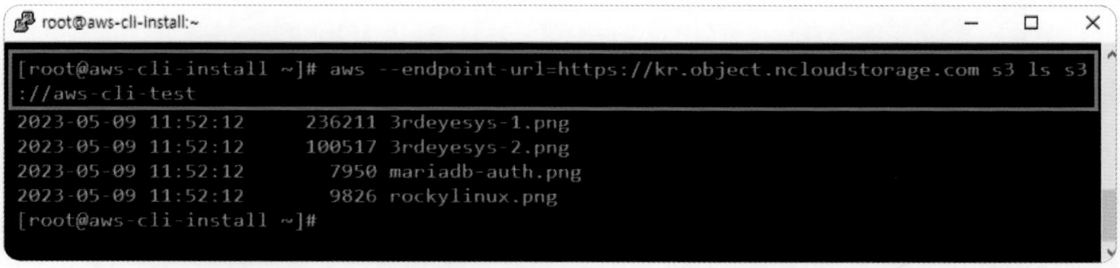

```
root@aws-cli-install:~                                            —  □  ×
[root@aws-cli-install ~]# aws --endpoint-url=https://kr.object.ncloudstorage.com s3 ls s3
://aws-cli-test
2023-05-09 11:52:12      236211 3rdeyesys-1.png
2023-05-09 11:52:12      100517 3rdeyesys-2.png
2023-05-09 11:52:12        7950 mariadb-auth.png
2023-05-09 11:52:12        9826 rockylinux.png
[root@aws-cli-install ~]#
```

5 AWS CLI 업데이트

설치된 AWS CLI를 최신 버전으로 업데이트하려면 다음 명령어를 사용하면 됩니다. 최신 버전이 설
치된 상태에서는 다음 그림처럼 이미 최신 버전과 동일한 버전이 설치되어 있다는 메시지가 나타납
니다.

```
./aws/install --bin-dir /usr/local/bin --install-dir /usr/local/aws-cli --update
```

```
root@aws-cli-install:~                                            —  □  ×
[root@aws-cli-install ~]# ./aws/install --bin-dir /usr/local/bin --install-dir /usr/local
/aws-cli --update
Found same AWS CLI version: /usr/local/aws-cli/v2/2.11.18. Skipping install.
[root@aws-cli-install ~]#
```

Chapter 1. Object Storage

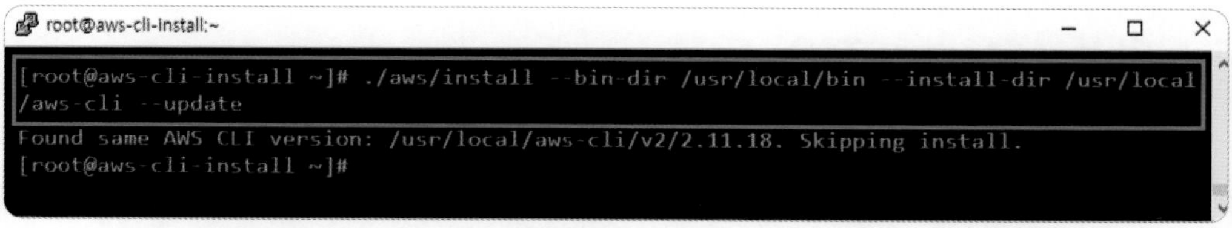

6 AWS CLI 삭제 -----------------------------------

설치된 AWS CLI를 삭제하려면 아래의 단계대로 진행하시면 됩니다.

symlink 삭제

```
rm /usr/local/bin/aws
rm /usr/local/bin/aws_completer
```

설치 디렉토리 삭제

```
rm -rf /usr/local/aws-cli
```

설정 정보 삭제(선택 사항)

AWS CLI 환경 설정 정보는 서버 내의 모든 AWS SDK 및 AWS CLI에서 공유되므로 더 이상 사용하지 않는다면 삭제하면 됩니다.

```
rm -rf ~/.aws/
```

```
[root@aws-cli-install ~]# rm /usr/local/bin/aws
rm: remove symbolic link '/usr/local/bin/aws'? y
[root@aws-cli-install ~]# rm /usr/local/bin/aws_completer
rm: remove symbolic link '/usr/local/bin/aws_completer'? y
[root@aws-cli-install ~]# rm -rf /usr/local/aws-cli
[root@aws-cli-install ~]# rm -rf ~/.aws/
[root@aws-cli-install ~]#
[root@aws-cli-install ~]#
```

28
01-9
데이터를 ARCHIVE STORAGE로 자동 이동(이관)

네이버 클라우드 플랫폼 Object Storage는 일반 디스크인 Block Storage나 NAS에 비해 가격도 1/2 ~ 1/4 정도이면서 안정적이기 때문에 데이터 저장, 특히 백업 용도로 많이 사용합니다. 그럼에도 불구하고 많은 양의 데이터가 저장되면 비용에 대한 부담이 생길 수 밖에 없는데, 이럴 때 Archive Storage를 이용하면 Object Storage의 1/5 정도로 비용이 줄어들기에 매우 효과적입니다. 여기서는 Object Storage에 있는 데이터를 Archive Storage로 이동시키는 즉, 이관하는 방법에 대해 정리해 보겠습니다.

 1 스토리지 용도 구분

Object Storage와 Archive Storage 모두 데이터를 백업하는 용도로 많이 사용됩니다. 비슷하기는 하지만 전혀 다르기도 한, 두 가지 스토리지에 대한 용도를 간단하게 구분해 보겠습니다.

Object Storage	Archive Storage
• 데이터 저장, 삭제가 수시로 이루어지는 경우	• 저장된 데이터에 대한 조회가 거의 없는 경우
• 저장된 데이터에 대한 조회가 빈번한 경우	• 당장 사용할 일은 없으나 오랜 기간 데이터를 저장해야 하는 경우
• 앱을 사용하는 일반 유저들이 앱을 통해 데이터에 접근하는 경우	• 매우 저렴한 비용으로 데이터를 보관하고 싶은 경우
• 네이버 클라우드 플랫폼의 다른 서비스에서 데이터를 저장, 조회해야 하는 경우	

2 데이터 이관

Object Storage에 있는 데이터를 자동으로 Archive Storage로 이관하는 방법은 수명주기 관리

(LifeCycle Mangement)를 이용하면 됩니다. 네이버 클라우드 플랫폼 콘솔에서 **[Object Storage]** - **[Lifecycle Management]** - **[수명주기 정책 추가]** 기능을 이용합니다.

수명주기 정책 추가

[수명주기 정책 추가] 화면에서 정책 유형은 [이관] 또는 [이관 후 삭제], 관리 대상은 Object Storage 에 있는 대상 버킷, 이동 위치는 Archive Storage에 있는 버킷을 선택하면 됩니다. 이렇게 설정하면 대 상 버킷에 있는 데이터 중에서 이름 규칙에 해당하는 데이터가 Archive Storage로 이동하게 됩니다.

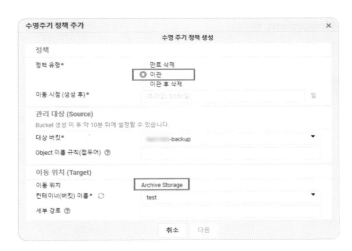

수명주기 정책 설정과 관리 대상 및 이동 위치 설정, Object 이름 규칙 등과 관련된 자세한 내용은 **<184쪽>**을 참고합니다.

버킷 접근 로그 확인하기

01-10

네이버 클라우드 플랫폼 Object Storage에 존재하는 오브젝트, 즉 파일을 호출 또는 접근한 기록이나 오브젝트를 업로드한 로그를 확인하는 방법을 정리해 보겠습니다.

1 버킷 생성

우선, 테스트에 사용할 버킷과 로그를 저장할 버킷을 생성하고 테스트용 버킷에는 파일 몇개를 업로드해 놓았습니다.

- **object-bucket-test** : 테스트용 버킷

- **object-bucket-test-log** : 로그를 저장할 버킷

2 로그 설정

로그를 설정하기 위해서 버킷을 선택하고 옆에 있는 ⋮ 버튼을 클릭하면 나타나는 메뉴에서 **[로그 관리]**를 선택합니다.

🔧 로그 관리 설정

[로그 관리] 설정 팝업에서 로그를 저장할 버킷을 선택하고, 로그 파일의 Prefix를 입력한 후 **[+추가]** 버튼을 클릭합니다.

설정 항목이 추가되었으면 **[확인]** 버튼을 클릭해서 설정을 저장합니다.

3 로그 생성 확인

로그 생성 규칙에 따라 일정한 시간이 지난 후에 다음과 같이 로그가 생성된 것을 확인할 수 있습니다.

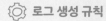 **로그 생성 규칙**

접근 로그 관리를 설정하면 매시간 15~55분에 이전 1시간 동안의 로그가 생성됩니다.

Example → 17시 00분 00초 ~ 17시 59분 59초의 로그는 18시 15 ~ 55분에 생성

4 로그 예시

생성된 로그를 다운로드해 확인해 보면 다음과 같은 JSON 형식으로 구성된 것을 확인할 수 있습니다. 로그 내용이 길어서 중요한 부분만 표시하고 나머지는 생략했습니다.

```
{
    "container_id": "5d31    e-9  0-   2-a  0-54      7f9b",
    "container_name": "object-bucket-test",
    "container_region": "KR",
    "format": 1,
    "headers":
    {
        "Accept-Encoding": ["gzip, deflate, br"]
        /* 중간 생략 */
    },
    "https":
    {
        "cipher_suite": "TLS_ECDHE_RSA_WITH_AES_256_GCM_SHA384",
        "protocol": "TLSv1.2"
    },
    /* 중간 생략 */
    "object_name": "3rdeyesys-1.png",
    "remote_address": "123.123.123.123",
    /* 중간 생략 */
    "stat":
    {
        /* 중간 생략 */
    },
    "status": 200,
    /* 중간 생략 */
    "user_agent": "Mozilla/5.0 (Windows NT 10.0; Win64; x64) AppleWebKit/537.36 (KHTML, like Gecko) Chrome
}
{"container_id": "5d31    e-9  0-   2-a  0-54      7f9b", "container_name": "object-bucket-test", "containe
{"auth_decisions": {"permit": "object.get_acl", "permit_cause": {"object.get_acl": {"pdp_request_tx_id": "
{"auth_decisions": {"permit": "object.head", "permit_cause": {"object.head": {"pdp_request_tx_id": "506cea
/* 이하 생략 */
```

로그 통합 저장 ------------------------------

또한, 여러 버킷의 접근 로그를 하나의 버킷에 통합해서 저장할 수도 있습니다. 다음과 같이 또다른 버킷에서 **[로그 관리]** 설정을 추가하면서 로그를 저장할 버킷은 앞에서 설정했던 버킷과 동일한 버킷으로 지정했습니다.

그리고 일정 시간이 지난 후에 확인해 보면 다음과 같이 2개의 다른 버킷의 접근 로그가 저장된 것을 확인할 수 있습니다.

 로그 설정 삭제 ------------------------------

접근 로그를 더 이상 기록하고 싶지 않을 경우에는 다음과 같이 [로그 관리] 설정에서 [삭제] 버튼을 클릭해서 설정을 모두 지우면 됩니다.

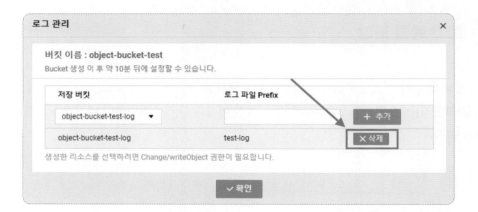

 일본 리전의 경우

일본 리전의 경우 다른 리전과 몇가지 내용들이 다르게 설정, 저장됩니다. 예를 들어 로그가 기록되는 데에는 10분~수시간까지 소요될 수 있으며, 로그에 저장되는 항목 개수가 다른 리전보다 적습니다.

## Chapter 2

Archive Storage

PHP로 ARCHIVE STORAGE
API 인증 토큰 생성하기

30

02-1

네이버 클라우드 플랫폼 Archive Storage API를 이용하려고 할 때 먼저 인증 토큰을 생성하고 생성된 토큰을 이용해서 API로 Archive Storage에 접근해야 합니다. 여기서는 **PHP로 API 인증 토큰을 생성**하는 방법과 관련된 전체 소스를 살펴보겠습니다.

 API 정보 --------------------------------------

- OpenStack Swift API : 2.15.1 (Pike)

- OpenStack Keystone V3 API : v3.8

2 인증 토큰 생성 코드 --

```php
<?php

    // 전송해야 할 설정값
    $ncloud_accesskey = "네이버 클라우드 AccessKey";
    $ncloud_secretkey = "네이버 클라우드 SecretKey";
    $ncloud_domain_id = "Archive Storage 도메인 ID";
    $ncloud_project_id = "Archive Storage 프로젝트 ID";

    // API 서버와 URL 설정
    $api_server = "https://kr.archive.ncloudstorage.com:5000";
    $api_url = "/v3/auth/tokens";

    // http 호출 헤더값 설정
    $http_header = array();
    $http_header[0] = "Content-Type: application/json";

    // 전송할 값들을 배열 형태로 저장
    $postvars = [
        "auth"=> [
                "identity"=> [
                        "methods"=> [
                                "password"
                        ],
                "password"=> [
                        "user"=> [
                                "name"=> $ncloud_accesskey,
                                "password"=> $ncloud_secretkey,
                                "domain"=> [
                                        "id"=> $ncloud_domain_id
                                ]
                        ]
                ]
                ],
                "scope"=> [
                        "project"=> [
                                "id"=> $ncloud_project_id
                        ]
```

API 인증키(AccessKey, SecretKey,)와 Archive Storage API 이용 정보(도메인 ID, 프로젝트 ID)를 확인하는 방법은 **<204쪽>**을 참고합니다.

Archive Storage API 서버와 토큰 생성을 위한 URL 정보

HTTP header에는 json 형태로 호출한다는 것을 설정합니다.

네이버 클라우드 AccessKey, SecretKey, Archive Storage 도메인 ID, 프로젝트 ID를 전송하기 위해 지정된 형태의 배열로 저장한 후에 json 형태로 변환합니다. 물론 처음부터 json 형태로 저장해도 됩니다.

```
                ]
            ]
        ];

        // 배열 형태로 저장한 값들을 json 형태로 변환해서 전송
        $json_portvars = json_encode($postvars);

        // API 호출  ●┄┄┄┄┄┄┄┄┄┄┄┄┄┄┄┄┄┄┄┄┄┄┄
        $ch = curl_init();
        curl_setopt($ch, CURLOPT_URL, $api_server.$api_url);
        curl_setopt($ch, CURLOPT_SSL_VERIFYPEER, FALSE);
        curl_setopt($ch, CURLOPT_RETURNTRANSFER, TRUE);
        curl_setopt($ch, CURLOPT_POST, TRUE); //POST 방식으로 호출
        curl_setopt($ch, CURLOPT_HTTPHEADER, $http_header);
        curl_setopt($ch, CURLOPT_HEADER, TRUE); //response에 header 값도 수신
        curl_setopt($ch,CURLOPT_POSTFIELDS, $json_portvars);

        $response = curl_exec($ch);

        curl_close($ch);

    // API 인증 토큰 분리  ●┄┄┄┄┄┄┄┄┄┄┄┄┄┄┄┄┄
        if ($response)
        {
            $headers = array();
            $header_text = substr($response, 0, strpos($response, "\r\n\r\n"));

            foreach (explode("\r\n", $header_text) as $i => $line)
            {
                if ($i === 0)
                {
                    $headers["http_code"] = $line;
                }
                else
                {
                    list ($key, $value) = explode(": ", $line);
                    $headers[$key] = $value;
                }
            }

            // 인증 토큰 확인
            $x_auth_token = $headers["X-Subject-Token"];
```

> 이제 위에서 준비한 값들을 사용해서 API를 호출합니다.

> API 인증 토큰값은 X-Subject-Token이라는 이름으로 request body가 아닌 header로 전달되므로 header를 분리해서 배열에 저장합니다.

```php
            echo($x_auth_token);

            //var_dump($headers);
            //echo("<hr>");
            //var_dump($response);
    }
    else
    {
            echo "Curl error: " . curl_error($ch);
    }
?>
```

API 인증키 : Access Key ID, Secret Key

네이버 클라우드 플랫폼 API 인증키는 **[콘솔] – [Sub Account(서브 계정)] – [서브 계정 세부 정보] –
[Access Key]** 탭에서 **Access Key ID**와 **Secret Key**를 가져와야 하며, 아직 만들어진 Key가 없다면 새
로 만들어야 합니다.

> ### ⚙️ API 인증키를 서브 계정으로 생성해야 하는 이유
>
> 메인 계정은 클라우드 서비스의 최대 권한을 가지기 때문에 메인 계정으로 생성한 API도 메인 계정과 동
> 일한 최대 권한을 가지게 됩니다. 그러므로 메인 계정으로 API 인증키를 생성하게 되면 이 Key가 유출되
> 었을 때 심각한 문제가 생기기 때문에 **반드시 서브 계정에서 API 인증키를 생성**해야 합니다. API 인증키
> 생성 방법에 대한 자세한 내용은 **<622쪽, 475쪽>**을 참고합니다.

🖧 Archive Storage API 이용 정보

```php
$ncloud_domain_id = "Archive Storage 도메인 ID";
$ncloud_project_id = "Archive Storage 프로젝트 ID";
```

Archive Storage API 이용을 위한 Domain ID와 Project ID는 **[네이버 클라우드 플랫폼 콘솔] - [Archive Storage]**에서 **[API 이용 정보 확인]** 버튼을 클릭하면 확인할 수 있습니다.

[API 이용 정보 확인] 창에서 Domain ID와 Project ID를 확인하고, PHP 소스코드에 입력합니다.

③ 인증 토큰 유효 시간

실제 전송되는 header 값은 다음과 같은 형태입니다. API 인증 토큰의 유효 시간은 24시간이고, 삭제 요청을 호출하면 삭제할 수 있습니다.

```
HTTP/1.1 201 Created
Date: Thu, 11 Nov 2021 07:59:32 GMT
Server: Apache/2.4.6 (CentOS) OpenSSL/1.0.2k-fips mod_wsgi/3.4 Python/2.7.5
X-Subject-Token: gAAAAABhjM1lbeTW3Vq......중간 생략 ......txWYsWGrC1siPt8CE0rs
_KgNMTQ
Vary: X-Auth-Token
x-openstack-request-id: req-1ce......중간 생략 ......a85eb5b
Content-Length: 1762
Content-Type: application/json
```

PHP로 ARCHIVE STORAGE API 호출하기 :
컨테이너(버킷) 오브젝트 목록 조회

31

02-2

네이버 클라우드 플랫폼 Archive Storage API를 이용해서 컨테이너(버킷)에 있는 오브젝트 전체 목록을 PHP로 조회하는 방법에 대해 정리해 보겠습니다.

1 API 정보

- OpenStack Swift API : 2.15.1 (Pike)

- OpenStack Keystone V3 API : v3.8

2 인증 토큰 생성

PHP로 Archive Storage API 인증 토큰을 생성하는 방법에 대한 자세한 내용은 **<201쪽>**을 참고합니다.

3 오브젝트 목록 조회 코드

```php
<?php

    $x_auth_token = "Archive Storage API 인증 토큰";

    // Archieve Storage API 이용 정보●
    $ncloud_project_id = "Archive Storage 프로젝트 ID";
    $ncloud_container = "Archive Storage 컨테이너(버킷) 이름";
```

> Archive Storage API 이용 정보(프로젝트 ID, 컨테이너(버킷) 이름)를 확인 하는 방법은 **<204쪽>**을 참고합니다.

```php
// API 서버와 URL 설정
$api_server = "https://kr.archive.ncloudstorage.com";
$api_url = "/v1/AUTH_".$ncloud_project_id."/".$ncloud_container."?format=json";


// http 호출 헤더값 설정
$http_header = array();
$http_header[0] = "X-Auth-Token: ".$x_auth_token;
$http_header[1] = "charset=UTF-8";


// API 호출
$ch = curl_init();
curl_setopt($ch, CURLOPT_URL, $api_server.$api_url);
curl_setopt($ch, CURLOPT_SSL_VERIFYPEER, FALSE);
curl_setopt($ch, CURLOPT_RETURNTRANSFER, TRUE);
curl_setopt($ch, CURLOPT_HTTPHEADER, $http_header);
curl_setopt($ch, CURLOPT_HEADER, TRUE); //request에 header 값도 수신
curl_setopt($ch, CURLOPT_POST, FALSE); //GET 방식으로 호출


// API 호출 응답 수신
$response = curl_exec($ch);
$http_code = curl_getinfo($ch, CURLINFO_HTTP_CODE);
curl_close($ch);

if ($response)
{
        if ($http_code == 200)
        {
                // response에서 header 값 분리
                $headers = array();
                $header_text = substr($response, 0, strpos($response, "\r\n\r\n"));

                foreach (explode("\r\n", $header_text) as $i => $line)
                {
                        if ($i === 0)
                        {
                                $headers["http_code"] = $line;
                        }
                        else
                        {
```

API URL 설정 시 [프로젝트 ID]와 [컨테이너(버킷) 이름]을 URL에 포함시키고, 파라미터로는 전달받을 목록의 형태를 설정하게 되는데, 여기서는 json형태로 받겠습니다.

Archive Storage API 인증 토큰은 [X-Auth-Token] 라는 이름으로 header에 담아서 전송합니다.

이제 위에서 준비한 값들을 사용해서 API를 호출합니다.

API를 호출하고 응답을 수신합니다. 성공, 실패 등에 대한 HTTP 상태코드도 확인합니다.

HTTP 상태 코드 : 요청이 성공하게 되면 OK (200), 컨테이너(버킷)이 존재하지 않는 경우는 Not Found (404) 상태 코드를 응답합니다.

Response에서 Header, Body 값을 따로 분리해서 배열에 저장합니다.

```php
                    list ($key, $value) = explode(": ", $line);
                    $headers[$key] = $value;
                }
            }

            // response에서 json형태의 body 값 분리
            $json_response = substr($response, strpos($response, "\r\n\r\n"));
            $rows_response = json_decode($json_response, JSON_OBJECT_AS_
ARRAY);

            // 컨테이너(버킷) 기본 정보 확인 ●
            $object_count = $headers["X-Container-Object-Count"];
            $used_bytes = $headers["X-Container-Bytes-Used"];
            $used_k_bytes = $used_bytes / 1024;
            $used_m_bytes = $used_k_bytes / 1024;
            $used_g_bytes = $used_m_bytes / 1024;
        }
        else if ($http_code == 404)
        {
            echo("존재하지 않는 컨테이너(버킷)입니다");

            $rows_response = [];

            $object_count = 0;
            $used_bytes = 0;
            $used_k_bytes = 0;
            $used_m_bytes = 0;
            $used_g_bytes = 0;
        }
        else
        {
            echo($response);
        }

    }
    else
    {
        echo("Error");
    }

?>
```

[전체 오브젝트 개수], [사용 중인 용량]을 확인하고 용량은 Bytes 단위이기에 KB, MB, GB 단위로도 변환합니다.

```php
<?php   {linenos=true,linenostart=1}
 // 오브젝트 목록 출력●
 $cnt = 0;
 foreach ($rows_response as $row)
 {
        $archive_object_name = $row["name"];
        $archive_object_hash = $row["hash"];
        $archive_object_content_type = $row["content_type"];
        $archive_object_last_modified = $row["last_modified"];
        $archive_object_bytes = $row["bytes"];

        $cnt++;
 ?>
        <tr>
          <td><?php echo($cnt);?></td>
          <td><?php echo($archive_object_name);?></td>
          <td><?php echo($archive_object_content_type);?></td>
          <td><?php echo($archive_object_hash);?></td>
          <td><?php echo($archive_object_last_modified);?></td>
          <td><?php echo(number_format($archive_object_bytes));?></td>
        </tr>

<?php
  }
?>
```

> 오브젝트 목록을 html로 출력합니다.
>
> 출력하는 정보는 [이름], [해시값], [Content Type], [최종 수정일], [용량(Bytes)] 입니다.

Archive Storage API 이용 정보

```php
$ncloud_project_id = "Archive Storage 프로젝트 ID";
$ncloud_container = "Archive Storage 컨테이너(버킷) 이름";
```

Archive Storage API 이용을 위한 Project ID는 **[네이버 클라우드 플랫폼 콘솔] - [Archive Storage]에서 [API 이용 정보 확인]** 버튼을 클릭하면 확인할 수 있습니다. 테스트에 사용할 컨테이너(버킷)은 **test**로 설정해 놓았습니다.

[API 이용 정보 확인] 창에서 Project ID를 확인하고, PHP 소스코드에 입력합니다.

---

4 목록 출력 예시

위의 코드를 실행하면 다음과 같이 오브젝트 목록이 출력됩니다. 출력된 오브젝트 정보가 올바른지 확인하기 위해 네이버 클라우드 플랫폼 콘솔에서 해당 컨테이너(버킷)의 정보를 확인하면 다음과 같이 일치하는 것을 알 수 있습니다.

가져올 수 있는 오브젝트 목록의 최대 개수

Archive Storage API를 이용해서 가져올 수 있는 오브젝트 목록의 최대 개수는 10,000개입니다. 1만개 이상이 등록된 컨테이너(버킷)에서 오브젝트 목록을 요청해도 최대 10,000개 까지만 가져올 수 있습니다. 컨테이너(버킷)에 10,000개 이상의 오브젝트가 저장되어 있을 경우에는 다음에서 소개하는 방법처럼 폴더별로 검색하여 오브젝트 목록을 따로 조회하면 됩니다.

5 오브젝트 검색

앞에서 컨테이너(버킷)에 저장된 모든 오브젝트들을 조회하는 기능을 살펴보았습니다. 이번에는 특정 이름으로 시작되는 오브젝트나 특정 폴더에 있는 오브젝트만 따로 검색하여 조회하는 방법에 대해 알아보겠습니다. 앞에서 확인한 PHP 예제 소스코드에서 변경이 필요한 부분만 확인해 보겠습니다. 테스트에 사용된 오브젝트와 폴더 구조는 다음과 같습니다

```
- Test_Folder_0001.png
- Test_Folder
    L Sub_Folder
        L Sub_Sub_Folder
```

특정 이름으로 시작하는 오브젝트 목록

```
$ncloud_object_prefix = "Test_Folder";

$api_url = "/v1/AUTH_".$ncloud_project_id."/".$ncloud_container."?format
=json&prefix=".$ncloud_object_prefix;
```

API URL을 호출할 때 파라미터로 prefix를 전송하면 prefix 값에 해당하는 특정 문자열로 시작하는 오브젝트 목록을 모두 가져 옵니다.

예를 들어 prefix 값을 **Test_Folder** 로 설정하면, 다음과 같이 **Test_Folder** 라는 이름으로 시작되는 모든 오브젝트 목록을 가져오게 됩니다.

No	Name	Content Type	Hash	Last Modified	Bytes
1	Test_Folder	application/directory	d4⬛⬛⬛7e	2021-11-17T06:18:52	0
2	Test_Folder/Sub_Folder	application/directory	d4⬛⬛⬛7e	2021-11-17T06:20:05	0
3	Test_Folder/Sub_Folder/Sub_Sub_Folder	application/directory	d4⬛⬛⬛7e	2021-11-17T06:20:41	0
4	Test_Folder/Sub_Folder/Sub_Sub_Folder/bg_1.png	image/png	ea⬛⬛⬛aa	2021-11-17T08:05:51	51,029
5	Test_Folder/Sub_Folder/Sub_Sub_Folder/bg_2.png	image/png	ea⬛⬛⬛aa	2021-11-17T08:05:51	51,029
6	Test_Folder/Sub_Folder/ncp_vpc_acg_nacl.png	image/png	fd⬛⬛⬛81	2021-11-17T06:20:28	601,006
7	Test_Folder/Sub_Folder/ncp_vpc_element.png	image/png	f9⬛⬛⬛18	2021-11-17T06:20:28	603,813
8	Test_Folder/ncp_server_connect_01.jpg	image/jpeg	7d⬛⬛⬛2f	2021-11-17T06:19:51	174,216
9	Test_Folder/ncp_server_connect_02.jpg	image/jpeg	e⬛⬛⬛f	2021-11-17T06:19:51	35,964
10	Test_Folder_0001.png	image/png	51⬛⬛⬛77	2021-11-17T07:54:53	21,964

⌘ 특정 폴더 아래에 있는 오브젝트 목록

```
$ncloud_object_prefix = "Test_Folder/";


$api_url = "/v1/AUTH_".$ncloud_project_id."/".$ncloud_container."?format
=json&prefix=".$ncloud_object_prefix;
```

특정 폴더 아래에 있는 오브젝트 목록을 가져 올 때는 prefix 값 마지막에 슬래시 **[/]**를 추가하면 됩니다. 예를 들어 prefix 값을 **Test_Folder/** 로 설정하면 다음과 같이 **Test_Folder** 라는 이름의 폴더 아래에 있는 모든 오브젝트 목록을 가져오게 됩니다.

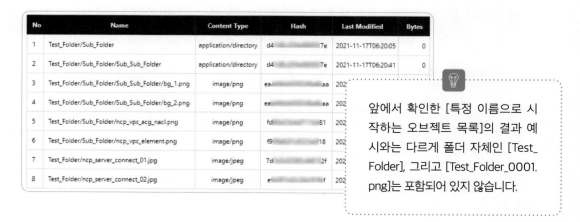

No	Name	Content Type	Hash	Last Modified	Bytes
1	Test_Folder/Sub_Folder	application/directory	d4⬛⬛⬛7e	2021-11-17T06:20:05	0
2	Test_Folder/Sub_Folder/Sub_Sub_Folder	application/directory	d4⬛⬛⬛7e	2021-11-17T06:20:41	0
3	Test_Folder/Sub_Folder/Sub_Sub_Folder/bg_1.png	image/png	ea⬛⬛⬛aa	202	
4	Test_Folder/Sub_Folder/Sub_Sub_Folder/bg_2.png	image/png	ea⬛⬛⬛aa	202	
5	Test_Folder/Sub_Folder/ncp_vpc_acg_nacl.png	image/png	fd⬛⬛⬛81	202	
6	Test_Folder/Sub_Folder/ncp_vpc_element.png	image/png	f9⬛⬛⬛18	202	
7	Test_Folder/ncp_server_connect_01.jpg	image/jpeg	7d⬛⬛⬛2f	202	
8	Test_Folder/ncp_server_connect_02.jpg	image/jpeg	e⬛⬛⬛f	202	

앞에서 확인한 [특정 이름으로 시작하는 오브젝트 목록]의 결과 예시와는 다르게 폴더 자체인 [Test_Folder], 그리고 [Test_Folder_0001.png]는 포함되어 있지 않습니다.

6   API 기타 기능

Archive Storage API에서 지원하는 기능은 컨테이너(버킷)의 오브젝트 목록 외에도 다음과 같이 여러 가지가 있습니다. 앞에서 사용한 것은 컨테이너(버킷) 오퍼레이션의 GET 기능입니다.

어카운트 오퍼레이션

- **GET** : 어카운트에 속한 컨테이너(버킷) 목록을 조회합니다.
- **HEAD** : 어카운트의 메타데이터를 조회합니다.
- **POST** : 어카운트에 메타데이터를 설정 및 변경합니다.

컨테이너(버킷) 오퍼레이션

- **PUT** : 컨테이너(버킷)을 생성합니다.
- **GET** : 컨테이너(버킷)에 속한 오브젝트 목록을 조회합니다.
- **HEAD** : 컨테이너(버킷)의 메타데이터를 조회합니다.
- **POST** : 컨테이너(버킷)에 메타데이터를 설정 및 변경합니다.
- **DELETE** : 비어 있는 컨테이너(버킷)을 삭제합니다.

오브젝트 오퍼레이션

- **PUT** : 오브젝트를 업로드합니다. 동일한 이름의 오브젝트가 있을 경우 덮어쓰기를 합니다.
- **COPY** : 다른 위치에 있는 오브젝트를 복제합니다.
- **GET** : 오브젝트를 다운로드합니다.
- **HEAD** : 오브젝트의 메타데이터를 조회합니다.
- **POST** : 오브젝트에 메타데이터를 설정 및 변경합니다.
- **DELETE** : 오브젝트를 삭제합니다

32
02-3

ARCHIVE STORAGE CLI 사용 가이드 : WINDOWS 환경

네이버 클라우드 플랫폼 Archive Storage CLI를 Windows 환경에서 사용하는 방법에 대해 정리해 보겠습니다.

> ### ⚙ CLI 정보
>
> Archive Storage가 OepnStack으로 구성되어 있고, Client는 Python 기반의 Client를 사용하게 됩니다.
>
> - python-keystoneclient : 3.17.0
> - python-swiftclient : 3.6.0

1 Python 다운로드 및 설치 ----------------------◁⊏

먼저 Python을 다운로드하여 설치합니다. 권장하는 버전은 3.6 이상이며, 여기에서는 3.9 버전을 설치 하는 것을 예로 설명합니다. 설치 과정에서 알아두어야 할 설정만 따로 소개합니다.

▶ **파이썬 다운로드 : https://www.python.org/downloads/**

📟 PATH 추가

Python 설치 시작 화면에 PATH에 Python을 추가 하는 옵션이 있습니다. **Add Python 3.9 to PATH** 옵션을 선택하고 설치를 시작하면 됩니다.

PATH 문자 길이 제한 해제

Windows에는 기본 설정에 파일 경로가 최대 260 자로 제한되어 있는데, 이 제한을 풀 것인지 확인하는 과정입니다. 설치 마지막 과정에서 **Disable path length limit** 옵션을 선택합니다.

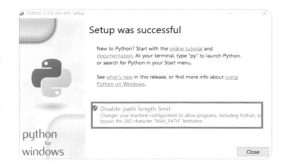

2 CLI Client 설치

python-keystoneclient : 3.17.0 설치

우선 OepnStack 서비스의 인증을 담당하는 KeyStone Client를 설치합니다.

```
pip install python-keystoneclient==3.17.0
```

python-swiftclient : 3.6.0 설치

다음으로 실제 명령을 수행하는 Swift Client를 설치합니다.

```
pip install python-swiftclient==3.6.0
```

3 Client 설치 오류

Python Clinet를 설치하는 도중에 다음과 같은 메시지가 나타나면서 오류가 발생하는 경우가 있습니다. Microsoft Visual C++ Build Tools 등이 설치되어 있지 않았기 때문에 발생하는 오류입니다. 오류를 해결하는 방법 2가지를 소개합니다.

```
error: Microsoft Visual C++ 14.0 is required. Get it with "Microsoft Visual C++
Build Tools" : https://visualstudio.microsoft.com/downloads/
```

```
fatal error C1083: 포함 파일을 열 수 없습니다. 'basetsd.h' : No such file or
directory error: command 'C:\Program Files (x86)\Microsoft Visual Studio\... …\cl.
exe' failed with exit code 2
```

방법 ① : Build Tools 직접 설치

첫번째 방법은 Build Tools를 따로 설치하는 방법입니다.

▶ **다운로드 링크 : https://visualstudio.microsoft.com/ko/vs/older-downloads/**

다운로드 페이지에서 [기타 도구, 프레임워크 및 재배포 가능 패키지]에 포함되어 있는 **[Microsoft Build Tools 2015 업데이트3]**를 다운로드 받아서 설치하면 됩니다.

Visual Studio가 설치되어 있는 경우라면 간혹 설치가 실패하기도 하는데, 이 때는 방법 ②를 이용하여 설치 작업을 진행합니다.

Microsoft Build Tools 2015 업데이트 3	관리되는 응용 프로그램 빌드에 필수적인 도구입니다. 이전에는 .NET Framework에 포함되었지만 이제는 별도 다운로드 파일로 제공됩니다.	다운로드

ᓂ 방법 ② : Visual Studio Installer 설치

Visual Studio가 설치되어 있는 경우에는 방법 ①이 설치되지 않는 경우가 있으므로 **Visual Studio Installer**에서 설치하도록 하겠습니다.

[Visual Studio Installer]를 실행하고 설치된 Visual Studio 메뉴의 **[수정]** 버튼을 클릭합니다.

나타난 화면에서 **[C++를 사용한 데스크톱 개발]**을 선택하고 오른쪽 [설치 세부 정보]에서 다음 2가지를 선택해서 설치하면 됩니다.

- MSVC vXXX - VS 20XX C++ x64/x86 빌드 도구

- Windows 10 SDK

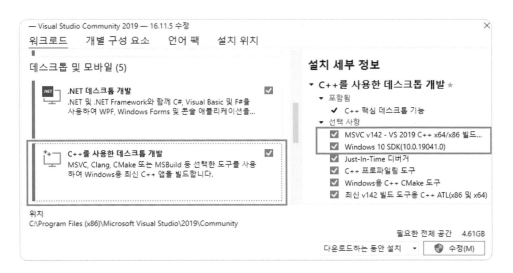

4 인증 토큰 생성

CLI Client가 모두 설치되었으면 이제 접속을 위한 인증 토큰을 생성해야 합니다. 인증 토큰을 생성하는 명령어는 다음과 같은데 여기에 필요한 값이 4가지(Access Key ID, Secret Key, Domain ID, Project ID) 있습니다.

```
swift --os-auth-url https://kr.archive.ncloudstorage.com:5000/v3 --auth-version
3 --os-username {access_key_id} --os-password {secret_key} --os-user-domain-id
{domain_id} --os-project-id {project_id} auth
```

API 인증키 : Access Key ID, Secret Key

네이버 클라우드 플랫폼 API 인증키는 **[콘솔] - [Sub Account(서브 계정)] - [서브 계정 세부 정보] - [Access Key] 탭**에서 **Access Key ID**와 **Secret Key**를 가져와야 하며, 아직 만들어진 Key가 없다면 새로 만들어야 합니다.

> ⚙️ **API 인증키를 서브 계정으로 생성해야 하는 이유**
>
> 메인 계정은 클라우드 서비스의 최대 권한을 가지기 때문에 메인 계정으로 생성한 API도 메인 계정과 동일한 최대 권한을 가지게 됩니다. 그러므로 메인 계정으로 API 인증키를 생성하게 되면 이 Key가 유출되었을 때 심각한 문제가 생기기 때문에 **반드시 서브 계정에서 API 인증키를 생성**해야 합니다. API 인증키 생성 방법에 대한 자세한 내용은 **<622쪽, 475쪽>**을 참고합니다.

⊞ Archive Storage API 이용 정보 : Domain ID, Project ID

나머지 두가지 ID 값은 Archive Storage API 이용을 위한 Domain ID와 Project ID로 **[네이버 클라우드 플랫폼 콘솔] - [Archive Storage]**에서 **[API 이용 정보 확인]** 버튼을 클릭하면 확인할 수 있습니다.

[API 이용 정보 확인] 창에서 Domain ID와 Project ID를 확인하고, 인증 토큰 생성 코드에 입력합니다.

앞에서 확인한 설정 값 4가지를 추가해서 인증 토큰 생성 명령을 실행하면 다음과 같이 생성된 인증 토큰이 출력됩니다. API 인증 토큰의 유효 시간은 24시간이고 삭제 요청을 호출하면 삭제할 수 있습니다.

```
export OS_STORAGE_URL=https://kr.archive.ncloudstorage.com/v1/AUTH_{project_id}
export OS_AUTH_TOKEN={인증 토큰}
```

5 환경 변수 설정 --

앞에서 생성된 인증 토큰과 URL을 환경 변수에 설정합니다. Windows에서는 **export** 명령을 **set** 으로 변경해서 실행합니다.

```
set OS_STORAGE_URL=https://kr.archive.ncloudstorage.com/v1/AUTH_{project_id}
set OS_AUTH_TOKEN={인증 토큰}
```

6 컨테이너(버킷) 조회 --

현재 Archive Storage에 생성되어 있는 컨테이너(버킷)을 확인할 수 있는 명령어는 다음과 같습니다.

```
swift list
```

컨테이너(버킷)의 모든 오브젝트 조회

특정 컨테이너(버킷)의 모든 오브젝트 목록을 확인하는 명령어는 마지막에 컨테이너(버킷) 이름을 적어주면 됩니다.

```
swift list {컨테이너(버킷) 이름}
```

7 파일 업로드 --------------------------------

폴더를 통째로 업로드하는 명령과 특정 파일을 업로드 하는 명령을 각각 확인해 보겠습니다.

폴더 업로드

폴더를 통째로 업로드 하는 명령은 다음과 같습니다.

```
swift upload {컨테이너(버킷) 이름} --object-name {저장할 Archive Storage 폴
더명} {로컬PC 폴더명}
```

폴더를 업로드 후에 list 명령어로 컨테이너(버킷)의 오브젝트 목록을 확인할 수 있습니다.

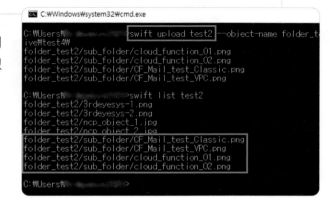

개별 파일 업로드

특정 파일을 업로드 하려면 다음과 같은 명령을 실행하면 됩니다. 여기에서는 로컬PC에 있는 geolocation_1.png 파일을 업로드합니다.

```
swift upload {컨테이너(버킷) 이름} --object-name {저장할 Archive Storage 폴
더명/저장할 파일명} {로컬PC 파일 경로}
```

마찬가지로 파일을 업로드한 후에 list 명령어로 확인해 보면 됩니다.

8 파일 삭제

파일 삭제도 개별 파일 삭제와 폴더 삭제, 2가지로 나누어서 확인해 보겠습니다.

개별 파일 삭제

특정 파일을 삭제하는 명령은 다음과 같습니다.

```
swift delete {컨테이너(버킷) 이름} {Archive Storage 파일 전체 경로}
```

```
C:\Windows\system32\cmd.exe                                            -   □   ×

C:\Users\         >swift delete test2 folder_test2/sub_folder/CF_Mail_test_VPC.png
folder_test2/sub_folder/CF_Mail_test_VPC.png

C:\Users\         >swift list test2
folder_test2/3rdeyesys-1.png
folder_test2/3rdeyesys-2.png
folder_test2/ncp_object_1.jpg
folder_test2/ncp_object_2.jpg
folder_test2/sub_folder/CF_Mail_test_Classic.png
folder_test2/sub_folder/cloud_function_01.png
folder_test2/sub_folder/cloud_function_02.png

C:\Users\         >
```

폴더 삭제

폴더 전체를 삭제하는 명령은 **prefix 옵**션이 들어갑니다.

```
swift delete {컨테이너(버킷) 이름} --prefix {Archive Storage 폴더 경로}
```

```
C:\Windows\system32\cmd.exe                                            -   □   ×

C:\Users\         >swift delete test2 --prefix folder_test2/sub_folder/
folder_test2/sub_folder/cloud_function_02.png
folder_test2/sub_folder/cloud_function_01.png
folder_test2/sub_folder/CF_Mail_test_Classic.png

C:\Users\         >swift list test2
folder_test2/3rdeyesys-1.png
folder_test2/3rdeyesys-2.png
folder_test2/ncp_object_1.jpg
folder_test2/ncp_object_2.jpg

C:\Users\         >
```

파일 다운로드 -

파일 다운로드는 개별 파일 다운로드와 폴더 다운로드, 그리고 컨테이너(버킷) 파일 전체 다운로드를
각각 실행해 보고 로컬PC에서 다운로드된 것을 확인해 보겠습니다.

개별 파일 다운로드

개별 파일 다운로드에는 **output** 옵션이 필요합니다.

```
swift download {컨테이너(버킷) 이름} --output {저장할 로컬PC 파일 전체 경로}
{Archive Storage 파일 전체 경로}
```

로컬PC에서 해당 폴더로 이동하면 다음과 같이 다운로드된 파일을 확인할 수 있습니다.

폴더 다운로드

폴더 다운로드에는 **output-dir** 옵션이 필요합니다.

```
swift download {컨테이너(버킷) 이름} --output-dir {저장할 로컬PC 폴더 경로}
--prefix {Archive Storage 폴더 경로}
```

로컬PC에서 확인을 해보면 다음과 같이 폴더가 다운로드된 것을 확인할 수 있습니다.

컨테이너(버킷) 전체 다운로드

컨테이너(버킷)에 있는 모든 파일을 다운로드 할 때는 다음과 같이 폴더 다운로드 명령에서 마지막에 있는 파일명이나 폴더명 파라미터를 지우면 됩니다.

```
swift download {컨테이너(버킷) 이름} --output-dir {저장할 로컬PC 폴더 경로}
```

로컬PC에서 확인을 해보면 폴더와 파일이 모두 다운로드된 것을 확인할 수 있습니다.

10 Archive Storage CLI를 사용해야 하는 이유

Archive Storage를 관리할 때 AWS S3용 Client Tool(예: CloudBerry Explorer, S3 Browser) 대신에 Archive Storage CLI를 사용해야 하는 이유에 대해 정리해 보겠습니다.

네이버 클라우드 플랫폼 Archive Storage는 Object Storage의 데이터를 장기 백업하기 위한 용도 등으로 주로 사용되다 보니 Object Storage와 비슷한 시스템이라고 오해하는 경우가 많습니다. 하지만, **Object Storage가 AWS S3와 호환되는 시스템 구조**로 되어 있는 것에 반해 **Archive Storage는 OpenStack 기반의 시스템 구조**로 되어 있어 전혀 다르다고 보면 됩니다.

Object Storage를 관리하는데 자주 사용되는 AWS S3용 Client Tool(예: CloudBerry Explorer, S3 Browser) 등을 Archive Storage를 관리할 때도 사용하는 경우가 있는데, **가급적 사용하지 않는 것이 좋습니다.**

왜냐하면 AWS S3용 Client Tool로 Archive Storage에서 업로드, 다운로드, 삭제, 이름변경 등의 작업을 진행하면 **해당 파일에 문제가 생기거나 때로는 컨테이너(버킷) 데이터 전체에 문제가 생길 수도 있기 때문입니다.**

혹시나 AWS S3용 Client Tool을 사용하더라도 파일(오브젝트)을 조회하는 용도 정도로만 한정해서 사용하는 것을 추천합니다. 물론 파일 조회도 가능하다면 Archive Storage용의 CLI나 API를 이용하는 것을 권장합니다.

## Chapter 3

Backup

33 백업 서비스 기본 가이드
03-1

네이버 클라우드 플랫폼에서 기존에 별도의 신청서를 작성해서 사용하던 Managed Backup의 대체 상품으로 출시된 콘솔에서 바로 이용할 수 있는 Backup 상품의 기본 가이드를 알아보도록 하겠습니다.

1 서비스 특징

- **다양한 플랫폼 및 데이터베이스 지원** : Linux, Windows 계열 등 다양한 버전의 운영 체제를 지원하며 OS의 데이터 영역 및 서버에 설치된 데이터베이스의 온라인 백업이 가능합니다.

- **간편한 설치와 백업 단위 선택** : 네이버 클라우드 플랫폼 웹 콘솔에서 간단한 설정을 통해 백업을 받고자 하는 리소스에 에이전트의 설치부터 백업 정책 구성까지 완료할 수 있습니다.

- **소산 백업 지원** : 기존에 수행한 백업 데이터를 지리적으로 떨어진 다른 존으로 이중화하여 데이터 안정성을 더욱 향상시킬 수 있습니다.

- **리포트 기능 제공** : 백업 혹은 복구에 대한 작업 결과를 일간/월간 단위 보고서로 확인할 수 있으며 이메일로 리포팅을 받을 수도 있습니다.

 **2** **제약 사항**

백업 가능 대상

- 서버 : Data 영역
- DB : 서버 설치형DB (MSSQL, MySQL, PostgreSQL)

백업 가능한 데이터 크기

- 계정당 1TB

02 · STORAGE

3 **이용 요금**

Backup 서비스는 유료 서비스로 기본료, 데이터 저장량, 복원 요금, 네트워크 전송 요금 등을 합산해 이용 요금이 부과됩니다.

- **기본료** : 백업 대상 소스 서버 대수당 요금 부과
- **데이터 저장량** : 백업된 데이터 저장량에 대해 월 평균 사용량에 대한 스토리지 요금 부과
- **복구 요금** : 백업본 복구시 복구대상이 되는 원본 데이터 전체 용량에 대한 요금 부과
- **네트워크 전송 요금** : 백업 및 복구간 발생한 존간/리전간 네트워크 전송 요금 부과

> ⚙ **이용 요금 관련 기타 사항**
>
> - 데이터 저장량은 월 평균 사용량 기준입니다.
> - 복구 요금은 원본(소스) 용량 기준으로 당월 수행한 전체 복구 작업에 대한 총량 기준으로 요금이 부과됩니다.
> - 동일 존 내에서 백업 수행 및 복구 시 네트워크 전송 요금은 무료입니다.

구분	지원 범위	비고
MSSQL Server	2005, 2008, 2008R2, 2012, 2014, 2016, 2017, 2019, 2022	x86, x64
MySQL	5.5, 5.6, 5.7, 8.x Maria DB 5.5, 10.0, 10.1~10.6	Redhat/CentOS 6.x~8.x : x86, x64 Ubuntu 14.0 ~ 20.04 : x64
PostgreSQL	9.2 ~ 14.x	Redhat/CentOS 5.x : x86, x64 Redhat/CentOS 6.x ~ 8.x : x64 Ubuntu 12.04 ~ 22.04 : x86, x64
Windows File System	7, 8, 8.1, 10, 2008, 2008 R2, 2016, 2019, 2022	x86, x64
Linux File System	Redhat/CentOS : 5.x ~ 8.x Rocky Linux 8.x ~ 9.x Ubuntu 8.04 ~ 21.04	Redhat/CentOS 5.x ~ 7.x : x86, x64 Redhat/CentOS 8.x : x64 Rocky Linux 8.x~9.x: x64

34

03-2

백업 서비스 상세 가이드

네이버 클라우드 플랫폼의 Backup 서비스는 기존 Managed Backup의 대체 상품으로 출시된 콘솔에서 바로 이용할 수 있습니다. 여기에서는 네이버 클라우드 플랫폼의 Backup 서비스를 이용해 **리눅스와 Windows 파일 데이터를 백업하는 방법**을 알아보겠습니다.

리눅스와 Windows의 백업 서비스의 설정 방법은 크게 차이가 없으므로, 기본적으로 리눅스 파일 데이터 백업 방법을 설명하며 Windows 파일 데이터의 경우에는 다른 부분만 별도로 설명합니다.

1 상품위치

Backup 서비스는 **[Console] - [Services] - [Storage]**에 있습니다.

2 테스트 서버

백업 서비스의 테스트를 위해 서버를 미리 준비하고, 백업과 복원에 필요한 디렉토리를 다음과 같이
생성했습니다.

- 백업할 디렉토리 : /backup-data

- 복원할 디렉토리 : /restore

 Windows

- 백업할 디렉토리 : C:₩Backup-Data

- 복원할 디렉토리 : C:₩Restore

3 리소스 생성 --

먼저 백업 혹은 복구를 수행할 대상 서버를 설정합니다.

Backup 탭에서 **[Backup] – [Resource]**로 이동해서 **[리소스 생성]** 버튼을 클릭합니다.

🖧 리소스 생성 방법

① 리소스 이름을 입력합니다.

② 백업 서버가 소속된 존(zone)을 선택합니다.

③ 백업 대상이 되는 서버를 리소스에 등록합니다.
   🖥 백업 대상이 되는 서버를 리소스에 선택하고, 호스트 이름에는 백업 대상 서버의 이름을 입력합니다.

④ 서버가 위치한 zone 선택 및 대상 서버를 선택하며 파일 백업 및 데이터베이스 백업 여부에 따라 체크박스를 선택합니다.

⑤ 에이전트 설치에 사용될 아이디 및 비밀번호를 입력합니다.

⚙ **주의 사항**

아이디와 비밀번호는 에이전트 설치를 위해 **백업 대상 서버 접속 시 일회성으로 사용**하며, 별도로 저장되지 않습니다.

아이디는 백업 대상 서버의 **root 계정** 또는 백업 및 리스토어가 진행되는 **디렉터리와 파일에 대한 소유 권한을 가진 계정**을 입력해야 합니다.

▦ 아이디는 백업 대상 서버의 **Administrator 계정** 또는 백업 및 리스토어 수행 시 **해당 디렉터리와 파일에 대한 접근 권한을 가지고 있는 user 계정**을 입력해야합니다.

최종 설정 정보를 확인하고 **[리소스 생성]**을 클릭합니다.

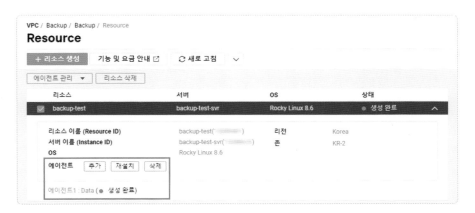

백업 에이전트 설치 확인

리소스가 생성되면서 백업 에이전트가 설치되는데, 정상적으로 설치가 완료되면 **[생성 완료]**라는 메시지가 나타납니다. 에이전트 설치는 대략 5분 정도의 시간이 걸리며 상단의 [새로 고침] 버튼을 클릭하면 확인할 수 있습니다.

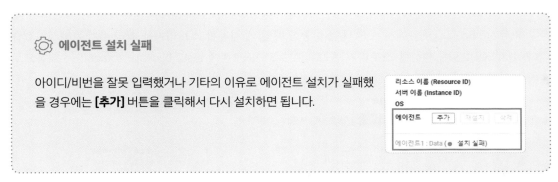

⚙️ 에이전트 설치 실패

아이디/비번을 잘못 입력했거나 기타의 이유로 에이전트 설치가 실패했을 경우에는 **[추가]** 버튼을 클릭해서 다시 설치하면 됩니다.

4 저장소 생성

다음으로 백업 데이터를 저장할 저장소를 만들고 관리합니다.

Backup 탭에서 **[Backup] – [Storage]**로 이동하여 **[저장소 생성]**을 클릭합니다.

저장소 이름과 백업 저장소가 위치할 존(zone)을 지정한 후 다음을 클릭해서 저장소를 생성합니다.

소산 백업용 스토리지 추가 생성

추후 Remote Backup 메뉴에서 소산 백업(이중화 백업)에 사용할 스토리지를 미리 추가로 생성하겠습니다. 현재 KR-2존에 생성한 스토리지는 그대로 두고 KR-1존에 test2-backup-storage라는 이름으로 추가 생성했습니다.

⑤ 정책 생성

다음은 저장소에 대한 정책을 설정 및 관리합니다.

Backup 탭에서 **[Backup] – [Policy]**로 이동하여 **[정책 생성]**을 클릭합니다.

정책 이름, 보관 주기, 생성한 저장소가 위치한 존을 선택한 다음 [연결 저장소]가 맞는지 확인한 후
정책을 생성합니다.

> 보관 기간은 백업 주기의 최소 2배
> 이상으로 설정해야 합니다.
>
> - 일간 백업 : 최소 7일 이상
> - 주간 백업 : 최소 14일 이상
> - 월간 백업 : 최소 60일 이상

 작업 생성 --

다음으로 에이전트가 설치된 리소스와 사전에 설정한 저장소 및 정책 등을 활용하여 실제 백업을 수행하는 작업을 생성하고 관리합니다.

Backup 탭에서 **[Backup] - [Job]**으로 이동하여 **[작업 생성]**을 클릭합니다.

작업 이름과 대상 리소스(서버) 백업 유형 및 백업 대상 디렉터리 지정을 한 후 Policy 메뉴에서 생성한 백업 정책을 선택합니다. **Job과 Policy는 1:1 매핑만 가능합니다.**

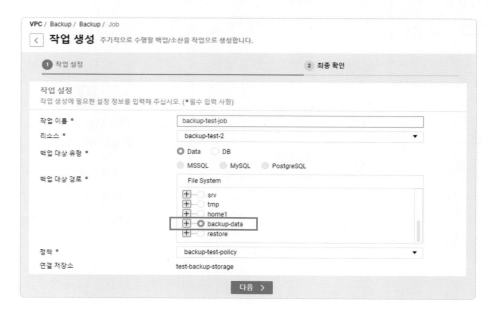

7 일정 생성

마지막으로 작업을 수행하는 일정에 대해 계획하고 관리합니다.

Backup 탭에서 **[Backup] - [Schedule]**로 이동하여 **[일정 생성]**을 클릭합니다.

일정 이름과 job에서 등록한 서버 백업 작업을 선택 후 백업 방식, 주기, 시작 요일과 시간을 구성 한 후 일정을 생성합니다.

8 소산 백업 (이중화 백업)

백업 서비스의 소산 백업을 이용해 기존에 수행한 백업 데이터를 지리적으로 떨어진 다른 존으로 이중화할 수 있습니다.

Backup 탭에서 **[Backup] - [Remote Backup]** 으로 이동하여 **[소산 설정]**을 클릭합니다.

소산 이름, job에서 등록한 작업 선택, 소산 저장소가 위치한 존 선택, 보관 주기, 소산 백업 주기를 설정 후 소산 백업 일정을 등록합니다.

소산 일정에 백업 작업이 완료되어 있지 않은 경우, 다음 소산 일정에 소산이 수행됩니다.

9 **백업 완료 확인** ----------------------------------

기본 백업과 소산 백업까지 모두 완료되면 다음과 같이 **[Report]** 메뉴에서 결과를 확인할 수 있습니다.

 10 **복원** --------------------------------------

복원 기능을 이용하면 위에서 백업한 데이터를 Restore 메뉴에서 원하는 시점의 특정 데이터를 선택해서 원하는 리소스에 복원할 수 있습니다.

[Job]에서 설정한 /backup-data 디렉터리에 저장되어 있는 파일들을 /restore 디렉터리로 복원을 진행해 보겠습니다. 현재 /restore 디렉터리는 비어있는 상태입니다.

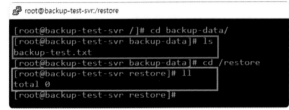

 Windows

[Job]에서 설정한 C:\Backup-Data 디렉터리에 저장되어 있는 파일들을 C:\Restore 디렉터리로 복원을 진행해 보겠습니다. 현재 /Restore 디렉터리는 비어있는 상태입니다.

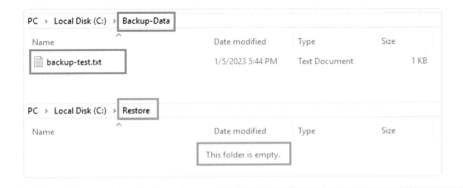

백업 서비스 상세 가이드

Backup 탭에서 **[Restore]**로 이동하여 복원 설정을 클릭합니다.

[소스 설정]에서는 백업된 데이터 중 어떤 데이터로 복원할 것인지에 대한 세부항목을 선택합니다.

복원 시점은 **[가장 최근 백업 시점]** 또는 백업된 데이터들 중에서 **[직접 지정]**도 가능하며, **복원 대상**은 Job에서 설정한 디렉터리를 선택하고 [다음]을 클릭합니다.

[타깃 설정]에서는 백업한 데이터를 복원할 서버와 디렉터리를 지정하고 다음을 클릭합니다.

최종 내용을 확인 후 **[복원 시작]**을 클릭합니다.

복원 시작 후 복원 상태 확인이 가능합니다.

작업이 종료되면 /restore 경로에 데이터가 정상
적으로 복원된 것을 확인할 수 있습니다.

![Windows](Windows 로고) **Windows**

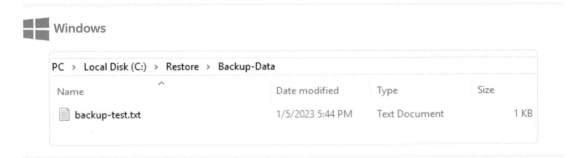

11 Report

백업 혹은 복구에 대한 작업 결과를 일간/월간 단위의 보고서로 확인할 수 있습니다. Backup 탭에서
[Report] 로 이동하여 확인합니다. Backup Report에서 발생하는 이벤트는 이메일 수신 신청을 통해
메일로 알림을 받도록 설정이 가능합니다.

항목에서 담당자 이름 및 메일 주소를 확인하고 **[추가]** 버튼을 클릭한 후 저장합니다.

등록이 완료되면 다음과 같이 메일로 리포트를 받아보실 수 있으며 **매일 오전 10시 일간 리포트**와 **매월 1일 월간 리포트**가 전송됩니다.

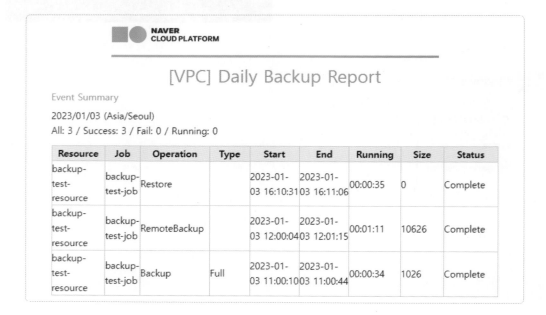

[VPC] Daily Backup Report

Event Summary

2023/01/03 (Asia/Seoul)
All: 3 / Success: 3 / Fail: 0 / Running: 0

Resource	Job	Operation	Type	Start	End	Running	Size	Status
backup-test-resource	backup-test-job	Restore		2023-01-03 16:10:31	2023-01-03 16:11:06	00:00:35	0	Complete
backup-test-resource	backup-test-job	RemoteBackup		2023-01-03 12:00:04	2023-01-03 12:01:15	00:01:11	10626	Complete
backup-test-resource	backup-test-job	Backup	Full	2023-01-03 11:00:10	2023-01-03 11:00:44	00:00:34	1026	Complete

12 백업 리소스 삭제

더 이상 백업 서비스를 이용하지 않게 되어 백업 리소스를 삭제하려면 위에서 생성했던 순서의 반대로 삭제를 진행해야 합니다.

우선, **[Backup] - [Resource]**에서 해당 리소스를 선택하고 **[리소스 삭제]** 버튼을 클릭해 봅니다.

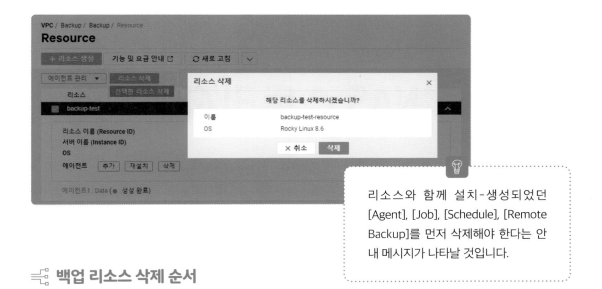

리소스와 함께 설치-생성되었던 [Agent], [Job], [Schedule], [Remote Backup]를 먼저 삭제해야 한다는 안내 메시지가 나타날 것입니다.

백업 리소스 삭제 순서

백업 리소스 삭제는 다음과 같이 생성 순서와 반대로 삭제해야 합니다.

[Remote Backup] → [Schedule] → [Job] → [Agent] → [Resource]

리소스를 삭제하면 백업된 데이터와 백업 기록까지 모두 삭제되며 삭제된 리소스는 복원할 수 없으므로 삭제 여부를 신중하게 판단해야 합니다.

Chapter 4

NAS 스토리지

NAS 볼륨을 생성하고 LINUX 서버에 마운트하기

35
04-1

NAS (Network Attached Storage)는 다수의 서버, 사용자가 함께 사용하는 네트워크 저장 공간으로, 서버 간 데이터 공유, 대용량 스토리지, 유연한 용량 확대/축소, 스냅샷 백업 등이 필요한 경우에 주로 사용합니다.

네이버 클라우드 플랫폼 NAS 서비스의 주요 기능을 활용하면 안전하고 편리하게 데이터를 관리할 수 있습니다. 여기에서는 NAS 볼륨을 생성하고 Linux 즉, Rocky Linux, Ubuntu 그리고 CentOS 서버에 동시에 마운트하는 방법을 정리해 보겠습니다.

⚙️ **특징**

- 용량 : 500GB ~ 10,000GB까지 가능하며, 확장은 100GB단위로 가능
- 접근제어 설정 가능
- 스냅샷 설정 : 자동생성의 경우 최대 7개까지 보관 가능
- 볼륨 암호화 : 볼륨 단위로 AES-256 알고리즘 기반의 암호화 키를 사용하여 FIPS-140-2 레벨 1 수준의 암호화를 제공
- 모니터링 및 이벤트 설정 가능

---

1 서버 생성

NAS 볼륨을 마운트할 서버 3대를 Rocky Linux 8.8, Ubuntu 22.04, CentOS 7.8로 생성합니다. 네이버 클라우드 플랫폼 VPC 환경에서 서버를 생성하는 방법은 **<020쪽>**을 참고합니다.

2 NAS 생성

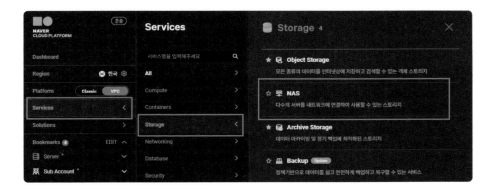

🖥 NAS 볼륨 생성

[NAS] - [Volume]에서 [NAS 볼륨 생성] 버튼을 클릭합니다.

NAS 볼륨 이름과 용량을 입력하고, 리눅스용 프로토콜인 **NFS**를 선택합니다. CIFS는 윈도우용 프로토콜입니다.

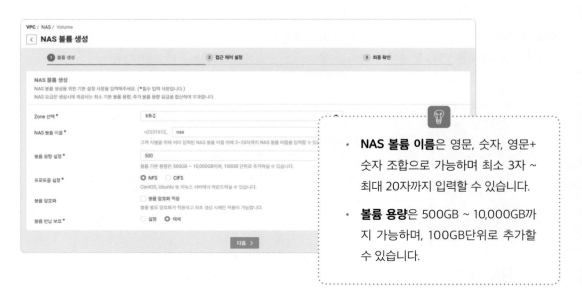

- **NAS 볼륨 이름**은 영문, 숫자, 영문+숫자 조합으로 가능하며 최소 3자 ~ 최대 20자까지 입력할 수 있습니다.
- **볼륨 용량**은 500GB ~ 10,000GB까지 가능하며, 100GB단위로 추가할 수 있습니다.

NFS 접근 제어 설정

접근 제어 설정에서는 NAS 볼륨을 마운트할 장비를 선택해서 ACL(네트워크 접근제어) 설정을 하게 됩니다.

NAS 볼륨을 마운트할 장비를 선택하고, 버튼을 클릭해 오른쪽으로 이동시킵니다. 접근 용도에 따라서 **[Read / Write]** 또는 **[Read Only]**를 선택해서 이동시킵니다.

⊏ 최종 확인

마지막으로 설정 내용을 확인하고 **[볼륨 생성]** 버튼을 클릭합니다.

3 NAS 마운트 정보 확인

생성된 NAS 볼륨의 상세 정보를 살펴보면 다음과 같이 **[마운트 정보]** 항목에서 서버에 마운트할 때 사용할 **마운트 정보**를 확인할 수 있습니다.

4 Rocky Linux 설정

⊏ NFS 관련 패키지 설치

NAS 볼륨을 리눅스 서버에 마운트하기 위해 우선 서버에 NFS 프로토콜 관련 패키지를 설치합니다.

```
dnf -y install nfs-utils
```

🖧 NAS 볼륨 마운트

NAS 볼륨을 마운트할 디렉토리를 생성하고 앞에서 확인한 **{NAS 볼륨 마운트 정보}**를 이용해 마운트한 후에 상태를 확인합니다. 네이버 클라우드 플랫폼에서는 안정성이 높은 **NFS v3(-o vers=3)** 으로 마운트하여 사용할 것을 권고하고 있습니다.

```
mkdir /mnt/nas

mount -t nfs -o vers=3 {NAS 볼륨 마운트 정보} /mnt/nas

Example → mount -t nfs -o vers=3 123.456.789.012:/n123456_nas /mnt/nas

df -Th
```

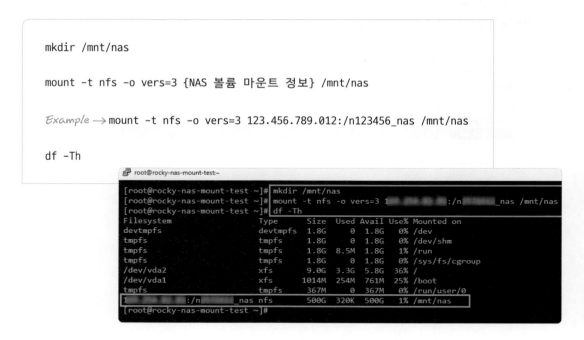

🖧 fstab 설정

부팅 후에도 마운트가 될 수 있도록 **/etc/fstab** 파일에 추가합니다.

Chapter 4. NAS 스토리지

```
vim /etc/fstab

{NAS 볼륨 마운트 정보} /mnt/nas nfs vers=3,defaults 0 0

Example → 123.456.789.012:/n123456_nas /mnt/nas nfs vers=3,defaults 0 0
```

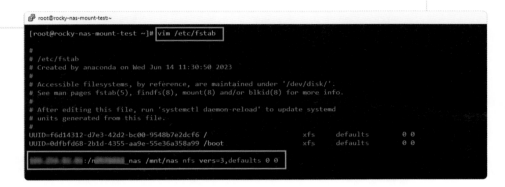

5 Ubuntu 설정 ---------------------------------------

NFS 관련 패키지 설치

NAS 볼륨을 서버에 마운트하기 위해 우선 서버에 NFS 프로토콜 관련 패키지를 설치합니다.

```
apt -y install nfs-common
```

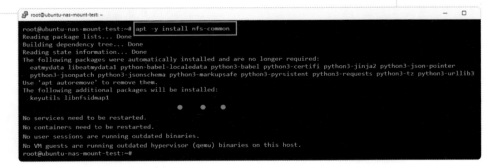

NAS 볼륨 마운트

NAS 볼륨을 마운트할 디렉토리를 생성하고 **{NAS 볼륨 마운트 정보}**를 이용해 마운트한 후에 상태를 확인합니다. 네이버 클라우드 플랫폼에서는 안정성이 높은 **NFS v3(-o vers=3)** 으로 마운트하여 사용할 것을 권고하고 있습니다.

```
mkdir /mnt/nas

mount -t nfs -o vers=3 {NAS 볼륨 마운트 정보} /mnt/nas

Example → mount -t nfs -o vers=3 123.456.789.012:/n123456_nas /mnt/nas

df -Th
```

fstab 설정

부팅 후에도 마운트가 될 수 있도록 **/etc/fstab** 파일에 추가합니다.

```
vim /etc/fstab

{NAS 볼륨 마운트 정보} /mnt/nas nfs vers=3,defaults 0 0

Example → 123.456.789.012:/n123456_nas /mnt/nas nfs vers=3,defaults 0 0
```

NFS 관련 패키지 설치

NAS 볼륨을 서버에 마운트하기 위해 우선 서버에 NFS 프로토콜 관련 패키지를 설치합니다.

```
yum -y install nfs-utils
```

NAS 볼륨 마운트

NAS 볼륨을 마운트할 디렉토리를 생성하고 **{NAS 볼륨 마운트 정보}**를 이용해 마운트한 후에 상태를 확인합니다. 네이버 클라우드 플랫폼에서는 안정성이 높은 **NFS v3(-o vers=3)** 으로 마운트하여 사용할 것을 권고하고 있습니다.

```
mkdir /mnt/nas

mount -t nfs -o vers=3 {NAS 볼륨 마운트 정보} /mnt/nas

Example → mount -t nfs -o vers=3 123.456.789.012:/n123456_nas /mnt/nas

df -Th
```

02 · STORAGE

⊟ fstab 설정

부팅 후에도 마운트가 될 수 있도록 **/etc/fstab** 파일에 추가합니다.

```
vim /etc/fstab

{NAS 볼륨 마운트 정보} /mnt/nas nfs vers=3,defaults 0 0

Example → 123.456.789.012:/n123456_nas /mnt/nas nfs vers=3,defaults 0 0
```

⑦ NAS 사용량 알림 이벤트 설정 ----------------------------

이벤트 설정에서는 NAS 볼륨 사용량 임계치를 설정하고 이벤트 발생 시 SMS나 Email로 통보를 받습니다. **[볼륨 설정]**에서 **[이벤트 설정]**을 클릭합니다.

NAS 볼륨 선택

이벤트 항목 설정

알림 이벤트를 설정할 디스크 사용량 임계치 % 값과 지속 시간을 분 단위로 입력하고 [추가] 버튼을 클릭합니다.

Example → *70%, 5분으로 입력했을 경우 : 디스크 사용량이 70% 이상인 상태가 5분 이상 지속되면 알림 이벤트가 발송됩니다.*

통보 대상 설정

이벤트 통보 방법과 휴대폰 또는 이메일 등을 입력하고 설정을 완료합니다.

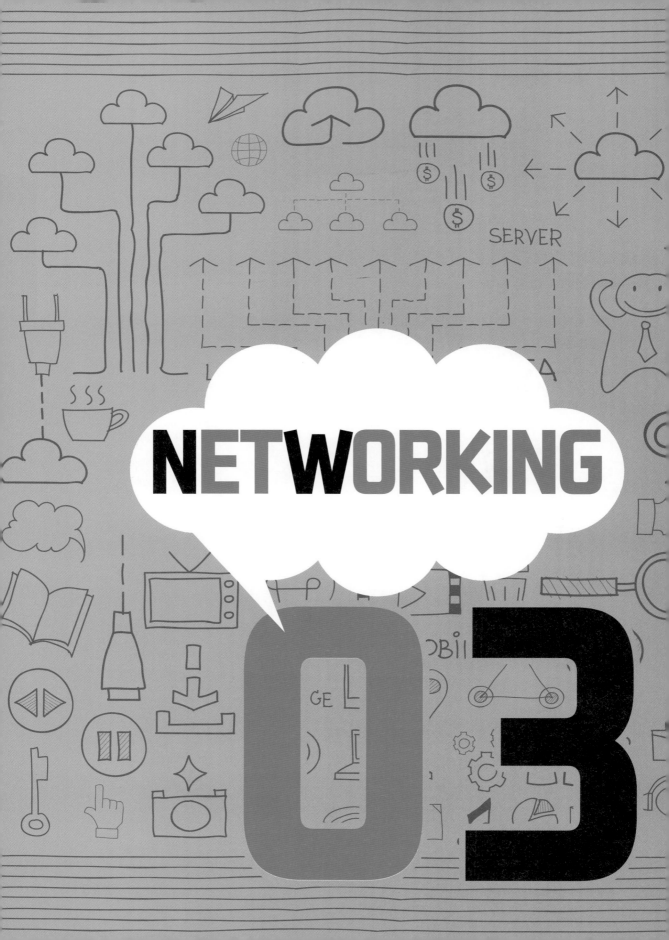

NETWORKING

03

Load Balancer

36
01-1

PROXY PROTOCOL을 이용해 CLIENT IP 확인하기

네이버 클라우드 플랫폼 Load Balancer는 HTTP, HTTPS, TCP, SSL 등의 4가지 프로토콜을 지원합니다. Load Balancer를 사용하면서 Client IP를 확인하려고 할 때 http, https 통신의 경우에는 X-Forwarded-For 헤더값이 지원되기에 Client IP를 확인할 수 있지만, TCP 통신의 경우 X-Forwarded-For 헤더를 사용할 수 없기에 **Client IP를 확인하기 위해서는 Proxy Protocol 옵션을 활성화**시켜야 합니다.

여기서는 Network Proxy Load Balancer의 TCP 프로토콜을 사용하면서 **Protocol 옵션을 활성화**시켜 서버에서 Client IP를 기록하는 방법을 소개하겠습니다. Rocky Linux 서버의 경우를 주로 설명하며, Ubuntu와 CentOS의 경우 명령어들만 별도로 설명합니다.

테스트 환경

- VPC 환경

- Rocky Linux 8.6 (Ubuntu 18.04 / CentOS 7.8)

- Apache 2.4.6

- Network Proxy Load Balancer Protocol/Port : TCP/80

1 서버 설치

서버를 생성하고 Apache 웹서버와 개발용 추가 모듈이 포함된 **httpd-devel 패키지**를 설치하고 간단한 웹페이지를 만들어 접속해 보겠습니다. VPC 환경에서 서버를 생성하는 방법에 대한 자세한 내용은 **<020쪽>**을 참고합니다.

```
dnf -y install httpd httpd-devel
```

 Ubuntu

- Apache 웹서버와 개발용 추가 모듈이 포함된 **apache2-dev 패키지** 설치

```
apt-get update
apt-get -y install apache2 apache2-dev
```

CentOS

- Apache 웹서버와 개발용 추가 모듈이 포함된 **httpd-devel 패키지** 설치

```
yum -y install httpd httpd-devel
```

256

Chapter 1. Load Balancer

② Target Group 설정

우선 Load Balancer를 생성하기 전에 Load Balancer에서 사용할 Target Group을 **[Load Balancer]-[Target Group]**에서 생성합니다.

Target Group 생성

Target Group의 이름을 입력하고 Target 유형은 **[VPC Server]**를 선택한 다음 VPC 대역을 선택합니다. 그리고, 프로토콜은 **PROXY_TCP**를 선택 하고, **포트는 80포트**를 사용하겠습니다.

> 여기에서는 Target Group의 이름을 Proxy-Protocol-TG 로 지정하였습니다.

Health Check 설정

Health Check를 수행할 프로토콜은 **TCP**를 선택합니다.

03 · NETWORKING

Target 추가

앞에서 생성했던 서버를 선택하고 **[적용 Target]** 쪽으로 이동시킵니다.

설정 확인

설정 정보를 최종 확인하고 이상이 없으면 **[Target Group 생성]** 버튼을 클릭합니다.

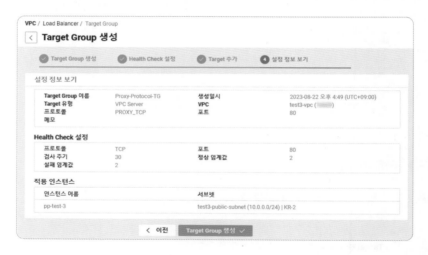

생성된 Target Group를 확인할 수 있습니다.

3 | Network Proxy Load Balancer 생성

[Load Balancer]에서 **[로드밸런서 생성]** 버튼을 클릭하고 **[네트워크 프록시 로드밸런서]**를 선택 합니다.

로드밸런서 설정

다음 그림과 같이 필요한 로드밸런서 설정을 선택하
는데, 그 중에서 서브넷은 혹시 생성되어 있지 않으
면 **[서브넷 생성]** 버튼을 클릭해 로드밸런서 전용 서브
넷을 직접 생성해야 합니다. 여기서는 **[10.0.4.0/24]**
대역으로 설정했습니다.

리스너 설정

리스너는 TCP 프로토콜에 80 포트를 선택하고 추가
합니다.

Target Group 선택

Target Group은 앞에서 생성한 [Proxy-Protocol-
TG]을 선택합니다. 그러면 해당 Target Group 설정
내용을 바로 확인할 수 있습니다.

⊑ 설정 확인

선택한 설정을 최종 확인하고 이상이 없으면 [로드밸런서 생성] 버튼을 클릭합니다.

⊑ 생성 확인

생성된 로드밸런서의 정보를 확인합니다. 특히 **접속 정보**와 **서브넷 대역**은 이후 테스트에 사용되므로 꼭 기억하거나 메모해 두는 것이 좋습니다.

④ ACG 설정

로드밸런서 → 서버 접속이 가능하도록 서버 ACG에 규칙을 추가합니다. 서버에 적용된 [ACG 규칙 설정] 화면에서 프로토콜은 **TCP**, 접근소스는 로드밸런서 IP 대역인 **10.0.4.0/24**, 포트는 80을 입력하고 추가합니다.

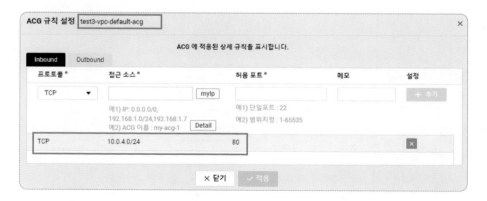

5 로드밸런서 접속 테스트 ----------------------------------

앞에서 생성된 로드밸런서 접속 주소로 접속을 해보면 다음과 같은 화면을 확인할 수 있습니다.

Apache 접속 로그 확인

네이버 클라우드 플랫폼의 서비스 중의 하나인 **Cloud Log Analytics**에서 로그를 수집하여 로그를 확인할 수 있습니다. Apache 접속 로그를 확인해 보면 앞에서 설정했던 **Load Balancer의 IP 대역 (10.0.4.xx)**이 기록된 것을 확인할 수 있습니다. Cloud Log Analytics 설정과 관련된 자세한 내용은 **<517쪽>**을 참고합니다.

> ⚙️ **서버에서 직접 로그 확인하기**
>
> - Rocky Linux Apache 로그파일 위치 : /var/log/httpd/access_log
>
> - Ubuntu Apache 로그파일 위치 : /var/log/apache2/access.log
>
> - CentOS Apache 로그파일 위치 : /var/log/httpd/access_log

6 Proxy Protocol 설정

지금부터 실제 Client IP가 기록되도록 Proxy Protocol을 설정해 보겠습니다.

[Load Balancer] - [Target Group]에서 앞에서 생성했던 Target Group을 선택하고 **[TargetGroup 설정]** 버튼을 클릭합니다. 그 후 [Target Group 설정] 화면에서 **[ProxyProtocol] 옵션을 체크**하고 **[확인]** 버튼을 클릭합니다.

앞에서 정상적으로 접속이 되었던 로드밸런서 주소로 다시 접속하면 [Bad Request] 메시지가 뜨는 것을 확인할 수 있습니다. 이제부터 서버 설정을 변경해야 합니다.

7 Apache 모듈 설치

Proxy Protocol을 사용할 때 필요한 Apache 모듈을 Rocky Linux 서버에 설치하겠습니다. Ubuntu 와 CentOS의 경우 뒤쪽에서 필요한 명령어를 따로 소개하겠으니 **<265쪽>**을 참고합니다.

⌁ mod_myfixip 모듈 다운로드

다음 명령어로 **mod_myfixip.c** 파일을 다운로드합니다. 정상적으로 다운로드가 완료되면 '**mod_myfixip.c**' **saved** 라는 메시지를 확인할 수 있습니다.

```
wget --no-check-certificate https://raw.githubusercontent.com/
ggrandes/apache24-modules/master/mod_myfixip.c
```

⌁ 모듈 설치

이어서 **apxs -c -i mod_myfixip.c** 명령어로 모듈을 설치합니다.

```
apxs -c -i mod_myfixip.c
```

⌁ httpd.conf 설정 변경

모듈 설치가 완료된 후에 **httpd.conf** 파일을 열어서 제일 아래쪽에 다음 코드를 추가합니다. RewriteIPAllow 항목에는 로드밸런서 IP 대역(예: 192.168.0.0/16, 10.31.0.0/16 등)을 입력합니다. 여기서는 앞에서 설정했던 로드밸런서 IP 대역인 **10.0.4.0/24** 를 입력했습니다.

```
vim /etc/httpd/conf/httpd.conf
```

```
LoadModule myfixip_module modules/mod_myfixip.so

<IfModule mod_myfixip.c>
  RewriteIPResetHeader off
  RewriteIPAllow 10.0.4.0/24  •┄┄┄┄┄┄┄┄┄┄┄┄┄┄┄┄┄┄┄┄┄
</IfModule>
```

RewriteIPAllow 항목에 로드밸런서 IP 대역을 입력합니다.

Apache 재시작

설정을 마친 후에 Apache를 재시작합니다.

```
systemctl restart httpd
```

8 최종 접속 테스트 및 로그 확인

모든 설정을 모두 마친 후에 서버에 접속해봅니다.

접속 로그를 다시 확인해보면 이번에는 로드밸런서 IP가 아닌 **Client IP**가 기록된 것을 확인할 수 있습니다.

 Ubuntu

```
// mod_myfixip 모듈 다운로드
wget --no-check-certificate https://raw.githubusercontent.com/ggrandes/apache24-
modules/master/mod_myfixip.c

// 모듈 설치
apxs2 -c -i mod_myfixip.c

// myfixip.load 파일 생성 후 LoadModule 코드 추가
vi /etc/apache2/mods-available/myfixip.load


LoadModule myfixip_module /usr/lib/apache2/modules/mod_myfixip.so
```

// myfixip.conf 파일 생성 후 모듈 관련 코드 추가
```
vi /etc/apache2/mods-available/myfixip.conf
```

```
<IfModule mod_myfixip.c>
  RewriteIPResetHeader off
  RewriteIPAllow 10.0.4.0/24 ●┈┈┈┈┈┈┈┈┈┈┈┈┈┈┈┈┈┈┈
</IfModule>
```

RewriteIPAllow 항목에 로드밸런서 IP 대역을 입력합니다.

// 모듈 설치 및 Apache 재시작
```
a2enmod myfixip
systemctl restart apache2
```

 CentOS

// mod_myfixip 모듈 다운로드
```
wget --no-check-certificate https://raw.githubusercontent.com/ggrandes/apache24-
modules/master/mod_myfixip.c
```

// 모듈 설치
```
/usr/bin/apxs -c -i mod_myfixip.c     // 아파치가 설치된 경로 : usr
```

// httpd.conf 설정 변경
```
vi /etc/httpd/conf/httpd.conf
```

```
LoadModule myfixip_module modules/mod_myfixip.so
```

```
<IfModule mod_myfixip.c>
  RewriteIPResetHeader off
  RewriteIPAllow 10.0.4.0/24 ●┈┈┈┈┈┈┈┈┈┈┈┈┈┈┈┈┈
</IfModule>
```

RewriteIPAllow 항목에 로드밸런서 IP 대역을 입력합니다.

// Apache 재시작
```
systemctl restart httpd
```

37
01-2
VPC 환경에서의 LOAD BALANCER 종류별 비교

Load Balancer(로브밸런서)는 수신 트래픽을 다수의 서버로 분산시키는 서비스로서, 수신 트래픽을 등록된 멤버 서버로 분산시켜 가용성을 높이고 시스템 가동률을 조절하는 역할을 수행합니다.

VPC 플랫폼에서는 Application Load Balancer, Network Load Balancer, Network Proxy Load Balancer, Inline Load Balancer 등이 제공되어 서비스에 적합한 로드밸런서를 직접 선택할 수 있습니다.

1 Load Balancer 종류

Application Load Balancer

HTTP 및 HTTPS 트래픽을 사용하는 웹 애플리케이션을 위한 유연한 기능을 제공합니다.

Network Load Balancer

DSR(Direct Server Return) 구조의 고성능, 대규모 네트워크 연결에 적합한 로드밸런서로 고정 IP를 제공합니다.

Network Proxy Load Balancer

TCP 세션 유지에 최적화되어 있으며, Network Load Balancer와 다르게 DSR를 지원하지 않으며, Load Balancer가 세션을 관리합니다.

Inline Load Balancer

네트워크 패킷을 변조 없이 전달해야 하는 Inline 방식으로 동작하며, SFC(Service Function Chain)에서 보안 어플라이언스의 안정성을 보장하기 위해 사용됩니다.

KR존/서브넷 별 로드밸런서 생성 지역 지정

VPC 환경에서는 내가 원하는 KR존의 특정 서브넷에 로드밸런서 생성이 가능하며, KR-1/2 존에 각각 생성하여 고가용성을 확보할 수도 있습니다.

2 선택 기준 및 기능 비교

기능	Network LB	Network Proxy LB	Application LB	Inline LB
프로토콜	TCP	TCP, TLS	HTTP/HTTPS	IP
상태확인	O	O	O	O
로깅	X	X	O	X
DSR	O	X	X	X
동일 인스턴스의 여러 포트로 로드밸런싱	X	X	O	X
HTTP 2.0	N/A	N/A	O	X
경로기반 라우팅	N/A	N/A	O	X
SSL Offload	X	O	O	X
고정 세션	X	O	O	X

38
01-3

VPC 환경에서
APPLICATION LOAD BALANCER 생성하기

네이버 클라우드 플랫폼 VPC 환경의 대표적인 Load Balancer인 **Application Load Balancer** 를 생성하는 가이드입니다.

VPC와 Subnet을 생성하고, 테스트를 위한 서버 3대를 Rocky Linux, Ubuntu, CentOS 각각 1대씩 준비해서 Application Load Balancer와 연결하고 접속해보는 과정까지 정리해 보겠습니다.

1 VPC 생성

VPC 환경에서는 먼저 VPC를 먼저 생성해야 하며, 이미 만들어진 VPC가 있다면 그대로 이용해도 됩니다. VPC의 IP 주소 범위는 private 대역 (10.0.0.0/8, 172.16.0.0/12, 192.168.0.0/16) 내에서 /16 ~ /28 범위이어야 합니다. 여기서는 172.16.0.0/16 범위의 VPC를 생성하겠습니다.

② Subnet 생성

Load Balancer를 생성할 때는 Server와는 다른 Subnet을 사용해야 정상적으로 작동합니다. 여기에서도 Load Balancer용 Subnet과 테스트 Server용 Subnet을 각각 생성하도록 하겠습니다.

Load Balancer용 Subnet 생성

IP 주소 범위는 **172.16.11.0/24**으로 하고, Internet Gateway 전용 여부 옵션은 **Y (Public)**을 선택 합니다.

> **⚙ Internet Gateway 전용 여부 옵션**
>
> - **Public** : 일반적인 경우로 외부에서 사용자가 로드밸런서에 접속하게 되는 서비스의 경우
> - **Private** : 내부 장비나 서버들끼리 통신을 하는데 로드밸런서를 이용해서 부하를 분산하려고 하는 경우

Server용 Subnet 생성

일반 서버용 Subnet은 **172.16.10.0/24 IP** 대역에 Internet Gateway 전용 여부 옵션은 **Y (Public)**을 선택합니다.

3 **테스트용 Server 생성** --

테스트를 위한 서버는 앞에서 생성했던 172.16.10.0/24 IP 대역의 Subnet을 선택하고, Rocky Linux, Ubuntu, CentOS 각각 1대씩 생성했습니다.

- Rocky Linux 8.8
- Ubuntu 22.04
- CentOS 7.8

4 **Target Group 생성** --

[VPC] - [Load Balancer] - [Target Group]에서 Load Balancer가 바라보게 될 Target Group을 설정합니다. 여기서는 **HTTP** 프로토콜과 **80** 포트를 선택하겠습니다.

여기에서는 **lb-test-tg** 라는 이름의 Target Group을 생성하겠습니다.

다음으로 [Health Check 설정]에서는 **HTTP** 프로토콜, **80** 포트, **HEAD** Method를 선택합니다.

마지막으로 Target 즉, 대상이 되는 서버 3대 lb-test-rocky, lb-test-ubuntu, lb-test-centos를 선택하고, 적용 Target 쪽으로 이동시키는 버튼을 클릭합니다.

대상 서버들이 적용 Target으로 설정된 모습입니다. **[다음]** 버튼을 클릭한 후에 전체 설정을 다시 확인하고 생성 완료를 하면 됩니다.

5 Load Balancer 생성 ----------------------------------

네이버 클라우드 플랫폼 VPC 환경에서 제공하는 로드밸런서 중 가장 많이 사용되며 HTTP, HTTPS 프로토콜을 지원하는 웹 애플리케이션용 Application Load Balancer를 생성해 보겠습니다.

[로드밸런서 생성] 단추를 클릭한 후 **[애플리케이션 로드 밸런서 생성]** 단추를 클릭합니다.

네트워크와 서브넷 선택

Network는 Public IP, Subnet은 앞에서 생성했던 **172.16.11.0/24** 대역의 Subnet을 선택합니다.

리스너 설정

리스너 설정에서 프로토콜은 **HTTP**, 포트는 **80**을 선택하고 **[추가]** 버튼을 클릭합니다.

⊏⊐ Target Group 선택

Target Group은 앞에서 생성했던 **lb-test-tg**를 선택하면, 아래에 해당 Target Group의 설정이 표시됩니다. [다음] 버튼을 클릭하여 전체 설정을 다시 확인하고 최종 생성하기 버튼을 클릭하면 Load Balancer가 생성됩니다.

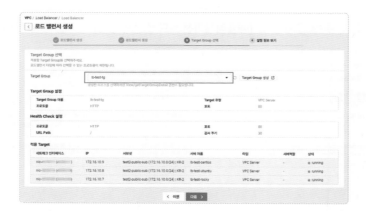

[6] ACG 설정 ────────────────────

Load Balancer가 정상 작동하기 위해서는 **[Server]-[ACG]**에서 [Inbound 규칙]에 Load Balancer용 Subnet 대역인 172.16.11.0/24 대역의 80 포트를 허용 포트로 설정해야 합니다.

⊏⊐ ACG 확인

우선 서버들에 적용된 ACG를 확인하기 위해 서버 상세 정보에서 **[ACG 수정]** 버튼을 클릭합니다.

[ACG 수정] 팝업에서 **[적용 ACG]**에 적용된 ACG 이름을 확인합니다.

⌁ Inbound 규칙 추가

앞에서 확인한 ACG를 **[Server]-[ACG]**에서 찾아서 **[Inbound 규칙]**에 Load Balancer용 Subnet 대역인 172.16.11.0/24 대역의 80 포트를 **허용 포트로 추가**했습니다.

⑦ Server 웹서버 설정 --------------------------

Application Load Balancer를 테스트하기 위해서는 테스트 Server에 웹서버가 설정되어 있어야 합니다. 여기서는 Apache 웹서버를 설치하고 기본문서 index.html 에 각 서버를 나타내는 텍스트를 적용합니다.

⌁ Rocky Linux

```
dnf -y install httpd

systemctl start httpd

cd /var/www/html
echo "<center><h1>LoadBalancer Test Server - Rocky Linux</
h1></center>" > index.html
```

Ubuntu

```
apt -y install apache2

systemctl start apache2

cd /var/www/html
echo "<center><h1>LoadBalancer Test Server - Ubuntu</h1></
center>" > index.html
```

CentOS

```
yum -y install httpd

systemctl start httpd

cd /var/www/html
echo "<center><h1>LoadBalancer Test Server - CentOS</h1></
center>" > index.html
```

8 접속 테스트

앞에서 생성했던 Load Balancer 정보에서 **접속 정보** 주소를 확인하고 복사합니다.

복사한 Load Balancer 주소를 웹브라우저에 입력하고 계속 새로 고침을 해보면 다음과 같이 Rocky Linux, Ubuntu, CentOS 서버에 접속될 때마다 해당 서버의 텍스트가 출력되면서 Load Balancer가 정상적으로 작동하는 것을 확인할 수 있습니다.

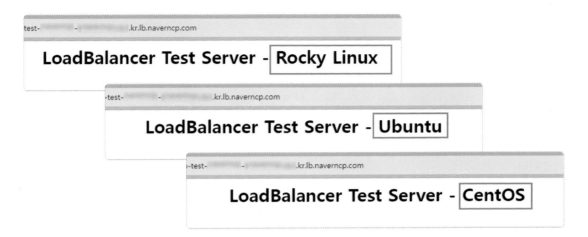

39
01-4

LOAD BALANCER에 HTTP로 접속 시 HTTPS로 강제 리다이렉트

네이버 클라우드 플랫폼에서는 웹서버에 인증서를 설치하지 않고 Application Load Balancer에 인증서를 추가 할 수 있습니다. Load Balancer에 인증서를 두고 로드밸런서에서 HTTPS/443 요청을 받아 서버의 80 포트와 통신을 하게 되는 구조입니다. 이럴 경우 HTTPS 접속만 허용되어 HTTP 요청을 못 받을 수 있는데, **HTTP로 접속 시 로드밸런서에서 HTTPS로 강제 리다이렉트**하는 방법을 알아보겠습니다.

⚙️ 테스트 환경 사전 준비

- **웹서버** : httpd 패키지를 설치 후 간단한 index.html 생성, 80포트를 오픈

- **Target group** : 웹서버를 포함하는 HTTP protocol 과 80 port 설정

- **로드밸런서** : 리스너를 HTTPS protocol 과 443 port로 설정

- **DNS 및 인증서** : 테스트에 사용할 인증서와 DNS(test1.3rdeyesys.com) 등록

☕ VPC 환경에서 서버를 생성하는 방법은 **<020쪽>**, VPC 환경에서 Application Load Balancer를 생성하는 방법은 **<269쪽>**을 참고합니다.

---

1 HTTPS와 HTTP 접속 상태 확인 ⚡

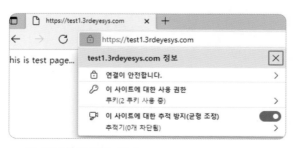

▲ HTTPS/433 접속 상태

▲ HTTP/80 접속 상태

로드밸런서 생성 시 HTTPS/443 요청은 받을수 있도록 설정하고 HTTP/80 요청을 설정하지 않아 test1.3rdeyesys.com 요청은 받을 수 있지만 HTTP/80 요청은 연결이 불가한 상태임을 확인할 수 있습니다.

2 리스너 추가

로드밸런서 생성 시 설정한 HTTPS/443 요청 외에 HTTP/80 요청도 받을 수 있도록 로드밸런서에서 HTTP/80 요청을 받을 새로운 리스너를 설정합니다.

로드밸런서를 선택하고 상단의 **[리스너 설정 변경]** 버튼을 클릭한 다음 **[리스너 추가]** 버튼을 클릭합니다.

프로토콜은 **HTTP**, 포트는 **80** 으로 설정하고 [확인] 버튼을 눌러 마무리 합니다.

다음과 같이 80 to 80 으로 리스너가 추가되어 HTTP/80 요청에도 응답하여 페이지를 띄울 수 있습니다.

HTTP/80 요청은 로드밸런서를 거쳐 그대로 서버의 80 포트와 통신하기에 보안상에 문제가 생길 수 있습니다. 그러므로 Application Load Balancer의 기능을 이용하여 HTTP/80으로 들어오는 요청을 HTTPS/443으로 리다이렉트 설정을 하겠습니다.

3 규칙 추가

새롭게 HTTP로 생성한 리스너를 선택하고 **[규칙 조회/변경]** 버튼을 클릭한 후 **[규칙 추가]** 버튼을 클릭합니다.

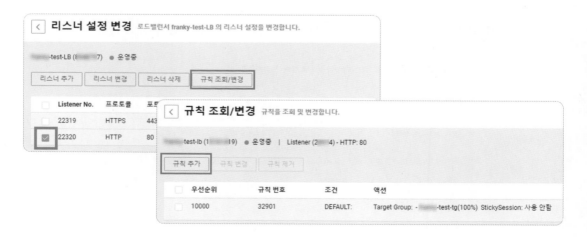

다음의 항목들을 설정합니다.

- **우선순위** : 규칙을 적용할 순번을 정할 수 있습니다. (적당한 순번의 숫자를 입력)

- **조건** : Host Header 와 Path Pattern을 선택할 수 있습니다. (여기서는 Host Header 기반을 사용)

- **액션** : Target group과 Redierction을 선택할 수 있습니다. (Redierction을 선택)

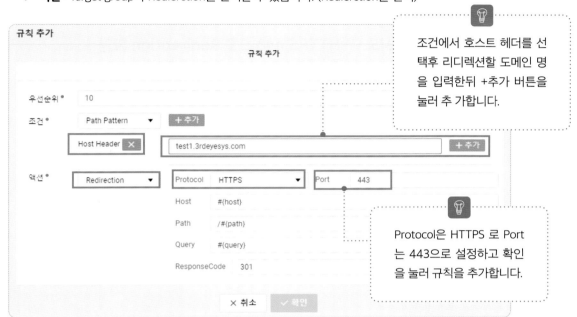

설정된 규칙들을 확인합니다.

4 최종 테스트

이제 다시 HTTP로 도메인 주소를 접속해 보면, 규칙에 추가된 Host Header 기반으로 HTTPS로 Redirection 되는 모습을 확인할 수 있습니다.

HTTP/80 으로 접속시도 → HTTPS/443 으로 Redirection 확인

APPLICATION LOAD BALANCER
접속 로그 확인하기

40

01-5

네이버 클라우드 플랫폼 VPC 환경의 대표적인 로드밸런서(Load Balancer)인 **애플리케이션 로드밸런서(Application Load Balancer)**의 접속 로그를 확인하는 방법에 대해 정리해 보겠습니다.

03 · NETWORKING

> ⚙️ **테스트 준비**
>
> - 서버 생성 : 록키 리눅스 (Rocky Linux 8.6)
> - 로드밸런서 생성 : 애플리케이션 로드밸런서(Application Load Balancer)
> - 서버와 로드밸런서 연결

[1] 서버 생성

테스트용 서버는 **Rocky Linux 8.6 서버**로 생성했습니다.

② 로드밸런서 생성

Application Load Balancer를 생성하고 테스트용 서버와 연결까지 마쳤습니다.

Application Load Balancer 생성에 대한 자세한 내용은 **<269쪽>**을 참고합니다.

③ 접속 로그 수집 활성화

로드밸런서의 접속 로그를 수집하려면 접속 로그 수집 기능을 활성화해야 합니다. 생성된 로드밸런서를 선택하고 **[로드밸런서 설정 변경]** 버튼을 클릭합니다.

[로드밸런서 설정 변경] 팝업창에서 **[액세스 로그 수집]** 항목이 **[비활성]** 상태인 것을 확인할 수 있습니다.
[설정] 버튼을 클릭한 다음 **[액세스 로그 수집]**을 활성화할 것인지 한번 더 확인하는 창이 표시되면 [확인] 버튼을 클릭합니다.

수집 활성화 설정을 마치면 [로드밸런서 설정 변경] 팝업 창의 [액세스 로그 수집] 항목이 [활성] 상태로 변경됩니다.

4 접속 테스트

웹브라우저에서 로드밸런서 주소로 접속해서 정상 작동하는지 확인하였습니다.

5 로드밸런서 접속 로그 확인

로드밸런서 접속 로그는 네이버 클라우드 플랫폼 서비스 중에서 [Cloud Log Analytics]에서 확인할 수 있습니다.

[Cloud Log Analytics] - [Search] - [로그 종류 선택]에서 [application_loadbalancer_access] 필드를 선택하고 [Log 발생시간]을 상황에 맞게 선택한 후 검색을 하면 다음과 같이 접속로그를 확인할 수 있습니다.

41
01-6
LOAD BALANCER 인증서 교체하기

네이버 클라우드 플랫폼 Load Balancer에는 HTTPS 서비스가 필요할 때 로드밸런서에 인증서를 추가하여 사용 할 수 있습니다. 이때 인증서 만료나 멀티도메인 인증서로 교체 등의 여러 가지 이유로 로드밸런서에 있는 기존의 인증서를 새로운 인증서로 교체해야 하는 경우가 있습니다. 여기서는 VPC 환경과 Classic 환경에서 각각 인증서를 교체하는 방법을 정리해 보겠습니다.

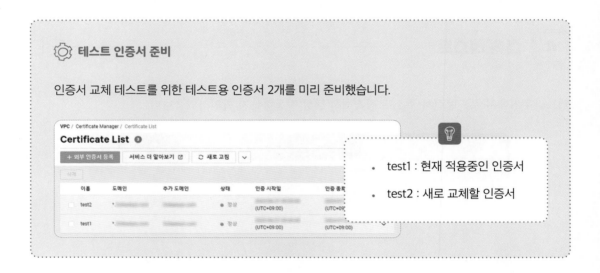

테스트 인증서 준비

인증서 교체 테스트를 위한 테스트용 인증서 2개를 미리 준비했습니다.

- test1 : 현재 적용중인 인증서
- test2 : 새로 교체할 인증서

1 VPC 환경에서 인증서 교체

우선 VPC 환경에서 로드밸런서 인증서를 교체하는 방법을 정리해 보겠습니다.

인증서를 변경할 로드밸런서를 선택한 후 **[리스너 설정 변경]**을 클릭합니다.

현재 테스트용 'test1' 인증서가 적용되어 있는 리스너를 선택한 후 **[인증서 변경]**을 클릭합니다.

[default 인증서 선택] 항목에서 교체할 인증서인 **test2**를 선택한 후 **[변경]** 버튼을 클릭하고 인증서 변경 팝업에서 **[변경]** 버튼을 클릭합니다.

다시 **[리스너 설정 변경]** 화면으로 돌아오면 다음과 같이 인증서가 **test2**로 변경된 것을 확인할 수 있습니다.

2 Classic 환경에서 인증서 교체

계속해서 Classic 환경에서 로드밸런서 인증서를 교체하는 방법을 정리해 보겠습니다.

인증서를 변경할 로드밸런서를 선택한 후 **[로드밸런서 설정 변경]**을 클릭합니다.

[SSL Certificate] 항목을 보면 로드밸런서에 적용 되어있는 인증서가 **test1**임을 확인할 수 있습니다. 이제 새로운 인증서를 적용하기 위해 **[삭제]** 버튼을 클릭해 기존에 설정했던 로드밸런서 설정을 삭제합니다.

기존 설정을 삭제하고 나면 **[SSL Certificate]** 항목에 다음과 같이 인증서 정보가 사라진 것을 확인할수 있습니다. 계속해서 기존과 **동일한 설정(로드밸런서 포트 443)**을 입력하고 **[추가]** 버튼을 클릭합니다

[추가] 버튼을 클릭하면 [SSL Certificate 입력] 팝업이 나타나는데, [SSL Certificate 선택] 옵션에서 **test2**를 선택하고 **[확인]** 버튼을 클릭합니다.

이후에 로드밸런서 설정 화면으로 복귀하면 'test2' 인증서로 변경된 것을 확인 할 수 있습니다.

## Chapter 2

Global DNS

42
02-1

GLOBAL DNS 이용해 도메인 추가하기

DNS 서버는 개인이 직접 운영하기 어려운데, 네이버 클라우드 플랫폼 Global DNS를 이용하면 도메인 설정 등을 쉽고 편하게 사용할 수 있습니다.

1 도메인 추가

네이버 클라우드 플랫폼은 도메인 구매/등록을 지원하지 않습니다. 그러므로 가비아, 아이네임즈, 닷네임코리아 등 전문 도메인 등록 기관에서 도메인을 구입해야 합니다.

새로 구입한 도메인 혹은 기존 도메인을 추가하려면 **[네이버 클라우드 플랫폼 콘솔] - [Networking] - [Global DNS]** 메뉴에서 **[도메인 추가]** 버튼을 클릭해 도메인 주소를 입력합니다.

다음과 같이 생성된 도메인 정보에서 네임서버의 주소를 확인합니다.

도메인을 구입한 등록기관 사이트에서 해당 도메인의 네임서버를 앞에서 확인한 네이버 클라우드 플랫폼 Global DNS에서 제공하는 네임서버 정보로 등록합니다.

2 레코드 추가

레코드를 추가하려면 도메인 정보에서 **[레코드 추가]**를 클릭합니다.

추가하려고 하는 레코드 즉, 호스트명과 IP 주소를 입력합니다.

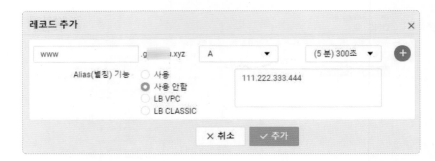

추가된 레코드를 도메인 정보에서 다음과 같이 확인한 후 **[설정 적용]** 버튼을 클릭합니다.

[배포] 버튼을 클릭해 변경된 정보를 배포-적용합니다.

네이버 클라우드 플랫폼 네임서버를 클라이언트의 DNS로 설정하지 않은 경우, 레코드의 추가/변경 내역이 반영되는데 전파시간이 소요될 수 있습니다.

43
02-2
DNS 설정에서 255자 이상의
TXT 레코드(SPF, DKIM, DMARC 등) 등록하기

DNS 설정 시 TXT 레코드의 설정값은 일반적으로 255자로 제한되어 있습니다. 하지만 메일 발신 도메인 인증을 위한 SPF, DKIM 레코드의 설정값은 255자를 넘는 경우가 많은데, 이런 경우에 255자 이상의 문자열을 등록할 수 있는 방법에 대해 정리해 보겠습니다.

03 · NETWORKING

1 Global DNS

네이버 클라우드 플랫폼의 DNS 서비스인 Global DNS는 다른 DNS 제공 업체와 다르게 **255자가 넘는 경우라도** 자동으로 문자열을 분리해서 등록해 줍니다 . 그러므로 네이버 클라우드 플랫폼에서는 TXT 레코드 값의 길이를 신경쓰지 않고 편하게 등록하면 됩니다.

레코드 등록 예시

다음과 같이 예시로 255자가 넘는 DKIM 정보를 **Global DNS**에 등록했습니다. 등록하면서 문자열을 나누지 않고 전체를 하나의 문자열로 등록했습니다.

DNS 레코드 정보 조회 예시

앞에서 예시로 등록한 레코드 정보를 다음과 같이 확인해보면 레코드 문자열이 자동으로 255자 이하로 나누어서 표시되는 것을 확인할 수 있습니다.

```
nslookup -q=txt ***._domainkey.조회할도메인
```

2 AWS Route53

AWS Route53에서는 255자를 초과하는 값의 경우 각각 255자 이하의 문자열로 나누어서 각 문자열을 큰따옴표로 묶어서 등록해야 합니다. **이때 각 문자열 사이에 줄바꿈을 입력하면 안됩니다.**

등록 예시

- 원본 문자열 : "v=DKIM1;p=BHIUKuk⋯..YubhjfvF_Very_Long_String_Record_ThjBJHkMghJbG"

- 수정 문자열 : "v=DKIM1;p=BHIUKuk⋯..YubhjfvF_Very_Lo" "ng_String_Record_ThjBJHkMghJbG"

3 Google Cloud DNS

Google Cloud Platform의 **Cloud DNS**에서도 AWS와 마찬가지로 255자를 초과하는 값의 경우 각각 255자 이하의 문자열로 나누어서 각문자열을 큰따옴표로 묶어서 등록해야 합니다. **이때 각 문자열 사이에 줄바꿈을 입력하면 안됩니다.**

등록 예시

- 원본 문자열 : "v=DKIM1;p=BHIUKuk⋯..YubhjfvF_Very_Long_String_Record_ThjBJHkMghJbG"

- 수정 문자열 : "v=DKIM1;p=BHIUKuk⋯..YubhjfvF_Very_Lo" "ng_String_Record_ThjBJHkMghJbG"

## Chapter 3

NAT Gateway

44

03-1

VPC 환경에서 NAT GATEWAY 설정하기

NAT Gateway는 비공인 IP를 가진 다수의 서버들이 대표 공인 IP를 이용해 외부와 통신을 할 수 있도록 도와주는 네트워킹 서비스입니다. 일반적으로 서버에 직접 공인 IP를 부여하는 것과 달리 외부에서 서버로의 직접 접근은 허용하지 않기 때문에 높은 수준의 보안을 유지할 수 있는 것이 특징입니다.

여기서는 VPC 환경에서 NAT Gateway를 어떻게 구성하고, NAT Gateway를 적용하기 전과 후의 외부와의 통신 상태에 대해 확인해 보도록 하겠습니다.

1 NAT Gateway의 특징 ----------------------------

NAT Gateway는 생성할 때 공인 NAT Gateway와 사설 NAT Gateway를 선택할 수 있습니다. NAT Gateway는 존당 5개까지 생성이 가능하며, 각 NAT Gateway의 특징은 다음과 같습니다.

공인 NAT Gateway	• 사설 IP와 공인 IP를 둘 다 가지고 있습니다.
	• 인터넷 outbound 통신을 할 때 Public IP에서 할당된 공인 IP를 사용합니다.
	• VPC 내부에서 NAT Gateway를 통해 통신할 경우 할당된 사설 IP를 사용합니다.
	• 할당된 공인 IP는 NAT Gateway를 삭제 시 재사용이 가능합니다.
사설 NAT Gateway	• 사설 IP만 가지고 있습니다.
	• VPC 내부에서 NAT Gateway를 통해 통신할 경우 할당된 사설 IP를 사용합니다.

2 VPC 서비스 위치

[VPC] 서비스는 [Console] – [Services] – [Networking]에 위치해 있으며, 하부 서비스 메뉴로는 [VPC Management], [Subnet Management], [Network ACL], [NAT Gateway], [Route Table], [VPC Peering], [Virtual Private Gateway] 등이 있습니다.

3 VPC 생성

먼저 VPC를 생성합니다. IP주소 범위는 **10.0.0.0/16**으로 정하겠습니다.

VPC 생성	×

VPC를 생성합니다.

VPC는 논리적으로 격리된 네트워크 공간을 제공합니다.
VPC의 IP 주소 범위는, private 대역(10.0.0.0/8,172.16.0.0/12,192.168.0.0/16) 내에서 /16~/28 범위여야 합니다.

(•필수 입력 사항입니다.)

VPC 이름 •	vpc-test
IP 주소 범위 •	10.0.0.0/16

× 취소   ✓ 생성

4 Subnet 생성

Subnet은 다음과 같이 총 3가지를 준비하겠습니다.

- NAT Gateway 동작 테스트를 위해 **서버용 Public, Private Subnet**
- NAT Gateway를 배치할 **NAT Gateway 전용 Subnet**

Public Subnet 생성

Public Subnet의 IP 범위는 **10.0.0.0/24**로 설정하겠습니다.

Private Subnet 생성

Private Subnet의 IP 범위는 **10.0.1.0/24**로 설정하겠습니다.

🔧 NAT Gateway 전용 Subnet

NAT Gateway 전용 Subnet은 Subnet 생성 화면의 아래쪽 용도 설정에서 **[NatGateway]**를 선택합니다.

5 ACG 설정

테스트를 위한 **ACG (Access Control Group)**를 생성하고 설정합니다.

🔧 Inbound 설정

Inbound 규칙은 SSH 접속을 위해 Public 및 Private Subnet의 네트워크 대역과 로컬 PC의 IP를 허용하며, Ping 테스트를 위해 ICMP 프로토콜을 허용합니다.

Outbound 설정

Outbound 규칙은 TCP, UDP, ICMP 모두 전체 허용으로 추가합니다.

6 서버 생성

테스트를 위해 Public, Private 각각의 Subnet에 1대씩 서버를 설정하고, Public 서버에는 공인 IP도 할당합니다.

서버 이름	서버 이미지 이름	서버 구성	상태	비공인 IP	공인 IP	VPC	Subnet
private	centos-7.8-64	[STAND] 2vCPU, 8GB Mem [g2]	● 운영중	10.0.1.6		vpc-test	vpc-private
public	centos-7.8-64	[STAND] 2vCPU, 8GB Mem [g2]	● 운영중	10.0.0.6	17	vpc-test	vpc-public

🖧 Public → Private 서버 접속 확인

Public Subnet에 있는 서버에서 Private Subnet에 있는 서버로 통신이 **가능**한 것을 확인할 수 있습니다. 다음 단계에서 Private 서버로 SSH로 접속하기 위한 사전 확인 단계입니다.

```
🖳 root@public:~                                                    —    □    ×

[root@public ~]# ip a
1: lo: <LOOPBACK,UP,LOWER_UP> mtu 65536 qdisc noqueue state UNKNOWN group defaul
t qlen 1000
    link/loopback 00:00:00:00:00:00 brd 00:00:00:00:00:00
    inet 127.0.0.1/8 scope host lo
       valid_lft forever preferred_lft forever
2: eth0: <BROADCAST,MULTICAST,UP,LOWER_UP> mtu 8950 qdisc mq state UP group defa
ult qlen 1000
    link/ether f2...........:94 brd ff:ff:ff:ff:ff:ff
    inet 10.0.0.6/24 brd 10.0.0.255 scope global eth0
       valid_lft forever preferred_lft forever
[root@public ~]# ping 10.0.1.6
PING 10.0.1.6 (10.0.1.6) 56(84) bytes of data.
64 bytes from 10.0.1.6: icmp_seq=1 ttl=64 time=1.00 ms
64 bytes from 10.0.1.6: icmp_seq=2 ttl=64 time=0.496 ms
64 bytes from 10.0.1.6: icmp_seq=3 ttl=64 time=0.482 ms
^C
--- 10.0.1.6 ping statistics ---
3 packets transmitted, 3 received, 0% packet loss, time 2000ms
rtt min/avg/max/mdev = 0.482/0.661/1.006/0.244 ms
[root@public ~]#
```

🖧 Private 서버 외부 접속 여부 확인

Public 서버에서 Private 서버로 SSH로 접속한 후에 Private 서버에서 외부로 통신이 되는 것을 확인해 보면 **불가능**한 것을 확인할 수 있습니다. 이후 단계에서 NAT Gateway를 설정하고 Private 서버에서 외부와 통신이 가능한지 확인해 보겠습니다.

```
🖳 root@private:~                                                   —    □    ×

[root@private ~]# ip a
1: lo: <LOOPBACK,UP,LOWER_UP> mtu 65536 qdisc noqueue state UNKNOWN group defaul
t qlen 1000
    link/loopback 00:00:00:00:00:00 brd 00:00:00:00:00:00
    inet 127.0.0.1/8 scope host lo
       valid_lft forever preferred_lft forever
2: eth0: <BROADCAST,MULTICAST,UP,LOWER_UP> mtu 8950 qdisc mq state UP group defa
ult qlen 1000
    link/ether f2:20:af:9c:48:12 brd ff:ff:ff:ff:ff:ff
    inet 10.0.1.6/24 brd 10.0.1.255 scope global eth0
       valid_lft forever preferred_lft forever
[root@private ~]# ping 8.8.8.8
PING 8.8.8.8 (8.8.8.8) 56(84) bytes of data.
^C
--- 8.8.8.8 ping statistics ---
3 packets transmitted, 0 received, 100% packet loss, time 1999ms
[root@private ~]#
```

7 Route Table 설정 확인

NAT Gateway를 위한 Route Table 설정을 추가하기 전에 현재 상태의 Route Table 설정을 확인해 보겠습니다.

Public Subnet의 Route Table 설정 확인

앞에서 Public Subnet의 서버와 Private Subnet의 서버가 통신이 가능했던 것은 VPC와 Subnet이 생성될 때 Route Table이 생성되면서 VPC 내부 통신을 위한 규칙(10.0.0.0/16 LOCAL)이 기본으로 설정되기 때문입니다. 그리고 Public의 경우 외부 통신을 위한 INTERNET GATEWAY가 추가되어 있는 것을 확인할 수 있습니다.

Private Subnet의 Route Table 설정 확인

반면에 Private의 경우는 VPC 내부 통신을 위한 LOCAL만 설정된 것을 확인 할 수 있습니다.

> Route Table 설정 화면에 들어가도 Target Type에 LOCAL만 선택할 수 있는 것을 확인할 수 있습니다.

[NAT Gateway]는 별도의 메뉴가 있지 않고, [Networking] – [VPC] 서비스 내에 하부 서비스로 존재합니다. 그러면 이제 [NAT Gateway 생성] 버튼을 클릭합니다.

이름을 입력하고 서비스 상황에 따라 유형을 [공인] 또는 [사설]을 선택한 후, VPC와 앞에서 생성 했던 전용 **Subnet**을 선택하고, NAT Gateway를 생성합니다. 그리고 마지막으로 Route Table에 NATGW 설정을 추가해야 완료되는데, 관련 설정은 계속해서 확인 가능합니다.

ᴈᵓᵓ Route Table 설정 : NATGW

앞에서 LOCAL 항목만 존재했던 Private Subnet의 Route Table 설정 화면에 가보면 Target Type에 NATGW가 추가된 것을 확인할 수 있습니다.

목적지(Destination)에 **0.0.0.0/0**을 입력하고 Target Type을 **NATGW**로 선택한 후 **[생성]** 버튼을 클릭합니다.

9 외부 접속 테스트 -----------------------------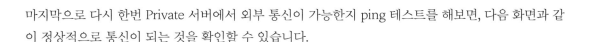

마지막으로 다시 한번 Private 서버에서 외부 통신이 가능한지 ping 테스트를 해보면, 다음 화면과 같이 정상적으로 통신이 되는 것을 확인할 수 있습니다.

```
root@private:~                                          —    □    ×
[root@private ~]# ping 8.8.8.8
PING 8.8.8.8 (8.8.8.8) 56(84) bytes of data.
64 bytes from 8.8.8.8: icmp_seq=1 ttl=114 time=32.0 ms
64 bytes from 8.8.8.8: icmp_seq=2 ttl=114 time=31.8 ms
64 bytes from 8.8.8.8: icmp_seq=3 ttl=114 time=31.9 ms
^C
--- 8.8.8.8 ping statistics ---
3 packets transmitted, 3 received, 0% packet loss, time 2003ms
rtt min/avg/max/mdev = 31.878/31.957/32.079/0.170 ms
[root@private ~]#
```

NAT Gateway의 요금 부과

NAT Gateway는 사용하지 않고 생성만 해두어도 요금이 부과됩니다(데이터 처리 요금 별도). 생성 후 보유 시간에 따라 요금이 부과되는데, 1개당 56원/시간입니다. 그러므로 1달간 보유하고 만 있다고 가정할 때 비용을 계산해보면 **24시간×30일×56원=40,320원**, 그러므로 사용하지 않는 NAT Gateway는 반드시 삭제하기를 권장합니다.

## Chapter 4

VPC

45 VPC 구성 요소

04-1

VPC를 구성하는 요소들에 대한 간략한 설명입니다. 네이버 클라우드 파트너 테크데이에서 발표된 내용을 정리한 것입니다.

 VPC ---

- VPC(Virtual Private Cloud)는 퍼블릭 클라우드 상에 논리적으로 완전하게 분리된 고객 전용 네트워크를 제공하는 서비스를 말합니다.
- 최대 /16의 IP 네트워크 공간을 제공합니다. (IP 대역 : RFC 1918)

```
@ RFC 1918 IP대역

10.0.0.0/8 (10.0.0.0 - 10.255.255.255)
172.16.0.0/12 (172.16.0.0 - 172.31.255.255)
192.168.0.0/16 (192.168.0.0 - 192.168.255.255)
```

2 Subnet (Internet Gateway)

- 할당된 VPC를 용도에 맞게 네트워크 공간을 세분화하여 사용합니다.
- /16 ~ /28의 네트워크 주소 할당이 가능합니다.
- Public Subet 생성 시 Internet Gateway가 연결됩니다.

3 NAT Gateway

- Network Address Translation의 약자입니다.
- 폐쇄된 네트워크에서 외부와의 인터넷 동신 시 사용하는 게이트웨이를 말합니다.

4 Route Table

- 네트워크 경로를 설정할 수 있는 기능을 제공합니다.
- VPC 내부 통신을 위한 Local은 기본적으로 설정됩니다.

5 ACG

- 서버에서 인바운드/아웃바운드의 네트워크 접근제어를 지원하며 Stateful 기반으로 동작합니다

6 NACL

- Network Access Control List의 약자입니다.
- Subnet에서 인바운드/아웃바운드의 네트워크 접근제어를 지원하며 Stateless 기반으로 동작합니다.

7 Virtual Private Gateway

- Cloud Connect와 IPSec VPN에 연결되는 네이버 클라우드 플랫폼의 VPC측 연결 접점입니다.
- Cloud Connect와 IPSec VPN 연결을 지원합니다.

8 VPC Peering

- VPC간 사설 연결을 보장하는 기능으로, 일반적인 VPC-VPC 간의 통신은 인터넷을 통하게 되고, 이는 과다한 요금 발생 및 성능 저하를 일으킬 수 있습니다.
- VPC Peering을 이용하면 보다 안전한 사설 IP기반의 통신이 가능합니다.
- VPC Peering은 단방향 통신을 제공하기 때문에 양방향 통신을 원하면 Src→Dest 별로 각각 1개씩, 두개의 정책을 모두 적용해야 합니다.

9 Service Function Chain (SFC)

- 네트워크 또는 보안 장비 전문 업체가 제작한 가상 어플라이언스 이미지를 Transit VPC에 서비스 체인 형태로 구성하여 레거시 환경과 동일한 수준의 기능을 클라우드에서도 활용할 수 있습니다.
- 다수의 VPC를 운영하는 경우 별도의 공통 네트워크/보안 VPC를 분리하여 보다 효율적인 보안 계층 관리가 가능합니다.

10 Transit VPC Connect

- Transit VPC Connect를 사용하여 일반 VPC와 Transit VPC 간 통신을 할 수 있습니다.

11 Private Link

- Private Link 기능을 통해 고객의 VPC와 다양한 서비스를 비공개 네트워크로 연결하여 보안을 강화할 수 있습니다.

46 NACL과 ACG 비교

04-2

네이버 클라우드 플랫폼에서는 VPC의 보안을 강화하기 위해 ACG와 NACL의 두 가지 보안 정책을 제공하고 있습니다. NACL(Network Access Control List)은 Subnet의 Inbound 및 Outbound 트래픽을 제어하며, ACG(Access Control Group)은 서버의 NIC별 Inbound 및 Outbound 트래픽을 제어합니다.

구분	NACL	ACG
적용 대상	Subnet의 접근 제어	서버의 접근 제어
지원 규칙	**허용 및 거부 (Allow / Deny)**	허용 (Allow)
상태 저장 여부	상태 비저장(Stateless) *반환 트래픽이 규칙에 의해 명시적으로 허용되어야 함*	상태 저장(Stateful) *규칙에 관계없이 반환 트래픽이 자동으로 허용됨*
적용 방법	Subnet 단위로 적용 *Subnet별 1개만 허용*	서버의 NIC에 ACG 정책 적용

SUBNET과 GATEWAY 비교

04-3

네이버 클라우드 플랫폼에서는 VPC의 보안을 강화하기 위해 두 가지 서브넷을 제공하고 있습니다. Public Subnet은 외부 공인망과의 통신이 필요할 때 사용할 수 있는 서브넷으로 Internet Gateway를 통해 외부 공인망과 통신하며, Private Subnet은 보안을 위해 외부 공인망과의 접근이 차단된 서브넷으로 공인망과의 OutBound 통신이 필요 시 NAT Gateway를 통해 공인망과 통신합니다.

구분	Public Subnet	Private Subnet
용도	인터넷 연결이 필요할 때	외부 접속을 최소화 해야 할 때
지원 리소스	서버, 로드밸런서	서버, 로드밸런서
인터넷 연결 시 필요한 리소스	**Internet Gateway (Default)**	**NAT Gateway**

48 VPC PEERING 생성 가이드

04-4

VPC(virtual Private Cloud)는 퍼블릭클라우드상에서 제공되는 사설 가상 네트워크 입니다. 계정당 3개의 VPC를 만들 수 있으며, 다른 VPC 네트워크와 논리적으로 분리되어 있어 독립적인 네트워크 환경을 구현할 수 있습니다.

그런데, 간혹 VPC 환경에서 분리되어 있는 VPC간의 통신이 필요할 때가 있는데 이때 사용할 수 있는 서비스가 **VPC Peering**입니다. VPC Peering은 공인 IP를 거치지 않고 내부 네트워크를 이용하여 VPN 없이 VPC간 통신을 할 수 있게 해주는 서비스입니다.

1 VPC 생성

우선 테스트에 사용할 VPC로 **[test-vpc]**, **[test2-vpc]** 이렇게 2개를 준비했습니다.

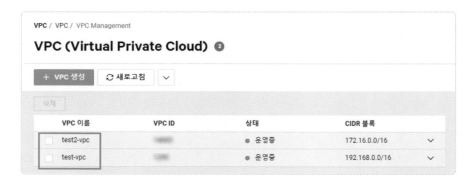

2 Subnet 생성

이제 각 VPC에 서브넷을 생성합니다.

[test-vpc]에는 **test-subnet(192.168.10.0/24)** 으로 생성 합니다.

[test2-vpc]에는 **test2-subnet(172.16.10.0/24)** 으로 생성합니다.

생성된 Subnet은 다음과 같습니다.

3 VPC Peering 생성

네이버 클라우드 플랫폼 콘솔에서 **[Networking] - [VPC] - [VPCPeering]** 메뉴로 이동해서 **[VPC peerig 생성]** 버튼을 클릭합니다.

[VPC Peering 이름]을 적고 [요청 VPC]는 **test-vpc**를 선택, [수락 VPC]는 **내계정, test2-vpc**를 선택한 다음 **[생성]** 버튼을 클릭합니다.

> 다른 계정의 VPC와 연결하는 경우는 **<316쪽>** 에서 살펴보겠습니다.

VPC Peering 요청 내용을 확인하고 [확인] 버튼을 클릭하면 [test-vpc] → [test2-vpc] 로 설정된 VPC Peering을 다음과 같이 확인할 수 있습니다.

⫶⫶ 역방향 설정 추가

VPC peering은 단방향 통신이기에 TCP, ICMP 등의 양방향 통신을 하는 프로토콜을 이용하려면 역 방향 즉, [test2-vpc] → [test-vpc] 로 설정된 VPC Peering도 추가해야 합니다.

[VPC Peering 이름]을 적고 [요청 VPC]는 **test2-vpc**를 선택, [수락 VPC]는 내계정, **test-vpc**를 선택한 다음 **[생성]** 버튼을 클릭합니다.

다음과 같이 [test-vpc] → [test2-vpc] , [test2-vpc] → [test-vpc] 2가지 VPC Peering을 모두 생성했으므로 양방향 통신이 가능하게 되었습니다.

4 Route Table 설정 ----------------------------------⫷

이제 통신할 서브넷 혹은 서버의 아이피를 Route Table 설정에 추가합니다. 여기서는 서브넷을 추가하도록 하겠습니다.

우선 **[VPC] - [Route Table]**에서 **[test-vpc-default-public-table]**의 **[Routes 설정]**을 클릭합니다.

- [Destination]에는 **test2-subnet의 아이피 대역**을 입력 (서버의 아이피로 입력해도 됨)

- [Target Type]은 **VPCPEERING**을 선택

- [Target Name]은 **test-vpc-peering**을 선택

다음으로 **[test2-vpc-default-public-table]**의 **[Routes 설정]**을 클릭합니다.

- - [Destination]에는 **test-subnet의 아이피 대역**을 입력 (서버의 아이피로 입력해도 됨)

- - [Target Type]은 **VPCPEERING**을 선택

- - [Target Name]은 **test2-vpc-peering**을 선택

5 | 서버 준비 ---

다음과 같이 테스트로 사용할 서버 2대를 준비했습니다.

[test-vpc]에 위치한 [test-vpc-peering-svr]서버 → [test2-vpc]에 위치한 [test2- vpc-peering-svr]로 접속 시도를 해 보겠습니다.

6 | ACG 설정 ---

ACG를 설정하지 않고 [test-vpc-peering-svr] → [test2-vpc-peering-svr]로 접속 시도를 하면 접속 이 되지 않는 것을 확인할 수 있습니다.

[test2-vpc-peering-svr]로 접속할 것이므로 해당 서버에 설정된 ACG인 **[test2-vpc-default- acg]** 를 선택하고 **[ACG 설정]** 버튼을 클릭한 다음, 접근소스에는 [test-vpc-peering-svr] 서버의 subnet 대 역인 **[192.168.10.0/24]**를 입력하고, 포트는 **22번** 포트를 입력하고 추가해서 적용합니다.

7 접속 테스트

ACG 설정까지 완료하고 나서 다시 접속 테스트를 해보면 다음과 같이 접속이 잘 되는 것을 확인할 수 있습니다.

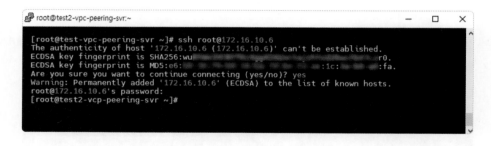

8 다른 계정 VPC 연결

앞에서는 동일한 내 계정에 생성된 VPC들 간의 Peering을 살펴보았는데, 여기서는 다른 계정에 생성된 VPC와 연결할 때의 화면을 살펴보겠습니다.

VPC Peering 생성 화면에서 **[다른 계정]**을 선택하면 다음과 같이 **[로그인 ID (이메일)]**, **[VPC ID]**, **[VPC 이름]**을 입력하게 됩니다.

VPC Peering 요청 내용을 확인하고 [확인] 버튼을 클릭합니다.

수락을 요청받은 다른 계정의 VPC Peering 화면에 가면 요청 내용을 확인할 수 있고, 요청 응답에서 [수락] 버튼을 클릭합니다.

한번 더 VPC Peering 연결 요청을 수락할 것인지 확인하는 창이 나타납니다.

수락하고 나면 역방향의 VPC Peering 연결을 생성해야 한다는 안내와 함께 역방향 VPC Peering 생성 화면이 나타납니다. 역방향은 앞의 설정과 반대로 진행하면 되고, 그 이후에는 내 계정에서 설정했던 것과 마찬가지로 설정하면 완료됩니다.

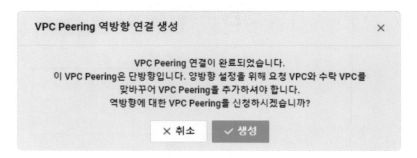

VPC Peering 역방향 연결 생성   ✕

VPC Peering 연결이 완료되었습니다.
이 VPC Peering은 단방향입니다. 양방향 설정을 위해 요청 VPC와 수락 VPC를
맞바꾸어 VPC Peering을 추가하셔야 합니다.
역방향에 대한 VPC Peering을 신청하시겠습니까?

✕ 취소   ✓ 생성

⚙ VPC Peering의 제한사항

- VPC Peering은 연결하려는 VPC들의 IP주소 대역이 달라야 합니다. 일치되거나 중첩되는 대역이 있으면 설정되지 않습니다.

- VPC Peering은 단방향입니다. TCP등 양방향 통신을 해야 하는 경우에는 요청 / 수락 VPC를 맞바꾸어 역방향 Peering도 추가 생성해야 합니다.

- VPC Peering은 전이적 연결 관계를 지원하지 않습니다. 즉, Peering된 VPC를 통하여 다른 VPC 혹은 외부로 통신하는 것은 불가능 합니다.

- VPC Peering은 동일한 리전 내 VPC 끼리만 연결할 수 있습니다.

## Chapter 5

IPsec VPN

VPC 환경에서
IPSECVPN과 FORTIGATE 장비 연동하기

05-1

구성 환경

Platform : VPC ｜ **서버 OS** : CentOS 7.8

클라이언트 OS : Windows 11 Pro ｜ **온프레미스 VPN 장비** : FortiGate 30E

 ## 1 VPC - IpsecVPN 설정

서버생성

Platform에서 VPC를 선택한 후 서버를 생성합니다. 여기에서의 실습은 VPC, Subnet, 서버 생성이 완료된 상태로 가정하고 진행됩니다. VPC 환경에서 서버를 생성하는 방법은 **<020쪽>**을 참고합니다.

⌗ Virtual Private Gateway 생성

네이버 클라우드 플랫폼 콘솔에서 **[Networking] - [VPC] - [Virtual Private Gateway]** 메뉴로 이동해서 **[Virtual Private Gateway 생성]** 단추를 클릭합니다. 이름을 입력하고 VPC를 선택한 다음 생성합니다.

생성 후 현재 상태는 [미사용중]으로 표시되는 것이 맞습니다. 다음으로 넘어갑니다.

Virtual Private Gateway 이름 ⬍	상태 ⬍	Virtual Private Gateway ID ⬍	VPC 이름 ⬍
test-vpg	● 미사용중	12218188	test2-vpc

⧉ Virtual Private Gateway Group 생성

계속해서 **[Virtual Private Gateway Group]** 메뉴로 이동하여 **[Virtual Private Gateway Group 생성]** 단추를 클릭합니다. 이름 설정 및 VPC, Default 여부를 선택하여 추가하고 생성합니다.

Group 생성이 완료되면 Virtual Private Gateway Group은 물론 앞에서 생성한 Virtual Private Gateway도 운영중으로 변경됩니다.

Virtual Private Gateway Group 이름	Virtual Private Gateway Group ID	상태
test-vpgg	602	● 운영중

┍┛ Route Table 설정

네이버 클라우드 플랫폼 콘솔에서 **[VPC] - [Route Table]** 메뉴로 이동하면 다음과 같이 해당 VPC의
Public, Private Table이 기본으로 생성되어 있습니다.

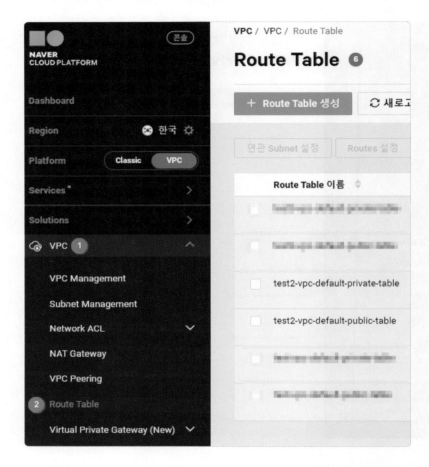

IPsecVPN 연결을 위해 생성한 서버가 소속된 default-table에 목적지인 사무실대역을 추가하여 경로
를 지정합니다.

⊞ IPsec VPN Gateway 생성

네이버 클라우드 플랫폼 콘솔에서 **[VPC] - [IPsec VPN] -[IPsec VPN Gateway]** 메뉴로 이동하여 **[IPsec VPN Gateway 생성]** 단추를 클릭합니다. 계속해서 이름 및 Group을 선택하여 IPsec VPN Gateway를 생성합니다.

생성완료되어 상태가 운영중이면 다음으로 넘어갑니다.

IPsec VPN Gateway 이름	Virtual Private Gateway Group 이름	상태
□ test-gtw	test-vpgg	● 운영중

⊑ IPsec VPN Tunnel 생성

네이버 클라우드 플랫폼 콘솔에서 **[VPC]** - **[IPsec VPN]** -**[IPsec VPN Tunnel]** 메뉴로 이동하여 **[IPsec VPN Tunnel 생성]** 단추를 클릭한 다음 VPN 연결 정보를 입력하고 다음으로 넘어갑니다. IPsec VPN Tunnel 생성을 위한 다음 그림에서 입력한 정보는 임의의 설정값입니다.

최종 입력 정보를 확인하고 생성한 후, 생성된 정보를 확인하여 상태가 운영중으로 표시되면 다음으로 넘어갑니다.

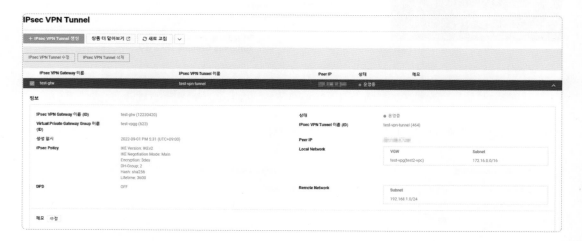

② FortiGate IPsec VPN 장비 설정

🖧 가상사설망 생성

FortiGate에서 **[가상사설망] - [IPsec Wizard]** 메뉴로 이동하여 VPN 셋업을 수행합니다. 이 때 Template Type은 **Custom**으로 진행합니다. 네이버 클라우드 플랫폼에서 생성한 IPsecVPN Tunnel 정보와 동일하게 설정합니다. 서로의 정보가 하나라도 다를 경우 연결에 실패할 수 있습니다.

네이버 클라우드 플랫폼의 콘솔 → [IPsec VPN] → [IPsec VPN Gateway] 메뉴에서 공인 IP를 확인합니다.

계속해서 FortiGate VPN 장비 정보를 입력하겠습니다.

Phase 1 Proposal ● 추가

암호화 　[3DES ▼]　인증 　[SHA256 ▼]

Diffie-Hellman Group
☐ 30 ☐ 29 ☐ 28 ☐ 27 ☐ 21 ☐ 20
☐ 19 ☐ 18 ☐ 17 ☐ 16 ☐ 15 ☐ 14
☐ 5 ☑ 2 ☐ 1

Key Lifetime (seconds)　[3600]

로컬 ID　[　　　　　　]

Phase 2 Selectors

이름	Local Address	원격 주소	
test-vpn	192.168.1.0/24	172.16.0.0/16	✎

새 Phase 2　　　　　　　　　　　⊘ ↺

이름　[test-vpn]

주석　[주석]

Local Address
[서브넷 ▼] [192.168.1.0/24]

Local = 사무실 사설대역
(네이버 클라우드 **Tunnel**정보에서 **Remote Network**에 입력한 값을 넣어줍니다.)

원격 주소
[서브넷 ▼] [172.16.0.0/16]

원격 = 네이버클라우드 서버 사설 대역
(네이버 클라우드 **Tunnel**정보에서 **Local Network**에 입력한 값을 넣어줍니다.)

➖ Advanced...

Phase 2 Proposal ● 추가

암호화 　[3DES ▼]　인증 　[SHA256 ▼]

Replay 감지 활성화 ☑

Perfect Forward Secrecy (PFS) 활성화 ☐

로컬 포트　　　모두 ☑

원격 포트　　　모두 ☑

프로토콜　　　모두 ☑

Auto-negotiate　　☑

Autokey Keep Alive　☑

Keylife(초/kb)　[초 ▼]

초　[3600]

⌁ 라우팅 설정

FortiGate에서 **[네트워크] - [정적 경로]** 메뉴를 클릭하고 **[새로 생성]** 단추를 클릭합니다.

먼저 [Interface]에 앞에서 생성한 **test-vpn**을 선택한 다음, [목적지]에 **가상사설망에서 설정한 원격 대역을 입력**한 후 생성합니다.

⌁ 정책 설정

FortiGate에서 **[Policy & Objects] - [IPv4 Policy]** 메뉴를 클릭하고 **[새로 생성]** 단추를 클릭합니다.

먼저 **Local > VPN 정보** 입력 후 생성하고, 이어서 **VPN > Local** 정보 입력 후 생성합니다. 여기에서는 All로 설정하고 진행하겠습니다.

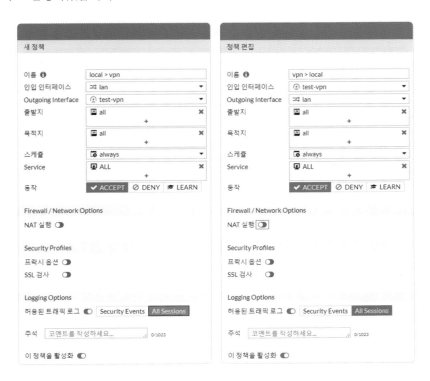

VPN 모니터링

FortiGate에서 **[모니터] - [IPsec 모니터]** 메뉴를 클릭하고 **[Bring Up]** 단추를 클릭합니다. 상황 표시가 Down에서 Up으로 변경되면 정상적으로 연결이 완료된 것입니다.

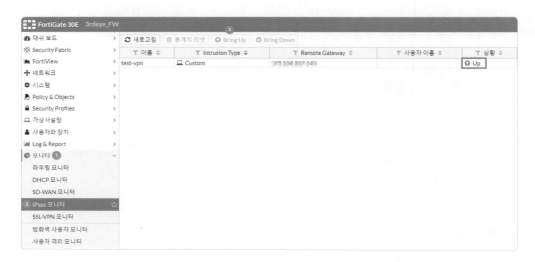

ACG 설정

VPN 연결이 되어도 다음과 같이 Ping 테스트에 실패하게 됩니다. 그 이유는 네이버 클라우드 플랫폼 서버는 ACG 정책에 따라 접근이 통제되어 추가 설정이 필요하기 때문입니다.

```
C:\Users\3rdsys2021>ping 172.16.10.6

Pinging 172.16.10.6 with 32 bytes of data:
Request timed out.
Request timed out.
Request timed out.
Request timed out.

Ping statistics for 172.16.10.6:
    Packets: Sent = 4, Received = 0, Lost = 4 (100% loss),
```

네이버 클라우드 플랫폼 콘솔에서 **[Server] - [ACG]** 메뉴로 이동하여 **ACG를 선택**한 다음 **[ACG 설정]** 버튼을 클릭합니다.

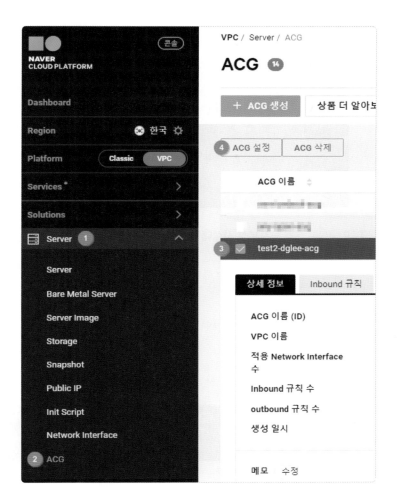

사무실 PC에서 네이버 클라우드 플랫폼 서버로 ping 테스트를 위해 서버에 매핑된 ACG에 다음과
같이 사무실의 사설대역을 입력하고 추가합니다. 접근 소스의 [프로토콜]은 **ICMP**, [접근 소스]는 **사무
실의 사설대역**으로 추가합니다.

이후 Ping 테스트 결과 다음과 같이 정상적으로 통신이 가능한 것을 확인합니다.

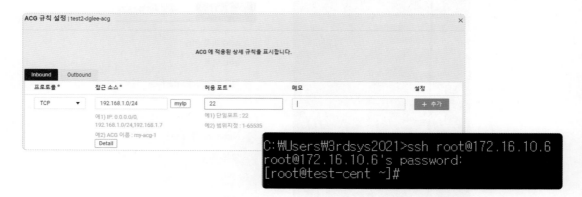

추가로 프로토콜 - **TCP**, 접근 소스 - **사무실 사설대역**, 허용 포트 - **22**를 추가하면 다음과 같이 서버에 접근이 가능합니다.

MySQL DB

50
01-1

MYSQL DB 자동 백업하기

매일 일정한 시간에 MySQL DB를 자동으로 백업하는 방법에 대해 정리해 보겠습니다.

1 백업 폴더 생성 ----------------------------

루트에 **/data_backup** 폴더를 만들고 그 아래에 **db** 폴더를 생성합니다.

```
mkdir /data_backup
mkdir /data_backup/db
```

2 MySQL DB 백업 스크립트 작성

```
vi /bin/db_backup.sh

#!/bin/bash
DATE=$(date +%Y%m%d%H%M%S)  ●
BACKUP_DIR=/data_backup/db/
```

> 백업할 파일명을 형식에 맞춰 저장할 수 있게 날짜를 변수로 담습니다.

```
# 전체 DB를 백업할 경우
mysqldump -u root -p디비패스워드 --all-databases > $BACKUP_DIR"backup_"$DATE.sql

# 특정 DB를 백업할 경우
# mysqldump -u root -p디비패스워드 --databases DB명  > $BACKUP_DIR"backup_"$DATE.
sql

find $BACKUP_DIR -ctime +7 -exec rm -f {} \;  ●
```

- ctime +7은 7일이 지난 백업 파일을 찾아서 삭제하기 위한 코드입니다.
- cmin +10 처럼 작성하면 10분이 지난 파일을 찾아서 삭제합니다.

```
# 백업 스크립트에 실행 권한을 부여합니다.
chmod 755 /bin/db_backup.sh
```

04 · DATABASE

3 스케쥴링을 위한 crontab 설정

```
crontab -e
# 매일 새벽 6시에 백업이 진행됩니다.
00 06 * * * /bin/db_backup.sh

# 그 외 시간 설정 방법
# 30분 마다 실행 : */30 * * * * /bin/db_backup.sh
# 매주 일요일 새벽 6시에 실행 : 0 06 * * 0 /bin/db_backup.sh
# 매월 1일 새벽 6시에 실행 : 0 06 1 * * /bin/db_backup.sh
# 매년 12월 31일 새벽 6시에 실행 : 0 06 31 12 * /bin/db_backup.sh
```

MySQL DB 자동 백업하기   333

51

01-2

MYSQL DB를 OBJECT STORAGE로 자동 백업하기

네이버 클라우드 플랫폼 Rocky Linux에서 설치형 MySQL DB를 매일 일정한 시간에 Object Storage 로 자동으로 백업하는 방법에 대해 정리해 보겠습니다. 로컬에 백업 파일을 생성한 후에 Object Storage로 저장하는 단계로 진행됩니다.

백업 폴더 생성 ----------------------------------

루트에 **/data_backup** 폴더를 만들고 그 아래에 **db** 폴더를 생성합니다.

```
mkdir /data_backup
mkdir /data_backup/db
```

2 MySQL DB 로컬 백업 스크립트 작성 -------------------

MySQL DB를 로컬에 백업하는 스크립트를 작성합니다.

```
vi /bin/db_backup.sh

#!/bin/bash
DATE=$(date +%Y%m%d%H%M%S)  ●
BACKUP_DIR=/data_backup/db/

# 전체 DB를 백업할 경우
mysqldump -u root -p디비패스워드 --all-databases > $BACKUP_DIR"backup_"$DATE.sql
```

> 💡 백업할 파일명을 형식에 맞춰 저장 할 수 있게 날짜를 변수로 담습니다.

```
# 특정 DB를 백업할 경우
# mysqldump -u root -p디비패스워드 --databases DB명  > $BACKUP_DIR"backup_"$DATE.sql

find $BACKUP_DIR -ctime +7 -exec rm -f {} \;
```

 생성된지 7일이 지난 백업 파일을 삭제하는 코드입니다.

```
# 백업 스크립트에 실행 권한을 부여합니다.
chmod 755 /bin/db_backup.sh
```

3 AWS CLI 설치

네이버 클라우드 플랫폼의 설명에 따르면 aws cli 1.16이후 버전은 일부 기능을 사용할 수 없어서 1.15버전을 사용한다고 합니다.

```
pip3 install awscli==1.15.85
```

 Ubuntu   CentOS

```
# Ubuntu와 CentOS에서는 pip 명령어를 사용합니다.
pip install awscli==1.15.85
```

4 API 인증키 생성

네이버 클라우드 플랫폼 API 인증키는 **[콘솔] – [Sub Account(서브 계정)] – [서브 계정 세부 정보] – [Access Key]** 탭에서 **Access Key ID**와 **Secret Key**를 가져와야 하며, 아직 만들어진 Key가 없다면 새로 만들어야 합니다.

5 AWS CLI 환경 설정

이제 AWS CLI로 접속하기 위해 환경설정을 해야 합니다. 앞에서 확인한 **Access Key ID**와 **Secret Key**를 다음 소스에 입력하고, 나머지 2가지 항목은 입력하지 않아도 됩니다.

```
aws configure

AWS Access Key ID [None]: <Access Key ID>
AWS Secret Access Key [None]: <Secret Key>
Default region name [None]: [Enter]
Default output format [None]: [Enter]
```

Object Storage 버킷 생성

Object Storage에 **data-back-up** 버킷을 생성하고 그 아래에 **db** 폴더를 생성합니다.

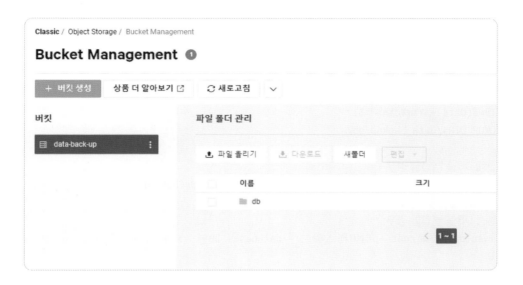

Object Storage 접속 테스트

이제 Object Storage로 접속해 보겠습니다. 얼핏 명령어만 보면 AWS에 접속하는 것처럼 보입니다. 그래서 네이버 클라우드 플랫폼으로 접속하기 위한 **--endpoint-url=** 로 시작하는 옵션이 반드시 필요합니다.

```
# s3 ls 명령으로 Object Storage에 존재하는 버킷 리스트를 조회합니다.
aws --endpoint-url=https://kr.object.ncloudstorage.com s3 ls

2021-01-21 15:34:07 data-back-up
```

8 MySQL DB 백업 스크립트 수정 ------------------------------

이제 앞의 2번 단계에서 만들었던 DB 로컬 백업 스크립트에 DB백업 파일을 Object Storage로 백업-동기화하는 명령을 추가하겠습니다.

```
vi /bin/db_backup.sh

#!/bin/bash
DATE=$(date +%Y%m%d%H%M%S)
BACKUP_DIR=/data_backup/db/

# 전체 DB를 백업할 경우
mysqldump -u root -p디비패스워드 --all-databases > $BACKUP_DIR"backup_"$DATE.sql

# 특정 DB를 백업할 경우
# mysqldump -u root -p디비패스워드 --databases DB명  > $BACKUP_DIR"backup_"$DATE.sql

find $BACKUP_DIR -ctime +7 -exec rm -f {} \;

# 로컬에 백업된 데이터를 Object Storage에 백업-동기화하는 명령어입니다(CentOS도 동일).
aws --endpoint-url=https://kr.object.ncloudstorage.com s3 sync /data_backup/ s3://data-back-up/
```

 Ubuntu

```
# Ubuntu에서는 aws 명령어를 crontab에서 실행하기 위해 aws 파일의 전체 경로를 적어줍니다
/usr/local/bin/aws --endpoint-url=https://kr.object.ncloudstorage.com s3 sync /data_backup/ s3://data-back-up/
```

상위 폴더부터 백업-동기화한 이유

여기서 db 폴더만 백업-동기화를 하는 것이 아닌 상위 폴더인 /data_backup/ 폴더부터 백업-동기화를
한 이유는 이후에 db 말고도 개발소스 파일 등도 압축해서 백업하기 위해서입니다.

9 스케줄링을 위한 crontab 설정

이제 마지막으로 완성된 스크립트를 일정한 시간, 여기서는 매일 새벽 6시에 실행되도록 설정합니다.

```
crontab -e

# 매일 새벽 6시에 백업이 진행되는 코드입니다.
00 06 * * * /bin/db_backup.sh
```

 Ubuntu

```
crontab -e

# 매일 새벽 6시에 백업이 진행되는 코드입니다.
00 06 * * * /bin/db_backup.sh > /dev/null 2>&1
```

 > /dev/null 2>&1를 추가하지
않으면 /var/log/syslog 파일에
(CRON) info (No MTA installed,
discarding output) 라는 오류 메
시지가 계속 쌓입니다.

백업이 진행되고 나면 다음과 같은 db 백업 파일이 Object Storage에 저장된 것을 확인할 수 있습니다. 그림에서는 빠른 확인을 위해 새벽 6시가 아닌 5분 단위로 백업한 내역입니다.

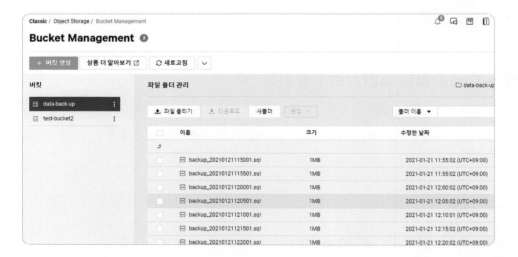

52
01-3

MYSQL GTID REPLICATION 생성 가이드

GTID는 Global Transaction Identifier의 약자로 **MySQL 복제에서 서버의 각 트랜잭션을 구분**하는 고유한 식별자입니다. GTID는 모든 트랜잭션과 1:1 관계이며, GTID를 활용하면 복제본으로 장애 조치, 계층적 복제, 특정 시점으로 백업 복구하는 등의 작업을 더 쉽게 구현할 수 있으며, 오류 발생 빈도도 줄일 수 있습니다.

GTID는 **source_id:transaction_id** 의 형태로 저장됩니다.

Example → 2070b9863-4c88-72ef-9fa053db4612:1-12

source_id는 서버의 uuid이며, 다음의 방법으로 확인할 수 있습니다.

```
mysql> SELECT @@server_uuid;
```

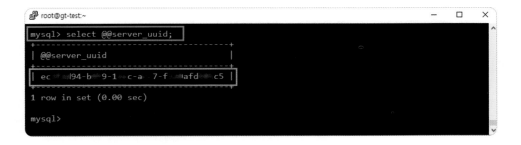

테스트 환경

CentOS 7.8 | **MySQL 5.7** |

Master Server IP : 10.0.0.6 | **Slave Server IP** : 10.0.0.7 |

VPC 대역 : 10.0.0.0/16 | **Subnet 대역** : 10.0.0.0/24 |

ACG : test3-vpc-default-acg

04 · DATABASE

1 파라미터 설정 ----------------------------------⫐

Master 서버와 Slave 서버에 각각 파라미터를 설정합니다.

```
# Master, Slave
vi /etc/my.cnf
```

Master 서버

```
# Master
[mysqld]
server-id=1
log-bin=binlog
gtid-mode=ON
enforce-gtid-consistency=ON
log_slave_updates=ON
```

Slave 서버

```
# Slave
[mysqld]
server-id=2
log-bin=binlog
gtid-mode=ON
enforce-gtid-consistency=ON
log_slave_updates=ON
```

2 gtid_mode 상태 확인 ------------------------------------⊏Ⅱ

위 설정 변경 후 mysql DB를 재시작하고 Master와 Slave 모두 gtid_mode가 ON 상태인지 확인합니다.

```
# Master, Slave
systemctl restart mysqld
```

```
/* Master, Slave */
mysql> show variables like '%gtid_mode%';
```

🖧 Master 서버

🖧 Slave 서버

3 Replication 전용 유저 생성

Master 서버에서 Replication 전용 유저를 생성합니다. MySQL 5.7과 MySQL 8.x 버전은 유저 생성 명령 쿼리가 다른점에 유의하시기 바랍니다.

```
/* Master */

/* MySQL 5.7 */
mysql> create user '3rd'@'%' identified by 'Test123$';

/* MySQL 8 */
mysql> CREATE USER '3rd'@'%' IDENTIFIED WITH mysql_native_password BY 'Test123$';

mysql> grant replication slave,replication client on *.* to '3rd'@'%';
mysql> flush privileges;
mysql> SELECT user,host,authentication_string FROM mysql.user;
```

```
root@gt-test-1:~                                                    —  □  ×

[root@gt-test-1 ~]# mysql
mysql> create user '3rd'@'%' identified by 'Test123$';
Query OK, 0 rows affected (0.00 sec)

mysql> grant replication slave,replication client on *.* to '3rd'@'%';
Query OK, 0 rows affected (0.00 sec)

mysql> flush privileges;
Query OK, 0 rows affected (0.00 sec)

mysql> SELECT user,host,authentication_string FROM mysql.user;
+-----------+-------+------------------------+
| user      | host  | authentication_string  |
```

4 테스트용 DB 생성

테스트에 사용할 database를 생성합니다.

```
/* Master */
mysql> CREATE DATABASE testdb default CHARACTER SET UTF8;
mysql> show databases;
```

```
mysql> CREATE DATABASE testdb default CHARACTER SET UTF8;
Query OK, 1 row affected (0.00 sec)

mysql> show databases;
+--------------------+
| Database           |
+--------------------+
| information_schema |
| mysql              |
| performance_schema |
| sys                |
| testdb             |
+--------------------+
5 rows in set (0.00 sec)
```

5 백업 파일 생성

Master 서버에서 백업 파일을 생성합니다.

백업 디렉터리 생성

```
# Master
mkdir /root/db_backup
```

mysqldump 명령으로 백업 파일 생성

```
# Master
mysqldump -u root -p -v --databases testdb \
--quick --single-transaction --routines --set-gtid-purged=ON \
--triggers --extended-insert --master-data=2 > /root/db_backup/
testdb.sql
```

```
[root@gt-test-1 ~]# mkdir /root/db_backup
[root@gt-test-1 ~]# mysqldump -u root -p -v --databases testdb \
> --quick --single-transaction --routines --set-gtid-purged=ON \
> --triggers --extended-insert --master-data=2 > /root/db_backup/testdb.sql
Enter password:
-- Connecting to localhost...
-- Starting transaction...
-- Setting savepoint...
-- Releasing savepoint...
Warning: A partial dump from a server that has GTIDs will by default include the GTIDs of
 all transactions, even those that changed suppressed parts of the database. If you don't
 want to restore GTIDs, pass --set-gtid-purged=OFF. To make a complete dump, pass --all-d
atabases --triggers --routines --events.
-- Disconnecting from localhost...
[root@gt-test-1 ~]#
```

6 백업 파일 복사 ----------------------------------

백업 파일을 Slave 서버로 복사하기 위해 Master 와 Slave 서버 모두 rsync를 설치합니다. (백업 파일 복사는 rsync를 사용하지 않고 다른 방법을 사용해도 됩니다.)

```
yum -y install rsync
```

Master 서버

Slave 서버

7 ACG (방화벽) 설정 ------------------------------

이제 Master, Slave 두 서버간에 동기화, 복제가 가능하도록 ACG (방화벽)를 설정합니다. 두 서버를 설치할 때 사용하도록 설정한 ACG는 test3-vpc-default-acg이기에 해당 ACG를 선택하고, ACG 규칙 설정에서 접근 소스에는 Subnet의 IP 대역인 10.0.0.0/24, 허용포트는 22, 3306를 입력하고 추가합니다.

- 접근소스 : 10.0.0.0/24
- 허용 포트 22 : rsync 사용을 위한 포트
- 허용포트 3306 : Replication을 위한 포트

[8] 백업 파일 전송 --

Master → Slave로 DB 백업 파일을 전송합니다. 전송 과정에서 정말 전송할 것인지 확인하는 단계와
Slave 서버의 root 패스워드를 확인하는 단계가 있습니다.

```
# rsync -avzr --progress testdb.sql root@슬레이브서버IP:~/

cd db_backup/
rsync -avzr --progress testdb.sql root@10.0.0.7:~/
```

```
root@gt-test-1:~/db_backup                                    —   □   ×

[root@gt-test-1 ~]# cd db_backup/
[root@gt-test-1 db_backup]# rsync -avzr --progress testdb.sql root@10.0.0.7:~/
The authenticity of host '10.0.0.7 (10.0.0.7)' can't be established.
ECDSA key fingerprint is SHA256:wuBYm          gg4I6Qxct          bX7Lzr0.
ECDSA key fingerprint is MD5:e6:     :     :b8:18:ba     53:ae:1c:     :fa.
Are you sure you want to continue connecting (yes/no)? yes
Please type 'yes' or 'no': yes
Warning: Permanently added '10.0.0.7' (ECDSA) to the list of known hosts.
root@10.0.0.7's password:
sending incremental file list
testdb.sql
          1,788 100%    0.00kB/s    0:00:00 (xfr#1, to-chk=0/1)

sent 810 bytes  received 35 bytes  37.56 bytes/sec
total size is 1,788  speedup is 2.12
[root@gt-test-1 db_backup]#
```

04 · DATABASE

9 Slave 서버에서 DB 복원

rsync로 전송 받은 DB 백업 파일을 실행해서 DB를 복원합니다.

```
/* Slave */
mysql> source testdb.sql;
```

⫶ Replication 설정

Slave 서버에서 Replication을 설정합니다.

```
/* Slave */
mysql> CHANGE MASTER TO MASTER_HOST='101.0.0.6',
MASTER_USER='3rd',MASTER_PASSWORD='Test123$',
MASTER_AUTO_POSITION=1;

mysql> start slave;
```

MASTER_HOST : Master 서버 IP

MASTER_USER : Replication 계정

MASTER_PASSWORD : Replication 계정 비번

```
root@gt-test-2:~
mysql> CHANGE MASTER TO MASTER_HOST='10.0.0.6',
    -> MASTER_USER='3rd',MASTER_PASSWORD='Test123$',
    -> MASTER_AUTO_POSITION=1;
Query OK, 0 rows affected, 2 warnings (0.01 sec)

mysql> start slave;
Query OK, 0 rows affected (0.00 sec)

mysql>
```

10 Replication 대기 상태 확인

Slave 서버에서 Replication 상태가 어떤지 확인합니다. 다음 명령어를 실행하면 Master에서의 이벤트 전송을 대기 중이라는 메시지와 Master 서버의 정보를 확인할 수 있습니다.

```
/* Slave */
mysql> show slave status \G
```

04 · DATABASE

```
root@gt-test-2:~
mysql> show slave status\G
*************************** 1. row ***************************
               Slave_IO_State: Waiting for master to send event
                  Master_Host: 10.0.0.6
                  Master_User: 3rd
                  Master_Port: 3306
                Connect_Retry: 60
              Master_Log_File: binlog.000001
          Read_Master_Log_Pos: 1705
               Relay_Log_File: gt-test-2-relay-bin.000002
                Relay_Log_Pos: 1153
        Relay_Master_Log_File: binlog.000001
                            . . .
           Retrieved_Gtid_Set: 78      0-b  0-1  c-8  7-f2        18:5-7
            Executed_Gtid_Set: 78      0-b  0-1  c-8  7-f2        18:1-7
                Auto_Position: 1
         Replicate_Rewrite_DB:
                 Channel_Name:
           Master_TLS_Version:
1 row in set (0.00 sec)

mysql>
```

11 Replication 테스트

Master 서버에서 테스트용 테이블을 생성하고, 데이터를 입력한 후 Slave 서버에도 복제가 되었는지 확인합니다.

Master 서버에 테스트용 데이터 입력

```
/* Master */
mysql> use testdb;
mysql> create table 3rd (no int(10) auto_increment , name
varchar(10), primary key(no));
mysql> insert into 3rd values(1,'3rd');
mysql> commit;
mysql> select * from 3rd;
```

```
root@gt-test-1:~/db_backup                                          —  □  ×

[root@gt-test-1 db_backup]# mysql

mysql> use testdb;
Database changed
mysql> create table 3rd (no int(10) auto_increment , name varchar(10), primary key(no));
Query OK, 0 rows affected (0.01 sec)

mysql> insert into 3rd values(1,'3rd');
Query OK, 1 row affected (0.00 sec)

mysql> commit;
Query OK, 0 rows affected (0.00 sec)

mysql> select * from 3rd;
+----+------+
| no | name |
+----+------+
|  1 | 3rd  |
+----+------+
1 row in set (0.00 sec)

mysql>
```

Slave 서버에서 복제 확인

```
/* Slave */
mysql> use testdb;
mysql> select * from 3rd;
```

```
root@gt-test-2:~                                                    —  □  ×

mysql> use testdb;
Reading table information for completion of table and column names
You can turn off this feature to get a quicker startup with -A

Database changed
mysql> select * from 3rd;
+----+------+
| no | name |
+----+------+
|  1 | 3rd  |
+----+------+
1 row in set (0.00 sec)

mysql>
```

추가 테스트

추가로 데이터를 다시 입력해보면 정상적으로 복제가 되는 것을 확인할 수 있습니다.

▼ Master 서버

```
 root@gt-test-1:~/db_backup
mysql> insert into testdb.3rd values(2,'eyes');
Query OK, 1 row affected (0.01 sec)

mysql> select * from testdb.3rd;
+----+------+
| no | name |
+----+------+
|  1 | 3rd  |
|  2 | eyes |
+----+------+
2 rows in set (0.00 sec)

mysql>
```

▼ Slave 서버

```
 root@gt-test-2:~
mysql> select * from testdb.3rd;
+----+------+
| no | name |
+----+------+
|  1 | 3rd  |
|  2 | eyes |
+----+------+
2 rows in set (0.00 sec)

mysql>
```

12 오류 상황

Master 서버에서 데이터를 입력해도 Slave 서버에 제대로 복제되지 않는 등 Replication 기능에 문제가 생겼을 때에는 앞에서 사용했었던 대기 상태 확인 명령어를 이용해 Replication 상태를 확인합니다.

```
/* Slave */
mysql> show slave status \G
```

혹시 **Slave_IO_State: Connecting to master, Slave_IO_Running: Connecting** 등과 같이 Master 서버에 연결하지 못한다는 메시지가 보이는 경우 ACG (방화벽) 설정에 문제가 있는 것이니 앞에서 설정했던 ACG(방화벽) 설정을 다시 한번 확인해보기 바랍니다.

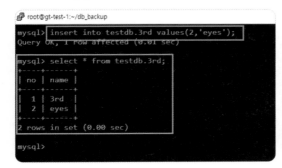

MYSQL MULTI SOURCE REPLICATION 구성 가이드

53
01-4

n대의 Master DB와 1대의 Slave DB를 연결하여 Master DB들의 데이터를 Slave DB 한곳에 모아 조회할 수 있는 MySQL Multi-Source-Replication(MSR)을 구성하는 방법을 정리해 보겠습니다.

테스트 환경

- Master 서버 2대, Slave 서버 1대 준비

- 각 서버에 MySQL 5.7 이상 설치

- MySQL Replication 작업 진행 시 Master 서버의 데이터베이스에 쓰기 작업 금지

VPC / Server / Server

Server ⑧
커널 업데이트 시 서버의 정상적인 사용이 불가능할 수 있으며 이에 따른 복구는 지원하지 않습니다.

| + 서버 생성 | 상품 더 알아보기 ☑ | ✗ 다운로드 | ⟳ 새로고침 | ⌄ |

| 시작 | 정지 | 재시작 | 반납 | 강제 정지 | 서버 접속 콘솔 | 모니터링 | 서버 관리 및 설정 변경 ▼ | 강제 반납 |

	서버 이름 ▲	서버 이미지 이름 ⬦	서버 구성 ⬦	상태 ⬦	비공인 IP ⬦	Subnet ⬦	
☐	🗒 msr-master-1	🐧 Rocky Linux 8.6	[High-CPU] 2vCPU, 4GB Mem [g2]	● 운영중	10.0.0.6	test3-public-subnet	⌄
☐	🗒 msr-master-2	🐧 Rocky Linux 8.6	[High-CPU] 2vCPU, 4GB Mem [g2]	● 운영중	10.0.0.7	test3-public-subnet	⌄
☐	🗒 msr-slave	🐧 Rocky Linux 8.6	[High-CPU] 2vCPU, 4GB Mem [g2]	● 운영중	10.0.0.8	test3-public-subnet	⌄

1 ACG 설정

서버 준비가 끝났으면 우선 Master 서버 → Slave 서버로 디비 백업 파일 복사와 복제 구성에 필요한 22, 3306 포트를 오픈해야 합니다. 오픈할 때의 규칙은 Master 서버와 Slave 서버의 공통 ACG에 사설 IP 대역 전체를 지정할 수도 있고, Slave 서버 전용 ACG에 Master 서버 IP만 등록하는 방법도 있습니다.

2 Slave 장비에 백업 디렉토리 생성

먼저 Slave 장비에 Master 장비들로부터 DB 복원용 덤프 파일을 전송받을 백업 디렉토리를 생성하는 것부터 시작하겠습니다.

```
mkdir /data
cd /data
```

3 Master1 장비 구성

⊟ Master1 설정 추가

/etc/my.cnf에 Master1 설정을 추가합니다.

```
vi /etc/my.cnf
```

```
server-id = 1
log-bin = mysql-bin
binlog_format = mixed
character-set-server = utf8

#MySQL을 재시작해 변경사항 적용.
systemctl restart mysqld
```

> Master1 장비 구성을 마치고 이후에 Master2 장비를 구성할 때 강조된 부분의 숫자를 2로 바꾸면 됩니다. 계속 이어지는 소스 코드에서도 같은 의미입니다.

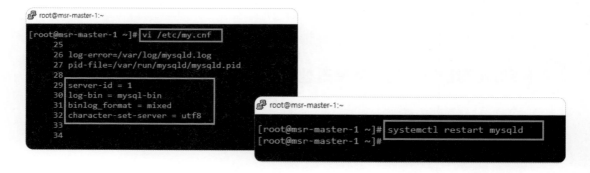

Replication 계정 생성

MySQL 접속 후 Replication을 진행할 계정을 생성합니다.

```
#Master1 계정 생성
/* MySQL 5.7 */
mysql> create user 'testuser'@'%' identified by 'Test123$';
/* MySQL 8 */
mysql> create user 'testuser'@'%' identified with mysql_native_password by
'Test123$';

mysql> grant replication slave,replication client on *.* to
'testuser'@'%';
mysql> flush privileges;
```

```
root@msr-master-1:~
[root@msr-master-1 ~]# mysql
mysql> create user 'testuser'@'%' identified by 'Test!@123';
Query OK, 0 rows affected (0.00 sec)

mysql> grant replication slave,replication client on *.* to 'testuser'@'%';
Query OK, 0 rows affected (0.00 sec)

mysql> flush privileges;
Query OK, 0 rows affected (0.00 sec)

mysql>
```

Chapter 1. MySQL DB

테스트 DB 생성

다음으로 테스트에 사용할 DB를 생성하겠습니다. 이미 생성되어 있는 다른 DB를 사용할 경우에는 별도로 테스트용 DB를 생성할 필요는 없습니다.

```
mysql> CREATE DATABASE testdb1 default CHARACTER SET UTF8;
```

Master1 정보확인

이제 Replication 설정에 필요한 Master 정보를 확인합니다.

```
mysql> show variables like 'server_id';
mysql> show master status;
```

File과 Position 정보는 이후에 Slave DB를 설정할 때 입력해야 하므로 별도로 기록해 둡니다.

🖧 DB 백업 파일 슬레이브 장비로 전송

testdb1 DB의 백업 파일을 생성하고, 슬레이브 서버로 전송합니다.

```
mkdir /data
cd /data
mysqldump -u root -p --databases testdb1 > /data/test1.sql

#슬레이브 서버에 전송.
scp test1.sql root@10.0.0.8:/data
```

```
root@msr-master-1:/data                                                    —  ☐  ☒

[root@msr-master-1 ~]# mkdir /data
[root@msr-master-1 ~]# cd /data
[root@msr-master-1 data]# mysqldump -u root -p --databases testdb1 > /data/test1.sql
Enter password:

[root@msr-master-1 data]# ls -al
total 4
drwxr-xr-x   2 root root   23 Mar 30 17:57 .
dr-xr-xr-x. 19 root root  269 Mar 30 17:56 ..
-rw-r--r--   1 root root 1398 Mar 30 17:57 test1.sql

[root@msr-master-1 data]# scp test1.sql root@10.0.0.8:/data
The authenticity of host '10.0.0.8 (10.0.0.8)' can't be established.
ECDSA key fingerprint is SHA256:aEwf▓▓▓▓▓▓▓W/iApKTP▓▓▓▓ihkzW▓▓▓▓▓▓J6qs.
Are you sure you want to continue connecting (yes/no/[fingerprint])? yes
Warning: Permanently added '10.0.0.8' (ECDSA) to the list of known hosts.
root@10.0.0.8's password:
test1.sql                                            100% 1398    448.7KB/s   00:00
[root@msr-master-1 data]#
```

④ Master2 장비 구성 --------------------------------

Master1 장비 구성을 마쳤다면 같은 방법으로 Master2 장비를 구성합니다. **<353쪽>**에서 설명한 Master1 장비 구성 방법과 동일한 방법을 사용하며, 소스 코드의 강조된 부분의 숫자 1을 2로 바꾸어 명령을 수행하면 됩니다.

다음은 Replication 설정에 필요한 Master2 장비의 정보를 확인한 모습입니다.

```
mysql> show variables like 'server_id';
mysql> show master status;
```

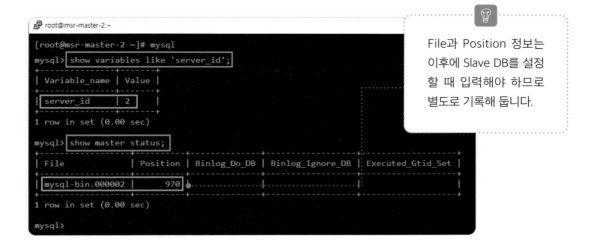

```
root@msr-master-2:~

[root@msr-master-2 ~]# mysql
mysql> show variables like 'server_id';
+---------------+-------+
| Variable_name | Value |
+---------------+-------+
| server_id     | 2     |
+---------------+-------+
1 row in set (0.00 sec)

mysql> show master status;
+------------------+----------+--------------+------------------+-------------------+
| File             | Position | Binlog_Do_DB | Binlog_Ignore_DB | Executed_Gtid_Set |
+------------------+----------+--------------+------------------+-------------------+
| mysql-bin.000002 |      970 |              |                  |                   |
+------------------+----------+--------------+------------------+-------------------+
1 row in set (0.00 sec)

mysql>
```

File과 Position 정보는 이후에 Slave DB를 설정할 때 입력해야 하므로 별도로 기록해 둡니다.

5 Slave 장비 구성

Slave 설정 추가

/etc/my.cnf에 Slave 설정을 추가합니다. 참고로 MySQL 8.0 버전부터는 replicate-do-db 설정에 채널 정보도 추가할 수 있게 업데이트 되었습니다.

▶ **MySQL 5.7**

```
vi /etc/my.cnf

### MySQL5.7 기준 ###

server-id = 3

#리플리케이션 대상 디비 설정.
replicate-do-db = testdb1
replicate-do-db = testdb2

#리플리케이션 제외 디비 설정.
replicate-ignore-db = information_schema
replicate-ignore-db = mysql
replicate-ignore-db = performance_schema
```

```
replicate-ignore-db = sys

master_info_repository = 'TABLE'
relay_log_info_repository = 'TABLE'
slave-skip-errors = all
```

#DB를 재시작하여 변경사항 적용.
```
systemctl restart mysqld
```

▶ **MySQL 8.0 이상**

```
vi /etc/my.cnf

### MySQL 8 기준 ###

server-id = 3
```

 # 리플리케이션 대상 디비 설정 (replicate-do-db = 채널명:DB명)
```
replicate-do-db = ch_testdb1:testdb1
replicate-do-db = ch_testdb1:testdb2
```

#리플리케이션 제외 디비 설정.
```
replicate-ignore-db = information_schema
replicate-ignore-db = mysql
replicate-ignore-db = performance_schema
replicate-ignore-db = sys

slave-skip-errors = all
```

#DB를 재시작하여 변경사항 적용.
```
systemctl restart mysqld
```

```
root@msr-slave:~
[root@msr-slave ~]# vi /etc/my.cnf
 25
 26 log-error=/var/log/mysqld.log
 27 pid-file=/var/run/mysqld/mysqld.pid
 28
 29 server-id = 3
 30
 31 #리 플 리 케 이 션  대 상  디 비  설 정 .
 32 replicate-do-db = testdb1
 33 replicate-do-db = testdb2
 34
 35 #리 플 리 케 이 션  제 외  디 비  설 정 .
 36 replicate-ignore-db = information_schema
 37 replicate-ignore-db = mysql
 38 replicate-ignore-db = performance_schema
 39 replicate-ignore-db = sys
 40
 41 master_info_repository = 'TABLE'
 42 relay_log_info_repository = 'TABLE'
 43 slave-skip-errors = all
```

```
root@msr-slave:~
[root@msr-slave ~]# systemctl restart mysqld
[root@msr-slave ~]#
```

DB 복구 진행

먼저 복구할 DB를 미리 생성하고 Master1, Master2 장비에서 전송받은 백업 파일을 사용해 DB를 복구합니다.

```
#복구할 DB 생성.
mysql> create database testdb1;
mysql> create database testdb2;
mysql> quit

#DB 복구
mysql -u root -p testdb1 < /data/test1.sql
mysql -u root -p testdb2 < /data/test2.sql
```

```
root@msr-slave:~
[root@msr-slave ~]# mysql
mysql> create database testdb1;
Query OK, 1 row affected (0.00 sec)

mysql> create database testdb2;
Query OK, 1 row affected (0.00 sec)

mysql> quit;
Bye
[root@msr-slave ~]#
```

백업 파일을 전송 받은 디렉토리로 이동해 백업 파일이 정상적으로 전송되었는지 확인합니다.

```
root@msr-slave:/data
[root@msr-slave ~]# cd /data
[root@msr-slave data]# ls -al
total 8
drwxr-xr-x.  2 root root   40 Mar 31 11:28 .
dr-xr-xr-x. 19 root root  269 Mar 31 11:03 ..
-rw-r--r--   1 root root 1398 Mar 31 11:25 test1.sql
-rw-r--r--   1 root root 1398 Mar 31 11:28 test2.sql
[root@msr-slave data]#
```

```
root@msr-slave:/data
[root@msr-slave data]# mysql -u root -p testdb1 < ./test1.sql
Enter password:
[root@msr-slave data]# mysql -u root -p testdb2 < ./test2.sql
Enter password:
[root@msr-slave data]#
```

Replication 채널을 설정하는 쿼리문은 다음과 같습니다. 채널 설정 구문은 MySQL 버전별로 다르고, 특히 8.0.23 버전부터는 완전히 달라지므로 버전에 맞게 사용하면 됩니다.

▶ **MySQL 5.7**

```
mysql> CHANGE MASTER TO MASTER_HOST='마스터IP', MASTER_PORT=포트번
호, MASTER_USER='생성한 리플리케이션 계정명', MASTER_PASSWORD='패스워
드', MASTER_LOG_FILE='앞에서 확인된 File명', MASTER_LOG_POS=앞에서 확인된
Position 번호 FOR CHANNEL '채널 이름';
```

▶ **MySQL 8.0 ~ 8.0.22**

```
mysql> CHANGE MASTER TO MASTER_HOST='마스터IP', MASTER_PORT=포트번호,
MASTER_USER='생성한 리플리케이션 계정명', MASTER_PASSWORD='패스워드', GET_
MASTER_PUBLIC_KEY=1, MASTER_LOG_FILE='앞에서 확인된 File명', MASTER_LOG_
POS=앞에서 확인된 Position 번호 FOR CHANNEL '채널 이름';
```

▶ **MySQL 8.0.23 ~ 이후 버전**

```
mysql> CHANGE REPLICATION SOURCE TO SOURCE_HOST='마스터IP', SOURCE_PORT=
포트번호, SOURCE_USER='생성한 리플리케이션 계정명', SOURCE_PASSWORD='패스
워드', GET_SOURCE_PUBLIC_KEY=1, SOURCE_LOG_FILE='앞에서 확인된 File명',
SOURCE_LOG_POS=앞에서 확인된 Position 번호 FOR CHANNEL '채널 이름';
```

여기에 필요한 정보 중에서 MASTER_LOG_FILE(SOURCE_LOG_FILE)과 MASTER_LOG_POS(SOURCE_LOG_POS)은 앞에서 확인한 Master DB들의 정보에 표시되었던 것을 입력합니다.

DB	File	Position
Master1	mysql-bin.000001	1321
Master2	mysql-bin.000001	970

⊟ Master 서버 정보 입력

Slave 서버에 Master 서버 정보를 하나씩 입력합니다.

▶ **MySQL 5.7**

```
#Master1
mysql> CHANGE MASTER TO MASTER_HOST='10.0.0.6', MASTER_USER='testuser',
MASTER_PORT=3306, MASTER_PASSWORD='Test123$', MASTER_LOG_FILE='mysql-
bin.000001', MASTER_LOG_POS=1321 FOR CHANNEL 'ch_testdb1';

#Master2
mysql> CHANGE MASTER TO MASTER_HOST='10.0.0.7', MASTER_USER='testuser',
MASTER_PORT=3306, MASTER_PASSWORD='Test123$', MASTER_LOG_FILE='mysql-
bin.000002', MASTER_LOG_POS=970 FOR CHANNEL 'ch_testdb2';

mysql> flush privileges;
```

▶ **MySQL 8.0 ~ 8.0.22**

```
#Master1
mysql> CHANGE MASTER TO MASTER_HOST='10.0.0.6', MASTER_USER='testuser',
MASTER_PORT=3306, MASTER_PASSWORD='Test123$', GET_MASTER_PUBLIC_KEY=1,
MASTER_LOG_FILE='mysql-bin.000001', MASTER_LOG_POS=1321 FOR CHANNEL 'ch_
testdb1';

#Master2
mysql> CHANGE MASTER TO MASTER_HOST='10.0.0.7', MASTER_USER='testuser',
MASTER_PORT=3306, MASTER_PASSWORD='Test123$', GET_MASTER_PUBLIC_KEY=1,
```

04 · DATABASE

```
MASTER_LOG_FILE='mysql-bin.000002', MASTER_LOG_POS=970 FOR CHANNEL ch_
testdb2';

mysql> flush privileges;
```

▶ **MySQL 8.0.23 ~**

```
#Master1
mysql> CHANGE REPLICATION SOURCE TO SOURCE_HOST='10.0.0.6', SOURCE_
PORT=3306, SOURCE_USER='testuser', SOURCE_PASSWORD='Test!@123', GET_SOURCE_
PUBLIC_KEY=1, SOURCE_LOG_FILE='mysql-bin.000001', SOURCE_LOG_POS=1321 FOR
CHANNEL 'ch_testdb1';

#Master2
mysql> CHANGE REPLICATION SOURCE TO SOURCE_HOST='10.0.0.7', SOURCE_
PORT=3306, SOURCE_USER='testuser', SOURCE_PASSWORD='Test!@123', GET_SOURCE_
PUBLIC_KEY=1, SOURCE_LOG_FILE='mysql-bin.000001', SOURCE_LOG_POS=970 FOR
CHANNEL 'ch_testdb2';

mysql> flush privileges;
```

🔗 Replication 채널 시작

Replication 채널 시작 후 채널 상태 확인을 통해 에러가 없는지 확인합니다.

▶ **MySQL 5.7**

```
mysql> start slave for channel 'ch_testdb1';
mysql> show slave status for channel 'ch_testdb1'\G

mysql> start slave for channel 'ch_testdb2';
mysql> show slave status for channel 'ch_testdb2'\G
```

▶ **MySQL 8.0 이상**

```
mysql> start replica for channel ch_testdb1';
mysql> show replica status for channel 'ch_testdb1'\G

mysql> start replica for channel 'ch_testdb2';
mysql> show replica status for channel 'ch_testdb2'\G
```

Master1의 상태 확인에서는 **[Slave_IO_State], [Slave_IO_Running], [Slave_SQL_Running]** 항목들이 다음과 같이 되어 있으면 정상입니다. 같은 방법으로 Master2의 상태도 확인할 수 있습니다.

```
 root@msr-slave:/data                                         —  □  ×

[root@msr-slave data]# mysql
mysql> start slave for channel 'ch_testdb1';
Query OK, 0 rows affected (0.00 sec)

mysql> show slave status for channel 'ch_testdb1'\G
*************************** 1. row ***************************
               Slave_IO_State: Waiting for master to send event
                  Master_Host: 10.0.0.6
                  Master_User: testuser
                  Master_Port: 3306
                Connect_Retry: 60
              Master_Log_File: mysql-bin.000002
          Read_Master_Log_Pos: 154
               Relay_Log_File: msr-slave-relay-bin-ch_testdb1.000003
                Relay_Log_Pos: 367
        Relay_Master_Log_File: mysql-bin.000002
             Slave_IO_Running: Yes
            Slave_SQL_Running: Yes
              Replicate_Do_DB: testdb1,testdb2
          Replicate_Ignore_DB: information_schema,mysql,performance_schema,sys
                              ●  ●  ●

                 Channel_Name: ch_testdb1
           Master_TLS_Version:
1 row in set (0.00 sec)
```

---

7 리플리케이션 테스트

리플리케이션 설정을 모두 마친 후에 **Master** 서버들에서 **DB** 작업을 진행하고, **Slave** 서버에 해당 내용이 복제되는지 확인해 보겠습니다.

🖧 Master1 서버 작업

Master1 서버에 테스트를 위한 **sampletable** Table을 생성하고, Slave 서버에서 **testdb1** DB에 sampletable Table이 복제되었는지 확인합니다.

🖧 Master2 서버 작업

Master2 서버에 테스트를 위한 **sampletable Table**을 생성하고, Slave 서버에서 **testdb2** DB에 sampletable Table이 복제되었는지 확인합니다.

▶ MySQL 5.7

MySQL 5.7	Replication 명령어
채널 설정	CHANGE **MASTER** TO **MASTER**_HOST='마스터IP', **MASTER**_PORT=포트번호, **MASTER**_USER='생성한 리플리케이션 계정명', **MASTER**_PASSWORD='패스워드', **MASTER**_LOG_FILE='앞에서 확인된 File명', **MASTER**_LOG_POS=앞에서 확인된 Position 번호 FOR CHANNEL '채널 이름';
채널 시작	START **SLAVE** FOR CHANNEL '채널이름';
채널 중지	STOP **SLAVE** FOR CHANNEL '채널이름';
채널 상태 확인	SHOW **SLAVE** STATUS FOR CHANNEL '채널이름';
채널 정보 삭제	RESET **SLAVE** ALL FOR CHANNEL '채널이름';

▶ MySQL 8.0 ~ 8.0.22

MySQL 8.0 ~ 8.0.22	Replication 명령어
채널 설정	CHANGE **MASTER** TO **MASTER**_HOST='마스터IP', **MASTER**_PORT=포트번호, **MASTER**_USER='생성한 리플리케이션 계정명', **MASTER**_PASSWORD='패스워드', **GET_Master_PUBLIC_KEY**=1, **MASTER**_LOG_FILE='앞에서 확인된 File명', **MASTER**_LOG_POS=앞에서 확인된 Position 번호 FOR CHANNEL '채널 이름';
채널 시작	START **SLAVE** FOR CHANNEL '채널이름';
채널 중지	STOP **SLAVE** FOR CHANNEL '채널이름';
채널 상태 확인	SHOW **SLAVE** STATUS FOR CHANNEL '채널이름';
채널 정보 삭제	RESET **SLAVE** ALL FOR CHANNEL '채널이름';

▶ MySQL 8.0.23 ~

MySQL 8.0.23 ~	Replication 명령어
채널 설정	CHANGE **REPLICATION SOURCE** TO **SOURCE**_HOST='마스터IP', **SOURCE**_PORT=포트번호, **SOURCE**_USER='생성한 리플리케이션 계정명', **SOURCE**_PASSWORD='패스워드', GET_**SOURCE_PUBLIC_KEY**=1, **SOURCE**_LOG_FILE='위에서 확인된 File명', **SOURCE**_LOG_POS=위에서 확인된 Position 번호 FOR CHANNEL 'ch_testdb1';
채널 시작	START **REPLICA** FOR CHANNEL '채널이름';
채널 중지	STOP **REPLICA** FOR CHANNEL '채널이름';
채널 상태 확인	SHOW **REPLICA** STATUS FOR CHANNEL '채널이름';
채널 정보 삭제	RESET **REPLICA** ALL FOR CHANNEL '채널이름';

Cloud DB For MySQL

54
02-1

읽기 부하를 네트워크 프록시 로드밸런서로 분산시키는 방법

일반적으로 MySQL DB 서버의 부하를 줄이기 위해 읽기 전용으로 DB 서버를 생성하게 됩니다. 읽기 전용 서버를 여러 대 생성해서 로드밸런서(Load Balancer)로 연결하면, 읽기 부하를 분산 시키고 좀더 안정적인 서비스가 가능해집니다.

여기서는 네이버 클라우드 플랫폼 VPC 환경에서 관리형 DB인 Cloud DB for MySQL의 읽기 전용 Slave DB를 네트워크 프록시 로드밸런서(Network Proxy Load Balancer)에 연결하고 제대로 부하가 분산되는지 확인해 보겠습니다.

 1 **DB 서버 생성** -----------------------

우선 **[Cloud DB for MySQL] - [DB Server]**에서 DB를 생성합니다.

🖧 서버 설정

DB 엔진 버전과 VPC, 그리고 Subnet을 선택합니다.

[고가용성 지원]을 선택하면 [Standby DB]도 추가로 생성되고, **[Multi Zone]**을 선택하면 Master와 Standby Master DB를 각각 **서로 다른 Zone에 생성**해서 안정성을 높일 수 있습니다.

04 · DATABASE

DB Server 타입, 데이터 스토리지 타입, 스토리지 용량, DB Server 이름, DB 서비스 이름 등을 입력합니다. 참고로 [Private Sub 도메인]을 선택하고 입력하면 ***.{Private Sub Domain}.vpc-cdb.ntruss.com**과 같은 형식으로 도메인이 생성됩니다.

🖧 DB 설정

USER ID, DB 접근 HOST(IP), USER 암호, 접속 포트, DB명 등을 입력합니다. 고가용성을 선택한 경우 [Backup]은 기본으로 무조건 사용하게 됩니다.

> DB 접속포트는 한번 설정하면 이후에 변경할 수 없으니 신중하게 설정해야 합니다.

② Slave DB Server 추가

DB가 생성되었으면 **[Master]** DB를 선택하고, **[DB 관리] - [Slave 추가]** 메뉴를 선택합니다.

Slave DB Server를 추가할 때 설정할 수 있는 것은 **Subnet**입니다. 부하 분산을 위해서는 2대 이상을 추가해야 하는데, 여기서는 테스트를 위해 2대를 추가하겠습니다.

우선 **첫 번째** Slave DB Server는 **KR-2**존에 추가하고, **두 번째** Slave DB Server는 **KR-1**존에 추가해 보겠습니다.

04 · DATABASE

이렇게 Slave DB Server 2대를 추가해서 [Master], [Standy Master] 포함 총 4대의 서버가 생성되었습니다.

[Master] DB 서버와 첫번째 [Slave] DB 서버는 KR-2 존에, [Standy Master] DB 서버와 두번째 [Slave] DB 서버는 KR-1 존에 생성해서 안정성을 높이는 구조를 선택했습니다.

3 Target Group 설정

다음으로 Load Balancer와 Cloud DB for Mysql을 연결할 Target Group을 설정해 보겠습니다.

 Target Group 생성

여기서 중요한 항목은 프로토콜입니다. **[Network Proxy Load Balancer]**에 사용할 Target Group이므로 **[PROXY_TCP]**를 선택합니다. 포트는 Cloud DB for Mysql 생성 시에 사용했던 포트를 입력해야 하는데 여기서는 3306을 사용 하겠습니다.

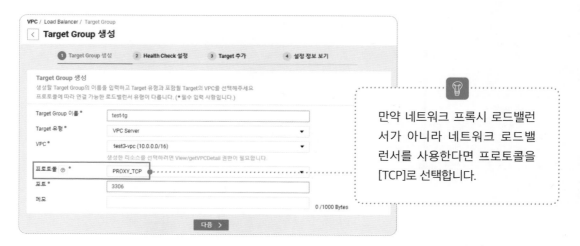

만약 네트워크 프록시 로드밸런서가 아니라 네트워크 로드밸런서를 사용한다면 프로토콜을 [TCP]로 선택합니다.

⌁ Health Check 설정

Health Check 설정에서는 **TCP** 프로토콜을 선택합니다. 포트는 마찬가지로 **3306**을 입력합니다.

⌁ Target 추가

[Target 추가] 화면에서는 앞에서 생성했던 Slave DB Server 2대를 확인할 수 있는데, 선택 후에 오른쪽으로 이동시킵니다.

④ Load Balancer 생성

여기서는 **[네트워크 프록시 로드밸런서 (Network Proxy Load Balancer)]**를 선택합니다. 네트워크 로드밸런서(Network Load Balancer)를 선택해도 되지만, 안정을 높이기 위한 **멀티존 구성**을 위해 네트워크 프록시 로드밸런서를 선택하였습니다. 참고로 애플리케이션 로드밸런서(Application Load Balancer)는 Cloud DB for MySQL의 부하 분산에 사용할 수 없습니다.

로드밸런서 생성

안정성을 높이려면 로드밸런서도 멀티존으로 구성할 수 있습니다. KR-1, KR-2 두 곳의 서브넷을 모두 선택하겠습니다.

만약 네트워크 로드밸런서를 선택하였다면 서브넷 선택에서도 1개만 선택할 수 있습니다.

리스너 설정

리스너 프로토콜은 **TCP**, 포트는 **3306**으로 설정합니다.

Target Group 선택

앞에서 생성했던 Target Group을 선택합니다.

[Cloud DB for MySQL]에 접근하는 로드밸런서들의 Subnet 대역을 ACG에 추가해야 합니다.

네트워크 로드밸런서를 선택한 경우

[네트워크 프록시 로드밸런서]가 아니라 **[네트워크 로드밸런서]**를 선택하였다면, 이후에 설명하는 로드밸런서의 Subnet 대역뿐만 아니라 [네트워크 로드밸런서]에 접근하는 장비의 **공인 IP**를 [Cloud DB for MySQL]의 ACG에 추가해야 합니다. 네트워크 로드밸런서는 고속으로 분산 처리를 하기 위해 DSR(Direct Server Return)로 동작하므로, 로드밸런서에 접속하는 서버 IP를 Target Group에 묶인 장비(여기서는 DB 서버)에 그대로 전달하게 됩니다. 이런 이유로 ACG에는 로드밸런서의 Subnet 대역이 아닌 접속하는 서버의 공인 IP를 허용해 주어야 합니다.

테스트를 위해 미리 준비해 둔 서버에서 ACG 설정에 추가할 공인 IP를 확인하는 모습입니다.

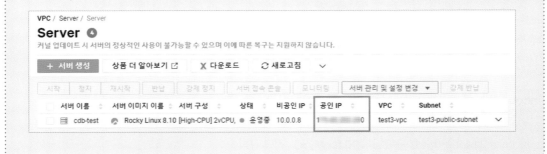

Load Balancer 서브넷 확인

ACG에 추가할 멀티존으로 구성된 로드밸런서의 서브넷 2가지를 확인합니다. 그리고, 테스트 시에 접속할 로드밸런서의 접속 정보를 메모해 둡니다.

04 · DATABASE

ACG 확인

[Cloud DB for MySQL]의 [Master] DB를 선택하고 [ACG] 항목 옆의 버튼을 클릭합니다. [ACG] 리스트에서 해당 ACG를 선택하고 **[ACG 설정]** 버튼을 클릭합니다.

ACG 규칙 추가

[Inbound] 규칙에서 필요한 **ACG** 규칙을 추가합니다.

- Load Balancer (KR-1) → Cloud DB for MySQL 접근 규칙
- Load Balancer (KR-2) → Cloud DB for MySQL 접근 규칙

> 네트워크 로드밸런서를 선택한 경우라면, 첫 번째 ACG 규칙은 **Pubic IP (Server -> CDB for MySQL)**으로 추가합니다.

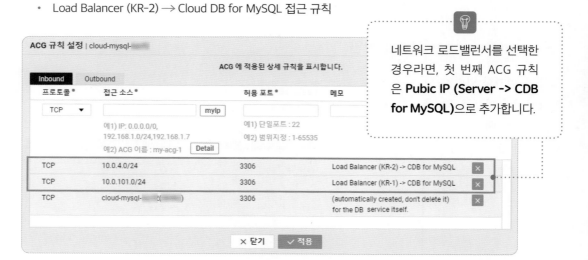

6 테스트 서버 설정

DB 부하 분산 테스트에 사용할 서버에 MySQL Client를 설치합니다.

```
dnf -y install mysql
```

7 부하 분산 테스트

설치된 MySQL Client를 이용해서 Load Balancer 도메인으로 접속한 후에 접속한 DB 서버의 호스트명을 확인하는 쿼리를 실행합니다.

여러 차례 반복해보면 다음과 같이 위에서 추가했던 Slave DB [test-003-OOO], [test-004- OOO]에 각각 접속되는 것을 확인할 수 있습니다.

```
mysql -h {Load Balancer 접속 도메인} -u {계정} -p
```

```
mysql > SELECT @@hostname;
```

▼ [test-003-○○○]에 접속된 상태

▲ [test-004-○○○]에 접속된 상태

8 DB 삭제

테스트를 끝낸 DB를 삭제하려고 할 때 **[Slave나 Recovery DB 서버가 있는 경우 Master DB를 삭 제할 수 없습니다]**라는 메시지가 나타나는 것을 확인할 수 있습니다.

그래서 DB를 삭제할 때는 **Slave DB부터 삭제**해야 하며, Slave DB를 삭제할 때에도 동시에 삭제할 수 는 없고 1대씩 차례로 삭제해야 합니다.

55
02-2

데이터베이스 마이그레이션 서비스

네이버 클라우드 플랫폼의 Database Migration Service는 다양한 환경의 데이터베이스를 클라우드 환경으로 손쉽게 마이그레이션하도록 도와주는 서비스입니다. 여기서는 **Public** 환경의 **MySQL 8.0**을 **Private** 환경의 **Cloud DB for MySQL 8.0**으로 마이그레이션하는 방법에 대해 정리해 보겠습니다.

1 서비스 소개 --------------------------------

데이터베이스 마이그레이션 서비스는 MySQL 데이터베이스 간 마이그레이션을 지원하며(메이저 버전이 동일한 데이터베이스 간 마이그레이션 권장), 다음과 같은 기능을 제공합니다.

- **마이그레이션의 단계별 작업 자동화 :** Migration 작업을 생성하여 마이그레이션에 필요한 단계별 작업 자동화
- **Endpoint 관리 기능 :** 손쉽게 Source DB Endpoint 생성 및 관리 가능
- **연결 테스트 기능 :** 마이그레이션 실행 전 Source DB와 Target DB 간 연결 테스트 진행
- **마이그레이션 작업 내역 모니터링 :** 마이그레이션 작업 상태와 내역 조회 가능

상세 설정 지원 여부

Source DB의 상세 설정에 따른 지원 여부는 다음과 같습니다.

지원 항목	• 데이터베이스, TABLE의 캐릭터셋(CharacterSet) : euckr, utf8(utf8mb3), utf8mb4 지원
	• Table, View, Stored Procedure, Function, Trigger 마이그레이션 지원
미지원 항목	• TABLE ENGINE : MyISAM, BLACKHOLE, FEDERATED, ARCHIVE 미지원
	• 사용자 계정 정보, MySQL Config 항목, Event 마이그레이션 미지원

마이그레이션 진행 구조

마이그레이션은 **Target DB → Source DB**로 접근하여 **DB 데이터를 가져오는 방식**으로 진행되며, 작업 진행 단계는 다음과 같습니다.

> ① [Source DB]에서 Export ⇨ ② [Target DB]로 Import
> ⇨ ③ 두 DB 간의 Replication 완료 상태 ⇨ ④ 마이그레이션 작업 완료

서비스 점검

마이그레이션 작업을 진행할 때 **서비스 점검을 언제할 것인가**가 중요한 고려사항이 됩니다. 물론 가장 안전한 방법은 마이그레이션 작업 전에 서비스 점검을 시작하는 것이지만, DB의 용량이 클 경우는 Export와 Import 작업에 각각 몇 시간씩 소요될 수 있는데 오랜 시간동안 서비스 점검을 하려면 부담이 될 수 밖에 없습니다.

오랜 시간 동안 서비스 점검을 하기 어려울 경우에는 다음과 같이 진행하면 됩니다.

마이그레이션에서 Export, Import 작업이 끝나면 두 DB간의 Replication 상태가 유지되는데, 이때는 [Source DB]에 새로운 데이터가 추가되면 자동으로 [Target DB]로 복제가 됩니다. 그러므로 두 DB 간의 Replication이 완료된 상태에서 서비스 점검을 시작하고 최종 마이그레이션 작업이 완료된 후에 서비스 점검을 종료하면 됩니다.

> ① [Source DB]에서 Export ⇨ ② [Target DB]로 Import
> ⇨ ③ 두 DB 간의 Replication 완료 상태 ⇨ ④ 서비스 점검 시작
> ⇨ ⑤ 마이그레이션 작업 완료 ⇨ ⑥ 서비스 점검 종료

2 테스트 환경 ----------------------------------◁▷

Source DB는 네이버 클라우드 플랫폼 외부에 위치한 경우가 많을 것으로 예상되므로, 다음과 같은
사항들을 가정하고 테스트 환경을 준비해 보겠습니다.

- **Source DB와 Target DB**가 사설 네트워크로 접근이 불가능한 **서로 다른 네트워크 환경**에 존재한다.
- **Source DB**는 외부에서 공인 IP로 접근 가능한 **Public 네트워크 환경**에 존재한다.
- **Target DB**는 외부에서 접근이 불가능한 **Private 네트워크 환경**에 존재한다.
- **Target DB**는 **NAT Gateway**를 통해서 Source DB에 접근한다.

🔌 Source DB : CentOS 7.8, MySQL 8.0.35

🔌 Target DB : Cloud DB for MySQL 8.0.32

Source DB 정보 확인

테스트에 사용할 Source DB의 버전, Database, DB User 등의 정보를 확인해 보겠습니다.

▶ **MySQL 버전** : 테스트에 사용할 DB는 다음에서 확인할 수 있듯이 **MySQL 8.0.35**입니다.

▶ **Database** : 테스트를 위해 **testdb1**, **testdb2** 이렇게 2개의 DB를 생성했습니다.

▶ **계정** : 테스트를 위한 **abcd1**, **abcd2** 이렇게 2개의 DB User를 생성했습니다.

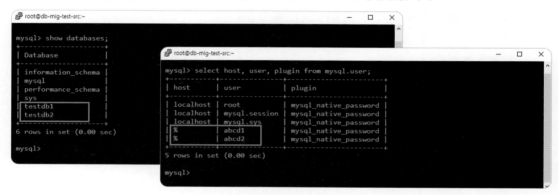

▶ **Table** : 테스트용 Database에 **sampletable1**, **sampletable2** 이렇게 각각 테이블을 1개씩 생성했습니다.

▶ **Procedure** : 테스트용 Database **testdb2**에 **new_procedure2**라는 이름의 Procedure를 생성했습니다.

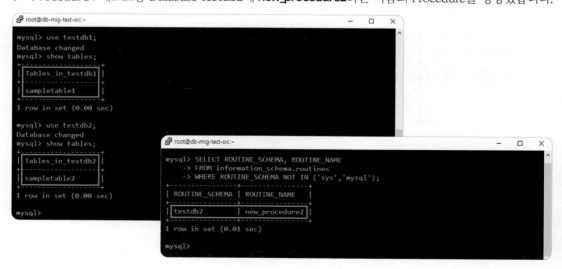

Chapter 2. Cloud DB For MySQL

마이그레이션 전용 DB User 생성

마이그레이션을 위한 전용 유저 즉, Target DB에서 Source DB로 접속할 때 사용할 DB User를 아래와 같이 생성합니다.

- 패스워드는 최소 8자 이상, 최대 21 자까지만 입력이 가능합니다. 영문/특수문자/숫자가 포함되어야 하며 `& + ₩ " ' / 스페이스는 패스워드로 사용할 수 없습니다.

- 반드시 **mysql_native_password** 형식으로 생성된 패스워드를 사용해야 합니다.

- 기본 시스템DB를 제외한 사용자가 추가로 생성한 모든 데이터베이스에 대해 권한을 부여합니다.

- MySQL 8.0.20 이상은 8.0.19 이하 버전과 다르게 ROUTINE Dump를 위한 **SHOW_ROUTINE** 권한이 필수이니 버전에 맞게 쿼리를 사용해야 합니다.

앞에서 Source DB에 테스용으로 testdb1, testdb2 이렇게 2개를 데이터베이스가 존재하므로 두 개의 데이터베이스 각각에 대해 권한을 부여했습니다.

▶ **8.0.19 이하**

```
CREATE USER 'migration_test'@'%' IDENTIFIED WITH 'mysql_native_password'
BY '[패스워드]';
GRANT RELOAD, PROCESS, SHOW DATABASES, REPLICATION SLAVE, REPLICATION
CLIENT ON *.* TO 'migration_test'@'%';
GRANT SELECT ON mysql.* TO 'migration_test'@'%';
GRANT SELECT, SHOW VIEW, LOCK TABLES, TRIGGER ON [사용자 생성 DB].* TO
'migration_test'@'%';
FLUSH PRIVILEGES;
```

```
root@db-mig-test-src:~                                          –  □  ×

mysql> CREATE USER 'migration_test'@'%' IDENTIFIED WITH 'mysql_native_password' BY '
    #';
Query OK, 0 rows affected (0.00 sec)

mysql> GRANT RELOAD, PROCESS, SHOW DATABASES, REPLICATION SLAVE, REPLICATION CLIENT ON *.
* TO 'migration_test'@'%';
Query OK, 0 rows affected (0.00 sec)

mysql> GRANT SELECT ON mysql.* TO 'migration_test'@'%';
Query OK, 0 rows affected (0.00 sec)

mysql> GRANT SELECT, SHOW VIEW, TRIGGER ON testdb1.* TO 'migration_test'@'%';
Query OK, 0 rows affected (0.00 sec)

mysql> GRANT SELECT, SHOW VIEW, TRIGGER ON testdb2.* TO 'migration_test'@'%';
Query OK, 0 rows affected (0.00 sec)

mysql> FLUSH PRIVILEGES;
Query OK, 0 rows affected (0.00 sec)

mysql>
```

04 · DATABASE

▶ 8.0.20 이상

```
CREATE USER 'migration_test'@'%' IDENTIFIED WITH 'mysql_native_password'
BY '[패스워드]';
GRANT SHOW_ROUTINE, RELOAD, PROCESS, SHOW DATABASES, REPLICATION SLAVE,
REPLICATION CLIENT ON *.* TO 'migration_test'@'%';
GRANT SELECT ON mysql.* TO 'migration_test'@'%';
GRANT SELECT, SHOW VIEW, LOCK TABLES, TRIGGER ON [사용자 생성 DB].* TO
'migration_test'@'%';
FLUSH PRIVILEGES;
```

⛭ Character Set 점검

Target DB로 생성되는 Cloud DB for MySQL은 **[utf8, utf8mb4, euckr]** Character Set만 지원 합니다. Source DB에 이외의 설정으로 되어 있다면 Character Set를 변경한 후 마이그레이션을 진행해야 합니다.

▶ Character Set 점검 쿼리

```
SELECT character_set_name
FROM information_schema.TABLES T, information_schema.COLLATION_CHARACTER_
SET_APPLICABILITY CCSA
WHERE CCSA.collation_name = T.table_collation
AND TABLE_SCHEMA NOT IN ( 'information_schema', 'mysql', 'performance_
schema', 'sys' )
AND CCSA.character_set_name NOT IN ( 'utf8', 'utf8mb4', 'euckr' );

SELECT DEFAULT_CHARACTER_SET_NAME
FROM information_schema.SCHEMATA T
WHERE SCHEMA_NAME NOT IN ( 'information_schema', 'mysql', 'performance_
schema', 'sys' )
AND DEFAULT_CHARACTER_SET_NAME NOT IN ( 'utf8', 'utf8mb4', 'euckr');
```

▶ Character Set 변경 쿼리 예시

```
ALTER DATABASE [데이터베이스명] CHARACTER SET utf8mb4;
ALTER DATABASE [데이터베이스명] CHARACTER SET utf8mb4 COLLATE utf8mb4_
general_ci;
ALTER TABLE [테이블명] CONVERT TO CHARACTER SET utf8mb4 COLLATE utf8mb4_
general_ci;
```

바이너리 로그 설정

Source DB의 바이너리 로그 설정 중에서, **[server_id]** 값이 설정되어 있는지와 **[log_bin]이 ON** 상태로 설정되어 있는지 확인한 후 설정되어 있지 않다면 설정 후에 진행해야 합니다.

다음 쿼리를 사용해 현재 설정 값을 확인할 수 있습니다.

```
show variables like 'server_id';
show variables like 'log_bin';
```

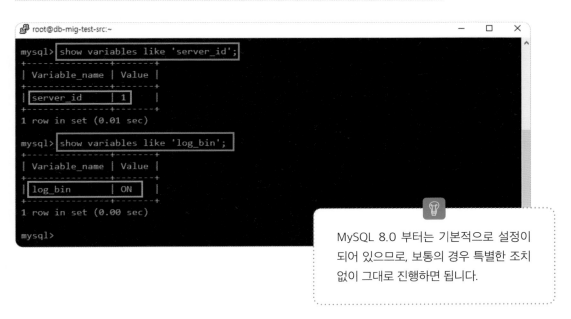

MySQL 8.0 부터는 기본적으로 설정이 되어 있으므로, 보통의 경우 특별한 조치 없이 그대로 진행하면 됩니다.

> ⚙️ **MySQL 5.7 → MySQL 5.7 마이그레이션 시 바이너리 로그 설정 변경**
>
> Server_id, log_bin이 설정되어 있지 않은 상태로 표시된다면 MySQL의 환경 설정 파일 **my.cnf** 를 열어서 다음 값을 추가하고, MySQL 데몬을 재시작합니다.
>
> ```
> vim /etc/my.cnf
>
> server_id = 1
> log_bin = binlog
>
> systemctl restart mysqld
> ```

4 Target DB 사전 설정

Source DB의 사전 설정이 끝났으므로, 이제부터 Target DB의 사전 설정이 필요한 항목을 확인해 보겠습니다.

⌁ DEFINER 계정 확인

Source DB에 **[Procedure], [Function], [VIEW]** 등이 존재한다면 이때 사용된 DB User 즉, **DEFINER 계정**을 Target DB에도 미리 추가 생성해 두어야 마이그레이션을 진행할 수 있습니다.

다음은 [Procedure], [Function], [VIEW] 등을 생성할 때 사용된 DEFINER 계정을 확인하는 쿼리입니다.

```
SELECT DEFINER FROM information_schema.ROUTINES
WHERE ROUTINE_SCHEMA NOT IN ( 'information_schema', 'mysql',
'performance_schema', 'sys' ) AND SECURITY_TYPE = 'DEFINER';

SELECT DEFINER FROM information_schema.VIEWS
WHERE table_schema NOT IN ( 'information_schema', 'mysql',
'performance_schema', 'sys' ) AND SECURITY_TYPE = 'DEFINER' ;
```

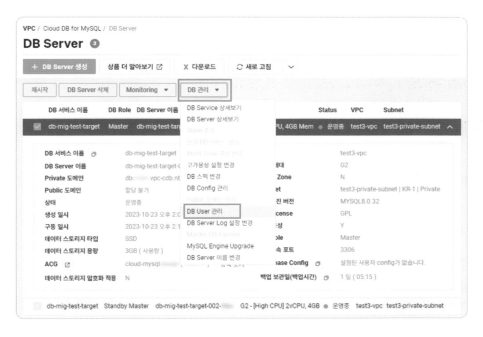

```
root@db-mig-test-src:~                                    —   □   ×

mysql> SELECT DEFINER FROM information_schema.ROUTINES
    -> WHERE ROUTINE_SCHEMA NOT IN ( 'information_schema', 'mysql', 'performance_schema',
 'sys' ) AND SECURITY_TYPE = 'DEFINER';
+-----------+
| DEFINER   |
+-----------+
| abcd2@%   |
+-----------+
1 row in set (0.00 sec)

mysql> SELECT DEFINER FROM information_schema.VIEWS
    -> WHERE table_schema NOT IN ( 'information_schema', 'mysql', 'performance_schema', '
sys' ) AND SECURITY_TYPE = 'DEFINER' ;
Empty set (0.00 sec)

mysql>
```

앞에서 Source DB에 테스트 환경을 설정하면서 [Procedure]를 하나 생성했었는데 그때 사용된 DEFINER 계정을 확인할 수 있었습니다. 여기서 확인된 DB User를 **Target DB에 미리 추가** 생성해 두 어야 합니다. 만약 앞 단계에서 DEFINER User가 없는 것으로 확인될 경우 DEFINER User 추가 없 이 다음 단계로 진행해도 됩니다.

DEFINER 계정 추가

Target DB를 선택하고 **[DB 관리] - [DB User 관리]** 메뉴를 선택합니다.

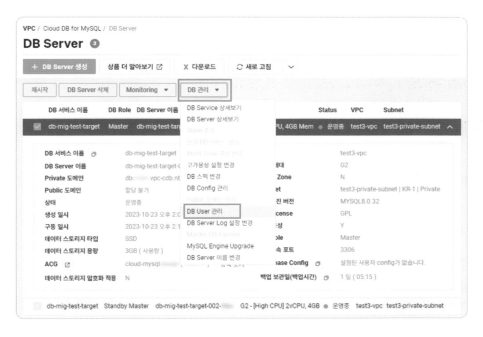

[DB User 관리] 화면에서 위에서 확인했던 DEFINER 계정을 **DDL 권한으로 설정**해서 추가하고 저장 합니다.

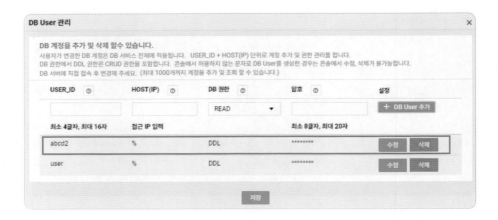

5 접근 권한 설정 --⊂▯

Source DB, Target DB 양쪽의 사전 설정을 모두 완료했으면, 다음으로는 양쪽 DB간의 **접근 권한을 설정**해야 합니다. 앞에서도 설명했지만 마이그레이션은 **Target DB → Source DB**로 접근하게 됩니다.

🔌 NAT Gateway 생성

현재 Target DB는 [Private] 네트워크 환경에 위치해 있으므로 Source DB로 접근하기 위해서는 **NAT Gateway**를 생성해서 외부 통신이 가능하도록 해야 합니다. 여기서는 NAT Gateway가 생성되어 있다고 가정하고, 어떻게 설정하는지 확인해 보겠습니다. VPC 환경에서 NAT Gateway를 생성하는 방법은 **<295쪽>**을 참고합니다.

[NAT Gateway] 상세 정보 중에서 [공인 IP]는 따로 기록해 두었다가, 이후 설정에서 사용해야 합니다.

Route Table 설정

다음으로 **[VPC] - [Route Table]**에서 Target DB의 Subnet에 연관된 Route Table을 선택하고, **[Routes 설정]** 버튼을 클릭합니다.

[Route Table 설정] 화면에서 [Destination]에는 Source DB의 **공인 IP**를 입력하고, [Target Type]은 **[NATGW]**, [Target Name]은 위에서 생성했던 **NAT Gateway**를 선택하고 **[생성]** 버튼을 클릭합니다.

방화벽(ACG) 설정

Target DB → Source DB로 접근하여 DB 데이터를 가져오기 위해 Target DB 방화벽에서는 **[Outbound]** 규칙을, Source DB 방화벽에서는 **[Inbound]** 규칙을 설정해야 합니다.

▶ **Target DB 방화벽 설정**

우선 Target DB의 **[Outbound]** 규칙을 설정해 보겠습니다. Target DB를 선택하면 나타나는 DB 상세 정보 화면에서 **[ACG]**를 클릭합니다. [ACG] 화면에서 해당 ACG를 선택하고 **[ACG 설정]** 메뉴를 클릭합니다.

04 · DATABASE

[ACG 규칙 설정] 팝업에서 **[Outbound]** 탭을 선택하고 [목적지]에는 Source DB의 **IP 주소**, [허용 포트]에는 Source DB의 **포트 번호**를 입력한 후 [추가]-[적용] 버튼을 클릭합니 다.

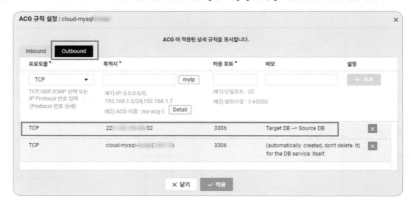

▶ **Source DB 방화벽 설정**

이제 Source DB 방화벽에 앞에서 확인했던 **NAT Gateway의 [공인 IP]**를 추가해서 Taget DB가 접근할 수 있도록 설정하겠습니다. On Premise 등 네이버 클라우드 플랫폼 외부 서버의 경우 자체 방화벽에 직접 추가하면 되고, 네이버 클라우드 플랫폼 내부 서버의 경우 해당 서버의 ACG의 **[Inbound]** 설정에 다음과 같이 추가하면 됩니다.

6 마이그레이션 서비스 위치

이제 모든 준비를 마쳤으면 본격적으로 마이그레이션 작업을 진행해 보겠습니다.

[Database Migration] 서비스는 **[Services]** - **[Database]** - **[Database Migration Service]**에 있습니다.

7 마이그레이션 설정

Source DB와 Target DB에서 사전 준비가 끝났으면 이제 [Database Migration Service] 설정을 시작합니다.

🔌 Endpoint 설정

우선 **[Database Migration Service]** - **[Endpoint Management]** 메뉴에서 **[Endpoint 생성]** 버튼을 클릭합니다. 여기서 Endpoint는 Source DB를 지칭하는 것으로 Source DB의 정보를 입력한다고 생각하면 됩니다.

다음으로 [Endpoint 생성] 화면에서 **Source DB** 관련 정보를 입력하고 **[생성]** 버튼을 클릭합니다.

- **Endpoint URL** : Source DB의 IP 또는 도메인을 입력합니다.
- **DB PORT** : Source DB의 Port를 입력합니다.
- **DB User** : 앞의 Source DB에 생성했던 마이그레이션 전용 DB User를 입력합니다.
- **DB Password** : 마이그레이션 전용 DB User의 패스워드를 입력합니다.

8 마이그레이션 작업 생성

[Database Migration Service] - **[Migration Management]** 메뉴에서 **[Migration 작업생성]** 버튼을 클릭합니다.

Test Connection

[Source DB] 항목과 [Target DB] 항목을 선택한 후에 **[Test Connection]** 버튼을 클릭해 **Target DB → Source DB로 접근**을 테스트합니다.

마이그레이션 작업 시작

[Test Connection]에서 이상이 없을 경우 다음과 같이 옮겨오게 될 [Source DB]의 정보를 확인할 수 있습니다. 문제가 없으면 **[Migration 작업시작]** 버튼을 클릭해서 마이그레이션 작업을 시작합니다.

마이그레이션 작업 진행 상태

마이그레이션 작업은 **[Exporting]**, **[Importing]**, **[Replication]** 이렇게 3가지 단계로 진행되는데, 각각의 진행 상태를 확인할 수 있습니다.

⚙ 진행 상태 확인 메일과 서비스 점검 개시

진행 상태는 콘솔에서도 확인할 수 있지만, 작업이 오래 걸리는 경우도 대비해서 **[Exporting]**, **[Importing]**, **[Replication]** 각 단계가 완료 될 때마다 안내 메일이 발송됩니다.

작업 진행이 모두 완료되면 현재 상태는 Source DB와 Target DB간의 Replication이 완료된 상태이므로, 이때 **서비스 점검을 시작**하고 이어서 설명하는 **[마이그레이션 완료]** 버튼을 클릭해서 최종 완료를 확인한 후에 서비스 점검을 종료하면 되겠습니다.

9 마이그레이션 완료

마이그레이션 작업이 완료되면 콘솔화면에서 **[완료] 버튼이 활성화**됩니다. 즉, 현재는 [Replication] 작업이 완료된 상태로 Source DB와 Target DB가 동기화 되어 있고, Target DB는 [쓰기 불가] 상태입니다. 그러므로 [완료] 버튼 클릭해야 모든 작업이 완료되고 Target DB가 [쓰기 가능] 상태로 변경됩니다.

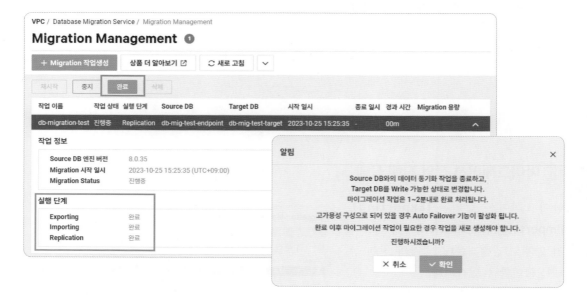

최종 완료가 되면 다음과 같이 [Migration Status] 상태가 **완료** 상태로 변경되고 [Migration 종료 일시]로 기록됩니다.

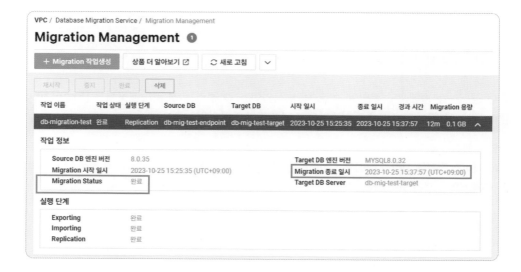

10 Target DB 데이터 확인

마이그레이션이 모두 완료되었으므로 Source DB의 데이터가 Target DB로 모두 이상없이 마이그레이션 되었는지 Target DB에 접속해서 직접 확인해 보겠습니다.

확인하는 방법은 Target DB와 동일한 Subnet에 테스터 서버를 생성하고, Target DB에 접속해서 [Database], [Table], [Procedure] 등이 정상적으로 존재하는지 살펴보는 것인데, 다음 그림처럼 모두 이상이 없는 것을 확인할 수 있습니다.

11 오류 상황

마이그레이션 진행 도중에 나타날 수 있는 오류 메시지 관련해서 정리해 보고, 해결 방법을 알아보겠습니다.

방화벽 설정 오류

- Source DB 와 Target DB 서버 통신이 되지 않습니다.
- Source DB Inbound 와 Target DB Outbound ACG를 점검해 주세요.

Source DB의 방화벽 [Inbound] 설정과 Target DB의 ACG [Outbound] 설정이 올바르지 않을 경우 나타나는 메시지입니다. **접근 권한 설정** 내용을 다시 확인해 주세요.

Endpoint DB User 설정 오류

- Source DB 에 접속이 되지 않습니다.
- DB ACL 을 점검해 주세요.

[Endpoint 설정]에서 DB User 또는 DB Password 설정이 올바르지 않을 경우 나타나는 메시지입니다. **Endpoint** 설정 내용을 다시 확인해 주세요.

DEFINER 계정 생성 오류

- Source DB에 생성된 Definer 계정이 Target DB 에 존재하지 않습니다.
- Definer 에 사용된 계정은 먼저 생성후 진행해 주세요.
  필요 Definer 계정 : abcd2@%

Source DB에 [Procedure], [Function], [VIEW] 등이 존재하고, 이때 사용된 DB User 즉 DEFINER 계정이 Target DB에 존재하지 않았을 경우 나타나는 메시지입니다. **DEFINER 설정** 내용을 다시 확인해 주세요.

🖧 마이그레이션 재실행

그 외의 오류로 마이그레이션 작업이 실패했을 경우 다음과 같이 [재시작], [삭제] 버튼이 활성화 되는데, [재시작] 버튼으로 재시작을 할 경우에는 동일한 오류가 계속 발생하는 경우가 있습니다. 이때는 마이그레이션 작업을 삭제하고, Target DB에 생성된 Database을 모두 삭제한 후에 마이그레이션 작업을 다시 생성해야 정상적으로 작동합니다.

[삭제] 버튼을 클릭해서 마이그레이션 작업을 삭제합니다.

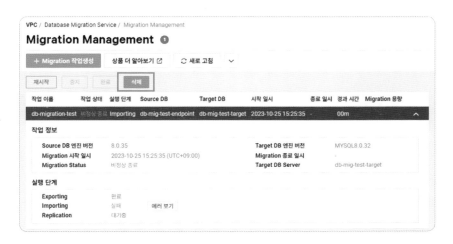

Target DB의 **[DB 관리]** - **[DB Server 상세보기]** 메뉴를 클릭해서 **[Database 관리]** 기능으로 이동합니다. 계속해서 Source DB에서 Import한 [Database]를 **모두 삭제하고 [저장]** 버튼을 클릭합니다. 그런 후에 마이그레이션 작업을 다시 생성하면 정상 작동합니다.

04 · DATABASE

56

02-3

VPC 환경에서
CLOUD DB FOR MYSQL 생성하기

네이버 클라우드 플랫폼의 **Cloud DB for MySQL** 서비스는 MySQL 데이터베이스를 쉽고 간편하게 구축하거나 관리할 수 있고 자동 Fail-Over, 자동 백업, 네이버 서비스에서 검증된 최적화된 설정 등을 제공히는 완전 관리형 클라우드 데이터베이스 서비스입니다.

Cloud DB for MySQL 서비스의 특징은 다음과 같습니다.

- 기본 10GB 데이터 스토리지를 제공하며, 10GB 단위로 6,000GB까지 자동으로 용량이 증가 합니다.

- 하나의 마스터 DB마다 최대 10대의 슬레이브 DB를 생성할 수 있습니다.

- 로드밸런서(Load Balancer) 상품을 통해 슬레이브 DB 서버들을 읽기 전용 복제본으로 사용함으로써 데이터베이스의 읽기 부하를 분산시킬 수 있습니다.

- 매일 1회 고객이 원하는 시간에 DB를 자동으로 백업하며, 백업한 데이터는 최대 30일까지 보관할 수 있습니다.

- VPC 환경에서는 멀티 존으로 구성해 높은 안정성을 보장받을 수 있습니다.

- Cloud DB for MySQL 서비스는 완전 관리형 상품으로 사용자는 DB서버의 운영체제에 접근 할 수 없습니다.

여기서는 VPC환경에서 Cloud DB for MySQL 서비스를 생성하는 과정을 정리해 보겠습니다.

⚙ DB 접속 방법 3가지

DB 접속 방법으로는 Private 도메인을 이용해 접속하는 방법, SSL VPN을 이용해 접속하는 방법, Public 도메인을 이용해 접속하는 방법 등이 있지만 여기에서는 VPC환경에서 **Private 도메인을 이용해 접속하는 방법**을 설명하도록 하겠습니다.

네이버 클라우드 플랫폼 외부 환경에서 Cloud DB for MySQL로 접속하려면 Public 도메인을 사용해야 합니다. 하지만, DB 보안을 위해 특수한 상황이 아니라면 Private 도메인에서 생성하는 것을 권장합니다.

---

1 | VPC-Subnet 생성

이미 생성된 VPC와 Subnet이 있다면 이 단계는 건너뛰고 다음 단계로 이동하면 됩니다.

VPC 생성

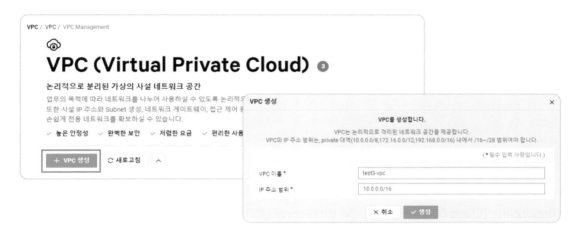

Subnet 생성

Subnet은 Cloud DB for MySQL을 위한 **Private Subnet**과 DB 접속 테스트 Server용 **Public Subnet**을 각각 생성합니다.

▲ Cloud DB for MySQL을 위한 Private Subnet

▲ 테스트용 Server를 위한 Public Subnet

04 · DATABASE

테스트 Server 생성 ---------------------------

DB 서버 접속을 테스트 하기 위한 Server를 생성합니다. 여기서는 Rocky Linux 8.8 서버를 생성하였습니다.

 DB Server 생성 ---------------------------

[Database] - [Cloud DB for MySQL]에서 **[DB Server 생성]** 버튼을 클릭합니다.

DB 엔진 버전

DB 엔진 버전은 MySQL 8.0 버전을 제공합니다.

⟨⊟ DB Server 이름과 DB 서비스 이름

DB Server 이름은 고객이 DB 서버를 구분하기 위한 명칭으로, 사용자가 입력한 이름 뒤에 001, 002와 같이 숫자를 붙여 서버를 구분하게 됩니다. 예를 들어 DB 서버 이름을 mydb라고 입력하면 생성되는 DB 서버 이름은 mydb-001, mydb-002와 같습니다.

DB 서비스 이름은 역할별 DB 서버를 구분하기 위한 이름입니다. 일반적으로 하나의 액티브 마스터 DB,

스탠바이 마스터 DB, 다수의 슬레이브
DB로 구성되는 DB 서버군을 말하며, 동
일한 데이터를 갖고 있는 DB 서버들을
하나의 DB 서비스라 말합니다. 예를 들
어 "쇼핑 메인 DB", "게임 유저 DB"와
같은 식으로 DB 서비스의 역할을 구분
하기 위해 사용합니다.

Cloud DB를 위한 ACG는 자동 생성됩니다(*Example* → cloud-mysql-*).

⟨⊟ DB Server 설정

DB 이름과 계정, 비번, 접속 포트 등을 설정합니다. **HOST(IP)** 설정에는 전체 허용을 뜻하는 **[%]**를 입력하고, 대신에 **접근 제한은 방화벽인 ACG에서 설정**하겠습니다.

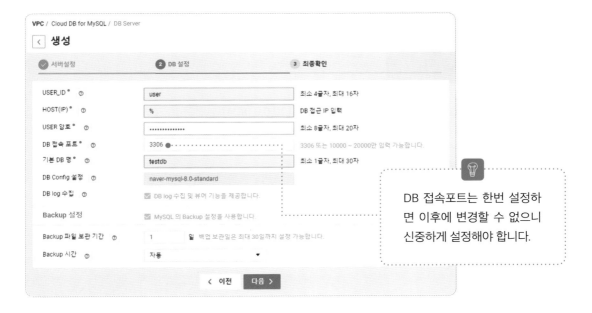

> DB 접속포트는 한번 설정하면 이후에 변경할 수 없으니 신중하게 설정해야 합니다.

⚙️ **ACG 외에 추가로 접근 제한을 하고 싶은 경우**

ACG 외에 추가로 접근 제한을 하고 싶은 경우 접근을 허용할 IP 대역을 입력합니다.

- 테스트용 서버의 Subnet 대역을 모두 허용하려면 [10.0.0.0/24]를 입력
- 특정 서버 1대만 허용하려고 할 경우에는 앞에서 생성한 테스트 서버 IP처럼 [10.0.0.7]을 입력

4 ACG 설정

Cloud DB for MySQL을 생성할 때 자동 생성된 ACG인 **[cloud-mysql-*]**을 선택하고 **[ACG 설정]** 버튼을 클릭합니다.

Inbound 설정에 테스트용 Server의 Subnet 대역인 **[10.0.0.0/24]**를 접근소스에 입력합니다. 또는 특정 서버 1대만 허용하려고 할 경우에는 앞에서 생성한 테스트 서버 IP처럼 **[10.0.0.7]**을 입력합니다.

5 MySQL Client 설치

DB 접속 테스트를 위해 생성한 Rocky Linux 8.8 서버에서 MySQL 8.0 Client를 설치합니다.

```
# mysql 8.0
# {version-number} 확인 : https://dev.mysql.com/downloads/repo/yum/
# dnf -y install https://dev.mysql.com/get/mysql80-community-release-el8-{version-number}.noarch.rpm

dnf -y install https://dev.mysql.com/get/mysql80-community-release-el8-8.noarch.rpm
dnf module reset mysql
dnf module disable mysql
dnf repolist all | grep mysql
dnf -y install mysql-community-server
mysqld --initialize-insecure --user=mysql
systemctl start mysqld
mysql_secure_installation
```

Cloud DB for MySQL에 접속하기 위한 주소인 **[Private 도메인]**을 확인합니다.

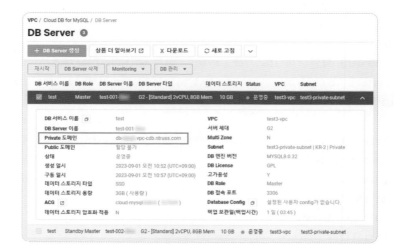

테스트용 Server에서 Cloud DB for MySQL로 접속하는 방법은 다음과 같습니다.

```
mysql -u [user_id] -p -h [Private 도메인명]
```

DB에 접속해 보면 처음 Cloud DB for MySQL 생성할 때 입력한 데이터베이스 [testdb]를 확인할 수 있습니다.

```
root@cdb-test-server:~

[root@cdb-test-server ~]# mysql -u user -p -h db-     .vpc-cdb.ntruss.com
Enter password:
Welcome to the MySQL monitor.  Commands end with ; or \g.
Your MySQL connection id is 2077
Server version: 8.0.32 MySQL Community Server - GPL
Copyright (c) 2000, 2023, Oracle and/or its affiliates.

mysql> show databases;
+--------------------+
| Database           |
+--------------------+
| information_schema |
| mysql              |
| performance_schema |
| sys                |
| testdb             |
+--------------------+
5 rows in set (0.00 sec)

mysql>
```

7 DB 서버 상세보기

[DB 관리] - [DB Server 상세보기] 메뉴에서는 [Process list], [Variables], [Status], [Database 관리], [DB Config 관리], [DB User 관리], [Backup 설정 관리], [DB Server Logs] 등을 확인할 수 있습니다.

Database 관리

[Database 관리] 메뉴에서는 Cloud DB 서버의 Database를 생성하거나 삭제할 수 있습니다. 추가, 삭제 작업은 **한번에 10개**까지 가능하고, **최대 1,000개**까지 생성 및 조회할 수 있습니다.

> ⚙️ **터미널 환경에서 Database 생성하기**
>
> 콘솔이 아닌 터미널 환경에서 직접 Database를 생성하려면 다음과 같은 Stored Procedure를 사용해야 합니다.
>
> ```
> mysql> CALL sys.ncp_create_db('생성할 DB명[필수]','Character Set[선
> 택]','Collation[선택]');
>
> --예제
> --character set, collation 은 mysql 서버 default 설정으로 지정
> mysql> CALL sys.ncp_create_db('testdb','','');
> ```

⊞ DB User 관리

DB 서버를 이용하다보면 여러 계정이 필요하게 됩니다. 이때 계정을 추가하기 위해 **[DB Server 상세보기] - [DB User 관리]** 메뉴를 클릭하여 USER_ID, HOST, DB 권한, 암호를 입력하고 **[DB User 추가]** 버튼을 클릭합니다.

사용자가 변경한 DB 계정은 DB 서비스 전체에 적용됩니다. USER_ID + HOST(IP) 단위로 계정 추가 및 권한 관리를 하며, DB 권한에서 DDL 권한은 CRUD 권한을 포함합니다.

콘솔에서 허용하지 않는 문자로 DB User를 생성한 경우는 콘솔에서 수정, 삭제가 불가능합니다. 이때는 DB 서버에 직접 접속 후 변경해야 합니다. 최대 1000개의 계정까지 추가 및 조회할 수 있습니다.

⊞ DB 계정 가져오기

DB Server에 생성된 계정 정보 가져오기를 수행하면 DB Server 에서 사용자가 직접 생성한 DB 계정 정보를 Console에서 확인 및 삭제할 수 있습니다.

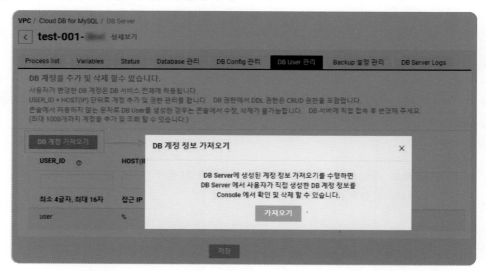

DB ENGINE 업그레이드 가이드

57

02-4

네이버 클라우드 플랫폼의 Cloud DB for MySQL에서는 DB Engine을 업그레이드할 수 있는데, **Minor 버전 업그레이드**(예: 5.7.32 → 5.7.40)와 **Major 버전 업그레이드**(예: 5.7.x → 8.0.x)가 있습니다. 각각에 대해 업그레이드 하는 방법을 살펴보겠습니다. 업그레이드 진행 방식은 다음과 같습니다.

- 리스트에 있는 전체 서버의 버전이 변경되고, 버전 업그레이드 중인 서버는 접근이 차단됩니다.

- Master DB는 Standby Master DB로 전환하여 서비스 접근 차단은 최소한으로 유지합니다. (Master DB Failover 기능으로 변경되는 시간과 동일합니다.)

- 업그레이드 작업은 1대씩 순차적으로 진행되고, Server 1대에 5분 내외로 작업 시간이 소요됩니다. (작업 순서 : Recovery → Slave → Master)

- Stand Alone Server는 업그레이드 되는 동안 DB 접속이 되지 않습니다.

- Major 버전 업그레이드로 인해 DB config의 default 값이 변경될 수 있습니다.

- Stand Alone Server는 Major 버전 업그레이드 기능을 지원하지 않습니다.

1 Minor 버전 업그레이드

Cloud DB for MySQL 서버를 5.7.32 버전으로 준비했습니다. DB서버를 선택하고 **[DB 관리]** - **[MySQL Engine Upgrade]** 메뉴를 클릭합니다.

[DB 엔진 버전]에서 업그레이드 가능한 버전을 선택할 수 있는데, 여기서는 [5.7.40]을 선택하겠습니다.

업그레이드 중에는 [Status]가 [업그레이드]로 표시됩니다. 업그레이드가 끝나면 다음과 같이 [DB 엔진 버전]이 [5.7.40]으로 변경되었고, [Master]와 [Standby Master] 서버가 서로 바뀐 것을 확인할 수 있습니다.

2 Major 버전 업그레이드

[Major 버전 업그레이드] 항목을 체크하고 [DB 엔진 버전]의 업그레이드 가능한 버전에서 [8.0.32]를 선택하겠습니다. Major 버전 업그레이드 시 주의 사항은 다음과 같습니다.

- Major 버전 업그레이드로 인한 **애플리케이션 호환성 검토를 먼저 진행**한 후에 업그레이드할 것을 권장합니다.

- Major 버전 업그레이드는 **고가용성 구성인 경우만 작업이 가능**합니다.

- Major 버전 업그레이드 시 **이전 버전으로 Rollback이 불가능**합니다.

- Major 버전 업그레이드 시 **DB config 의 default 값이 변경될 수** 있습니다.

- Major 버전 업그레이드 시 **업그레이드 전으로 시점 복구가 불가능**합니다.

- * Major 버전 업그레이드 시 **업그레이드 전의 백업본은 신규 서비스 생성만 가능**합니다.

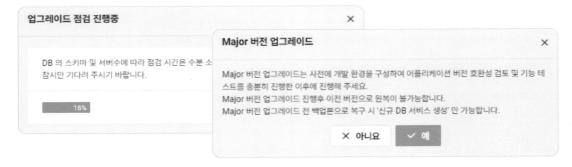

Major 버전 업그레이드는 호환성 체크 등 업그레드 작업에 문제가 없을지 미리 점검을 진행하게 됩니다. 업그레이드 점검이 문제없이 완료되었으면 [예] 버튼을 클릭해서 업그레이드를 진행합니다. 만약 오류가 발견될 경우 업그레이드가 불가능합니다.

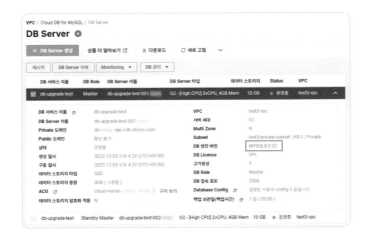

업그레이드가 완료되면 다음과 같이 [DB 엔진 버전]이 앞에서 선택했던 [8.0.32]로 변경된 것을 확인할 수 있습니다.

58

MYSQL 복구 시
ERROR 1227 (42000) 발생 원인과 해결 방법

02-5

네이버 클라우드 플랫폼 Cloud DB for MySQL을 사용하면서 백업 데이터를 복구 하려고 할 때 **ERROR 1227 (42000)** 오류가 발생하는 경우가 있습니다. 오류 메시지로만 보면 계정 권한에 문제가 있는 것처럼 보이는데, 정확하게 발생 원인이 무엇인지 그리고 해결방법은 어떤 것이 있는지 정리해 보겠습니다.

1 오류 메시지 ---

정확한 오류 메시지의 내용은 다음과 같습니다.

```
ERROR 1227 (42000) at line 77: Access denied; you need (at least one of) the

SUPER privilege(s) for this operation
```

이 오류 메시지의 원인은 크게 2가지로 구분할 수 있는데, 상황에 따라 각각의 원인 1가지에 해당하는 경우도 있고 2가지 원인이 모두 해당되는 경우도 있습니다.

2 원인 ① --

첫번째 원인은 **GTID(Global Transaction IDentifier)**와 관련되어 있습니다. 네이버 클라우드 플랫폼 Cloud DB for MySQL 상품은 GTID를 사용합니다. 보통의 mysql db 복구(Restore)는 GTID를 사용하지 않는 방법이기 때문에 백업(Backup) 단계에서 **[-set-gtid-purged=OFF]** 옵션을 추가해야 하는데 이 옵션을 사용하지 않았기 때문입니다.

GTID(Global Transaction Identifier)

GTID는 MySQL 복제에서 서버의 각 트랜잭션을 구분하는 고유한 식별자입니다. GTID는 모든 트랜잭션과 1:1 관계이며, GTID를 활용하면 복제본으로 장애 조치, 계층적 복제, 특정 시점으로 백업 복구하는 등의 작업을 더 쉽게 구현할 수 있으며, 오류 발생 빈도도 줄일 수 있습니다.

오류 상황 재현

다음과 같이 서버에서 mysqldump 명령으로 Cloud DB for MySQL DB를 백업받는 상황을 가정해 보겠습니다. 여기서는 [–set-gtid-purged=OFF] 옵션을 사용하지 않았습니다. [–set-gtid-purged=OFF] 옵션을 사용하지 않고, 백업을 받으면 백업은 정상 진행되지만 다음과 같이 **[-set-gtid-purged=OFF] 해야 한다는 Warning 메시지**가 표시됩니다.

```
mysqldump -u user -p -h db-......vpc-cdb.ntruss.com -S /var/
lib/mysql/mysql.sock --single-transaction --routines --triggers
--events --databases test  > dumpfile1.sql
```

위에서 생성한 [–set-gtid-purged=OFF] 옵션을 사용하지 않은 백업 파일(dumpfile1.sql)을 이용해서 복구(Restore) 시에 다음과 같이 **ERROR 1227 (42000)** 오류가 발생하면서 복구가 되지 않습니다.

```
mysql -h db-......vpc-cdb.ntruss.com -u user -p < ./dumpfile1.sql
```

🖧 해결 방법 (1)

이번에는 Warning 메시지에 나온 것처럼 **[-set-gtid-purged=OFF]** 옵션을 사용해서 백업을 받아 보겠습니다.

```
mysqldump --set-gtid-purged=OFF -u user -p -h db-......vpc-cdb.
ntruss.com -S /var/lib/mysql/mysql.sock --single-transaction
--routines --triggers --events --databases test  > dumpfile2.sql
```

[-set-gtid-purged=OFF] 옵션을 사용해서 생성한 백업 파일(dumpfile2.sql)을 이용해서 복구를 하면 다음과 같이 문제없이 복구가 잘됩니다. 그런데 이렇게 옵션을 적용해도 동일한 오류가 발생하는 경우가 있는데 이에 대해서는 아래쪽 **[원인 ②]** 에서 확인해보겠습니다.

```
mysql -h db-......vpc-cdb.ntruss.com -u user -p < ./dumpfile2.sql
```

🖧 해결 방법 (2)

그런데 서비스를 하다 보면 DB 사이즈가 너무 커서 다시 백업을 진행하기 어렵다던가 하는 경우가 있습니다. 이럴 때는 백업 파일에 있는 GTID 관련 내용을 삭제하고 복구하면 문제가 해결됩니다.

백업 파일 상단과 하단에 각각 다음과 같은 코드가 포함되어 있는데, 이 내용을 삭제하거나 주석 처리한 후에 복구를 시도하면 문제없이 복구가 완료됩니다.

```
# 백업 파일 상단에 위치
SET @MYSQLDUMP_TEMP_LOG_BIN = @@SESSION.SQL_LOG_BIN;
SET @@SESSION.SQL_LOG_BIN= 0;
```

```
# 백업 파일 하단에 위치
SET @@GLOBAL.GTID_PURGED='207****-4***-7**-9*****c:1-12,
2****-4**-9**-b**-d*****:1-19';
```

2 원인 ②

앞에서 설명한 **[-set-gtid-purged=OFF]**을 적용한 백업 파일을 이용해서 복구를 진행해도 동일한 오류가 발생하는 경우가 있는데, 그 원인은 Trigger, Stored Routines (Procedures and Functions), View, Event 생성과 관련된 **DEFINER 권한** 때문입니다. 즉, Trigger, Stored Routines(Procedures and Functions), View, Event를 생성한 계정과 DB 복구를 시도하는 계정이 다른 경우에 발생하는 문제입니다.

[원인 ①]에서는 복구를 시도할 때 [user] 계정을 사용했었는데, 이 [user]계정으로 Trigger, Stored Routines (Procedures and Functions), View, Event 등을 생성한 상황에서 다른 계정 [new_user]를 이용해서 복구를 시도하는 상황을 가정보겠습니다. [new_user] 계정으로 복구를 시도하면 [-set-gtid-purged=OFF]을 적용한 백업 파일(dumpfile2.sql)을 이용했음에도 동일한 ERROR 1227 (42000) 오류가 발생하는 것을 확인할 수 있습니다.

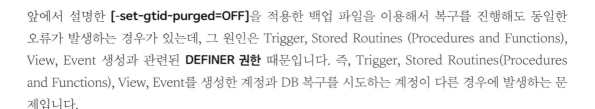

다음과 같이 MySQL은 보안 강화를 위해 Trigger, Stored Routines (Procedures and Functions), View, Event를 처음 생성한 계정을 [DEFINER]로 명시해 둠으로써 다른 계정으로 접근하지 못하도록 하는 것이 기본 설정으로 되어 있습니다. 그러므로 DB 복구를 시도할 때는 [DEFINER] 관련 내용을 삭제하거나 동일한 계정 또는 SUPER privilege를 가진 계정으로 복구해야 합니다.

해결 방법 (1)

첫번째 해결 방법은 백업 파일에서 [DEFINER] 관련 내용을 모두 찾아서 삭제하는 방법이 있습니다. 여기서는 대표적으로 FUNCTION, PROCEDURE, VIEW에 해당하는 예시를 살펴보겠습니다.

▶ FUNCTION

DB에서 FUNCTION을 사용했다면 다음과 같이 FUNCTION 생성 코드에 **[CREATE DEFINER=`user`@`%` FUNCTION]** 처럼 계정이 표시되는데, 여기서 **[DEFINER=`user`@`%`]** 부분을 삭제**하면 됩니다.

```
DELIMITER ;;
CREATE DEFINER=`user`@`%` FUNCTION `new_function`(age integer) RETURNS varchar(10) CHARSET utf8mb4
BEGIN
```

▶ PROCEDURE

DB에서 PROCEDURE를 사용했다면 다음과 같이 PROCEDURE 생성 코드에 **[CREATE DEFINER=`user`@`%` PROCEDURE]** 처럼 계정이 표시되는데, 여기서 **[DEFINER=`user`@`%`]** 부분을 삭제**하면 됩니다.

```
DELIMITER ;;
CREATE DEFINER=`user`@`%` PROCEDURE `new_procedure`()
BEGIN
```

▶ VIEW

DB에서 VIEW를 사용했다면 다음과 같이 VIEW 생성 코드에 **[/*!50013 DEFINER=`user`@`%` SQL SECURITY DEFINER */]** 처럼 계정이 표시되는데, 여기서는 **이 라인을 모두 삭제**하면 됩니다.

```
/*!50001 CREATE ALGORITHM=UNDEFINED */
/*!50013 DEFINER=`user`@`%` SQL SECURITY DEFINER */
/*!50001 VIEW `new_view` AS select `new_table`.`idnew_table` AS `idnew_table`,`new_table`.`new_tablecol1` AS `new_tablecol1` from
```

해결 방법 (2)

두번째 해결 방법은 백업 파일 [DEFINER=]에 표시되어 있는 계정과 동일한 계정으로 복구를 진행하면 됩니다.

Cloud DB For MSSQL

VPC 환경에서
CLOUD DB FOR MSSQL 생성하기

59

03-1

네이버 클라우드 플랫폼 VPC 환경에서 관리형 MSSQL DB 서버인 Cloud DB for MSSQL 생성 및 접속 방법에 대하여 정리해 보겠습니다.

테스트 환경

- VPC와 Private Subnet

- Cloud DB for MSSQL 15.0.4.198.2 Standard Edition (MSSQL 2019)

- DB 접속 테스트용 서버 windows 2019 64bit en

1 | Cloud DB for MSSQL 서비스 위치

[콘솔] – [Services] – [Database]에서 [Cloud DB for MSSQL]을 찾을 수 있습니다.

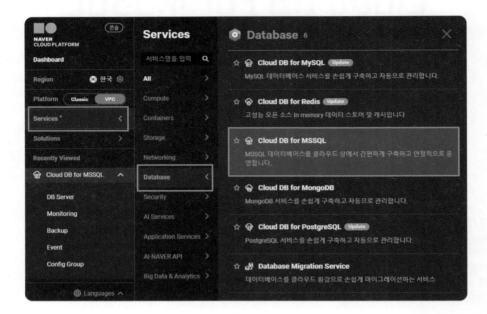

2 | Cloud DB for MSSQL 서버 생성

[Cloud DB for MSSQL] – [DB Server]에서 [DB server 생성] 버튼을 클릭합니다.

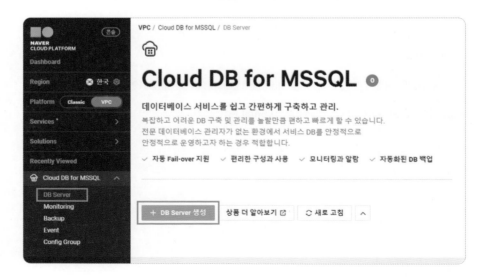

🖥 서버 설정

Cloud DB for MSSQL은 고가용성(HA) 기능 즉, 서버 이중화를 기본으로 지원합니다. 운영 중인 Principal Server에서 장애가 발생하여 정상적인 서비스가 불가능한 경우 Mirror Server로 자동 Failover 합니다. DNS 방식으로 이중화를 구성하므로 별도의 애플리케이션 변경이 필요 없습니다.

생성할 서버의 스펙 선택 및 세부정보를 입력합니다.

여기서는 내부 서버를 통해 접근하는 방식을 테스트할 예정이므로 Private Subnet을 선택 합니다.

⚙ Subnet 선택 주의사항

서버를 생성한 후에는 Subnet 변경이 불가합니다. 내부 서버를 통해 접근하거나 SSL VPN을 이용해 접속할 경우는 Private Subnet으로 설정하고, 회사 PC 등 외부에서 접근이 필요한 경우는 ACG에서 IP 제한을 적용한 후 Public Subnet으로 설정하면 됩니다.

Cloud DB for MSSQL의 스토리지 용량은 최소 100GB부터 10GB씩 자동 증가되며 최대 2TB까지 사용 가능합니다.

🖧 DB 설정

다음으로 계정 정보와 **DB** 접속 포트 등을 입력하고, **Backup** 관련 설정을 선택합니다.

Backup 파일 보관 기간은 최소 1일 부터 최대 30일까지 선택 가능하며 FullBackup만 지원 하고 있습니다.

Cloud DB for MSSQL 서버는 고가용성을 선택할 경우 서버 생성까지 대략 1시간 정도가 소요되므로 여유를 갖고 기다리면 됩니다.

🖧 DB 생성 완료

생성될 서버의 최종 정보를 확인하고 서버를 생성하면 다음과 같이 기본 옵션으로 선택했던 고가용성에 해당하는 **Principal**과 **Mirror** 이렇게 2대의 서버가 생성된 것을 확인할 수 있습니다.

3 테스트용 Windows 서버 생성

Cloud DB for MSSQL 서버에 접속할 테스트 용도의 Windows 서버를 생성하고, 서버 정보에서 ACG 설정에 필요한 **사설(비공인) IP를 확인**합니다. 이 비공인 IP는 이후 ACG 설정에서 사용하게 됩니다.

4 ACG 설정

이제 테스트용 Windows 서버에서 Cloud DB for MSSQL로 접속할 수 있도록 ACG를 설정해야 합니다. 생성된 MSSQL DB 서버의 상세 정보를 살펴보면 DB 생성 과정에서 ACG가 자동으로 생성, 적용되어 있는 것을 다음과 같은 방법으로 확인할 수 있습니다.

ACG 옆에 있는 아이콘을 클릭해서 ACG 화면으로 이동합니다. 앞에서 확인했던 Cloud DB for MSSQL의 ACG **[cloud-mssql-***]**를 선택한 후 **[ACG 설정]**을 클릭합니다.

[Inbound] 규칙에 앞에서 확인했던 테스트용 Windows 서버의 **비공인 IP**를 접근 소스로 등록 하고, 허용 포트 **1433**을 추가합니다.

5 DB 서버 접속

SQL Server Management Studio 설치

테스트용 Windows 서버에 할당된 공인IP 로 접속해 MSSQL Client인 **SSMS (SQL Server Management Studio)**를 다운로드 하고 설치합니다.

▶ **다운로드** : https://learn.microsoft.com/ko-kr/ssms/download-sql-server-management-studio-ssms

설치된 **SSMS (SQL Server Management Studio)**를 찾아서 실행합니다.

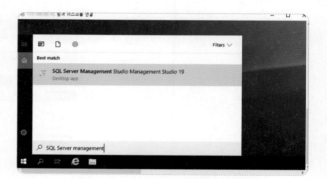

Chapter 3. Cloud DB For MSSQL

DB Server Private 도메인 확인

Cloud DB for MSSQL 서버에 접속하기 위해서는 DB 서버 생성 시에 설정된 **Private 도메인**을 이용해야 하는데, 다음 그림처럼 DB 서버 상세 정보에서 Private 도메인을 확인할 수 있습니다. 해당 **Private 도메인 주소를 복사**해서 다음 단계인 **DB 로그인 창에 입력**하면 됩니다.

DB 로그인

로그인 접속 화면에서 정보를 입력하고 접속합니다.

- **Server name** : {MSSQL DB Server의 Private 도메인}, {접속 포트} (쉼표로 구분하여 입력)
- **Authentication** : [SQL Server Authentication] 으로 변경합니다.
- **Login 및 Password** : DB 서버 생성과정에서 입력한 유저 정보를 입력합니다.

정상적으로 접속된 것을 확인할 수 있습니다.

설치형 PostgreSQL DB

60
04-1

설치형 POSTGRESQL DB 설치 및 접속 가이드

PostgreSQL은 설치 후 DB에 접속할 때 MySQL등 다른 DB와 달리 **OS와 PostgreSQL 양쪽에 동일한 계정을 생성**하거나 **인증관련 환경설정 파일을 수정**해야 접속할 수 있는데, 이 두가지 방법을 적용하는 과정을 정리해 보겠습니다. 기본적으로 Rocky Linux의 과정을 소개하며 Ubuntu의 경우 실행할 수 있는 명령어만 따로 설명하겠습니다.

테스트 환경

Rocky Linux 8.8 | **Ubuntu 20.04** | **PostgreSQL 13.12**

 설치 ---

기본 배포 버전으로 테스트할 수도 있지만, 여기서는 **PostgreSQL 13** 최신 버전을 설치해 보겠습니다.

리포지토리 버전 확인

우선 Rocky Linux에서 지원하는 기본 버전들을 확인해보면 다음과 같이 PostgreSQL [9.6], [10], [12], [13], [15] 인 것을 확인할 수 있습니다.

```
dnf module list postgresql
```

기본 버전 비활성화

PostgreSQL 13 최신 버전을 사용하기 위해 기본 버전들은 모두 비활성화합니다. 비활성화 처리 후 리스트를 다시 조회해보면 **[disabled]**를 뜻하는 **[X]**로 변경된 것을 확인할 수 있습니다.

```
dnf -qy module disable postgresql
dnf module list postgresql
```

리포지토리 설치

[PostgreSQL 13] 설치 정보가 담겨 있는 리포지토리 RPM을 설치합니다.

```
dnf install -y https://download.postgresql.org/pub/
repos/yum/reporpms/EL-8-x86_64/pgdg-redhat-repo-
latest.noarch.rpm
```

⊏⊐ PostgreSQL 설치

[PostgreSQL 13]을 설치합니다.

```
dnf install -y postgresql13-server
```

⊏⊐ 기본 DB 생성

[initdb] 명령으로 기본 DB를 생성하고 올바르게 생성되었는지 로그를 확인해 보겠습니다.

```
cd /usr/pgsql-13/bin/
postgresql-13-setup initdb
cat /var/lib/pgsql/13/initdb.log
```

⊏⊐ PostgreSQL 시작

```
systemctl enable postgresql-13
systemctl start postgresql-13
systemctl status postgresql-13
```

Ubuntu

▶ **리포지토리 설정 파일 생성**

```
sh -c 'echo "deb http://apt.postgresql.org/pub/repos/apt $(lsb_release -cs)-pgdg
main" > /etc/apt/sources.list.d/pgdg.list'
wget --quiet -O - https://www.postgresql.org/media/keys/ACCC4CF8.asc | sudo apt-
key add -
```

▶ **PostgreSQL 설치**

```
apt-get update
apt-get -y install postgresql-13
```

▶ **PostgreSQL 시작**

```
systemctl enable postgresql
systemctl start postgresql
systemctl status postgresql
```

⊏⊐ DB 접속

기본 마스터 계정인 **[postgres]**로 PostgreSQL에 접속합니다.

```
root@pgs-rocky:/usr/pgsql-13/bin                                    —  □  ✕

[root@pgs-rocky bin]# systemctl enable postgresql-13
Created symlink /etc/systemd/system/multi-user.target.wants/postgresql-13.service → /usr/
lib/systemd/system/postgresql-13.service.
[root@pgs-rocky bin]# systemctl start postgresql-13
[root@pgs-rocky bin]# systemctl status postgresql-13
● postgresql-13.service - PostgreSQL 13 database server
   Loaded: loaded (/usr/lib/systemd/system/postgresql-13.service; enabled; vendor preset▶
   Active: active (running) since Tue 2023-09-12 17:30:52 KST; 4s ago
     Docs: https://www.postgresql.org/docs/13/static/
  Process: 5520 ExecStartPre=/usr/pgsql-13/bin/postgresql-13-check-db-dir ${PGDATA} (cod▶
                    ●          ●          ●
Sep 12 17:30:52 pgs-rocky systemd[1]: Starting PostgreSQL 13 database server...
Sep 12 17:30:52 pgs-rocky postmaster[5525]: 2023-09-12 17:30:52.206 KST [5525] LOG:  red▶
Sep 12 17:30:52 pgs-rocky postmaster[5525]: 2023-09-12 17:30:52.206 KST [5525] HINT:  Fu▶
Sep 12 17:30:52 pgs-rocky systemd[1]: Started PostgreSQL 13 database server.

[root@pgs-rocky bin]#
```

```
su postgres
bash$ psql
```

root@pgs-rocky:/usr/pgsql-13/bin

```
[root@pgs-rocky bin]# su postgres
bash-4.4$ psql
psql (13.12)
Type "help" for help.

postgres=#
```

 Ubuntu

▶ DB 접속

```
sudo -i -u postgres
~$ psql
```

유저 생성

테스트용 계정 **[testuser]**를 생성하고 **[\du]** 명령으로 생성된 유저를 확인합니다.

```
postgres=# create user testuser password 'test123$' superuser;
postgres=# \du
```

root@pgs-rocky:/usr/pgsql-13/bin

```
bash-4.4$ psql
psql (13.12)
Type "help" for help.

postgres=# create user testuser password 'test123$' superuser;
CREATE ROLE
postgres=# \du
                                   List of roles
 Role name |                         Attributes                          | Member of
-----------+-------------------------------------------------------------+-----------
 postgres  | Superuser, Create role, Create DB, Replication, Bypass RLS | {}
 testuser  | Superuser                                                   | {}

postgres=#
```

🖧 DB 생성 및 소유자 지정

테스트용 DB를 생성하고, 소유자를 지정한 후에 **[\l]** 명령으로 생성된 DB를 확인합니다.

```
postgres=# create database testdb owner testuser;
postgres=# \l
postgres=# \q
bash$
```

 Ubuntu

▶ **DB 생성 및 소유자 지정**

```
postgres=# create database testdb owner testuser;
postgres=# \l
postgres=# \q
~$ exit
```

🖧 접속 시도-인증 오류

앞에서 생성한 계정으로 접속을 시도해보면, 다음과 같이 인증 오류가 발생합니다. 다음 단계에서는 이 인증 오류를 해결하는 방법 2가지를 확인해 보겠습니다.

```
psql -U testuser -d testdb
psql: error: FATAl: Peer authentication failed for user "testuser"
```

3 인증 오류 해결 --

인증 문제를 해결하고 [PostgreSQL]에 접속하는 방법은 크게 2가지가 있습니다.

방법 ① : 동일한 계정 생성

우선, 처음에 DB 생성 후에 추가했던 [PostgreSQL] 유저 계정과 동일한 계정을 OS 사용자에도 추가하는 방법입니다. 다음과 같이 DB 유저와 동일한 **[testuser]** 계정을 생성하겠습니다.

```
adduser testuser
passwd testuser
```

새로 생성한 **[testuser]** 계정으로 전환한 후에 DB에 접속을 해보면 문제 없이 접속되는 것을 확인 할 수 있습니다.

```
su testuser
~$ psql -U testuser -d testdb
```

 Ubuntu

▶ 동일한 계정 생성

```
adduser testuser
```

▶ DB 접속

```
sudo -i -u testuser
~$ psql -U testuser -d testdb
```

방법 ② : 인증 설정 파일 수정

다음으로 인증 관련 설정 파일인 **[pg_hba.conf]** 파일을 수정해서 접속하는 방법을 확인해 보겠습니다. [pg_hba.conf] 파일을 열어보면 다음과 같이 DB 접근 설정 항목들이 있는데, [local]과 IPv4용 [host]의 METHOD 항목을 보시면 각각 **[peer]**과 **[scram-sha-256]**으로 설정되어 있는 것을 확인할 수 있습니다(Ubuntu의 경우 [peer]와 [md5]로 설정됨). 여기서 [peer]는 운영체제에서 클라이언트의 운영체제 사용자 이름과 요청한 데이터베이스 사용자 이름이 일치하는지 확인하는 옵션입니다.

이 항목을 **[scram-sha-256]** 또는 **[md5]**로 수정합니다(Ubuntu에서는 [md5]로 수정).

```
vim /var/lib/pgsql/13/data/pg_hba.conf
```

▶ 수정 전

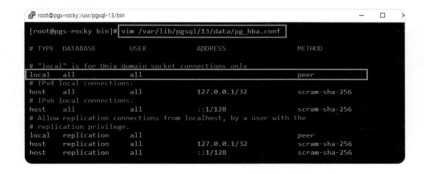

▶ 수정 후

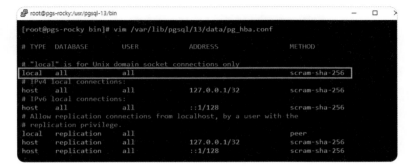

설정 파일을 수정했으면 [PostgreSQL]을 재시작하고 다시 접속해 봅니다.

이번에는 문제없이 DB 유저 생성 시 입력했던 패스워드를 입력하고 접속 가능한 것을 확인할 수 있습니다.

```
systemctl restart postgresql-13
psql -U testuser -d testdb
```

```
root@pgs-rocky:/usr/pgsql-13/bin
[root@pgs-rocky bin]# vim /var/lib/pgsql/13/data/pg_hba.conf
[root@pgs-rocky bin]# systemctl restart postgresql-13
[root@pgs-rocky bin]# psql -U testuser -d testdb
Password for user testuser:
psql (13.12)
Type "help" for help.

testdb=#
```

 Ubuntu

▶ **pg_hba.conf 파일 수정**

```
vi /etc/postgresql/13/main/pg_hba.conf
```

```
root@pgs-ubuntu: ~
root@pgs-ubuntu:~# vi /etc/postgresql/13/main/pg_hba.conf
 87 #
 88 # Database administrative login by Unix domain socket
 89 local   all             postgres                        peer
 90
 91 # TYPE  DATABASE        USER            ADDRESS         METHOD
 92
 93 # "local" is for Unix domain socket connections only
 94 local   all             all                             md5
 95 # IPv4 local connections:
 96 host    all             all             127.0.0.1/32    md5
 97 # IPv6 local connections:
 98 host    all             all             ::1/128         md5
 99 # Allow replication connections from localhost, by a user with the
100 # replication privilege.
101 local   replication     all                             peer
102 host    replication     all             127.0.0.1/32    md5
103 host    replication     all             ::1/128         md5
~
```

▶ **DB 재시작 후 접속**

```
systemctl restart postgresql
psql -U testuser -d testdb
```

Chapter 4. 설치형 PostgreSQL

[pg_hba.conf] 설정 파일의 **Method 옵션** 리스트는 다음과 같습니다.

- **trust** : 무조건 접속을 허용합니다. 이 방법을 사용하면 PostgreSQL 데이터베이스 서버에 연결할 수 있는 모든 사람이 암호나 다른 인증 없이 원하는 PostgreSQL 사용자로 로그인할 수 있습니다.

- **reject** : 무조건 연결을 거부합니다. 이것은 그룹에서 특정 호스트를 필터링하는 데 유용합니다. 예를 들어 한 라인은 특정 호스트의 연결을 차단할 수 있고 나중 라인은 특정 네트워크의 나머지 호스트가 연결할 수 있도록 합니다.

- **scram-sha-256** : SCRAM-SHA-256 인증을 수행해 사용자의 암호를 확인합니다.

- **md5** : SCRAM-SHA-256 또는 MD5 인증을 수행해 사용자의 암호를 확인합니다.

- **password** : 클라이언트가 인증을 위해 암호화되지 않은 암호를 제공하도록 요구합니다. 암호는 네트워크를 통해 일반 텍스트로 전송되기 때문에 신뢰할 수 없는 네트워크에서는 사용해서는 안 됩니다.

- **gss** : GSSAPI를 사용해 사용자를 인증합니다. 이것은 TCP/IP 연결에만 사용할 수 있으며, GSSAPI 암호화와 함께 사용할 수 있습니다.

- **sspi** : SSPI를 사용해 사용자를 인증합니다. 이것은 Windows에서만 사용할 수 있습니다.

- **ident** : 클라이언트의 ident 서버에 연결하여 클라이언트의 운영체제 사용자 이름을 얻고 요청한 데이터베이스 사용자 이름과 일치하는지 확인합니다. ID 인증은 TCP/IP 연결에서만 사용할 수 있으며, 로컬 연결에 대해 지정된 경우 피어 인증이 대신 사용됩니다.

- **peer** : 운영체제에서 클라이언트의 운영체제 사용자 이름을 가져와서 요청한 데이터베이스 사용자 이름과 일치하는지 확인합니다. 이것은 로컬 연결에만 사용할 수 있습니다.

- **lda** : LDAP 서버를 사용해 인증합니다.

- **radius** : RADIUS 서버를 사용해 인증합니다.

- **cert** : SSL 클라이언트 인증서를 사용해 인증합니다.

- **pam** : 운영체제에서 제공하는 PAM(Pluggable Authentication Modules) 서비스를 사용해 인증합니다.

- **bsd** : 운영체제에서 제공하는 BSD 인증 서비스를 사용해 인증합니다.

04 · DATABASE

기본 배포 버전 설치

[PostgreSQL 13] 최신 버전이 아닌 **기본 배포 버전**을 설치하려면 다음과 같은 방법으로 설치를 하면 됩니다. 나머지 인증 방법은 앞에서 설명한 내용과 동일합니다.

```
dnf install -y postgresql-server
cd /usr/bin/
postgresql-setup --initdb
systemctl enable postgresql
systemctl start postgresql
systemctl status postgresql
```

Chapter 5

Cloud DB For PostgreSQL

61
05-1

VPC 환경에서
CLOUD DB FOR POSTGRESQL 생성하기

네이버 클라우드 플랫폼의 **Cloud DB for PostgreSQL**이 지원하는 클라우드 환경 및 상세 특징은 다음과 같습니다.

- 리전(존) : 한국, 싱가포르, 일본

- VPC만 지원

- DB 엔진 버전 : PostgreSQL 13.3, 13.7, 13.10, 13.13, 13.15, 13.18, 14.13

- 스토리지 : 기본 10GB 데이터 스토리지를 제공, 10GB 단위로 6000GB까지 자동 용량 증가

- Multi Zone 구성 제공, 자동 Fail-over 기본 지원

- 최대 5대까지 Read Replica 확장, 최대 30일까지 자동 백업 및 보관

Cloud DB for PostgreSQL 서버는 타입 변경은 불가능하지만 메모리 크기는 콘솔 PostgreSQL Server 메뉴에서 스펙 변경 기능을 사용하여 언제든지 변경할 수 있습니다. 단, 같은 타입 내에서만 변경할 수 있고 2대 이상의 서버로 구성된 경우(고가용성 사용 및 Read Replica 사용) 모두 동일한 사양으로 변경해야 합니다. 또한 변경 완료 후 서버가 다시 시작되며 이에 따라 서비스 영향 발생 가능성이 존재한다는 제약 사항이 있습니다.

서버 접근 방법

Cloud DB for PostgreSQL은 다음의 3가지 방법으로 접근 가능한데 여기서는 별도의 Linux 서버를 생성해서 PostgreSQL과 Private 통신을 하는 방법으로 진행하겠습니다.

- Public Domain으로 접근

- PostgreSQL DB와 Private 통신을 위한 별도의 서버를 생성해서 접근

- SSL VPN을 이용해서 접근

① DB 생성

[콘솔] - [Services] - [Database] 에서 [Cloud DB for PostgreSQL]을 찾을 수 있습니다. **[Cloud DB for PostgreSQL] - [DB Server]**에서 **[DB Server 생성]** 버튼을 클릭해 DB 생성을 시작합니다.

서버 설정

- **DB 엔진** : 현재 지원되는 최신 DB 엔진 버전은 PostgreSQL 14.13입니다.

- **고가용성 지원** : 기본 선택 사항인데, 필요하지 않을 경우 체크를 해제하면 됩니다.

- **VPC**와 **Subnet**을 선택하고, 미리 생성된 VPC와 Subnet가 없으면 생성 버튼을 클릭합니다.

- **DB Server 타입**은 목록에 표시된 사양 중에서 사용하려는 vCPU와 메모리를 선택하면 됩니다.

- **데이터 스토리지 타입**과 **암호화 적용** 여부를 선택합니다.

- 데이터 스토리지는 기본 10GB로 설정되며 최대 6000GB까지 자동으로 증가합니다.

- **DB Server 이름**과 **DB Service 이름**을 입력합니다. DB Service 이름은 DB Server를 역할별로 구분한 그룹의 명칭입니다.

⟜ DB 설정

- **USER ID**와 **USER 암호**를 입력합니다. (ID와 암호는 잊어버리지 않도록 잘 보관해야 합니다.)

- **접근 제어**는 접근을 허용할 IP 대역을 입력합니다.

- **DB 접속포트**는 기본 포트가 5432 입니다. 한번 설정하면 이후에 변경할 수 없으니 신중하게 설정해야 합니다.

- **기본 DB명**을 입력하고, **Backup 설정**을 선택합니다.

⟜ 최종 확인

계속해서 지금까지 입력한 값을 최종 확인하고, 수정할 부분이 없으면 [생성] 버튼을 클릭합니다.

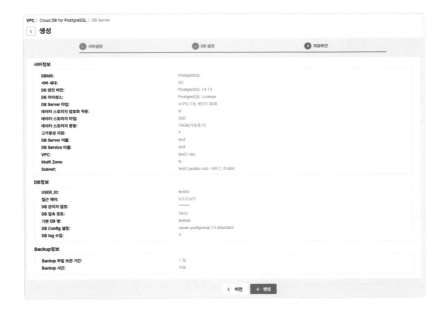

04 · DATABASE

2 DB 상세 정보

DB 생성이 완료되면 다음과 같이 DB의 상세 정보를 확인할 수 있습니다. 이 중에서 **Private 도메인**과 **ACG**는 이후 설정에서 사용할 중요한 항목입니다.

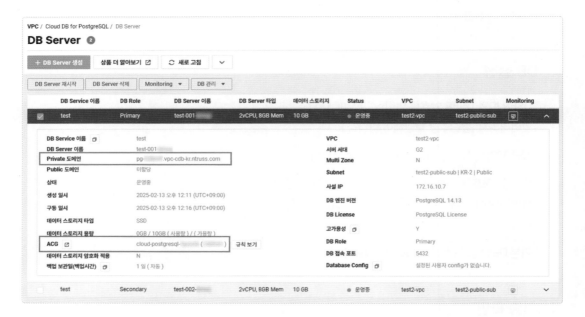

3 Client Server 생성

Cloud DB for PostgreSQL DB Server에 **Private 환경에서 접속하기 위해** PostgreSQL Client를 설치할 Linux Server를 생성해야 하는데, 여기서는 Ubuntu 22.04을 설치했습니다. VPC 환경에서 서버를 생성하는 방법은 **<020쪽>**을 참고합니다.

생성된 Client Server의 정보 중에서 **비공인 IP**는 다음 ACG 설정에서 필요하니 기억해 둡니다. 마찬 가지로 **공인 IP**는 로컬 PC에서 PostgreSQL Client에 접속할 때 필요하니 기억해 둡니다.

4 ACG 설정

[Server] – [ACG]에서 Cloud DB for PostgreSQL 생성 시에 자동으로 생성된 ACG **[cloud-postgresql-***]**를 선택한 후 **[ACG 설정]** 버튼을 클릭합니다.

ACG 규칙 설정

[ACG 규칙 설정] 창에서 **[Inbound]** 탭을 선택하고 [접근 소스]는 앞에서 생성한 Client Server의 **비 공인 IP**를 입력하고, [허용 포트]는 **5432**를 입력한 다음 **[추가]** 버튼을 클릭합니다.

5 pgAdmin4 설치

Client용 Linux Server에 PostgreSQL DB의 Client 프로그램인 pgAdmin4를 설치합니다.

⚞ Repository 설정

pgAdmin4를 설치하기 위해 Repository를 먼저 설정합니다.

```
curl -fsS https://www.pgadmin.org/static/packages_
pgadmin_org.pub | sudo gpg --dearmor -o /usr/share/
keyrings/packages-pgadmin-org.gpg
```

```
root@pg-test: ~                                                              –  □  ×
root@pg-test:~# curl -fsS https://www.pgadmin.org/static/packages_pgadmin_org.pub | sudo gpg --dearmor -o /usr/share/keyri
ngs/packages-pgadmin-org.gpg
root@pg-test:~#
```

```
sudo sh -c 'echo "deb [signed-by=/usr/share/keyrings/
packages-pgadmin-org.gpg] https://ftp.postgresql.org/
pub/pgadmin/pgadmin4/apt/$(lsb_release -cs) pgadmin4
main" > /etc/apt/sources.list.d/pgadmin4.list && apt
update'
```

```
root@pg-test: ~                                                              –  □  ×
root@pg-test:~# sudo sh -c 'echo "deb [signed-by=/usr/share/keyrings/packages-pgadmin-org.gpg] https://ftp.postgresql.org/
pub/pgadmin/pgadmin4/apt/$(lsb_release -cs) pgadmin4 main" > /etc/apt/sources.list.d/pgadmin4.list && apt update'
Hit:1 http://repo.ncloud.com/ubuntu jammy InRelease
Hit:2 http://repo.ncloud.com/ubuntu jammy-updates InRelease
Hit:3 http://repo.ncloud.com/ubuntu jammy-backports InRelease
Hit:4 http://repo.ncloud.com/ubuntu jammy-security InRelease
Get:5 https://ftp.postgresql.org/pub/pgadmin/pgadmin4/apt/jammy pgadmin4 InRelease [4,217 B]
Get:6 https://ftp.postgresql.org/pub/pgadmin/pgadmin4/apt/jammy pgadmin4/main all Packages [5,385 B]
Get:7 https://ftp.postgresql.org/pub/pgadmin/pgadmin4/apt/jammy pgadmin4/main amd64 Packages [8,519 B]
Fetched 18.1 kB in 2s (8,453 B/s)
Reading package lists... Done
Building dependency tree... Done
Reading state information... Done
196 packages can be upgraded. Run 'apt list --upgradable' to see them.
root@pg-test:~#
```

⚞ pgAdmin4 설치

로컬 PC에서 pgAdmin4에 접속하기 위해 pgAdmin4-Web을 설치합니다.

```
apt install pgadmin4
```

```
root@pg-test: ~                                                              –  □  ×
root@pg-test:~# apt install pgadmin4
Reading package lists... Done
Building dependency tree... Done
Reading state information... Done
The following additional packages will be installed:
  adwaita-icon-theme apache2 apache2-bin apache2-data apache2-utils at-spi2-core dconf-gsettings-backend dconf-service
  fontconfig gsettings-desktop-schemas gtk-update-icon-cache hicolor-icon-theme humanity-icon-theme
  libapache2-mod-wsgi-py3 libapr1 libaprutil1 libaprutil1-dbd-sqlite3 libaprutil1-ldap libatk-bridge2.0-0 libatk1.0-0
                              ●        ●        ●
No VM guests are running outdated hypervisor (qemu) binaries on this host.
root@pg-test:~#
```

⟜ pgAdmin4-Web 환경 설정

setup-web.sh 스크립트를 실행 후 pgAdmin4-Web 접속을 위한 이메일 계정과 패스워드를 입력합니다.

```
/usr/pgadmin4/bin/setup-web.sh
```

6 pgAdmin4 접속 --

pgAdmin4 접속 주소는 **http: /[Client Server 공인IP 주소]/pgadmin4/**입니다. 해당 주소로 접속하면 다음과 같이 Email Address와 Password 입력 화면이 나오는데, pgAdmin4- Web 환경 설정에서 입력한 이메일과 패스워드를 입력하고 로그인합니다.

서버 추가

pgAdmin에서 **[Add New Server]** 버튼을 클릭하고 앞에서 생성했던 DB서버를 연결합니다.

Name 입력

등록할 DB의 이름을 편하게 입력합니다.

연결 정보 입력(Connection 탭)

- **Host name/address :** Cloud DB for PostgreSQL 생성 후에 확인한 Private 도메인(pg-***.vpc-cdb-kr. ntruss.com)을 입력합니다.

- **Maintenance database :** Cloud DB for PostgreSQL 생성 시에 입력한 Database를 입력합니다.

- **Username :** Cloud DB for PostgreSQL 생성 시에 입력한 USER ID를 입력합니다.

- **Password :** Cloud DB for PostgreSQL 생성 시에 입력한 USER 암호를 입력합니다.

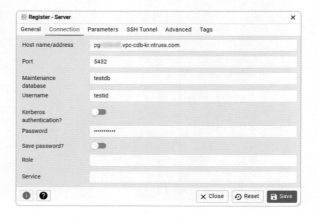

7 pgAdmin4 대시보드

연결 정보에 이상이 없고 정상적으로 접속이 되면 다음과 같이 대시보드 화면을 확인할 수 있습니다.

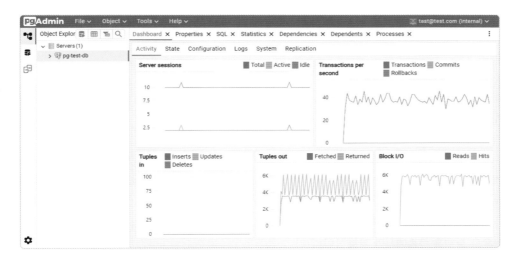

8 DB Service 상세 보기

DB Service 상세 보기에서는 Database 추가/삭제, Config 관리, User 추가/삭제, Backup 설정 등을 관리할 수 있습니다. Cloud DB for PostgreSQL을 선택하고 **[DB 관리] - [DB Service 상세보기]** 메뉴를 클릭합니다.

⊟ Database 관리

PostgreSQL DB의 Database를 추가/삭제
할 수 있습니다.

⊟ DB User 관리

Cloud DB for PostgreSQL의 DB User를 추가/삭제할 수 있습니다. PostgreSQL은 **1개의 DB에 1개 계정만 owner로 지정**할 수 있습니다. 1개의 DB를 여러 계정으로 관리해야 하는 경우는 서브 계정을 만들

고, owner 계정으로 서브 계정에 별도의 권한을 설정해야 합니다. 이때 **계정 생성은 네이버 클라우드 플랫폼 콘솔에서만 가능**합니다(다음 그림의 DB User 관리 기능). 그 외의 권한 설정은 pgAdmin4 웹페이지에서 설정해야 합니다.

⊟ 서브 계정

subid라는 서브 계정을 만들었다고 가정했을 때 다음 그림처럼 Superuser 등의 권한 설정을 할 수 있습니다.

⊟ DB 접근 권한 설정

서브 계정의 특정 DB에 대한 접근 권한을 설정하고자 할 경우는 다음과 같이 DB를 선택하고, 마우스 오른쪽 클릭을 한 후 **[Properties]** 메뉴를 선택합니다. **[Properties]** 설정 화면에서 **[Security]** 메뉴를 선택하면 계정별로 권한을 설정할 수 있습니다.

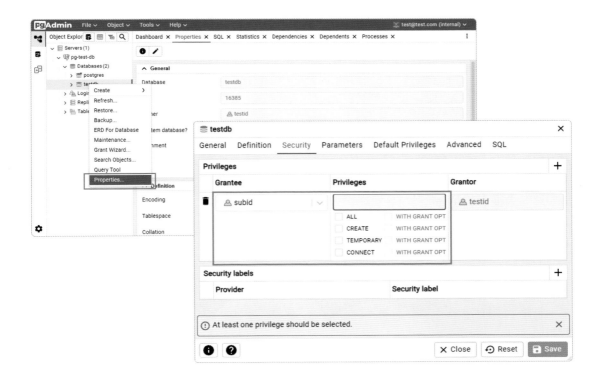

## Chapter 1

SSL VPN

62
01-1
SSL VPN 설정하고 접속하기

VPN은 가상 사설망(Virtual Private Network)의 약자로, 외부에서 접근할 수 없는 사설망에 내 PC나 네트워크를 연결시키는 방법을 말합니다. 사설망과의 연결은 가상 터널을 통해 이루어지며, 이 가상 터널을 SSL 암호화로 보호하는 것이 바로 SSL VPN입니다. 가상 터널을 통해 사설망과 연결된 사용자 PC는 사설망의 라우팅 및 ACL 정책에 따라 내부 서버에 접근할 수 있습니다.

여기에서는 네이버 클라우드 플랫폼 외부에서 내부에 구성된 네트워크로 암호화된 보안 접속 통신을 제공하는 서비스인 **SSL VPN**을 VPC 환경에서 설정하고, 서버에 접속하는 방법에 대해 정리해 보겠습니다.

 SSL VPN 생성

네이버 클라우드 플랫폼 콘솔에서 SSL VPN의 위치는 **[Services] - [Security] - [SSL VPN]**에 있습니다.

05 · SECURITY

[SSL VPN 생성] 버튼을 클릭한 다음 접근할 서버가 속해 있는 VPC를 선택하고 이름을 입력한 후 등록 가능한 접속 ID 개수에 따른 상품을 선택합니다. VPC 환경에서는 3, 5, 10, 20, 30, 50, 100, 200, 300, 400, 500개 상품 중에서 선택 가능합니다.

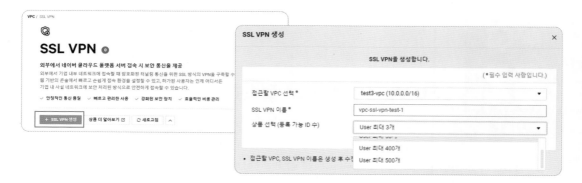

VPC 환경의 SSL VPN은 콘솔에서 자동으로 생성하는 것이 아니라, 생성 요청을 하면 네이버 클라우드 플랫폼 담당자가 직접 생성하고 결과를 안내받는 구조로 되어 있습니다. 생성 완료까지 걸리는 시간은 약 10~20분 이내이며, 생성이 완료되면 SSL VPN 상태가 [운영중(Running)]으로 변경되고 안내 메일이 도착합니다.

⌁ SSL VPN 생성 완료

SSL VPN 생성이 완료되면 다음과 같이 [IP Pool]과 [접속 URL] 정보를 확인할 수 있는데, **SSL VPN Agent 접속 시에 중요한 정보**이니 잘 확인해야 합니다.

2 사용자 설정

SSL VPN에 접속할 사용자 정보를 설정합니다. 리스트에서 SSL VPN을 선택하고 **[사용자 설정]** 버튼을 클릭합니다. 계속해서 ID, Passowrd, Email, SMS 등과 같은 **사용자 정보**를 입력하고 **[추가]** 버튼을 클릭합니다.

> VPC 환경은 2차인증이 필수이므로 Email과 SMS 정보를 함께 입력해야 합니다.

사용자가 추가되면 SSL VPN 정보에 사용자 계정 수(등록된 ID 수)에 숫자가 표시되는 것을 확인할 수 있습니다.

3 Route Table 설정

네트워크 설정에서는 우선 접속할 서버가 속해 있는 VPC Subnet의 Route Table에 SSL VPN으로 접근할 수 있도록 SSL VPN의 **[IP Pool]**을 등록해야 합니다.

다음과 같이 접속할 서버의 정보에서 **VPC**와 **Subnet**을 확인합니다. 여기서는 Private Subnet에 생성한 서버에 접속할 예정입니다.

[VPC] 서비스는 **[Console] - [Services] - [Networking]**에 위치해 있습니다.

[VPC] - [Route Table]에서 해당 VPC의 **private-table을 선택**하고 **[Routes 설정]** 버튼을 클릭합니다. Public Subnet에 생성한 서버에 접근해야 할 경우에는 public-table을 선택하고 설정하면 됩니다.

[Destination]에 생성된 SSL VPN 정보에서 확인한 **[IP Pool]** 정보를 등록하고, [Target Type] 은 **SSLVPN**을 선택, [Target Name]은 앞에서 생성한 **SSL VPN 이름**을 선택한 다음 **[생성]** 버튼을 클릭합니다.

4 ACG 설정

다음으로 서버에 적용된 ACG에 SSL VPN의 [IP Pool]을 등록해야 합니다. 우선 SSL VPN을 통해서 접속할 서버를 선택하고, **[ACG 수정]** 버튼을 클릭해서 적용된 ACG를 확인합니다.

[ACG 수정] 화면에서 현재 적용된 **ACG 이름**을 확인할 수 있습니다.

[Server] - [ACG]에서 앞에서 확인한 ACG를 선택하고 **[ACG 설정]**을 클릭합니다.

[ACG 규칙 설정] 화면에서 위에서 확인했던 **[IP Pool]**을 접근 소스에 입력하고, 필요한 포트들을 등록합니다. 기본이 되는 프로토콜과 포트에는 리눅스 서버 접속용 TCP 22, 윈도우 서버 접속용 TCP 3389, Ping 확인용 ICMP 등이 있습니다.

5 Agent 접속

먼저 SSL VPN 접속을 위한 Agent를 다운로드하여 설치합니다.

▶ **다운로드 : https://guide.ncloud-docs.com/docs/sslvpn-download**

Agent 프로그램, **BIG-IP Edge Client**를 설치하고 실행하면 다음과 같은 화면을 볼 수 있습니다. 서버 선택 창에 앞에서 생성했던 **SSL VPN** 정보에서 확인했던 **[접속 URL]** 주소를 입력하고 **[다음]** 버튼을 클릭합니다.

주소 변경 후에 [연결] 버튼을 클릭하면 로그인 화면이 나타나는데, 앞에서 설정했던 VPN 접속용 아이디와 Password를 입력하고 **[로그온]** 버튼을 클릭합니다. 그리고 도착한 **OTP 인증 번호**를 입력합니다.

SSL VPN에 제대로 연결이 되었는지 확인하기 위해서 cmd 창을 띄워서 **ipconfig** 명령어를 입력하면 다음 화면처럼 SSL VPN 주소로 설정된 어댑터에 [IP Pool]에 해당하는 IP가 할당된 것을 확인할 수 있습니다.

6 서버 접속

이제 SSL VPN이 연결된 상태에서 서버에 접속해 보겠습니다. PuTTY 를 실행하고 접속할 서버의 IP 를 입력합니다. 이때 서버 IP는 콘솔에 있는 서버 정보에서 **비공인 IP**에 표시되는 IP를 입력하면 됩니다.

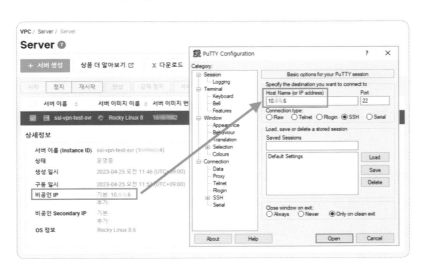

Network error : Connection timed out 오류

SSL VPN이 연결된 상태에서 새로운 서버를 생성하고 접속을 시도하면 **Network error : Connection timed out 오류 메시지**가 표시되면서 서버 접속이 되지 않습니다. 이때는 SSL VPN의 연결을 끊었다가 다시 연결해야 새로 생성한 서버에 접속할 수 있습니다.

7 Agent 기타 설정

SSL VPN Agent에는 몇가지 추가 기능이 있는데 다음에서 확인해 보겠습니다.

트래픽 그래프

Agent 창에서 **[그래프 보기]** 버튼을 클릭합니다. 여기서는 SSL VPN이 연결된 상태의 트래픽을 그래프로 확인할 수 있습니다.

🔩 상세 보기

다음으로 **[상세 보기]** 버튼을 클릭하면 접속 세부 정보, 로그, 통계, 알림, 라우팅 테이블, IP설정 등의 정보를 확인할 수 있습니다.

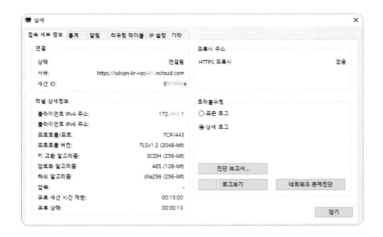

[8] 설정 변경 ----------------------------------⊏⊐

SSL VPN을 선택하고 **[SSL VPN 설정 변경]** 버튼을 클릭합니다. [상품 선택]에서 등록 가능 ID 수를 3~500개 상품 중에서 원하는 개수로 변경할 수 있으며, [인증 로그 수집]을 [설정]으로 선택해 SSN VPN에 접속 인증한 로그를 수집할 수 있습니다.

인증 로그 수집을 활성화 하면 **[Cloud Log Analytics]**에 로그를 전달하여 저장합니다. 아직 해당 상품이 미사용중이라면 Cloud Log Analytics 상품 이용 신청 이후에 사용이 가능합니다. 참고로 다음 그림은 Cloud Log Analytics에서 인증 로그를 확인한 모습입니다.

9 SSN VPN 삭제

삭제를 원할 경우 SSL VPN을 선택하고 상단의 **[삭제]** 버튼을 클릭합니다. 바로 삭제가 되지 않고 다음과 같이 "Route Table에서 Target으로 지정된 Route 정보를 모두 삭제해야 삭제가 가능합니다"라는 메시지가 뜹니다.

[VPC] - **[Route Table]**에서 해당 VPC의 private-table을 선택하고 [Routes 설정] 버튼을 클릭해서 등록된 설정을 확인하고, **[X]** 버튼을 클릭해서 설정을 삭제합니다. Route Table 정보를 삭제한 후에 SSL VPN을 삭제하면 됩니다.

## Chapter 2

Certificate Manager

SSL 인증서 발급을 위한 DCV 인증과 유의 사항

02-1

HTTPS 접속을 위한 SSL 인증서를 발급 받기 위해서는 DCV(Domain Control Validation)를 인 증받아야 하는데, 이때 필요한 인증 방법과 유의 사항을 정리해 보겠습니다. DCV 인증 방법으로는 Email 인증, DNS 인증, http 인증 등의 3가지 방법이 있습니다.

1 Email 인증

Email 인증은 도메인 등록정보에서 확인되는 이메일과, 추가로 5개의 임의로 지정된 메일 주소로 인 증 메일을 발송합니다.

도메인 등록 정보 이메일

도메인 등록 기관에서 도메인 소유자 정보를 노출하지 않는 블라인드 서비스를 이용하고 있을 경우 인증메일을 받을 수 없습니다. Email 인증을 하기 전에 **블라인드 서비스를 해제하고 인증을 요청**해야 합 니다. 네이버 클라우드 플랫폼에서는 WHOIS로 조회하는 도메인 등록 정보 이메일 주소를 통한 이메 일 검증 지원을 중단하였습니다. 대신 다음에서 소개하는 추가 5개 이메일 주소를 통한 도메인 인증 은 계속 가능합니다.

추가 5개의 임의로 지정된 이메일

임의로 지정된 이메일 주소는 **admin, administrator, hostmaster, postmaster, webmaster** 등 5가지이며 추가/수정이 불가능합니다. 5개 메일 주소 중에서 적어도 1개는 유효한 메일 주소이어야 이메일 인증을 문제없이 완료할 수 있습니다.

이메일 인증 시 유의 사항

해외 발신 이메일이 차단되도록 설정되어 있지 않은지, 또는 메일함 용량 부족으로 반송되지 않도록 확인이 필요합니다. 또한 자체 메일 서버일 경우 메일 서버가 장애가 생기지 않도록 확인이 필요하며, 스팸 차단 서비스나 장비에서 차단이 될 수도 있으므로 확인하도록 합니다.

2 DNS 인증

DNS 인증은 다음과 같은 순서로 진행하면 됩니다.

- 인증서 신청 사이트에서 CNAME 처리를 위한 DNS 인증용 Host, Record 값을 확인합니다.
- DNS에 위에서 확인한 값으로 CNAME Record를 등록합니다.
- 인증서 신청 사이트에서 DNS 인증 요청 버튼을 클릭합니다.

```
# 예시
# {Host값}.test.co.kr CNAME {Record Value}
_PVG823NLK4DFSVFSANLK.test.co.kr CNAME 089DFCHKJFDSUIFDSLKJ38NF.ssltest.com
```

DNS 인증 시 유의사항

Host 값 첫번째 문자열이 **_(언더바)**입니다. CNAME 등록시에 빠뜨리지 않도록 주의해야 합니다.

3 http 인증

http인증은 http 인증용 코드를 다운로드 받아 해당 도메인 웹사이트에 등록하는 방법입니다.

- 인증서 신청 사이트에서 http 인증용 코드 파일을 다운로드 받습니다.
- 해당 도메인 사이트에 /.well-known/pki-validation/ 경로를 생성합니다.
- 다운로드 받은 인증 코드 파일을 위 경로에 업로드 합니다.
- 인증서 신청 사이트에서 http 인증 요청 버튼을 클릭합니다.
- 해당 도메인이 test.co.kr 일 경우 인증 코드 파일의 경로는 다음과 같은 형식이어야 합니다.

```
http://test.co.kr/.well-known/pki-validation/[파일명].txt
```

http 인증 시 유의사항

인증 코드 파일은 수정하면 안되며, 인증 코드 파일 포맷은 ANSI 포맷이어야 합니다. 또, SSL 발급 신청 시 도메인에 www. 입력하였더라도, DCV 인증시에는 www를 제외하고 검사가 진행됩니다. 만약 현재 사이트가 www. 로만 접속이 가능한 상태라면, DCV 인증을 위해 임시라도 www. 제외된 접속이 가능하도록 만들어 놓아야 합니다.

로드밸런서를 사용하면서 http 인증할 때 사전 작업

http 인증을 하려고 할 때 로드밸런서를 사용하게 될 경우, 로드밸런서의 도메인을 DNS에서 CNAME 처리를 먼저 진행하고 DNS 전파가 완료된 것을 확인한 후에 http 인증을 요청해야 합니다.

예를 들어 네이버 클라우드 플랫폼에서는 다음과 같이 처리하면 됩니다.

```
# DNS CNAME 처리 예제
www.test.co.kr  CNAME  slb-{생성된 slb 이름}.ncloudslb.com
```

64
02-2

CERTIFICATE MANAGER에
SSL 인증서 등록하기

네이버 클라우드 플랫폼에서는 인증서를 관리할 수 있는 **Certificate Manager** 서비스를 제공하는데, 여기에 SSL 인증서를 등록해두면 로드밸런서(Load Balancer) 등을 생성할 때 인증서 적용을 보다 간단하게 수행할 수 있습니다.

Certificate Manager의 주요 특징은 다음과 같습니다.

- **인증서 등록 및 서비스 연동** : 공인 SSL 인증서를 등록하여 연계 서비스(Load Balancer, CDN+ 등)에 적용 가능
- **인증서 정보 제공** : 등록된 인증서의 다양한 정보를 제공하여 인증서의 효율적 관리 가능
- **인증서 만료 알림** : 등록된 인증서의 만료 예정일 30일 전부터 5일 단위로 알림(SMS/Email) 발송

⚙️ **조회 가능한 인증서 정보**

인증서 이름, 도메인(DN), 추가도메인(SAN), 상태(정상, 만료), 인증 시작일, 인증 종료일, 발급 기관, 일련번호, 퍼블릭키(PK) 정보, 사용 서비스(연동된 서비스 및 인스턴스 번호)

⚙️ **대표적인 인증서 발급 사이트**

여러 인증서 발급 사이트 중에서 대표적인 몇 곳을 정리하면 다음과 같습니다.

- **SecureSign** : https://www.sslcert.co.kr/
- **한국전자인증** : https://cert.crosscert.com/
- **후이즈** : https://hosting.whois.co.kr/new/ssl.php

---

1 인증서 파일 준비

인증서 발급 업체에서 인증서를 발급받으면 업체별로 제공하는 파일을 확인할 수 있습니다. 대표적인 업체들이 제공하는 파일 형태를 4가지 정도의 예시를 통해 확인해 보겠습니다. 각 예시별로 인증서를 등록하는 방법은 뒤쪽에서 따로 설명하겠습니다.

예시 1

예시 1과 같은 형태의 경우 아래 파일들 중에서 네이버 클라우드 플랫폼 Certificate Manager에 등록할 때 필요한 파일은 붉은 색으로 표시한 3가지 파일이니 기억해 두기 바랍니다.

예시 2

예시 2와 같은 형태도 아래 파일들 중에서 네이버 클라우드 플랫폼 Certificate Manager에 등록할때 필요한 파일은 붉은 색으로 표시한 3가지 파일이니 기억해 두기 바랍니다.

📟 예시 3

예시 3과 같은 형태는 아래 파일들 중에서 네이버 클라우드 플랫폼 Certificate Manager에 등록할때 필요한 파일은 붉은 색으로 표시한 4가지 파일이니 기억해 두기 바랍니다.

📟 예시 4

예시 4과 같은 형태는 아래 파일들 중에서 네이버 클라우드 플랫폼 Certificate Manager에 등록할때 필요한 파일 은 붉은 색으로 표시한 5가지 파일이니 기억해 두기 바랍니다. 예시 4와 유사한 형태의 경우는 특히 CA 파일들과 Root CA 파일들이 모두 분리되어 제공되는 경우입니다.

2 이용 신청

인증서 파일을 준비했으므로 인증서를 Certificate Manager에 등록할 차례인데, Certificate Manager 를 이용하려면 먼저 서비스 이용 신청을 해야 합니다. **[Certificate Manager] - [Subscription]**에서 **[이용 신청]** 버튼을 클릭합니다.

신청이 끝났으면 **[Certificate Manager] - [Certificate List]**에서 **[외부 인증서 등록]** 버튼을 클릭합니다. 인증서를 등록할 때는 다음과 같이 3가지 항목을 입력해야 하는데, 각각의 항목에는 앞에서 확인했던 3개의 인증서 파일의 내용을 복사해서 붙여넣기하면 됩니다.

다음과 같이 각각의 파일의 내용을 **텍스트 편집기로 열어서** 전체 내용을 각 항목에 입력하면 되는데, 위에서 살펴본 인증서 예시별로 확인해 보겠습니다.

예시 1

- **Private Key** : [인증서 파일명].**key.pem**, 인증서에 대한 Private Key

- **Certificate Body** : [인증서 파일명].**crt.pem**, 도메인에 대한 인증서

- **Certificate Chain** : ca-chain-bundle.pem, CA와 Root CA 인증서를 합쳐 놓은 파일

 05 · SECURITY

예시 2

- **Private Key** : [인증서 파일명].key, 인증서에 대한 Private Key
- **Certificate Body** : [인증서 파일명].crt, 도메인에 대한 인증서
- **Certificate Chain** : chainca.crt (또는 chain.pem), CA와 Root CA 인증서를 합쳐 놓은 파일

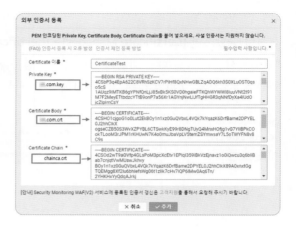

예시 3

- **Private Key** : [인증서 파일명]_key1.pem, 인증서에 대한 Private Key
- **Certificate Body** : [인증서 파일명].crt, 도메인에 대한 인증서
- **Certificate Chain** : (상위)chain.cer + (최상위)chain1.cer, CA와 Root CA 인증서 파일

⚙ 예시 3과 같은 형태의 인증서 파일

(상위)chain.cer = CA이며, **(최상위)chain1.cer = Root CA 파일**입니다. 두 개의 파일을 텍스트 편집기로 열어서 각각의 파일 내용을 복사해서 Certificate Chain 항목에 두 파일의 내용을 모두 붙여넣기 하면 됩니다. 주의할 점은, 두 파일의 내용 사이 또는 마지막에 줄바꿈 문자 즉, **Enter 키는 1번까지만** 가능하며 **2번 이상 들어가면 오류 메시지가 표시**됩니다.

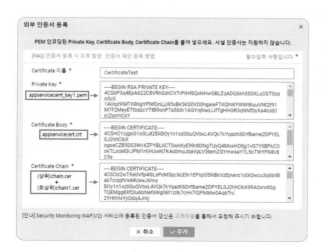

⚡ 예시 4

- **Private Key** : [인증서 파일명]_key.pem, 인증서에 대한 Private Key
- **Certificate Body** : [인증서 파일명].crt.pem, 도메인에 대한 인증서
- **Certificate Chain** : chain1.crt.pem + chain2.crt.pem + root chain.crt.pem, CA와 Root CA 인증서 파일들

> ⚙️ **예시 4와 같은 형태의 인증서 파일**
>
> chain1.crt.pem, chain2.crt.pem처럼 **2개 이상의 CA 파일이 제공**되며, **root chain.crt.pem = Root CA 파일**입니다. 제공되는 Chain 3개 또는 그 이상 개수의 파일을 텍스트 편집기로 열어서 각각의 파일 내용을 복사해 Certificate Chain 항목에 내용을 모두 붙여넣기 하면 됩니다. 주의할 점은 각각의 파일의 내용 사이 또는 마지막에 줄바꿈 문자 즉, **Enter 키는 1번까지만** 가능하며 2번 이상 들어가면 오류 메시지가 표시됩니다.

> ⚙️ **파일 등록 시 주의 사항**
>
> 인증서 파일은 -----BEGIN RSA PRIVATE KEY-----중간 생략-----END RSA PRIVATE KEY----- 또는 -----BEGIN CERTIFICATE-----중간 생략-----END CERTIFICATE-----와 같은 형식으로 구성되어 있는데, 인증서를 등록할 때는 인증서 파일을 수정하지 말고 파일의 처음부터 끝까지 모두 복사해서 등록해야 합니다.

 등록 완료

인증서가 문제 없이 등록되면 다음과 같이 상태가 **[정상]**으로 표시되고, 인증서의 각종 정보를 확인할 수 있습니다.

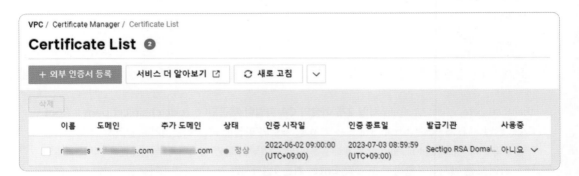

CERTIFICATE MANAGER
무료 인증서 발급 가이드

65
02-3

네이버 클라우드 플랫폼 Certificate Manager에서 발급 가능한 SSL 인증서는 Cloud Basic(무료)와 Advanced(유료), 두 가지가 있습니다. Advanced(유료)는 네이버 클라우드 플랫폼 내부와 외부 모두 사용 가능하며 인증서 다운로드 기능도 제공됩니다. 반면 Cloud Basic(무료)은 네이버 클라우드 플랫폼 내부에서만 사용이 가능하며 Load Balancer, Globar Edge와 연동해서 사용할 수 있습니다. 여기서는 **무료 인증서인 [Cloud Basic] 인증서를 발급**하는 방법을 정리해 보겠습니다.

⚙️ **Cloud Basic 무료 인증서 특징**

RSA 2048 bit 알고리즘을 사용하며 유효기간은 395일(1년+30일)입니다. 인증서당 도메인 개수는 10개, 발급 가능한 인증서 개수는 최대 25개입니다. 사용 가능한 도메인 이름으로는 FQDN(*Example* → www.example.com), Apex 도메인(*Example* → example.com), 와일드카드 도메인(*Example* → *.example.com) 등이 있습니다. 네이버 클라우드 플랫폼 서비스인 Load Balancer, Globar Edge와 연동해서 사용할 수 있지만, 네이버 클라우드 플랫폼 내부에서만 사용 가능하며 인증서 다운로드, Security monitoring-WAF 적용 및 외부 사용은 불가합니다.

---

1 Certificate Manager 위치

Certificate Manager는 [Security] 카테고리에 있는데, 다음과 같이 검색을 이용하면 좀 더 편하게 이동할 수 있습니다.

- 콘솔 접속 → **[Sevices]** → **[Certificate Manager 검색]** → **[Certificate Manager]** 클릭

2 인증서 발급

[Certificate Manager] - [Certificate List]에서 [인증서 발급] 버튼을 클릭합니다. 여기서는 무료인 [Cloud Basic]을 선택하고 [발급 시작] 버튼을 클릭합니다.

도메인 입력

일반적으로 SSL 인증서는 [단일 도메인 인증서], [멀티 도메인 인증서], [와일드 카드 인증서]가 있는데 여기서는 **[와일드 카드 인증서]**로 발급 받아 보겠습니다. 처음 도메인 입력 화면에 접속하면 다음과 같은 모습인데, 실제 도메인 이름 등을 입력하는 화면은 아래쪽에서 확인해 보겠습니다.

- **Certificate 이름** : 발급받을 인증서의 이름을 구분이 가능하도록 편하게 입력합니다.

- **도메인 이름** : 인증서 발급이 필요한 도메인 이름을 와일드카드(*.example.com) 형태로 입력합니다.

- **추가 도메인 이름 1** : Apex 도메인도 적용하기 위해 example.com 도메인도 추가 도메인으로 등록합니다.

도메인 입력 시에 Apex 도메인 (example.com)을 추가 도메인으로 입력하지 않으면 example.com 주소로는 인증이 되지 않으니 잊지 말고 반드시 추가 등록을 해야 합니다.

검증 방식

도메인 소유권 검증에는 2가지가 있는데, 여기서는 **[DNS 검증]** 방식을 선택하고 다음 단계로 이동하겠습니다.

도메인 검증 방식은 한번 선택하면 변경할 수 없으므로 한번 더 안내 팝업이 나타납니다.

검토 및 요청

인증서 발급 예정 내역을 한번 더 검토하고 이상이 없다면 **[다음]** 버튼을 클릭해서 신청을 완료합니다.

검증 대기 상태

발급 신청을 완료하면 다음과 같이 인증서가 도메인 검증 대기 상태인 것을 확인할 수 있습니다.

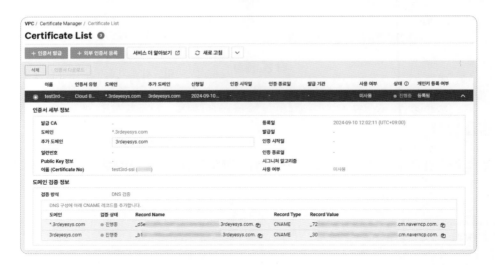

DNS 등록

앞에서 확인한 도메인 검증 정보 즉, Record Name(=Host), Record Type, Record Value(=Data) 값을 사용하고 있는 DNS에 등록하면 자동으로 검증을 진행합니다.

검증 후 발급 완료

도메인 검증이 끝나면 다음과 같이 인증서가 정상적으로 발급된 것을 확인할 수 있습니다.

3 인증서 사용

인증서 발급이 끝나면 다음과 같이 [Load Balancer]와 [Global Edge]에서 발급된 인증서를 선택하여 사용할 수 있습니다.

▲ Load Balancer

▲ Global Edge

## Chapter 3

Secret Manager

66
03-1

SECRET MANAGER 기본 사용 가이드

웹사이트나 게임 등에서 서비스가 동작할 때 각종 비밀번호, 데이터베이스 연결 정보, 인증서 키, 암호화 복호화 키 등을 사용하는 경우가 많습니다. 하지만, 이런 중요한 키 등을 소스코드에 포함시켜 하드 코딩하는 방식은 보안적인 측면에서 절대로 해서는 안되는 방식입니다만, 그렇다고 어디에 따로 보관해서 사용하는 것도 마땅치 않은 것이 사실입니다.

네이버 클라우드 플랫폼의 **Secret Manager** 서비스는 이런 비밀번호나 인증키 같은 중요한 정보를 안전하게 저장하고 필요할 때 가져다 쓸 수 있도록 해주는 서비스입니다. 여기서는 [Secret Manager] 에 데이터베이스 연결 정보를 저장하고, PHP에서 API로 해당 정보를 호출하는 기본 기능을 정리해 보겠습니다.

 Secret Manager 위치 --------------------------------

[Secret Manager] 서비스의 위치는 **[Security] - [Secret Manager]**에 있습니다.

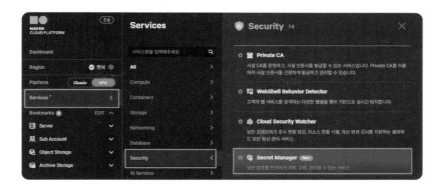

2 Secret 생성 --

Secret Manager에서 **[Secret 생성]** 버튼을 클릭하고 기본 정보를 입력합니다. Secret의 이름을 입력하고, [보호 키]의 경우 기본으로 제공하는 **[Default Key]**를 선택합니다.

3 교체 설정 --

[Secret Manager] 서비스에서는 저장된 값을 주기적으로 교체 적용시킬 수도 있는데, 여기서는 자동 교체 없이 다음 단계로 넘어가겠습니다.

Secret 값 입력

[Secret Manager] 서비스를 활용하기 가장 좋은 정보가 바로 **[Database 연결정보]**입니다. 그래서 여기서는 데이터베이스 연결정보를 샘플로 만들어서 입력해 보았습니다.

다음과 같이 **[Key]**, **[Value]**를 각각 입력합니다. 이번에는 [자동 교체] 기능을 사용하지는 않지만, 시스템 구조상 교체 대상을 최소 1개는 반드시 선택해야 하므로 아무거나 선택하고 다음 단계로 넘어가겠습니다.

5 최종 확인

입력한 Secret 값들을 마지막으로 확인하고 이상이 없으면 **[Secret 생성]** 버튼을 클릭해서 생성 완료를 합니다.

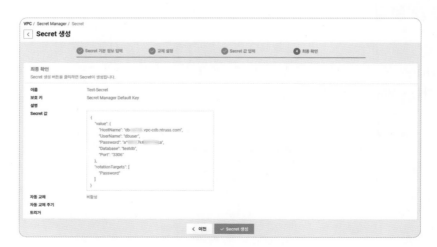

6 Secret ID 확인

Secret이 생성되면 다음과 같은 화면을 볼 수 있으며, 그 중에서 **[Secret ID]**는 Secret 값을 얻기 위해 API를 호출할 때 사용하게 됩니다.

7 Secret 값 호출

API 호출

다음에 제시되는 코드는 API로 [Secret Manager]에 접근해서 설정된 Secret 값을 가져오는 방법에 대한 전체 코드인데, PHP로 구성되어 있습니다. 코드 상단에서 설정해야 하는 [API Access Key]와 [API Secret Key]를 생성하는 방법과 접근 제한 설정 등은 **<622쪽, 481쪽>**을 참고합니다.

전체 코드

```
<?php
    $unixtimestamp =  round(microtime(true) * 1000);
    $ncloud_api_accesskey = {Ncloud API AccessKey};
    $ncloud_api_secretkey = {Ncloud API SecretKey};
    $ncloud_secret_id = {Ncloud Secret Manager Secret ID};
    $apicall_method = "GET";
```

05 · SECURITY

```php
        $api_server = "https://secretmanager.apigw.ntruss.com";
        $api_url = "/api/v1/secrets/".$ncloud_secret_id."/values";

        $msg_signature = "";
        $space = " ";
        $new_line = "\n";
        $message =
                $apicall_method
                .$space
                .$api_url
                .$new_line
                .$unixtimestamp
                .$new_line
                .$ncloud_api_accesskey;
        $msg_signature = base64_encode(hash_hmac('sha256', $message, $ncloud_api_
secretkey, true));

        $http_header = array();
        $http_header[0] = "x-ncp-apigw-timestamp:".$unixtimestamp."";
        $http_header[1] = "x-ncp-iam-access-key:".$ncloud_api_accesskey."";
        $http_header[2] = "x-ncp-apigw-signature-v2:".$msg_signature."";

        $ch = curl_init();
        curl_setopt($ch, CURLOPT_URL, $api_server.$api_url);
        curl_setopt($ch, CURLOPT_SSL_VERIFYPEER, FALSE);
        curl_setopt($ch, CURLOPT_RETURNTRANSFER, TRUE);
        curl_setopt($ch, CURLOPT_HTTPHEADER, $http_header);
        $json_response = curl_exec($ch);
        curl_close($ch);

        $rows_response = json_decode($json_response, JSON_OBJECT_AS_ARRAY);

        var_dump($rows_response);
?>
```

⟠ Secret 값 확인

API로 호출한 값을 출력해보면 다음과 같이 처음에 콘솔에서 입력했던 값이 정상적으로 반환되는 것을 알 수 있습니다.

[8] Secret 값 편집 ---------------------------

설정했던 [Secret 값]을 수정, 편집하려면 **[Secret 값]** 탭에 들어가서 **[Secret 값 보기]** 버튼을 클릭한 후에 해당 값을 마우스 클릭 또는 우클릭해서 수정하면 됩니다.

MANAGEMENT

06

## Chapter 1

Sub Account

67
01-1

SUB ACCOUNT(서브 계정) 생성하기

Sub Account(서브 계정)는 네이버 클라우드 플랫폼의 서비스 자원을 여러 사용자가 동시에 이용, 관리해야 할 때 필요한 만큼만 권한을 부여해서 사용할 수 있게 해주는 서비스입니다. Sub Account를 사용하면 사내 담당부서나 담당자별로 지정된 자원에만 접근하도록 하거나, 협력사에게 일부 접근 권한을 부여할 필요가 있을 때 효과적입니다. 네이버 클라우드 플랫폼의 Sub Account는 다음과 같은 특징이 있습니다.

- 별도의 로그인 페이지를 이용하여 접속
- 대시보드에서 서브 계정 수, 그룹 수, 정책 수, 접속 페이지 설정을 확인할 수 있음
- 그룹, 정책, 역할을 생성해 상세한 권한 설정을 할 수 있음
- Access Key를 별도로 생성해서 사용할 수 있음

⚙ 주요 정책별 권한 예시

- **NCP_ADMINISTRATOR 정책** : 메인 계정과 동일하게 네이버 클라우드 플랫폼 내 포털, 콘솔을 접근할 수 있습니다
- **NCP_INFRA_MANAGER 정책** : 메인 계정과 동일하게 콘솔 내 모든 상품/서비스에 접근할 수 있습니다.
- **NCP_상품/서비스명_MANAGER/VIEWER 정책** : 해당 상품/서비스에 접근할 수 있습니다.
- **NCP_FINANCE_MANAGER 정책** : 포털 마이 페이지 내 "서비스 이용내역/현황, 프로모션 내역, 청구 내역 추세" 메뉴에 접근할 수 있습니다.

---

1 Sub Account 서비스

[Sub Account] 서비스는 **[콘솔]** – **[Services]** – **[Management & Governance]** – **[Sub Account]**에 위치하고 있습니다. **[콘솔]** – **[Services]**에서 **[검색]** 기능을 이용하면 좀더 쉽게 찾을 수 있습니다.

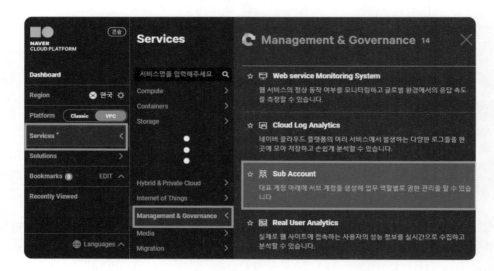

2 서브 계정 생성

[Sub Account] – **[Sub Accounts]**에서 **[서브 계정 생성]** 버튼을 클릭합니다.

[서브 계정 생성] 화면에서는 로그인 아이디, 사용자명, 이메일 주소를 우선 입력합니다.

다음으로 접근 유형으로 [콘솔 접근]과 [API Gateway 접근]을 모두 허용할 것인지, 하나만 허용할 것인지 선택하고, 콘솔 접근의 경우에 지정한 IP 대역에서만 접근하게 할 것인지, 모두 허용할 것인지도 선택합니다. 또한 휴대폰 문자인증 또는 이메일 인증 등의 2차 인증을 적용할 것인지도 선택합니다.

비밀번호 설정

로그인 비밀번호는 [자동 생성] 또는 [직접 입력] 중에서 선택할 수 있으며, 해당 서브 계정으로 로그인 시에 비밀번호를 변경하도록 할 것인지 선택할 수 있습니다.

▶ **자동 생성**
자동 생성된 비밀번호는 이 화면에서만 확인
가능하므로 반드시 별도 저장해야 합니다.

▶ **직접 입력**
직접 입력하는 비밀번호는 영문자, 숫자, 특
수 문자를 조합하여 8자~16자 이내로 입력하
면 됩니다.

Sub Account(서브 계정) 생성하기

생성된 서브 계정을 클릭하면 [서브 계정 세부 정보] 화면으로 이동합니다. 정책, 그룹, Access Key 등을 추가하고 관리할 수 있는데, 우선 아래쪽에 있는 [정책] 탭에서 **[개별 권한 추가]** 버튼을 클릭합니다.

정책 추가 화면에는 네이버 클라우드 플랫폼에서 기본으로 제공하는 [관리형 정책]과 사용자가 직접 정의하는 [사용자 정의 정책]이 있습니다. **[관리형 정책]**에서 필요한 정책을 선택하고 **[추가]** 버튼을 클릭하면 됩니다.

여기서는 네이버 클라우드 플랫폼 내 모든 상품을 이용할 수 있는 권한인 **[NCP_INFRA_MANAGER]**를 선택하여 추가했고, 다음과 같이 추가된 것을 확인할 수 있습니다.

4 접속 환경 설정

네이버 클라우드 플랫폼 서브 계정은 별도의 로그인 페이지가 존재하는데, **[Sub Account] – [Dashboard]**에서 서브 계정으로 접속하기 위한 페이지 주소를 입력할 수 있습니다.

우선 **[서브 계정 로그인 페이지 접속 접속키]**를 입력합니다. 입력한 접속키를 바탕으로 로그인 페이지 URL이 결정됩니다.

서브 계정 로그인 주소를 복사할 수 있습니다.

06 · MANAGEMENT

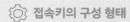

접속키의 구성 형태

접속키는 영어 소문자와 숫자를 이용해서 3~10자로 구성해야 합니다. 추천되는 접속키의 형태는 다음과 같습니다.

- 회사명 + α → mycompany, samplecomsub

- 서비스명 + α → mygame, testservicesub

- 회사명 + 서비스명 + α → mycompanygame, mycomsamplegamesub

다음으로 **[유휴 세션 만료 시간 설정]**에서 **[설정]** 버튼을 클릭하면 로그인된 서브 계정이 아무 활동없이 미사용일 경우 지정한 시간 기준으로 자동 로그아웃이 되도록 설정할 수 있습니다.

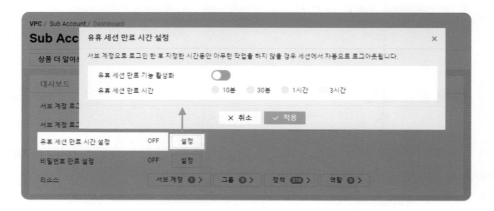

[비밀번호 만료 설정]에서 **[설정]** 버튼을 클릭해서 비밀번호 만료를 활성화할 경우 지정된 만료일을 초과했을 때 비밀번호를 변경해야만 접속할 수 있습니다. 활성화 하지 않았을 경우에는 90일이 지난 후에 비밀번호 변경 안내 팝업만 나타납니다.

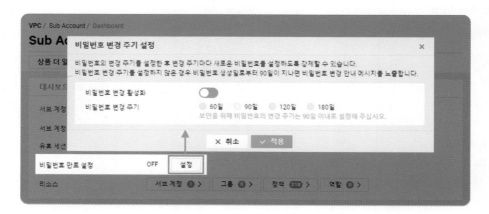

 접속 - 로그인

앞에서 설정한 접속 페이지 **https://www.ncloud.com/nsa/********에 접속하면 다음과 같이 서브 계정 로그인 화면을 확인할 수 있습니다.

 API Key 설정

서브 계정에서 API Access Key를 사용해야 할 경우 먼저 API Gateway 접근 권한을 부여하고, 서브 계정 상세 화면 [Access Key] 탭에서 [추가] 버튼을 클릭해 생성할 수 있습니다.

API Gateway 접근 권한 설정

서브 계정 리스트에서 해당 계정을 클릭해서 **[서브 계정 세부 정보]** 화면으로 이동한 다음 **[수정]** 버튼을 클릭합니다.

06 · MANAGEMENT

[서브 계정 정보] 수정 화면에서 [접근 권한]에 있는 **[API Gateway 접근]**을 체크합니다. 그리고, 되도록이면 **[지정된 Source에서만 접근 가능]** 옵션을 선택하여 지정된 IP 등을 추가할 것을 권장합니다.

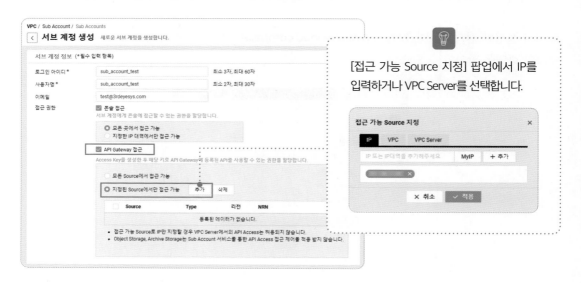

API Access Key 추가

앞에서 [API Gateway 접근] 권한을 추가하면 [서브 계정 세부 정보] 화면에 다음과 같이 **[Access Key]** 탭이 나타나고 **[추가]** 버튼을 클릭하면 **[Access Key]**와 **[Secret Key]**를 생성할 수 있습니다.

7 계정 그룹 설정 ----------------------------

여러 개의 서브 계정을 묶어서 하나의 그룹으로 구성하면 해당 그룹의 서브 계정에 동일한 정책을 동시에 적용할 수 있습니다.

8 사용자 정의 정책 생성 ----------------------------

서브 계정 정책에는 네이버 클라우드 플랫폼에서 기본으로 제공하는 [관리형 정책] 외에도 사용자가 직접 설정하는 [사용자 정의 정책]도 사용할 수 있습니다. **[Sub Account] – [Policies]**에서 **[정책 생성]** 버튼을 클릭합니다.

VPC 환경에서 정책 생성

정책 이름을 입력하고, VPC를 선택 후, 어떤 서비스 상품에 적용할 것인지 선택합니다.

다음으로 액션명 항목에서는 [보기 권한] 또는 [변경 권한]을 선택하면 아래쪽에 리소스별로 상세 권한을 설정할 수 있는 화면이 나타납니다. 모든 설정을 마치고, 아래쪽 **[적용 대상 추가]** 버튼을 클릭하면 됩니다.

Classic 환경에서 정책 생성

Classic 환경에서는 리소스별 상세 권한은 설정할 수 없고, [보기 권한] 또는 [변경 권한]을 선택한 후에 [적용대상 추가] 버튼을 클릭하면 선택한 서비스 상품에 대해 **모든 리전, 모든 리소스에 선택한 권한이 지정**됩니다.

68 API KEY 접근 제한 설정하기
01-2

네이버 클라우드 플랫폼을 이용하다보면 여러 가지 정보를 조회하거나 서버를 생성하는 등의 작업을 위해 API를 활용하게 되는 경우가 많습니다. 그런데 이때 사용하는 API Key를 접근 제한 없이 사용하게 되면 외부에 유출되거나 했을 때 심각한 보안 문제를 일으키게 되므로 **사전에 API Key에 대한 권한을 설정하거나 접근 제한을 설정해서 사용하는 것이 권장**됩니다.

여기서는 API Key를 최소 권한으로 생성하고, 접근 경로를 제한 하는 등의 방법들을 정리해 보겠습니다.

1 서브 계정 생성

API Key 보안과 관련해서 가장 중요한 원칙은 메인 계정이 아닌 최소 권한을 가진 서브 계정(Sub Account)에서 API Key를 생성하는 것입니다. 서브 계정을 생성하는 방법은 **<475쪽>**에서도 이미 살펴 보았던 내용입니다.

> ⚙ **서브 계정에서 API key를 생성하는 이유**
>
> 메인 계정은 최대 권한을 가지기 때문에 메인 계정으로 생성한 API도 메인 계정과 동일한 최대 권한을 가지게 됩니다. 그러므로 메인 계정으로 API Key를 생성하게 되면 이 Key가 유출되었을 때 심각한 문제가 생기기 때문에 반드시 서브 계정에서 API Key를 생성해야 합니다.

테스트를 위해 다음과 같이 서브 계정을 준비하고, 계정을 클릭해서 [서브 계정 세부 정보] 화면으로 이동합니다.

2 **계정 권한 설정** --

서브 계정의 권한은 **최소로 설정**해야 합니다. 예를 들어 Object Storage만 접근하는지, VPC Server 관련된 기능만 사용할 것인지, VPC Server 관련된 기능 중에서도 조회 기능만 사용할 것인지, Server 생성 등을 포함한 모든 기능을 사용할 것인지 등의 사용에 필요한 권한을 모두 정리해서 최소한의 권한으로 설정하는 것이 안전합니다.

우선, [서브 계정 세부 정보] 화면에서 아래쪽의 **[정책]** 탭에 있는 **[개별 권한 추가]** 버튼을 클릭 합니다.

[정책 추가] 화면에는 네이버 클라우드 플랫폼에서 기본으로 제공하는 [관리형 정책]과 사용자가 직접 정의하는 [사용자 정의 정책]이 있습니다. 여기서는 우선 **[관리형 정책]**에서 필요한 정책을 찾아서 추가해 보겠습니다.

정책이 워낙 많기 때문에 가능하면 위쪽의 검색 기능을 이용해서 정책을 찾는 것을 추천합니다. 여기서는 테스트를 위해 **Function**으로 검색해서 **[NCP_VPC_CLOUD_FUNCTIONS_MANAGER (VPC 기반 Cloud Functions 서비스 내 모든 기능을 이용할 수 있는 권한)]**을 선택합니다.

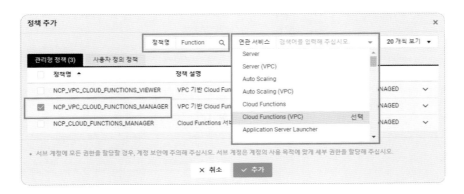

원하는 정책을 검색해 선택하였다면 아래쪽에 있는 **[추가]** 단추를 클릭합니다. 다음은 정책이 추가된 [서브 계정 세부 정보] 창의 모습입니다.

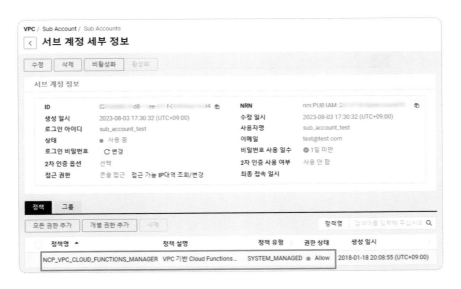

③ API Gateway 접근 권한 설정

[서브 계정 세부 정보] 화면에서 **[수정]** 버튼을 클릭합니다. [서브 계정 정보] 수정 화면에서 [접근 권한]에 있는 **[API Gateway 접근]**을 체크합니다. 그리고, 되도록이면 **[지정된 Source에서만 접근 가능]** 옵션을 선택하고 **지정된 IP 등을 추가**하는 것을 권장합니다.

06 · MANAGEMENT

[추가] 버튼을 클릭하면 다음과 같이 [접근 가능 Source 지정] 팝업이 나타나는 데, [IP]를 입력하거나 [VPC] 또는 [VPC Server]를 선택하면 됩니다.

접근 가능 Source로 VPC Server 지정하기

VPC Server의 경우 IP 주소로는 접근할 수 없으며, 다음과 같이 VPC Server 리스트에서 직접 선택해야 접근 가능합니다. 그러므로 다른 계정의 VPC Server는 접근 가능 리소스에 추가할 수가 없습니다.

⊨ API Access Key 추가

앞에서 [API Gateway 접근] 권한을 추가하면 계정 정보 화면에 다음과 같이 **[Access Key]** 탭이 나타나고 **[추가]** 버튼을 클릭하면 **[Access Key]**와 **[Secret Key]**를 생성할 수 있습니다.

4 접근 제한 테스트 ⊶⊷⊶⊷⊶⊷⊶⊷⊶⊷⊶⊷⊶⊷⊶⊷⊏

앞에서 설정했던 접근 제한 설정이 제대로 작동하는지 테스트해 보겠습니다.

⊨ IP 제한

앞에서 설정한 [접근 가능 Source 지정] 항목에 IP를 설정하지 않거나, 지정되지 않은 IP에서 접근할 경우 다음과 같은 오류 메시지가 반환됩니다.

▶ **호출 API : getProductList**

```
<Message>
  <error>
     <errorCode>230</errorCode>
     <message>Forbidden</message>
     <details>IP not allowed for authentication.</details>
  </error>
</Message>
```

06 · MANAGEMENT

계정 권한 제한

계정에 올바른 권한이 설정되지 않았을 경우 다음과 같은 오류 메시지가 반환됩니다.

▶ 호출 API : createServerInstances

```
<responseError>
    <returnCode>802</returnCode>
    <returnMessage>You do not have authority about action : [VPCServer:Change/
createServerInstance].</returnMessage>
</responseError>
```

▶ 호출 API : getDemandCostList

```
<responseError>
    <returnCode>2210</returnCode>
    <returnMessage>You do not have authority about action : [NCP_FINANCE_
MANAGER].</returnMessage>
</responseError>
```

5 주요 API 최소 권한

API	설명	Classic/VPC	최소 권한
getProductList	상품 리스트 조회	공통	없음
getDemandCostList	청구 비용 리스트 조회	공통	NCP_FINANCE_MANAGER
getServerInstanceList	서버 인스턴스(VM) 리스트 조회	VPC	NCP_VPC_SERVER_VIEWER
		Classic	NCP_SERVER_OBSERVER
createServerInstances	서버 인스턴스(VM) 생성	VPC	NCP_VPC_SERVER_MANAGER
		Classic	NCP_SERVER_MANAGER

Get Action List	CloudFunction 액션 리스트 조회	VPC	NCP_VPC_CLOUD_FUNCTIONS_VIEWER
		Classic	NCP_CLOUD_FUNCTIONS_MANAGER
Post Action	CloudFunction 액션 실행	VPC	NCP_VPC_CLOUD_FUNCT IONS_MANAGER
		Classic	NCP_CLOUD_FUNCTIONS_MANAGER
ListBuckets	ObjectStorage 버킷 리스트 조회	공통	NCP_OBJECT_STORAGE_VIEWER
createAutoScalingGroup	Auto Scaling Group 생성	VPC	NCP_VPC_AUTOSCALING_MANAGER
SMS API	Simple & Easy Notification Service 내 SMS 발신번호 등록 기능을 제외한 모든 기능	공통	NCP_SENS_MANAGER
geoLocation	지정한 IP의 위치 정보 조회	공통	NCP_GEOLOCATION_MANAGER

69
01-3
STS 기간 제한 임시 API ACCESSKEY 발급하기

클라우드 환경에서 서비스를 하다 보면 회사 내부의 다른 팀이나 외부 고객사에 서버나 오브젝트 스토리지 등 특정 서비스에 접근할 수 있는 API를 제공해야 하는 경우가 생길 수 있습니다.

그런데 네이버 클라우드 플랫폼에서 제공되는 기본 API Access Key는 기간 제한이 없는 Access Key이기 때문에 외부에 제공하게 되면 보안측면에서 위험한 상황이 생길 수 있습니다. 이때 STS를 이용하면 **Access Key를 제한된 기간 동안 일회성으로 제공하거나 유효 기간이 매우 짧은 Access Key를 반복적으로 제공**하여 훨씬 안전한 서비스를 유지할 수 있습니다.

1 STS란 --

STS (Secure Token Service) 는 Sub Account에 연관되어 제공되는 서비스로, 네이버 클라우드 플랫폼 내 리소스에 대한 액세스를 제어할 수 있는 **기간 제한이 있는 임시 Access Key** 를 생성 하는 서비스입니다. 임시 Access Key는 기간 제한이 없는 서브 계정의 Access Key와 달리, 제한된 기간 동안만 유효하며 MFA 등 추가 인증 수단을 적용할 수도 있습니다. 다른 클라우드 서비스에서는 Security Token Service(STS), 임시 보안 자격 증명, Security Token, API One Day Token 등으로 찾아볼 수 있습니다.

STS 임시 Access Key의 특징은 다음과 같습니다.

- 임시 Access Key는 서브 계정만 생성할 수 있습니다.

- 임시 Access Key는 만료 기한이 존재하며, 만료된 후에는 해당 Access Key는 다시 사용할 수 없습니다.

- Access Key는 몇 분에서 몇 시간까지 지속되도록 생성할 수 있습니다.

- Access Key가 만료된 후 네이버 클라우드 플랫폼은 더이상 Access Key를 인식하지 못하거나 해당 Access Key를 사용한 API 요청으로부터 이루어지는 어떤 종류의 액세스도 허용하지 않습니다.

- 임시 Access Key를 생성할 때, MFA 인증을 포함할 수 있습니다. 네이버 클라우드 플랫폼은 MFA 수단으로 OTP 인증을 제공합니다.

- 임시 Access Key는 STS API를 호출해서 생성합니다.

2 Sub Account 생성

STS로 생성하는 임시 Access Key의 권한은 Sub Account의 권한을 그대로 상속받기 때문에 해당 Access Key를 발급하기 위한 전용 Sub Account를 생성해야 합니다. Sub Account(서브 계정) 생성 방법은 **<475쪽>**을 참고합니다.

3 사용자 정의 정책 생성

Sub Account에 적용할 정책은 기본으로 제공되는 [관리형 정책]이 아니라 STS 생성만 허가하기 위한 **[사용자 정의 정책]**으로 생성합니다. **[Sub Account] – [Policies]**에서 **[사용자 정의 정책]** 탭을 선택하고 **[정책 생성]** 버튼을 클릭합니다.

🖧 정책 정보 설정

정책 이름과 설명을 입력합니다.

06 · MANAGEMENT

적용 대상 설정

STS는 VPC, Classic 관계없이 적용되므로 플랫폼 항목은 그대로 두고, 나머지 항목은 다음과 같이 설정한 다음 **[적용 대상 추가]** 버튼을 클릭합니다.

- Product : **Sub Account** 선택
- Actions : View 항목에서 [STS] 탭 선택하고 **[getStsSessionToken]**을 선택

적용 대상 목록

선택한 내용을 마지막으로 확인하고 이상이 없으면 **[생성]** 버튼을 클릭합니다.

생성된 정책 확인

정책이 생성되면 **[사용자 정의 정책]** 탭에 다음과 같이 추가한 정책이 표시됩니다.

Sub Account에 정책 적용

[Sub Account] - [Sub Accounts]에서 해당 Sub Account를 선택하고 [정책] 탭에서 [추가] 버튼을 클릭합니다. 정책 추가 팝업에서 앞에서 만들었던 정책을 선택하고 [추가] 버튼을 클릭합니다.

🖳 적용된 정책 확인

[서브 계정 상세] 화면의 [정책] 탭에서 추가된 정책을 확인할 수 있습니다.

여기서는 우선 기간 제한이 없는 Access Key를 발급하고, 이 Access Key를 이용해서 나중에 기간 제한이 있는 임시 Access Key를 발급하겠습니다. **[Sub Account] - [Sub Accounts]**에서 해당 Sub Account를 선택하고 **[Access Key]** 탭에서 **[추가]** 버튼을 클릭하여 새로운 Access Key를 추가합니다.

Access Key 확인

[Access Key] 탭에서 추가된 **Access Key**와 **Secret Key**를 확인할 수 있습니다.

6 기간 제한 임시 Access Key 발급

임시 Access Key를 발급받기 위해서는 **STS API**를 호출해야 합니다. STS API를 이용해 기간 제한이 있는 임시 Access Key를 발급받으면 다음과 같은 정보를 얻을 수 있습니다.

STS 기간 제한 임시 AccessKey 발급

Access Key	s_165▮▮▮▮▮6553367▮▮▮▮ff9ff
Secret Key	07▮▮▮▮c72e7▮▮▮▮6615ef123▮▮▮03061
Create Time	2022-06-03T06:50:20Z
Expire Time	2022-06-03T07:05:20Z
Use MFA	False

임시 Access Key 발급 PHP 샘플 예제

```php
<?php
  $unixtimestamp =  round(microtime(true) * 1000);

  // 기간 제한 없는 API Key 설정
  $ncloud_sub_account_accesskey = "{기간 제한 없는 Sub Account API Access Key}";
  $ncloud_sub_account_secretkey = "{기간 제한 없는 Sub Account API Secret Key}";

  // STS API 호출 서버와 URL
  $apicall_method = "POST";
  $api_server = "https://sts.apigw.ntruss.com";
  $api_url = "/api/v1/credentials";

  $msg_signature = "";

  // STS 생성을 위한 Request 파라미터
  $array_postvars = Array (
     "durationSec" => 900
  );
  $postvars = json_encode($array_postvars);

  $space = " ";
```

> 앞에서 확인한 기간 제한 없는 Access Key와 secret Key를 입력합니다.

> STS API 서버와 URL입니다. API 호출 방식은 POST 방식입니다.

> Request 파라미터는 만료 시간 (Access 지속 시간)을 나타내는 durationSec 이외에 serialNumber, tokenCode 등이 있습니다.

```php
    $new_line = "\n";
    $message =
      $apicall_method
      .$space
      .$api_url
      .$new_line
      .$unixtimestamp
      .$new_line
      .$ncloud_sub_account_accesskey;
    $msg_signature = base64_encode(hash_hmac('sha256', $message, $ncloud_sub_
account_secretkey, true));

    // API Header 설정
    $http_header = array();
    $http_header[0] = "Content-Type:application/json; charset=utf-8";
    $http_header[1] = "x-ncp-apigw-timestamp:".$unixtimestamp."";
    $http_header[2] = "x-ncp-iam-access-key:".$ncloud_sub_account_accesskey."";
    $http_header[3] = "x-ncp-apigw-signature-v2:".$msg_signature."";

    // API 호출
    $ch = curl_init();
    curl_setopt($ch, CURLOPT_URL, $api_server.$api_url);
    curl_setopt($ch, CURLOPT_HTTPHEADER, $http_header);
    curl_setopt($ch, CURLOPT_SSL_VERIFYPEER, FALSE);
    curl_setopt($ch, CURLOPT_RETURNTRANSFER, TRUE);
    curl_setopt($ch, CURLOPT_POST, TRUE);
    curl_setopt($ch, CURLOPT_POSTFIELDS, $postvars);
    $json_response = curl_exec($ch);
    curl_close($ch);

    if ($json_response)
    {
      $obj_array = json_decode($json_response, 1);

      $sts_accesskey= $obj_array["accessKey"];
      $sts_secretkey= $obj_array["keySecret"];
      $sts_createtime= $obj_array["createTime"];
      $sts_expiretime= $obj_array["expireTime"];
      $sts_use_mfa= $obj_array["useMfa"];
    }
?>
```

> STS로 임시 Access Key를 생성할 때는 Content-Type과 charset을 포함해야 합니다.

> STS API를 호출할 때는 반드시 POST 방식으로 호출해야 합니다.

STS로 생성한 기간 제한 임시 Access Key로 네이버 클라우드 플랫폼 API를 호출하는 테스트를 진행해 보겠습니다. 테스트로 호출할 API 정보는 다음과 같습니다.

- **getServerInstanceList** : 사용 중인 서버 인스턴스(VM) 리스트를 조회

⊡ 권한 없이 호출

Sub Account에 아무런 권한도 주지 않은 상태에서 호출하면 다음과 같은 결과 메시지를 확인할 수 있습니다.

⊡ 권한 정책 추가

이제는 권한을 추가해서 테스트해 보겠습니다. **[Sub Account] - [Sub Accounts]**에서 Sub Account를 선택하고 **[정책]** 탭에서 **[추가]** 버튼을 클릭합니다. 계속해서 [정책 추가] 팝업의 연관 상품에서 [Server (VPC)]를 선택하면 나타나는 정책 리스트에서 **[NCP_VPC_SERVER_VIEWER]** 정책을 선택하고 **[추가]** 버튼을 클릭합니다.

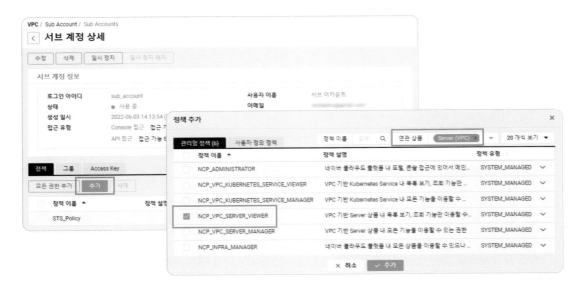

정책 추가 후에 Sub Account 상세 정보 화면에서 추가된 정책을 확인할 수 있습니다.

권한 추가 후 호출

권한 정책을 추가 후에 호출해보면 다음과 같이 호출이 성공하고, **Success** 메시지가 리턴되는 것을
확인할 수 있습니다.

> ⚙ **기타 오류 메시지**
>
> STS로 기간 제한 있는 임시 Access Key를 만들 때 설정했던 만료 기한이 지난 후에 해당 Access Key를
> 사용해 API를 호출하면 다음과 같은 인증 실패 메시지가 리턴됩니다.
>
> → errorCode: 200, message:Authentication Failed, details: This account is not allowed
>
> STS 임시 Access Key는 Sub Account로만 생성할 수 있습니다. 만약 메인 계정으로 생성하려고 하면 다
> 음과 같은 오류 메시지가 리턴됩니다.
>
> → errorCode: 401, message:접근 권한 없음

## Chapter 2

Cloud Insight

70
02-1

모니터링 서비스, CLOUD INSIGHT 설정 가이드

Cloud Insight는 네이버 클라우드 플랫폼과 사용자 애플리케이션의 성능/운영 지표를 통합 관리하고, 장애나 이벤트가 발생했을 때 SMS 및 Email로 알람 통보를 해주는 서비스입니다. Cloud Insight는 Server 뿐만 아니라 네이버 클라우드 플랫폼의 다양한 서비스 모니터링 정보를 확인할 수 있는데 적용 서비스 리스트는 다음과 같습니다.

Classic	Server, Load Balancer
VPC	Server, Load Balancer, Cloud DB for MySQL, Cloud DB for MSSQL, Cloud DB for Redis, Cloud DB for MongoDB, Cloud Hadoop, Auto Scaling Group, Kubernetes Service, Search Engine Service, Cloud Data Streaming Service
통합	Cloud Search, Object Storage

1 Cloud Insight 서비스

[Cloud Insight] 서비스는 **[콘솔] - [Services] - [Management & Governance] - [Cloud Insight(Monitoring)]**에 위치하고 있습니다. 검색 기능을 이용하면 좀더 쉽게 찾을 수 있습니다.

06 · MANAGEMENT

2 이용 신청

Cloud Insight 서비스를 사용하려면 먼저 이용 신청을 해야 합니다. Classic, VPC 어떤 환경에서든 **[Cloud Insight(Monitoring)]** - **[Subscription]**에서 **[상품 이용 신청]** 버튼을 클릭해 이용 신청을 합니다.

3 대시보드

이용 신청을 한 후 **[Dashboard]** 메뉴로 이동하면 다음과 같이 현재 사용 중인 서비스 중에서 모니터링 가능한 서비스 리스트를 확인할 수 있습니다. 대시보드에서 확인할 수 있는 기본적인 모니터링 항목은 각 서비스별로 고정되어 있는데, 추가적인 항목을 확인하려면 별도로 대시보드를 생성해야 합니다. 일부 서비스의 경우 리스트에 나타날 때까지 시간이 걸릴 수도 있으므로 여유있게 1시간 정도 후에 확인하면 됩니다.

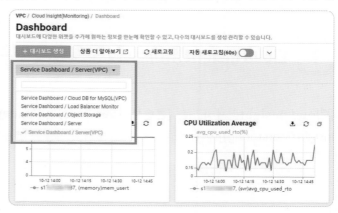

⧉ Load Balancer 모니터링

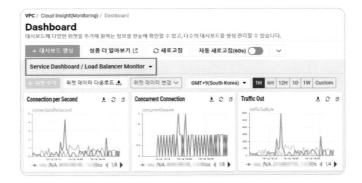

⧉ Object Storage 모니터링

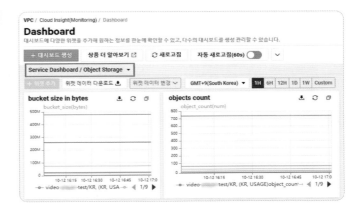

⧉ Server 모니터링

06 · MANAGEMENT

커스텀 대시보드

좀더 상세한 모니터링 데이터를 확인하려면 **커스텀 대시보드**가 필요하고 그전에 [상세 모니터링]을 설정해야 합니다. **[서버 관리 및 설정 변경]**에서 **[상세 모니터링 설정 변경]** 메뉴를 클릭한 다음 [상세 모니터링 신청] 팝업에서 [예] 버튼을 클릭합니다.

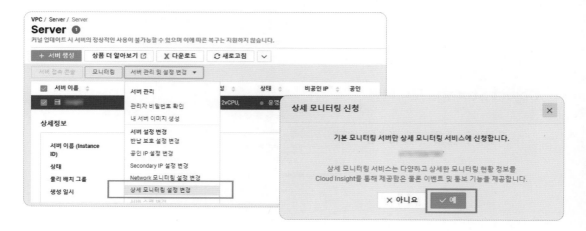

대시보드 생성

[Dashboard] 화면에서 **[대시보드 생성]** 버튼을 클릭하고 [생성] 팝업에서 대시보드 이름과 설명을 입력합니다.

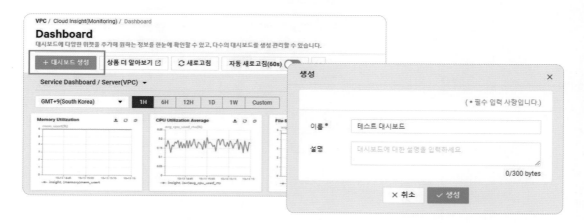

생성된 대시보드에서 **[위젯 추가]** 버튼을 클릭해서 위젯을 추가합니다. 위젯 이름을 입력하고, 종류는 [Time Series], [Pie Chart], [Table], [Index], [Markdown] 중에서 하나를 선택합니다. 여기서는 **[CPU Usage]**라는 이름으로 **[Time Series]** 위젯을 선택했습니다.

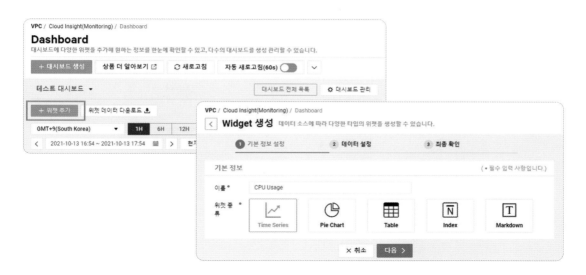

다음으로 데이터 설정에서 CPU 사용률에 해당하는 **[SERVER/avg_cpu_used_rto]** 등 필요한 항 목을 선택하고 **[선택 항목 추가]** 버튼을 클릭합니다.

항목을 추가하면 아래쪽 화면에 다음과 같이 리스트를 확인할 수 있습니다. 설정이 완료되었으면 **[다음]** 버튼을 클릭해 마지막 확인을 하고 생성을 완료합니다.

앞에서 추가한 [CPU Usage] 위젯과 함께 추가로 [Server-Load Average], [File System], [Memory Usage], [Net Work (Max In/Out bps)] 데이터를 확인할 수 있는 위젯을 추가하면 다음과 같은 대시보드를 확인할 수 있습니다.

5 통보 대상자 등록

이제 이벤트를 등록하고 알람을 통보 받을 대상자를 등록해 보겠습니다. 먼저 통보 대상자 그룹을 생성합니다. **[Management & Governance] - [Notification Recipient] - [Notification Recipient]** 메뉴에서 [전체 대상자] 옆에 있는 **[+]** 버튼을 클릭하고 아래 입력칸에 그룹명을 입력합니다.

네이버 클라우드 플랫폼 계정 생성을 할 때 기본으로 1명의 대상자가 등록됩니다. 해당 대상자를 앞에서 생성한 그룹에 할당하기 위해 선택하고 **[할당]** 버튼을 클릭합니다.

506

대상자 리스트에서 해당 대상자에 그룹이 할당된 것을 확인할 수 있습니다.

6 이벤트 규칙 등록 ------------------------------------

이제 이벤트를 등록해 보겠습니다. **[Cloud Insight(Monitoring)] – [Configuration] – [Event Rue]**에서 **[Event Rule 생성]** 버튼을 클릭합니다.

이벤트 규칙을 생성해서 감시가 필요한 상품을 선택합니다. 여기서는 **[Sever(VPC)]**를 선택하겠습니다.

[감시 대상 설정]에서 **[전체 보기]**를 선택하고, **감시 대상에 체크**한 후 **[다음]** 버튼을 클릭합니다.

05 · MANAGEMENT

감시 항목 및 조건 설정에서 [전체 보기]를 선택하고, Server, Memory 등의 항목 중에서 원하는 항목을 선택합니다. 여기서는 가장 많이 사용하는 [SERVER의 CPU 사용률]에 해당하는 **[SERVER/avg_cpu_used_rto]**를 선택하고, **90% 이상인 상태가 5분 이상 지속되면 경고 알림**을 보내도록 설정했습니다.

다음으로 감시 대상에서 설정한 이벤트가 발생했을 때 어떤 액션을 취할 것인가를 설정해 보겠습니다.

설정 가능한 액션은 [알림 메시지 발송], [Integration], [Cloud Functions], [Auto Scaling 정책] 중에서 선택할 수 있는데, 여기서는 **[알림 메시지 발송]**을 선택하겠습니다. 통보 대상자 그룹을 선택하고, [Email]과 [SMS]중에서 원하는 것을 선택하고, [리마인드 알림 주기], [종료 알림 여부]를 설정한 후 [다음] 버튼을 클릭합니다.

마지막으로 이벤트 **규칙 이름**을 입력하고, 앞에서 설정한 내용들을 확인한 후에 **[생성]** 버튼을 클릭합니다.

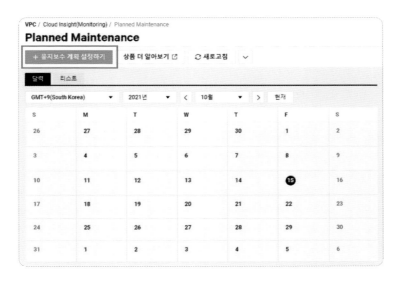

7　유지보수 계획 설정 ------------------------------⊏⊐

앞에서 설정한 이벤트 규칙이 업데이트나 점검 등의 유지보수가 진행되는 동안에도 작동되면 유지보수 시간 동안 쉼없이 통보 알람이 울리게 됩니다. 이런 불편함이 없도록 Cloud Insight에서는 유지보수 계획 일정을 등록해두면 등록된 기간 동안에는 이벤트 규칙에 따른 통보알람이 울리지 않습니다. 유지보수 일정은 다음과 같이 달력 행태나 리스트 형태로 확인 가능하며 **[유지보수 계획 설정하기]** 버튼을 이용해 일정을 등록할 수 있습니다.

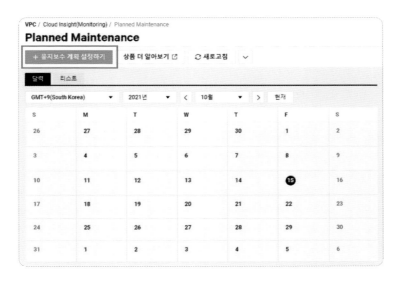

06 · MANAGEMENT

제목을 입력하고, 작업 기간, 작업 대상, 디멘션을 선택하면 다음과 같이 선택한 대상과 디멘션이 리스트로 나타납니다. 보통 앞에서 설정했던 이벤트 규칙에 해당하는 항목들을 선택하면 됩니다.

유지보수 계획을 설정하면 다음과 같이 일정에서 확인할 수 있으며, 해당 기간 동안에는 이벤트 통보가 진행되지 않습니다.

CLOUD INSIGHT,
RULE TEMPLATE 설정 가이드

71

02-2

Cloud Insight를 설정할 때 서버마다 매번 일일이 설정하는 방법도 있지만, [CPU-메모리-디스크 사용률] 같은 자주 모니터링하는 항목들을 [Template]에 등록해 두면 모니터링을 설정할 때 좀더 쉽고 정확하게 설정할 수 있습니다. 여기에서는 **서버 평균 CPU 사용률, 서버 메모리 사용율, 서버 디스크 사용률** 등을 예시로 **Template 설정**을 진행해 보겠습니다.

 1 **Rule Template 설정**

[Cloud Insight] - **[Configuration]** - **[Template]**에서 **[Rule Template]** 탭을 선택하고, **[Rule Template 생성]** 버튼을 클릭합니다.

CPU 사용률

서버 평균 CPU 사용률은 **[SERVER]** 탭에서 **[SEVER/avg_cpu_used_rto]** 항목을 선택합니다.

메모리 사용률

서버 평균 메모리 사용률은 **[MEMORY]** 탭에서 **[MEMORY/mem_usert]** 항목을 선택합니다.

디스크별 사용 중인 용량

디스크별 사용 중인 용량은 **[FILE STSTEM]** 탭에서 **[FILE STSTEM/fs_usert]** 항목을 선택합니다.

⚙ 사용 중인 디스크가 2개 이상인 경우

서버를 생성할 때 자동으로 추가되는 OS용 기본 디스크 말고 별도로 디스크를 추가했을 경우에는 기본 / 영역 외에 추가 디스크가 마운트된 영역에 대해서도 항목을 추가해야 합니다.

추가 디스크를 /data 디렉토리로 마운트했다고 가정했을 경우 다음 그림처럼 [FILE STSTEM/fs_usert] 항목 오른쪽에 있는 [+] 버튼을 클릭해서 **동일한 항목을 하나 더 추가**하고, **디멘션에서 [mnt_nm: /data]를 선택**합니다. 다른 곳으로 마운트했을 경우에는 그에 맞는 값을 선택하면 됩니다.

3가지 항목을 모두 선택하고 [다음] 버튼을 클릭하면 다음과 같이 각 항목별로 조건을 설정할 수 있습니다. 여기서는

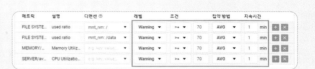

각 수치가 70% 이상일 경우로 설정했고, 몇 분간의 평균값으로 할 것인가는 사용하는 서비스 상황에 따라 조절하면 됩니다.

2 Event Rule 설정

다음으로 [Cloud Insight] - [Configuration] - [Event Rule]에서 [Event Rule 생성] 버튼을 클릭 합니다.

감시 상품 선택

Cloud Insight에서 모니터링 할 수 있는 상품에는 Classic Load Balancer Monitor, Classic Server, VPC Load Balancer Monitor, VPC Server, Object Storage 등이 있는데, 여기서는 **VPC Server**를 선택하겠습니다.

Cloud Insight, Rule Template 설정 가이드

감시 대상 설정

감시 대상은 미리 설정한 그룹이나 Auto Scaling Group에서 선택할 수도 있는데, 여기서는 [전체 보기]를 선택해서 미리 만들어둔 테스트용 서버를 선택하겠습니다.

감시 항목 설정

앞에서 설정했던 [Template]인 **[template-test]**를 감시 항목으로 선택합니다. 이 부분이 Rule Template 설정에서 **가장 중요한 단계**라고 할 수 있습니다.

액션 설정

액션 설정에서 [통보 대상자], [알림 유형], [리마인드 알림 주기], [종료 알림 여부]를 설정합니다.

🖧 최종 확인

지금까지 설정한 내역을 최종 확인한 후에 이상이 없으면 [생성] 버튼을 클릭해서 Event Rule 생성을 완료합니다.

③ 기타 : Target Group 생성 -------------------------------⊏

앞에서는 [Rule Template]만 사용했는데, 여러 대상을 미리 하나의 그룹으로 묶어서 관리할 수도 있습니다. **[Cloud Insight]** - **[Configuration]** - **[Template]**에서 **[Target Group]** 탭을 선택하고, **[Target Group 생성]** 버튼을 클릭합니다.

[그룹 생성] 화면에서 원하는 [Product Type]을 선택하고, 선택 가능한 감시 대상 중에서 Group으로 묶을 대상을 선택하여 아래 쪽으로 이동 시킨 후에 [생성] 버튼을 클릭하면 됩니다. 이후에 [Event Rule] 생성할 때 [감시 대상 설정] 단계에서 여기서 설정한 Group을 선택합니다.

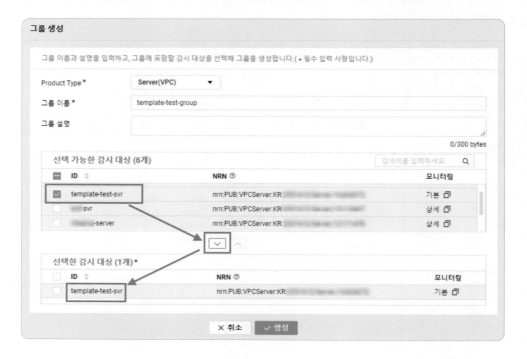

## Chapter 3

Cloud Log Analytics

72
03-1

로그 관리, CLOUD LOG ANALYTICS 설정 가이드

Cloud Log Analytics는 네이버 클라우드 플랫폼이 제공하는 여러 서비스에서 발생하는 다양한 로그들을 한 곳에 모아 저장하고 손쉽게 분석할 수 있는 서비스입니다. 검색 기능을 이용해 여러 종류의 로그를 한번에 조회하고 분석할 수 있어 효과적인 로그 관리가 가능합니다.

 1 **Cloud Log Analytics** ---------------------------------------

Cloud Log Analytics는 텍스트 형식으로 생성되는 모든 종류의 로그 데이터 파일을 수집할 수 있는데, 사전에 제공되는 로그 템플릿 종류는 다음과 같습니다.

- Server SYSLOG
- Apache 로그(Access log, Apache Error Log)
- MySQL 설치형 상품의 로그(Error Log, Slow Log)
- Microsoft SQL Server 설치형 상품의 Error Log
- Tomcat 로그(Catalina Log)
- Windows 서버의 Event Log
- Windows 서버의 각종 text 형식의 로그
- Cloud DB for MySQL 로그
- Cloud DB for MSSQL 로그
- Cloud DB for MongoDB 로그

- Cloud DB for PostgreSQL 로그
- Application Server Launcher 로그
- Application Load Balancer 로그
- Search Engine Service 로그
- Cloud Data Streaming Service 로그
- Bare Metal Server 로그
- Kubernetes Service Audit 로그
- 그외 템플릿으로 제공되지 않는 로그도 Custom Log 기능으로 직접 대상 로그를 지정해서 수집할 수 있습니다.

〓 저장 용량

- 최대 100GB까지 저장할 수 있습니다.

- 100GB 용량을 초과했을 경우 추가 저장 용량 확보를 위해 과거부터 전날까지의 데이터가 삭제될 수 있습니다.

- CLA로 수집되는 로그 용량이 하루 10GB 이상을 넘거나 천만 건 이상일 경우 저장된 로그 검색 시 성능에 제한이 발생할 수 있습니다.

- 저장 용량과 저장 기간을 더 늘리길 원할 경우 고객지원으로 문의해야 합니다.

- 과거 데이터를 보관하려면 [자동 보내기] 기능을 이용하여 과거 데이터를 Object Storage로 백업할 수 있습니다.

〓 로그 보관 기간

- Cloud Log Analytics 서비스는 최대 30일 동안 데이터가 보관되며, 검색 및 대시보드에서 확인할 수 있습니다.

- 30일이 지난 데이터는 과거 데이터부터 순차적으로 삭제됩니다.

- 30일이 지나지 않았더라도 저장된 데이터가 100GB를 초과하면 과거부터 전날까지의 데이터가 매일 삭제될 수 있습니다.

② 이용 신청

네이버 클라우드 플랫폼 콘솔의 **[Cloud Log Analytics]** - **[Subscription]**에서 **[이용 신청]** 버튼을 클릭합니다. Cloud Log Analytics는 Classic, VPC 환경의 공통 서비스이므로, 어느쪽 환경에서 이용 신청을 하더라도 상관이 없습니다.

3 설정 : Linux 서버

먼저 Linux 서버에서 설정하는 방법을 알아보겠습니다.

[Cloud Log Analytics] - [Management]에서 로그를 수집할 서버를 선택하고, **[수집 설정]** 버튼을 클릭합니다. Log 수집 설정 화면에서 수집할 **Log Template**을 선택하거나, 직접 [Custom Log]를 선택해서 로그 형태를 설정한 후에 **[적용]** 버튼을 클릭합니다.

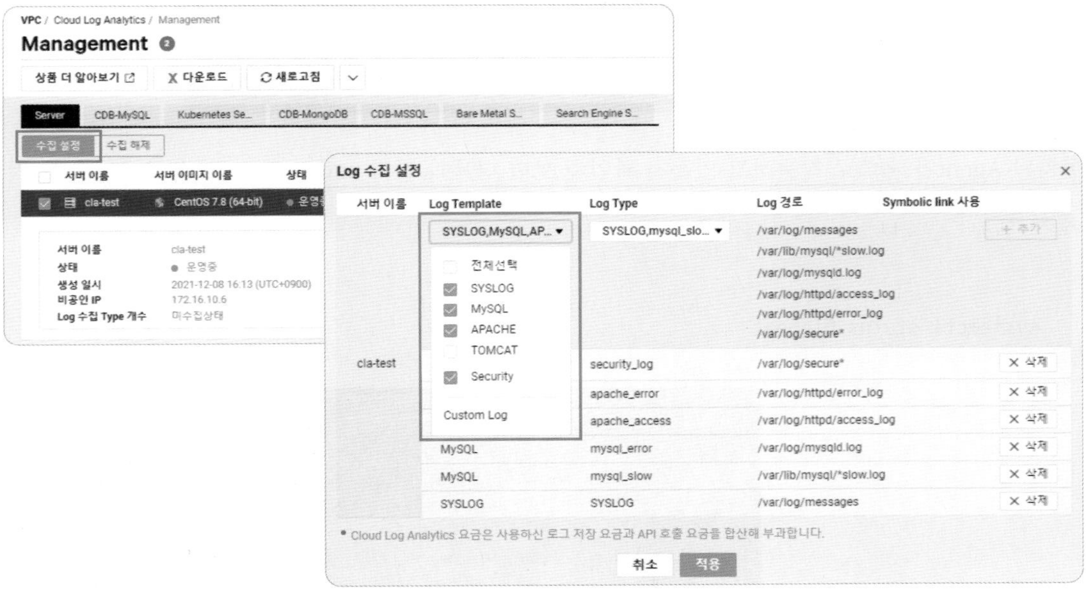

로그 수집 Agent 설치

Log 수집 설정을 마치면 [로그 수집 Agent 설치 안내]가 나옵니다. 로그 수집 Agent 설치 명령어에는 URL 뒤쪽에 설치 하려는 서버에 해당하는 **설치키(Install Key)**가 포함되어 있습니다. 그러므로 URL을 수정해서도 안되고 다른 서버에 사용할 수도 없습니다.

```
# VPC 환경
curl -s http://cm.vcla.ncloud.com/setUpClaVPC/{설치키(Install Key)} | sudo sh

# Classic 환경
curl -s http://cm.cla.ncloud.com/setUpCla/{설치키(Install Key)} | sudo sh
```

서버에 실제로 설치해 보면 다음과 같이 설치 과정이 진행되고, 설치가 완료되면 마지막에 **Finish Installation**이라는 메시지가 출력됩니다.

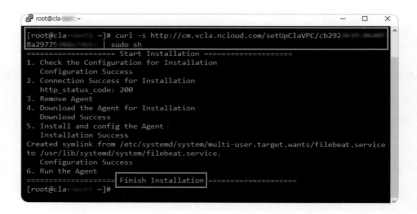

설치된 Agent가 제대로 작동하고 있는지 확인해 보면 다음과 같이 **active (running)** 상태인 것을 알 수 있습니다.

```
systemctl status filebeat
```

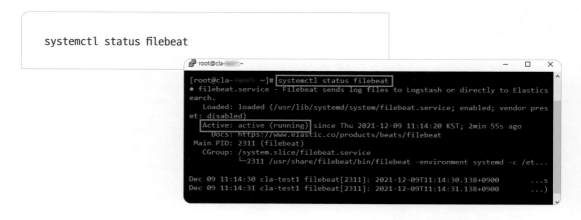

```
┌─ 4 ─┐ 설정 : Windows 서버 ─────────────────────────────────────────⟍⟎
```

다음으로 Windows 서버에서 설정하는 방법을 살펴보겠습니다.

[Cloud Log Analytics] – **[Management]**에서 로그를 수집할 서버를 선택하고, **[수집 설정]** 버튼을 클릭합니다.

[Log 수집 설정] 화면에서 Log Template은 **[EventLog]**를 선택합니다.

설정을 마치면 Agent 설치 가이드를 확인할 수 있습니다. 서버에서 **[Windows PowerShell]**을 열고, 다음 명령어를 실행합니다. 마찬가지로 설치 명령어에는 URL 뒤쪽에 설치 서버에 해당하는 설치키가 포함되어 있습니다.

```
# VPC 환경
Invoke-Expression $((New-Object System.Net.WebClient).DownloadString("http://
cm.vcla.ncloud.com/setUpwinClaVPC/{설치키(Install Key)}"))

# Classic 환경
Invoke-Expression $((New-Object System.Net.WebClient).DownloadString("http://
cm.cla.ncloud.com/setUpwinClaVPC/{설치키(Install Key)}"))
```

설치가 완료되면 마지막에 **Finish Installation**이라는 메시지가 출력됩니다.

 **로그 확인** ───────────────────────────────

Agent 설치 후 **[Dashboard]**를 확인해보면 로그가 수집되고 있을 것을 알 수 있습니다.

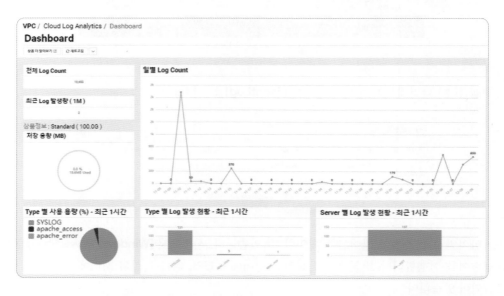

[Search] 메뉴에서는 로그 내용을 자세히 검색, 확인할 수 있고, 굳이 서버에 접속하지 않더라도 필요한 로그를 콘솔 화면에서 직접 확인할 수 있습니다.

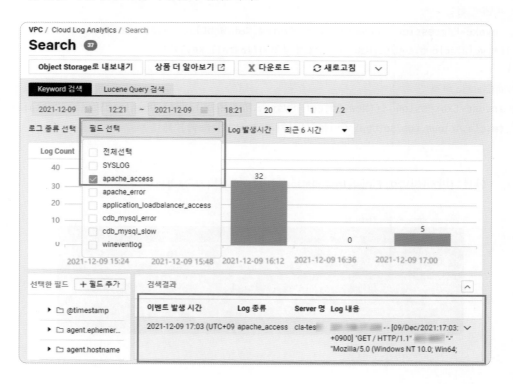

6 백업

Cloud Log Analytics는 수집된 로그를 Object Storage로 내보내기하거나, Excel 파일로 다운로드하여 백업할 수 있는 기능을 지원합니다.

수동 백업

[Search] 메뉴에 [Object Storage로 내보내기]와 [엑셀 다운로드] 버튼이 있습니다. **[Object Storage로 내보내기]** 버튼을 클릭하면 내보내기 할 버킷을 선택할 수 있습니다.

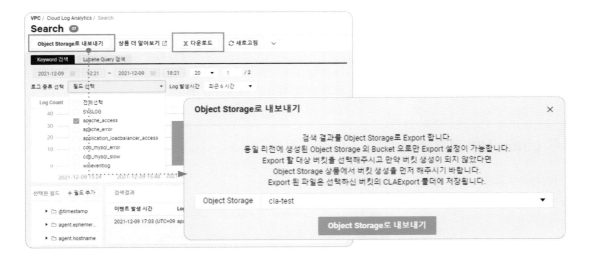

자동 백업

[Export Log] 메뉴에서 **[자동 내보내기 설정]**을 클릭합니다. 설정 화면에서 내보내기를 할 Object Storage의 버킷을 선택합니다. 혹시 버킷이 생성되지 않았다면 Object Storage로 가서 먼저 버킷을 생성하고 와야 합니다.

06 · MANAGEMENT

내보내기는 하루에 한번 진행되므로 설정 후 다음 날 Object Storage에서 다음과 같이 파일이 저장되어 있는 것을 확인할 수 있습니다.

7 로그 수집 해제 ----------------------------------⟨⊏⏚

더 이상 로그를 수집할 필요가 없어지면, 로그 수집 설정을 해제하면 됩니다.

ᛯᛯ Linux 서버 로그 수집 해제

서버를 선택하고 [수집 해제]
버튼을 클릭합니다.

로그 수집 해제를 위한 가이드에서 [로그 수집 Agent 삭제 명령어]를 복사합니다.

```
# VPC 환경
curl -s http://cm.vcla.ncloud.com/removeCla | sudo sh

# Classic 환경
curl -s http://cm.cla.ncloud.com/removeCla | sudo sh
```

Agent 삭제 명령어를 실행하여 삭제가 완료되면 다음과 같이 **Success Remove Agent** 메시지가 출력됩니다.

⧉ Windows 서버 로그 수집 해제

마찬가지로 서버를 선택하고 **[수집 해제]** 버튼을 클릭합니다.

로그 수집 해제를 위한 가이드에서 **[로그 수집 Agent 삭제 명령어]**를 복사합니다.

```
# VPC 환경
Invoke-Expression $((New-Object System.Net.WebClient).
DownloadString("http://cm.vcla.ncloud.com/removewinCla"))

# Classic 환경
Invoke-Expression $((New-Object System.Net.WebClient).
DownloadString("http://cm.vcla.ncloud.com/removewinCla"))
```

Agent 삭제 명령어를 실행하여 삭제가 완료되면 다음과 같이 **Remove Agent** 메시지가 출력됩니다.

⊏┇ Windows 서버 Agent 삭제 오류 상황

Windows 서버에서 Agent 삭제를 시도할 때 다음과 같은 오류 메시지가 발생하는 경우가 있습니다. **로그 수집 설정에서 EventLog만 선택했을 경우** 발생하는데, 이때는 당황하지 말고 Agent 삭제 명령어를 다시 한번 실행하면 됩니다.

> Stop-Service: Cannot find any service with service name 'filebeat'.

```
Administrator: Windows PowerShell                                              —    □    ×

PS C:\Users\Administrator> Invoke-Expression $((New-Object System.Net.WebClient).DownloadString("http://cm.
vcla.ncloud.com/removewinCla"))
Remove Agent
Stop-Service : Cannot find any service with service name 'filebeat'.
At line:7 char:16
+     $stop_service=Stop-Service filebeat
    + CategoryInfo          : ObjectNotFound: (filebeat:String) [Stop-Service], ServiceCommandException
    + FullyQualifiedErrorId : NoServiceFoundForGivenName,Microsoft.PowerShell.Commands.StopServiceCommand

PS C:\Users\Administrator> Invoke-Expression $((New-Object System.Net.WebClient).DownloadString("http://cm.
vcla.ncloud.com/removewinCla"))
Remove Agent
PS C:\Users\Administrator>
```

로그 수집 Agent는 윈도 이벤트 로그 수집을 위한 winlogbeat와 그 외의 로그를 수집하기 위한 filebeat 두가지가 설치되는데, EventLog만 수집하도록 설정할 경우 filebeat는 실행되지 않습니다. 그 상태에서 Agent를 삭제하려고 하면 실행중이 아닌 filebeat를 실행 중지 시키려고 시도하게 되고, 결국 오류가 발생하는 것입니다. 심각한 오류는 아니고 만약을 위해 Agent 삭제 명령어를 한번 더 실행시키는 것으로 문제는 해결됩니다.

CLOUD LOG ANALYTICS에서
WINDOWS IIS LOG 수집하기

73
03-2

네이버 클라우드 플랫폼 Cloud Log Analytics 서비스에서 Windows 웹서버인 **IIS 로그를 수집**하는 방법에 대해 정리해 보겠습니다.

1 수집 설정

[Cloud Log Analytics] - [Management]에서 서버를 선택하고 **[수집 설정]** 버튼을 클릭한 다음 [Log 수집 설정] 화면에서 [Log Template]을 **[Custom Log]**로 선택합니다. [Log Type]에는 임의의 값(예: iislog)을 입력하고, Log 경로에는 이후에 확인할 **Log 파일의 경로**를 입력합니다.

⌁ Log 파일 경로 확인

IIS Log 파일의 경로는 **[IIS Manager]**를 실행하고, 사이트 정보에서 **[Logging]** 메뉴를 선택하면 다음과 같이 **[Directory]** 항목을 확인할 수 있습니다.

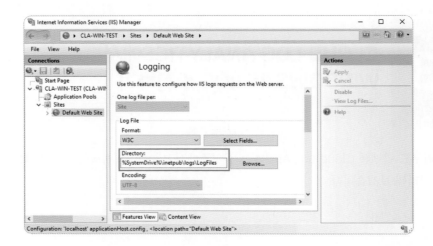

해당 경로를 찾아가면 다음과 같이 로그 파일이 저장되어 있는 것을 확인할 수 있습니다.

```
# 예시
C:\inetpub\logs\LogFiles\W3SVC1\u_ex231114.log
```

📟 Log 파일 경로 입력

실제 Log 파일은 일별 또는 시간 별로 파일명이 다르게 저장되는 경우가 대부분이므로 [Log 경로]에
는 다음과 같이 전체 파일을 수집하도록 입력하면 됩니다. 이제 모든 항목을 입력했으면 [추가] 버튼
을 클릭합니다.

```
# 예시
C:\inetpub\logs\LogFiles\W3SVC1\*.log
```

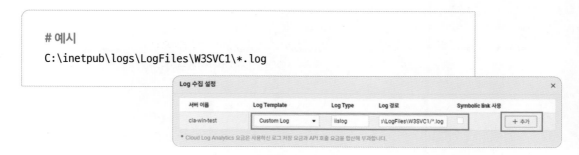

그리고, 입력한 내용에 이상이 없으면 **[적용]** 버튼을 클릭합니다.

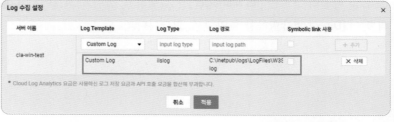

② 로그 수집 Agent 설치

로그 수집 설정을 마치면 **[로그 수집 Agent 설치]** 방법에 대한 안내 팝업이 나타납니다. 설치 안내 내용 중에서 [로그 수집 agent 설치 명령어] 항목에 있는 [클립보드에 복사하기] 버튼을 클릭해서 설치 명령어를 복사합니다.

서버의 **[Windows PowerShell]**을 실행시켜서 위에서 복사한 **[로그 수집 agent 설치 명령어]**를 입력합니다. 설치가 정상적으로 완료되면 **Finish Installation** 이라는 메시지를 확인할 수 있습니다.

④ 수집된 로그 확인

설치 후 5분 정도 기다렸다 **[Cloud Log Analytics]** - **[Search]** 메뉴에 들어가면 다음과 같이 수집된 로그를 확인할 수 있습니다.

## Chapter 4

Web Service Monitoring

WEB SERVICE MONITORING SYSTEM 사용 가이드

74

04-1

네이버 클라우드 플랫폼의 **Web service Monitoring System**은 고객의 웹 서비스를 실제 사용자 환경에서 모니터링 하는 서비스입니다. 웹 서비스 URL을 입력하여 실시간으로 테스트를 진행할 수 있고, 스케줄을 등록하여 반복적으로 모니터링을 할 수도 있으며, 오류 발생 시 알람을 받을 수도 있습니다.

1 이용 신청 ----------------------------------

네이버 클라우드 플랫폼 콘솔 **[Management & Governance]** - **[Web service Monitoring System]** - **[Subscription]**에서 **[이용 신청]** 버튼을 클릭해 이용 신청을 합니다. 다음으로 **[Web Monitoring]**에서 **[서비스 등록]** 버튼을 클릭합니다.

② 스텝 작성

📇 테스트 환경 선택

모니터링 설정 전에 모니터링 유형, 서비스 유형, 지역 선택 등의 테스트를 진행할 환경을 설정합니다.

📇 스텝 작성

스텝은 여러 가지를 추가할 수 있으나 여기서는 간단하게 URL만 추가해서 진행하겠습니다.

[URL] 접속 설정에서는 모니터링 대상이 되는 **METHOD (GET, POST, PUT, DELETE, HEAD) 선택** 및 **URL을 입력**합니다.

모니터링 유형에서 [URL]을 선택해도 스텝을 추가하면 자동으로 [SCENARIO]로 변경됩니다. 지역 선택의 경우 테스트 환경에서는 1곳만 선택이 가능하고, 다음 단계인 서비스 설정에서 원하는 지역을 모두 선택할 수 있습니다.

📇 테스트

모니터링 할 URL을 입력하고 [테스트 시작] 버튼을 클릭하면 다음과 같이 테스트 결과 메시지와 URL 접속 화면 즉, 오브젝트 탐색기가 나타납니다.

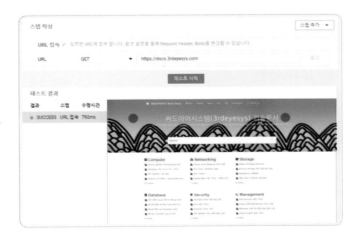

⫸ URL 접속 옵션

URL 설정에서 추가 설정이 필요할 경우 **[옵션]** 버튼을 클릭하면 됩니다.

옵션에서는 Header, Body, Cookie 등의 Request 값을 설정해서 테스트에 적용할 수 있습니다.

⫸ 스텝 추가

이번 설정에서는 URL 접속만 테스트하는 것으로 진행하지만, 추가로 스텝을 추가해서 다양한 모니터링 설정을 하고자 할 경우에는 **[스텝 추가]** 버튼을 클릭하면 됩니다.

추가 가능한 스텝에는 [URL 접속], [대기 시간], [마우스 클릭], [텍스트 입력], [유효성 검사 (오브젝트 찾기)], [유효성 검사 (텍스트 찾기)], [팝업 창 이동], [사용자 정의 스크립트 실행] 등이 있습니다.

⫸ 오류 확인

혹시 테스트 결과에 Success가 아닌 Error가 나타났을 경우 아래쪽 [오류 로그]에서 어떤 오류인지 자세하게 확인 가능합니다. 특별한 문제가 없다면 **[다음]** 버튼을 클릭해서 다음 단계로 이동합니다.

3 서비스 설정

서비스에 필요한 설정을 선택합니다. 각 항목에 대한 설명은 다음과 같습니다.

- **모니터링 실행 주기** : 1분이 기본값이며, 5분, 10분 중의 하나를 선택할 수 있습니다.
- **지역 선택** : 국내, 홍콩, 일본, 싱가폴, 미국(서부), 독일 중에서 최소 1곳 이상을 선택하면 됩니다.
- **Request Timeout** : 요청 대기 시간을 5초, 10초, 30초 중에서 선택합니다.
- **Run Timeout** : 모니터링 전체 시나리오 실행 시간을 30초, 40초, 50초, 60초 중에서 선택합니다.

4 서비스 등록

앞에서 선택한 설정을 최종 확인하고, 서비스 이름을 적당히 입력한 후에 **[서비스 등록]** 버튼을 클릭합니다.

5 모니터링 확인

서비스 등록을 완료하면 모니터링 화면으로 이동하게 되고, 어느 정도 시간이 지나면 다음과 같이 모니터링 결과가 그래프로 나타납니다.

6 알람 설정

모니터링 중에 오류가 발생할 경우 SMS나 Email로 알람을 받도록 설정할 수 있습니다. 알람 설정은 모니터링 화면의 오른쪽 상단에 있는 톱니바퀴 모양의 **[설정]** 버튼을 클릭하면 나타나는 **[알람 설정]** 메뉴를 클릭하면 됩니다.

알람 설정 항목

- **알람 ON/OFF** : 알람을 끄거나 켤 수 있습니다.
- **발생 조건** : 기본 값은 3분 이내에 3건 이상 오류가 발생했을 경우 알람 메시지를 보내게 되어 있으며 원하는 값으로 변경하면 됩니다.
- **발송 기준** : 일정 시간에 1번씩 알람을 받을 것인지, 조건에 해당할 때 마다 바로 받을 것인지 설정합니다.
- **SMS/Email** : 통보 대상 관리에 등록된 대상을 선택하고, Email과 SMS를 선택합니다.
- **Webhook** : SMS나 Email외에 Slack등의 Webhook URL을 등록해서 알람을 받을 수도 있습니다.

 **일시 정지**

모니터링 화면 오른쪽 상단에 있는 **[추가 설정]**에서 모니터링에 대한 [일시 정지], [스텝 수정], [삭제]를 선택할 수 있습니다.

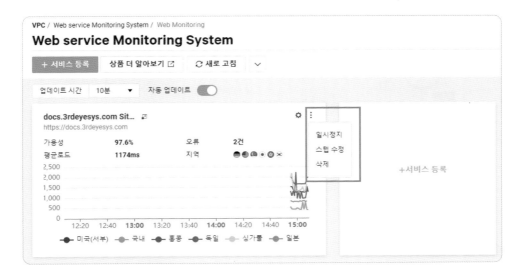

 모니터링 상세 결과

모니터링 화면 상단에 있는 서비스 이름을 클릭하면 상세한 모니터링 내용을 확인할 수 있습니다.

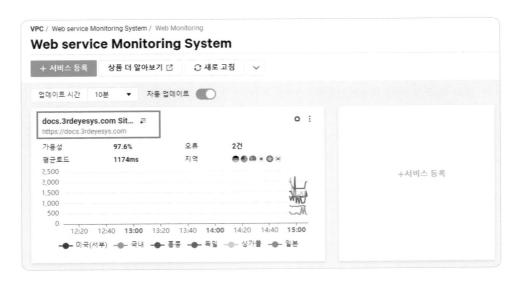

모니터링 상세 결과 화면에서는 선택한 기간의 상세 그래프와 각각의 모니터링 결과 리스트를 모두 확인할 수 있습니다.

🔧 성공 상세 결과

모니터링 결과 리스트에서 **[SUCCESS]** 로 나오는 항목의 **날짜를 클릭**하면 상세 내역을 확인할 수 있습니다. 성공했을 경우에는 다음과 같이 간단하게 성공 내역이 표시됩니다.

🔧 오류 상세 결과

모니터링 결과 리스트에서 [ERROR]로 나오는 항목의 날짜를 클릭하면 오류 상세 내역을 확인할 수 있습니다. 오류 상세 결과 화면에서는 어떤 스텝에서 어떤 유형의 오류가 발생했는지 로그까지 자세히 확인할 수 있습니다.

지역 설정을 변경하거나 필터링할 내용을 설정하고자 할 경우에는 설정에서 [지역 설정], [필터 설정]을 변경하면 됩니다.

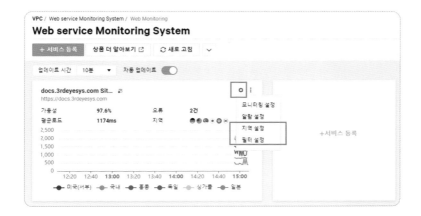

지역 설정

초기에 서비스 설정에서 선택했던 모니터링 지역을 지역 설정에서 원하는 지역으로 변경할 수 있습니다.

필터 설정

모니터링에서 발생한 오류나 이벤트 중에서 알람을 받고 싶지 않은 것이 있다면 필터링에 추가해 서 알람 대상에서 제외할 수 있습니다.

- **URL** : 입력한 로그와 완벽히 일치하는 로그를 필터링하고 싶을 때
- **URL_PREFIX** : 입력한 로그를 포함하고 있는 모든 로그를 필터링하고 싶을 때
- **JS** : 입력한 스크립트와 완벽히 일치하는 스크립트를 필터링하고 싶을 때
- **JS_PREFIX** : 입력한 스크립트를 포함하고 있는 모든 스크립트를 필터링하고 싶을 때

CONTAINERS

07

Chapter 1

Kubernetes Services

75

01-1

쿠버네티스 클러스터 생성 가이드

쿠버네티스(Kubernetes, K8S)는 배포, 스케일링, 그리고 컨테이너화된 애플리케이션의 관리를 자동화 해주는 오픈 소스 컨테이너 오케스트레이션 엔진입니다. 구글에서 처음 개발하기 시작했으나, 현재는 구글이 오픈소스 프로젝트로 공개한 상태입니다. 쿠버네티스는 서비스 디스커버리와 로드 밸런싱, 스토리지 오케스트레이션, 자동화된 롤아웃과 롤백, 자동화된 빈 패킹(bin packing), 자동화된 복구(self-healing), 시크릿과 구성 관리 등의 특징을 갖고 있습니다.

여기서는 네이버 클라우드 플랫폼 VPC 환경에서 **쿠버네티스 서비스를 생성하는 방법**에 대해 살펴보겠습니다. Linux 환경과 Windows 환경 공통적으로 적용할 수 있으며, 이후 제어 방법 부분에서는 각각의 환경에 대해 나누어 소개하겠습니다.

1 사전 준비

먼저 쿠버네티스 클러스터에 사용할 **전용 VPC**와 **Private** 또는 **Public Subnet** 그리고, **Load Balancer 용 Subnet**이 필요합니다.

- IP 대역(10.0.0.0/8, 172.16.0.0/12, 192.168.0.0/16) 내에서 /17~/26 범위의 Subnet, 로드밸런서 전용 Subnet이 필요합니다.
- Docker Bridge 대역의 충돌을 방지하기 위해 172.17.0.0/16 범위 내의 Private Subnet, 로드밸런서 전용 Subnet은 선택할 수 없습니다.

2 쿠버네티스 서비스 위치

네이버 클라우드 플랫폼 쿠버네
티스 서비스는 [콘솔] - [Services]
- [Containers]에 위치하고 있습
니다.

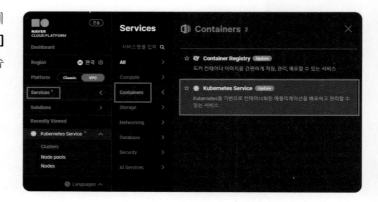

3 클러스터 생성

VPC와 Subnet이 준비되었다면
다음으로 [Kubernetes Sevice] -
[Cluster]에서 [생성하기] 버튼을
클릭합니다.

4 클러스터 설정

생성할 클러스터의 정보를 설정해 줍니다. 네트워크 타입은 Private 과 Public 중에서 선택할 수 있습니다. Kubernetes Service를 위한 **ACG는 자동으로 생성**됩니다.

NAT Gateway 생성

Private Subnet을 선택했을 경우에는 NAT Gateway 생성 안내 팝업이 나타납니다. **NAT Gateway를 생성**해야 아웃바운드 트래픽을 활성화할 수 있기 때문입니다. NAT Gateway 설정에 대한 자세한 내용은 **<295쪽>**을 참고합니다.

5 노드풀 설정

노드풀 이름을 입력하고, 서버 이미지와 서버 타입을 선택한 다음 **[추가]** 버튼을 클릭합니다.

6   인증키 설정 --

다음으로 워커노드의 인증키를 설정합
니다.

7   최종 확인 --

설정 정보를 최종적으로 확인한 후 생
성버튼을 클릭하여 클러스터를 생성합
니다. 쿠버네티스 클러스터 생성은 30
분 정도 소요되므로 여유를 갖고 기다
리면 됩니다.

8   생성 완료 --

생성이 완료되면 다음과 같이 클러스터
와 노드풀의 정보를 확인할 수 있습니다.
클러스터 정보 중에서 **클러스터 UUID**는
이후에 IAM 인증 **Kubeconifg 파일을 생
성할 때 필요**하니 확인해 두기 바랍니다.

[Server] 메뉴에 가면 노드풀 설정에 따라 생성된 서버를 확인할 수 있습니다. 서버 이름은 노드풀 이름으로 입력한 문자열 기준으로 생성되는데, 여기서는 **test123-0-000**과 같은 방식으로 생성되었습니다. 또한, 테스트를 위한 Rocky Linux 서버(k8s-test)를 추가로 생성했습니다.

76
01-2
LINUX 환경에서 쿠버네티스 클러스터 제어하기

쿠버네티스 클러스터를 생성하였다면 클러스터 제어를 위해 네이버 클라우드 플랫폼 쿠버네티스 서비스에서 제공하는 IAM 인증을 설정해야 하고 Kubeconfig 파일을 생성해야 합니다. Linux 환경과 Windows 환경에서의 제어 방법에 차이가 있으므로, 여기서는 먼저 **Linux 환경에서의 제어 방법**을 살펴보겠습니다. Windows 환경에서의 제어 방법은 **<550쪽>**을 참고합니다.

1 IAM 인증 설정

먼저 네이버 클라우드 플랫폼 쿠버네티스 서비스에서 제공하는 IAM 인증을 설정해야 합니다.

ncp-iam-authenticator 설치

네이버 클라우드 플랫폼에서 제공하는 ncp-iam-authenticator 바이너리를 통해 iam 인증 config 파일을 생성할 수 있습니다. 먼저 ncp-iam-authenticator 바이너리를 다운로드합니다.

```
curl -o ncp-iam-authenticator -L https://github.com/
NaverCloudPlatform/ncp-iam-authenticator/releases/latest/
download/ncp-iam-authenticator_linux_amd64
```

다운로드한 바이너리에 실행 권한을 추가합니다.

```
chmod +x ./ncp-iam-authenticator
```

bin/ncp-iam-authenticator 파일을 생성하고 $PATH에 추가한 다음 bash Profile에 추가합니다.

```
mkdir -p $HOME/bin && cp ./ncp-iam-authenticator $HOME/bin/ncp-
iam-authenticator && export PATH=$PATH:$HOME/bin
```

```
echo 'export PATH=$PATH:$HOME/bin' >> ~/.bash_profile
```

ncp-iam-authenticator가 정상적으로 작동하는지 테스트합니다.

```
ncp-iam-authenticator help
```

2 API Access Key 생성

네이버 클라우드 플랫폼 API 인증키는 **[콘솔] – [서브 계정] – [서브 계정 세부 정보] – [Access Key]** 탭에서
Access Key ID와 **Secret Key**를 가져와야 하며, 아직 만들어진 Key가 없다면 새로 만들어야 합니다.

> ⚙️ **API 인증키를 서브 계정으로 생성해야 하는 이유**
>
> 메인 계정은 클라우드 서비스의 최대 권한을 가지기 때문에 메인 계정으로 생성한 API도 메인 계정과 동
> 일한 최대 권한을 가지게 됩니다. 그러므로 메인 계정으로 API 인증키를 생성하게 되면 이 Key가 유출되
> 었을 때 심각한 문제가 생기기 때문에, 반드시 서브 계정에서 API 인증키를 생성해야 합니다.

API Gateway 접근 권한 설정

API Access Key를 생성했으면 다음으로 테스트를 위해 생성한 서버 [k8s-test]에 **API Gateway 접근**
권한을 다음 그림처럼 부여합니다.

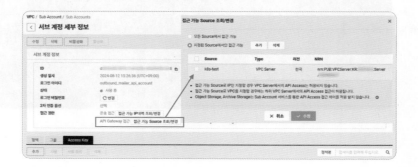

③ kubeconfig 파일 생성

🔲 환경변수 설정

다음 2가지 방법 중 하나를 이용해 **API 인증키를 환경변수에 등록**합니다.

▶ **첫번째 방법 : OS 환경 변수 설정**

```
export NCLOUD_ACCESS_KEY={Ncloud API AccessKey}
export NCLOUD_SECRET_KEY={Ncloud API SecretKey}
export NCLOUD_API_GW=https://ncloud.apigw.ntruss.com
```

▶ **두번째 방법 : 사용자 환경 홈 디렉터리에 configure 설정**

```
mkdir .ncloud
 cat << EOF > .ncloud/configure
[DEFAULT]
ncloud_access_key_id = {Ncloud API AccessKey}
ncloud_secret_access_key = {Ncloud API SecretKey}
ncloud_api_url = https://ncloud.apigw.ntruss.com
EOF
```

🔲 kubeconifg 파일 생성

환경변수에 등록이 되었다면 파일을 생성할 차례입니다.

다음 명령어로 클러스터에 대한 **IAM 인증 kubeconifg 파일**을 생성합니다. 클러스터 UUID 값은 클러스터 상세보기의 **[클러스터 이름 (UUID)]**에서 확인할 수 있습니다. 클러스 UUID 값 확인에 대한 내용은 **<542쪽>**을 참조합니다.

```
ncp-iam-authenticator create-kubeconfig --region <region-code>
--clusterUuid <cluster-uuid> --output <FileName>.yaml

## 예시
 ncp-iam-authenticator create-kubeconfig --region KR --clusterUuid
12345678-1234-1234-1234-1234567890 --output kubeconfig.yaml
```

4 kubectl 설치

쿠버네티스 클러스터를 제어할 **kubectl**을 설치하기 위해 필요한 파일을 다운로드합니다.

```
curl -LO "https://dl.k8s.io/release/$(curl -L -s https://dl.k8s.io/
release/stable.txt)/bin/linux/amd64/kubectl"
```

다운로드한 파일을 설치합니다.

```
sudo install -o root -g root -m 0755 kubectl /usr/local/bin/kubectl

# 버전 확인
 kubectl version --client --output=yaml
```

Chapter 1. Kubernetes Services

5 kubectl 실행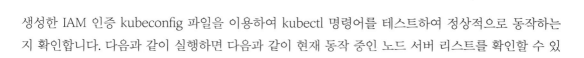

생성한 IAM 인증 kubeconfig 파일을 이용하여 kubectl 명령어를 테스트하여 정상적으로 동작하는지 확인합니다. 다음과 같이 실행하면 다음과 같이 현재 동작 중인 노드 서버 리스트를 확인할 수 있습니다.

```
kubectl get node --kubeconfig kubeconfig.yaml
```

실행 명령어 단축

앞에서 소개한 kubectl 명령은 뒤쪽에 kubeconfig 환경 설정 파일까지 입력해야 해서 다소 불편한데, 간단하게 줄일 수 있는 방법이 있습니다.

우선 만들어진 kubeconfig.yaml 파일을 **.kube/** 디렉토리 아래에 **config**로 이름을 바꾸어 이동 또는 복사합니다.

```
cp kubeconfig.yaml .kube/config
```

이렇게 하면 Kubectl을 사용 시 다음과 같이 -kuebeconfig 명령어 없이 사용할 수 있습니다.

```
kubectl get node
```

WINDOWS 환경에서
쿠버네티스 클러스터 제어하기

77
01-3

쿠버네티스 클러스터를 생성하였다면 클러스터 제어를 위해 네이버 클라우드 플랫폼 쿠버네티스 서비스에서 제공하는 IAM 인증을 설정해야 하고 Kubeconfig 파일을 생성해야 합니다. 이미 앞에서 Linux 환경에서의 제어 방법을 알아보았고, 여기서는 **Windows 환경에서의 제어 방법**을 살펴보겠습니다. Linux 환경에서의 제어 방법은 **<544쪽>**을 참고합니다.

1 IAM 인증 설정 --

클러스터를 제어하기 위해서는 먼저 네이버 클라우드 플랫폼 쿠버네티스 서비스에서 제공하는 IAM 인증을 설정해야 합니다.

ncp-iam-authenticator 설치

네이버 클라우드 플랫폼에서 제공하는 ncp-iam-authenticator 바이너리를 통해 iam 인증 config 파일을 생성할 수 있습니다. 먼저 **Windows Powershell**을 실행해서 ncp-iam-authenticator 바이너리를 다운로드합니다.

```
curl -o ncp-iam-authenticator.exe https://github.com/NaverCloudPlatform/
ncp-iam-authenticator/releases/latest/download/ncp-iam-authenticator_
windows_amd64.exe
```

ncp-iam-authenticator가 정상적으로 작동하는지 테스트합니다.

```
.\ncp-iam-authenticator help
```

2 API 인증키 생성

네이버 클라우드 플랫폼 API 인증키는 **[콘솔] - [서브 계정] - [서브 계정 세부 정보] - [Access Key]** 탭에서 **Access Key ID**와 **Secret Key**를 가져와야 하며, 아직 만들어진 Key가 없다면 새로 만들어야 합니다.

⚙ API 인증키를 서브 계정으로 생성해야 하는 이유

메인 계정은 클라우드 서비스의 최대 권한을 가지기 때문에 메인 계정으로 생성한 API도 메인 계정과 동일한 최대 권한을 가지게 됩니다. 그러므로 메인 계정으로 API 인증키를 생성하게 되면 이 Key가 유출되었을 때 심각한 문제가 생기기 때문에, 반드시 서브 계정에서 API 인증키를 생성해야 합니다.

3 kubeconfig 파일 생성

OS 환경 변수 설정을 통해 **API 인증키를 환경변수에 등록**합니다.

```
$env:NCLOUD_ACCESS_KEY='{Ncloud API AccessKey}'
$env:NCLOUD_SECRET_KEY='{Ncloud API SecretKey}'
$env:NCLOUD_API_GW='https://ncloud.apigw.ntruss.com'
```

환경변수에 등록이 되었다면 파일을 생성할 차례입니다.

다음 명령어로 클러스터에 대한 IAM 인증 Kubeconifg 파일을 생성합니다. 클러스터 UUID 값은 클러스터 상세보기의 **[클러스터 이름 (UUID)]**에서 확인할 수 있습니다. 클러스 UUID 값 확인에 대한 내용은 **<542쪽>**을 참조합니다.

```
ncp-iam-authenticator create-kubeconfig --region {region-code} --clusterUuid
{cluster-uuid} --output <FileName>.yaml

## 예시
.\ncp-iam-authenticator create-kubeconfig --region KR --clusterUuid 12345678-1234-
1234-1234-1234567890 --output kubeconfig.yaml
```

4 kubectl 설치 --⌐⊏

쿠버네티스 클러스터를 제어할 kubectl을 설치하기 위해 필요한 파일을 다운로드합니다. 다음 두가지 방법 중에 하나를 선택해 다운로드할 수 있습니다.

▶ **직접 다운로드** : https://dl.k8s.io/release/v1.24.0/bin/windows/amd64/kubectl.exe

▶ CURL 명령어 이용

```
curl.exe  -LO  "https://dl.k8s.io/release/v1.24.0/bin/
windows/amd64/kubectl.exe"
```

계속해서 버전 정보를 확인합니다.

```
.\kubectl version --client --output=yaml
```

```
Windows PowerShell

Windows PowerShell          ×   +   ∨

PS D:\k8s> curl.exe -LO "https://dl.k8s.io/release/v1.24.0/bin/windows/amd64/kubectl.exe"
  % Total    % Received % Xferd  Average Speed   Time    Time     Time  Current
                                 Dload  Upload   Total   Spent    Left  Speed
100   138  100   138    0     0    609      0 --:--:-- --:--:-- --:--:--   621
100 56.1M  100 56.1M    0     0   9.8M      0  0:00:05  0:00:05 --:--:-- 10.6M
PS D:\k8s> .\kubectl version --client --output=yaml
clientVersion:
  buildDate: "2024-12-11T18:05:36Z"
  compiler: gc
  gitCommit: 70d3cc986aa8221cd1dfb1121852688902d3bf53
  gitTreeState: clean
  gitVersion: v1.32.0
  goVersion: go1.23.3
  major: "1"
  minor: "32"
  platform: windows/amd64
kustomizeVersion: v5.5.0

PS D:\k8s>
```

5 kubectl 실행

생성한 IAM 인증 kubeconfig 파일을 이용하여 kubectl 명령어를 테스트하여 정상적으로 동작하는
지 확인합니다. 다음과 같이 실행하면 다음과 같이 현재 동작 중인 노드 서버 리스트를 확인할 수 있
습니다.

```
.\kubectl get node --kubeconfig kubeconfig.yaml
```

```
Windows PowerShell

Windows PowerShell          ×   +   ∨

PS D:\k8s> .\kubectl get node --kubeconfig kubeconfig.yaml
NAME            STATUS   ROLES    AGE    VERSION
test123-w-6m0j  Ready    <none>   3d1h   v1.30.8
PS D:\k8s>
```

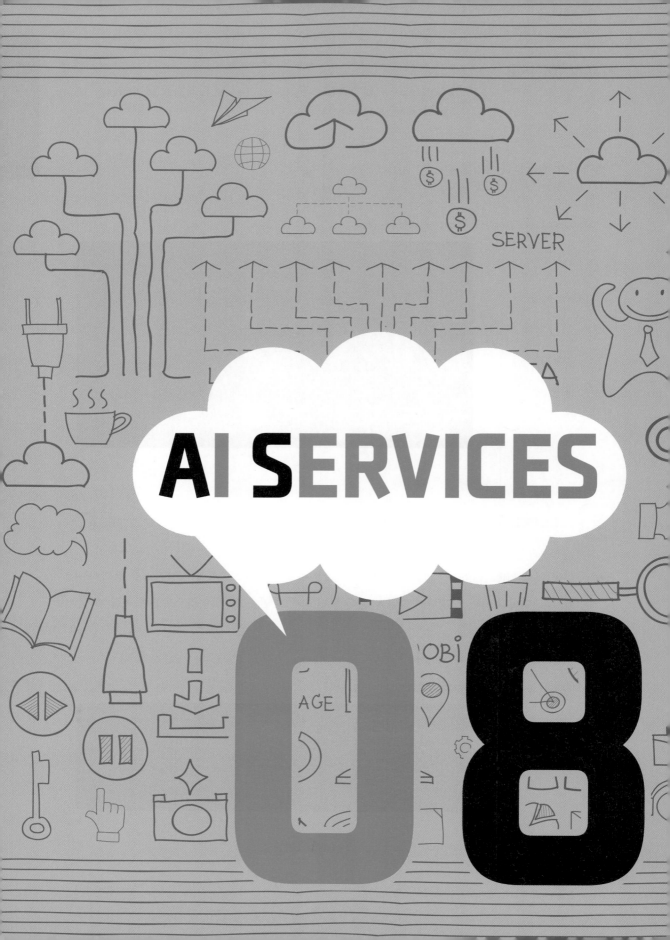

AI SERVICES

08

Clova OCR

TEMPLATE OCR 사용해 보기

01-1

네이버 클라우드 플랫폼의 Clova OCR은 전송한 문서나 이미지를 인식하여 사용자가 지정한 영역의 텍스트와 데이터를 정확하게 추출하는 서비스입니다. 여기서는 Clova OCR에서 제공하는 OCR 서비스 종류 중에서 **[Template OCR]**의 사용 방법을 [사업자등록증]을 예시로 정리해 보겠습니다.

{⚙️} **Clova OCR에서 제공하는 OCR 서비스의 종류**

[Clova OCR]에서 제공하는 OCR 서비스의 종류는 다음과 같습니다.

- General OCR : 텍스트/표를 추출하는 OCR

- **Template OCR :** 판독 영역을 직접 지정하여 인식값 추출 후 테스트 및 결과 전송이 가능한 템플릿 빌더를 지원하는 OCR

- Document OCR : 머신러닝 기반으로 문서의 의미적 구조를 이해하는 특화 모델 엔진을 탑재하여 입력 정보(key-value)를 자동 추출하는 OCR

---

1 도메인 생성

우선 **[CLOVA OCR]** – **[Domain]**에서 **[도메인 생성]** 버튼을 클릭합니다. General OCR과 Template OCR을 위한 [일반/템플릿 도메인]과 Document OCR을 위한 [특화 모델 도메인]중에서 **[일반/템플릿 도메인 생성]** 버튼을 클릭합니다.

도메인명과 도메인 코드를 입력하고, 지원 언어를 선택합니다. 서비스 타입은 **[템플릿]**, 인식 모델은 **[Basic]**, 서비스 플랜은 **[Free]**를 선택하고 [생성] 버튼을 클릭합니다.

⚙️ 요금 부과

CLOVA OCR은 도메인별 서비스 플랜에 따라 요금이 부과됩니다. Free 서비스 플랜을 제외한 모든 서비스 플랜은 CLOVA OCR API를 호출하지 않아도 기본 요금이 부과됩니다. 서비스 플랜에 따라 기본으로 제공되는 API 호출 수가 다르며, 기본 제공 건수 초과 시 추가 요금이 부과됩니다.

---

2 템플릿 생성 --

템플릿을 생성하기 위해 도메인 정보에서 오른쪽 끝에 있는 **[템플릿 빌더]** 버튼을 클릭합니다.

📟 템플릿 빌더

템플릿 빌더 화면에서는 API Gateway
연동, 템플릿 관리, 테스트, 사용 지
표 확인 등을 수행할 수 있습니다.

왼쪽에 있는 메뉴에서 **[템플릿 목록]**
을 선택하고, **[템플릿 생성]** 버튼을 클
릭합니다.

템플릿 기본 정보 입력

템플릿 기본 정보 항목에서 [템플릿명]을
입력하고 [확인] 버튼을 클릭해서 사용 가
능한 템플릿 이름인지 확인합니다

사용 가능한 템플릿명을 입력했다면 아래
쪽에 있는 대표 샘플 이미지 등록 영역이
활성화 됩니다. 이 영역을 클릭해서 **대표
샘플 이미지를 등록**합니다. 여기서는 미리
준비해 놓은 테스트용 사업자등록증을 등
록하였습니다.

대표 샘플 설정

대표 샘플 이미지 등록을 마치면 '대표 샘
플명을 입력해야 대표 샘플의 판독 필드
를 지정할 수 있다'는 안내 메시지가 나타
납니다. [대표 샘플명]을 입력하고 [확인] 버
튼을 클릭하면 [대표 샘플의 판독 필드]를
지정할 수 있는데, **[사업자등록증] 부분을 선
택**합니다.

대표 샘플의 판독 필드를 지정하고 나면, 템플릿 분류의 정확도 향상을 위해 대표 샘플명과 비슷한 유사어를 등록하라는 안내 메시지를 확인할 수 있습니다. **[유사어 관리]** 버튼을 클릭해서 [대표 샘플명]인 [사업자등록증]의 유사어를 **[사 업 자 등 록 증], [사업자 등록증]** 등과 같이 입력합니다.

판독 필드 지정

이제 실제로 이미지에서 판독할 필드를 지정해 보겠습니다. **[필드 추가]** 버튼을 클릭하면 필드 지정 영역이 이미지 위에 나타나는데, 원하는 영역을 선택하고 [체크] 아이콘을 클릭합니다. 여기서는 **등록번호 영역을 선택**했습니다.

판독 필드 선택을 마치면 오른쪽 아래에 첫번째 판독 필드를 뜻하는 **[필드 01]** 항목이 생성되는데, 여기에 **[필드 이름]을 입력**합니다. 여기서는 등록번호라고 입력합니다.

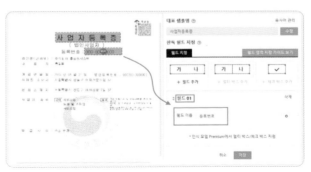

같은 방법으로 [법인명], [대표자], [사업장 소재지], [업태], [종목]까지 **총 6개 필드**를 지정하고 [필드 이름]을 입력한 다음 **[저장]** 버튼을 클릭합니다.

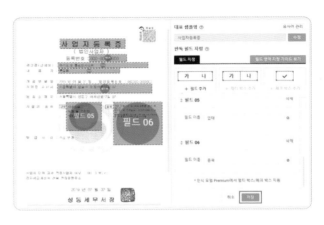

3 배포 관리 ---

생성이 끝난 템플릿을 실제로 사용하려면 [베타 배포]를 해야 합니다. 왼쪽 상단에 있는 **[배포 관리]** 메뉴로 이동해서 **[베타 배포]** 버튼을 클릭합니다.

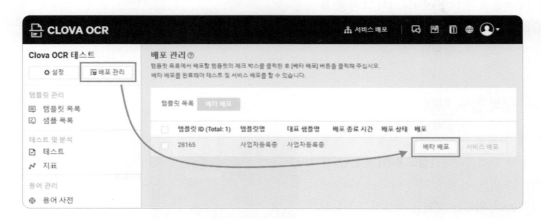

베타 배포를 할 것인지 묻는 [베타 배포] 확인 팝업이 나타나면 [확인] 버튼을 클릭합니다. 베타 배포가 시작되며, 완료되면 현재 배포 상태를 확인할 수 있습니다.

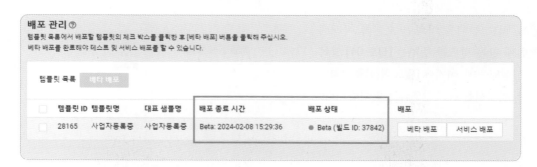

4 테스트 ---

베타 배포가 끝났으면 이제 테스트를 수행해 보겠습니다. **[테스트]** 메뉴에서 **[파일 업로드]** 버튼을 클릭하고 파일 업로드 팝업창에서 파일을 업로드합니다.

베타와 템플릿 판독 테스트
횟수를 합산하여 월 300회
무료 테스트를 제공합니다.

테스트 결과

테스트 결과 화면에서는 왼쪽에 업로드된 이미지 파일의 판독 영역을 볼 수 있고, 오른쪽에는 판독 영역에서 판독한 텍스트를 확인할 수 있습니다.

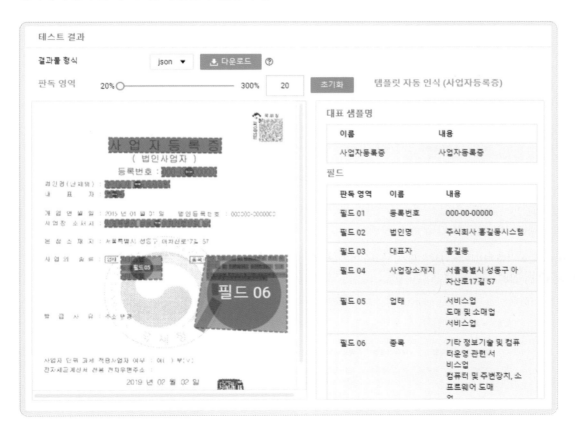

TEMPLATE OCR, API 연동 PHP 샘플 예제

79
01-2

네이버 클라우드 플랫폼 Clova OCR은 전송한 문서나 이미지를 인식하여 사용자가 지정한 영역의 텍스트와 데이터를 정확하게 추출하는 서비스입니다. 이미 앞에서 Template OCR을 사용하여 사업자등록증의 텍스트를 판독하는 템플릿을 만들어 보았습니다. 여기서는 **API를 이용해서 Template OCR로 [사업자등록증]을 인식하는 예제**를 PHP 코드로 정리해 보겠습니다.

1 서비스 배포

테스트는 Template을 미리 생성한 상태에서 진행합니다. **[배포 관리]**에서 **[서비스 배포]** 버튼을 클릭해서 해당 템플릿을 서비스 배포합니다.

서비스에 배포할 것인지 묻는 [서비스 배포] 확인 팝업에서 [확인] 버튼을 클릭합니다. [서비스 배포]가 완료되면 다음과 같이 배포 상태와 배포 종료 시간을 확인할 수 있습니다.

2 API Gateway 연동

[설정] - [API Gateway 연동] 탭에서 [연동] 버튼을 클릭합니다.

[API Gateway 연동]은 기본이 자동 연동입니다. API 연동에 필요한 [Secret Key]를 만들기 위해서 **[생성]** 버튼을 클릭합니다.

생성된 **[Secret key]**와 **[API Gateway Invoke URL]**을 복사해서 API 연동 코드에 사용합니다.

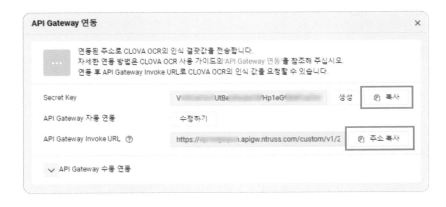

3 인식 필드

API 연동 코드를 작성하기 전에 이전에 생성했던 템플릿에서 인식 필드를 다시 한번 확인해 보겠습니다.

4 PHP 샘플 코드

Clova OCR API는 ①**파일 URL을 전달하는 방법**과 ②**파일을 업로드하는 방법**, 2가지로 구현할 수 있습니다. 각각의 PHP 코드를 살펴보겠습니다.

⊫ 파일 URL을 전달하는 방법

```php
<?php

    // Secret Key
```

```php
$ncloud_clova_ocr_secretkey = "Ijkouhuh**중간 생략**Ht86ghvhj&T*^VHJ&T*R^FVHJHJ";

// API Gateway Invoke URL
$api_url = "https://***.apigw.ntruss.com/custom/v1/28410/**중간 생략**/infer";

// Template ID
$ncloud_clova_ocr_template_ids = [28165];

$unixtimestamp = round(microtime(true) * 1000);

// http 호출 헤더값 설정
$http_header = array();
$http_header[0] = "X-OCR-SECRET: ".$ncloud_clova_ocr_secretkey."";
$http_header[1] = "Content-Type:application/json; charset=utf-8";

$ocr_request_id = "ocr-test".$unixtimestamp;

// 전송할 값들을 배열 형태로 저장
$postvars = [
  "version"=> "V2",
  "requestId"=> $ocr_request_id,
  "timestamp"=> $unixtimestamp,
  "lang"=> "ko",
  "images"=> [
    [
      "format"=> "jpg",
      "name"=> "ocr-test",
      "data"=> null,
      "url"=> "https://kr.object.ncloudstorage.com/(버킷 이름)/ocr-test.jpg",
      "templateIds=> $ncloud_clova_ocr_template_ids
    ]
  ]
];

// 배열 형태로 저장한 값들을 json 형태로 변환
$json_portvars = json_encode($postvars);

// api 호출
$ch = curl_init();
curl_setopt($ch, CURLOPT_URL, $api_url);
```

API Gateway 연동 후에 생성된 Secret Key와 Invoke URL을 복사해서 입력하고, Template ID도 설정합니다.

POST로 전송할 값들을 먼저 배열 형태로 저장한 후 json 형태로 변환합니다.

파일 URL을 전달하는 방식이므로 data 값은 null로 설정합니다.

준비를 모두 마쳤으면 API를 호출하고, 반환된 결과 값을 파싱해서 출력합니다.

08 · AI SERVICES

```php
    curl_setopt($ch, CURLOPT_SSL_VERIFYPEER, FALSE);
    curl_setopt($ch, CURLOPT_RETURNTRANSFER, TRUE);
    curl_setopt($ch, CURLOPT_POST, TRUE);
    curl_setopt($ch, CURLOPT_HTTPHEADER, $http_header);
    curl_setopt($ch, CURLOPT_POSTFIELDS, $json_portvars);

    $json_response = curl_exec($ch);
    $err = curl_error($ch);
    $status_code = curl_getinfo($ch, CURLINFO_HTTP_CODE);

    curl_close($ch);

    if ($json_response && $status_code == "200")
    {
      $obj_response_array = json_decode($json_response, true);
      $obj_clova_ocr_data = $obj_response_array["images"][0];

      // 사업자 등록번호
      $business_number = $obj_clova_ocr_data["fields"][0];
      $business_number= $business_number["inferText"];

      //=============== 중간 생략 ================= //

      // 종목
      $business_item = $obj_clova_ocr_data["fields"][5];
      $business_item= $business_item["inferText"];

      echo("사업자 등록번호:".$business_number."<br />");
      echo("종목:".$business_item."<br />");
    }
    else
    {
      $obj_error_response_array = json_decode($json_response, true);
    }
?>
```

> Template을 생성할 때 설정했던 인식 필드에서 [필드 01]은 첫번째 값으로 반환되므로 여기서는 $obj_clova_ocr_data["fields"][0]에 해당됩니다. 마찬가지로 나머지 필드도 순서대로 가져오면 인식된 값을 확인할 수 있습니다.

⌁ 파일을 업로드하는 방법

```php
<?php

  // 업로드한 파일을 바이너리로 읽어서 BASE64로 인코딩
  $ocr_upload_file = $_FILES["clova_ocr_upload_file"];
  $ocr_upload_file_tmp_name = $ocr_upload_file["tmp_name"];

   $ocr_upload_file_binary = fread(fopen($ocr_upload_file_tmp_name, "r"),
filesize($ocr_upload_file_tmp_name));
  $ocr_upload_file_string = base64_encode($ocr_upload_file_binary);


  // Secret Key
  $ncloud_clova_ocr_secretkey = "Ijkouhuh89**중간 생략**hvhj&T*^VHJ&T*R^FVHJHJ";


  // API Gateway Invoke URL
  $api_url = "https://***.apigw.ntruss.com/custom/v1/28410/**중간 생략**/infer";


  // Template ID
  $ncloud_clova_ocr_template_ids = [28165];


  $unixtimestamp =  round(microtime(true) * 1000);

  // http 호출 헤더값 설정
  $http_header = array();
  $http_header[0] = "X-OCR-SECRET: ".$ncloud_clova_ocr_secretkey."";
  $http_header[1] = "Content-Type:application/json; charset=utf-8";


  $ocr_request_id = "ocr-test".$unixtimestamp;

  // 전송할 값들을 배열 형태로 저장
  $postvars = [
    "version"=> "V2",
    "requestId"=> $ocr_request_id,
    "timestamp"=> $unixtimestamp,
    "lang"=> "ko",
    "images"=> [
      [
```

API Gateway 연동 후에 생성된 Secret Key와 Invoke URL을 복사해서 입력하고, Template ID도 설정합니다.

POST로 전송할 값들을 먼저 배열 형태로 저장한 후 json 형태로 변환합니다.

```php
            "format"=> "jpg",
            "name"=> "ocr-test",
            "data"=> $clova_ocr_upload_file_string,
            "url"=> null,
            "templateIds"=> $ncloud_clova_ocr_template_ids
        ]
    ]
];

// 배열 형태로 저장한 값들을 json 형태로 변환
$json_portvars = json_encode($postvars);

// api 호출
$ch = curl_init();
curl_setopt($ch, CURLOPT_URL, $api_url);
curl_setopt($ch, CURLOPT_SSL_VERIFYPEER, FALSE);
curl_setopt($ch, CURLOPT_RETURNTRANSFER, TRUE);
curl_setopt($ch, CURLOPT_POST, TRUE);
curl_setopt($ch, CURLOPT_HTTPHEADER, $http_header);
curl_setopt($ch, CURLOPT_POSTFIELDS, $json_portvars);

$json_response = curl_exec($ch);
$err = curl_error($ch);
$status_code = curl_getinfo($ch, CURLINFO_HTTP_CODE);

curl_close($ch);

if ($json_response && $status_code == "200")
{
    $obj_response_array = json_decode($json_response, true);

    $obj_clova_ocr_data = $obj_response_array["images"][0];

    // 사업자 등록번호
    $business_number = $obj_clova_ocr_data["fields"][0];
    $business_number= $business_number["inferText"];

    //============== 중간 생략 ================ //
```

파일을 업로드하는 방식이므로 url 값은 null로 설정합니다.

준비를 모두 마쳤으면 API를 호출하고, 반환된 결과 값을 파싱해서 출력합니다.

Template을 생성할 때 설정했던 인식 필드에서 [필드 01]은 첫번째 값으로 반환되므로 여기서는 $obj_clova_ocr_data["fields"][0]에 해당됩니다. 마찬가지로 나머지 필드도 순서대로 가져오면 인식된 값을 확인할 수 있습니다.

```php
    // 종목
    $business_item = $obj_clova_ocr_data["fields"][5];
    $business_item= $business_item["inferText"];

    echo("사업자 등록번호:".$business_number."<br />");
    echo("종목:".$business_item."<br />");


}
else
{
    $obj_error_response_array = json_decode($json_response, true);
}
?>
```

5 결과

인식 결과	
사업자번호	000-00-00000
업체명	주식회사 홍길동시스템
대표자	홍길동
주소	서울특별시 성동구 아차산로17길 57
업태	서비스업 도매 및 소매업 서비스업
종목	기타 정보기술 및 컴퓨터운영 관련 서비스업 컴퓨터 및 주변장치, 소프트웨어 도매업 컴퓨터시스템 통합 자문 및 구축 서비스업, 컴퓨터시 설 관리업, 컴퓨터 프로그래밍 서비스업

APPLICATION
SERVICES

09

Cloud Outbound Mailer

80 대량 메일 발송하기

01-1

네이버 클라우드 플랫폼 서비스 중에서 각종 공지나 이벤트, 마케팅 등의 목적으로 회원들에게 대량의 메일을 발송해야 할 때 사용할 수 있는 것이 **Cloud Outbound Mailer**입니다. 대량 메일을 발송하는 방법은 여러 가지가 있지만 그 중에서도 가장 자주, 간편하게 사용하는 것이 Excel 등의 파일을 업로드해서 발송하는 방법입니다.

1 이용 신청 ----------------------------------

Cloud Outbound Mailer를 사용하기 위해서는 먼저 이용 신청을 해야 합니다. **[Console] - [Cloud Outbound Mailer] - [Mailing list]**에서 **[이용 신청]** 버튼을 클릭합니다. 이후 서비스 이용약관 동의 창이 나오는데 동의 후 [확인] 단추를 클릭합니다.

② 도메인 인증

Gmail에서는 2024년 2월부터 새로운 이메일 발신자 가이드라인을 적용하면서 도메인 인증을 받지 않은 경우 메일이 스팸으로 처리되거나 제대로 전송되지 않을 수 있다고 공지하고 있습니다. 그래서 네이버 클라우드 플랫폼에서도 도메인 인증을 받아야만 Gmail로 메일을 발송할 수 있도록 하고 있습니다. 그러므로 메일 발송 전에 도메인 인증을 받는 것을 권장합니다. 도메인 인증 방법에 대한 자세한 내용은 **<577쪽>**을 참고합니다.

③ 메일 작성

메일링 리스트 화면에서 **[발송하기]** 버튼을 클릭하면 메일 발송하기 화면이 나타납니다. 이 중에서 메일 주소, 제목, 내용, 받는 사람은 필수 입력 사항입니다. Excel 파일을 이용해 대량 메일을 발송하려면 **[파일 업로드를 통한 대량 메일발송]** 옵션을 선택합니다.

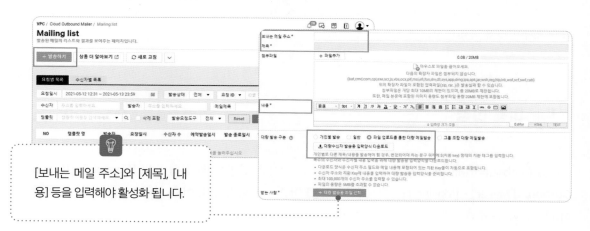

> [보내는 메일 주소]와 [제목], [내용] 등을 입력해야 활성화 됩니다.

대량 메일 발송용 입력양식

[대량수신자 발송용 입력양식 다운로드] 단추를 클릭해 Cloud Outbound Mailer에서 제공하는 메일 발송용 입력양식(EXCEL 파일)을 다운로드해 확인해 보면, **[수신자 Email 주소]** 와 **[NAME]** 이렇게 2가지 항목으로 구성되어 있습니다.

그 외에도 필요한 항목들을 직접 추가해서 사용할 수 있습니다. 여기서는 **[GRADE]**, **[GIFT]** 항목을 추가해서 테스트해 보겠습니다. 추가 항목의 이름은 어떤 것이든 상관없습니다. 실제 메일 내용에서 동일한 이름을 사용하기만 하면 문제 없습니다.

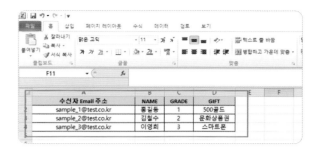

발송 메일 정보 입력

우선, 보내는 이름과 보내는 메일주소, 제목을 입력합니다. 제목에는 대량 메일 수신자들의 이름이 들어가도록 위에서 확인한 입력 양식에 있던 이름에 해당하는 **[NAME]** 필드가 들어갈 수 있도록 **${NAME}** 코드를 사용해 내용을 입력합니다.

내용 입력

내용은 직접 입력해도 되고, 별도로 제작된 html 파일을 이용할 수도 있습니다. Cloud Outbound Mailer에서는 html 파일 업로드는 지원하지 않으므로, html 소스를 직접 복사해서 화면에 입력해야 합니다. 별도로 준비한 html 파일이 있다면 <body>와 </body> 태그 사이에 있는 내용을 복사해서 에디터의 **HTML** 모드에 붙여넣습니다.

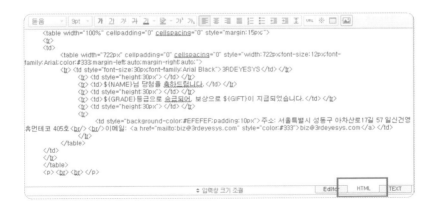

대량 메일 발송하기

> ⚙ **html 문서의 css 파일 또는 style 태그**
>
> 스타일은 css 파일이나 style 태그를 사용하지 말고 가급적 태그 안에 inline으로 적용하는 것이 좋습니다. 메일 서비스별로 head 태그만 없애는 곳도 있고, style 태그를 모두 없애거나 body 태그 안쪽의 내용만 남기고 모두 없애는 곳도 있기 때문에 inline 형식으로 적용하는 것이 가장 안전합니다.

복사한 html을 [Editor] 모드에서 확인해 보면 다음과 같이 보입니다. 앞에서 준비한 입력양식 Excel 파일에 있던 **${NAME}, ${GRADE}, ${GIFT} 항목**을 적절하게 배치해서 입력한 것을 확인할 수 있습니다. 이 부분에 각각 받는 사람별로 다른 내용이 작성되는 것입니다.

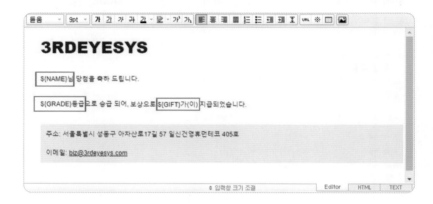

🖥 대량메일 수신자 파일 등록

앞에서 준비했던 대량메일 수신자 정보가 들어있는 Excel 파일을 등록하고 **[확인 후 발송]** 버튼을 클릭합니다. 바로 발송을 해도 되지만, 그 전에 먼저 메일 내용이 제대로 표시되는지, 수신자 목록은 문제 없이 로딩되었는지 확인한 후에 발송하는 것이 안전합니다.

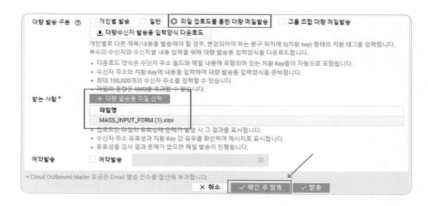

4 발송 준비 -----------------

확인 후 발송을 선택하면 그림과 같이 [발송 준비] 상태로 리스트에 나타납니다. 이 상태에서 수신자
와 메일 내용이 올바르게 설정되었는지 확인하기 위해 **[수신자별 목록]** 탭을 선택합니다.

수신자별 목록

수신자별 목록을 살펴보면 다음과 같이 나
옵니다. Excel 파일에 등록해 두었던 이름과
이메일 주소가 문제없이 나타난 것을 확인
합니다.

메일 내용 확인

수신자별 목록 중에서 하나를 선택하면 상세 내용이 나오는데, 그 중에서 아래쪽에 있는 **[내용보기]** 버
튼을 클릭해서 메일 본문 내용에도 이상이 없는지 확인합니다.

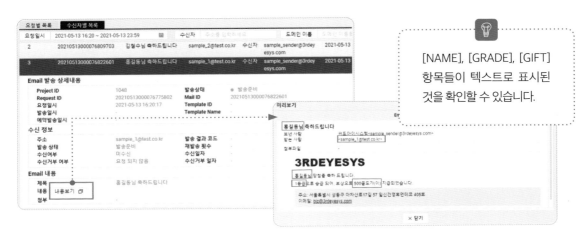

[NAME], [GRADE], [GIFT]
항목들이 텍스트로 표시된
것을 확인할 수 있습니다.

5 메일 발송

내용까지 모두 이상 없음을 확인하였다면 다시 **[요청별 목록]**으로 돌아와서 **[즉시 발송]** 버튼을 클릭해 메일을 발송합니다.

메일 도착 확인

실제 존재하는 메일 주소로 발송
해보면 메일이 잘 도착된 것을
확인할 수 있습니다.

⚙ 메일 발송 도메인

Cloud Outbound Mailer 서비스를 이용해 발송한 대량 메일의 발송 도메인은 email.ncloud.com 입니다.
구글 계정으로 보낸 메일에서 발송 도메인을 확인해 보면 알 수 있을 것입니다.

81
01-2
도메인 인증 방법 3가지(SPF, DKIM, DMARC)

네이버 클라우드 플랫폼 Cloud Outbound Mailer를 사용할 때 도메인을 등록하고 SPF, DKIM, DMARC 인증을 받으면 발신자 자격을 입증할 수 있고 타인이 도메인을 사칭해 메일을 발송하는 것을 막을 수 있습니다. 또한, 인증된 도메인임을 증명함으로써 수신측 메일 서비스에서 차단되거나 스팸 처리될 가능성도 매우 낮아지는 이점이 있으므로 가능하면 도메인 인증을 하는 것이 좋습니다.

09 · APPLICATION SERVICES

1 도메인 인증 종류

다음 3가지 인증을 모두 적용해야 메일을 문제 없이 발송할 수 있습니다.

- **SPF(Sender Policy Framework) 인증** : 메일 발신자 정보가 DNS에 등록된 메일 서버 정보와 일치하는지 확인하여 발신자 위조 여부를 확인합니다.
- **DKIM(DomainKeys Identified Mail) 인증** : 메일 헤더에 디지털 서명을 추가하여 메일의 위변조 여부를 확인합니다.
- **DMARC(Domain-based Message Authentication, Reporting, and Conformance) 인증** : SPF 및 DKIM과 함께 작동하여 메일 발신자를 인증하면서, SPF 및 DKIM 인증에 실패한 도메인의 발신 메일을 어떻게 처리할지 설정할 수 있습니다.

2 도메인 등록

[Cloud Outbound Mailer] - [Domain Management]에서 [도메인 등록] 버튼을 클릭합니다. 이메일 발송 주소로 사용할 도메인을 입력한 후, [인증 토큰 생성] 버튼을 클릭합니다. 인증 토큰이 생성되면 [복사하기] 버튼을 클릭하여 인증 토큰 정보를 복사합니다. [등록] 버튼을 클릭하여 도메인 등록을 완료합니다.

🖧 인증 대기

도메인 등록을 완료하면 다음과 같이 미인증 상태로 인증 대기중인 화면을 확인할 수 있습니다.

🖧 인증 토큰 적용

해당 도메인을 등록한 DNS 서비스 업체에서 [인증 토큰]을 등록하면 되는데, 여기서는 네이버 클라우드 플랫폼의 DNS 서비스인 **[Global DNS]**에서 다음과 같이 TXT 레코드에 추가했습니다.

인증 확인

DNS 서비스에 [인증 토큰]을 등록하고 잠시 기다렸다가 [도메인 인증 토큰] 항목에 있는 **[인증]** 버튼을 클릭하면 다음과 같이 [인증 일시] 시각을 확인할 수 있습니다.

> 인증에 실패했다는 메시지가 나타날 경우 조금 더 기다렸다가 다시 [인증] 버튼을 클릭해보고, 그래도 인증에 실패하면 DNS에 [인증 토큰]이 제대로 등록되었는지 확인합니다.

3 SPF 인증

도메인 인증이 끝났으면 다음으로 **[SPF] 인증**을 해보겠습니다. SPF(Sender Policy Framework) 인증은 메일 발신자 정보가 DNS에 등록된 메일 서버 정보와 일치하는지 확인하여 발신자 위조 여부를 확인하기 위한 인증입니다.

인증 레코드 확인

우선 **[SPF 레코드]** 항목에 있는 **[보기]** 버튼을 클릭한 후 팝업에 나타난 **인증 레코드를 복사**합니다.

🖧 DNS 레코드 등록

앞에서 복사한 인증 레코드를 DNS에 등록합니다. 이때 기존에 등록된 SPF 레코드가 존재할 경우에는 기존 레코드 문자열에 포함해서 등록해야 합니다.

```
# 신규 등록일 경우
v=spf1 include:email.ncloud.com ~all

# 다른 SPF 레코드가 존재할 경우 예시
v=spf1 ip4:123.123.123.123 include:email.ncloud.com ~all
```

🖧 인증 확인

인증 레코드를 등록하고 잠시 기다렸다가 **[SPF 레코드]** 항목에 있는 **[인증]** 버튼을 클릭하면 다음과 같이 [인증 일시] 시각을 확인할 수 있습니다. 인증에 실패했다는 메시지가 나타날 경우 조금 더 기다렸다가 다시 [인증] 버튼을 클릭해보고, 그래도 인증에 실패하면 DNS에 [인증 레코드]가 제대로 등록되었는지 확인해 보기 바랍니다.

🖧 인증 사용

인증이 완료되었으면 향후 Cloud Outbound Mailer에서 메일을 발송할 때 [SPF 인증]이 적용되도록 [사용하기]를 설정해야 합니다. 다음 그림처럼 **[SPF 레코드]** 항목에 있는 **[사용]** 버튼을 클릭합니다.

> 💡 [SPF 인증] 사용하기가 설정되면 [사용] 버튼은 [사용 중] 상태로 바뀌면서 [사용 중지] 버튼이 활성화 됩니다.

④ DKIM 인증 --

다음으로 **[DKIM]** 인증을 해보겠습니다. DKIM(DomainKeys Identified Mail) 인증은 메일 헤더에 디지털 서명을 추가하여 메일의 위변조 여부를 확인하기 위한 인증입니다.

서명키 확인

우선 [DKIM] 서명키를 확인하기 위해 **[DKIM 레코드]** 항목에 있는 **[보기]** 버튼을 클릭한 후 팝업에 나타난 **[DKIM] 서명키를 복사**해서 DNS에 등록합니다.

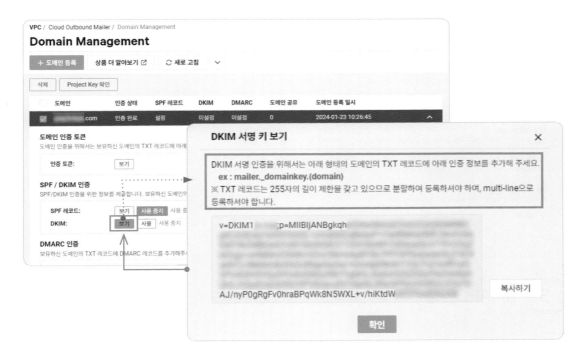

> ### 🔩 DNS에 등록할 때 TXT 레코드의 호스트명
>
> DNS에 등록할 때 TXT 레코드의 호스트명은 반드시 **mailer._domainkey**를 사용해야 합니다.
>
> TXT 레코드는 255자의 길이 제한이 있는데, 네이버 클라우드 플랫폼에서 제공하는 DKIM 서명키는 255자를 넘기 때문에 분할하여 multi-line으로 등록해야 합니다. 네이버 클라우드 플랫폼 Global DNS를 사용할 경우에는 분할할 필요 없이 그대로 등록하면 자동으로 분할 등록되므로 편리합니다. DNS 설정에서 255자 이상의 TXT 레코드 등록하는 방법은 **<293쪽>**을 참고합니다.

⚡ DNS 등록

다음과 같이 호스트명을 **mailer._domainkey** 로
입력하고, **[DKIM] 서명키를 등록**했습니다.

⚡ 인증 사용

인증이 완료되었으면 향후 Cloud Outbound Mailer에서 메일을 발송할 때 [DKIM 인증]이 적용되도록 [사용하기]를 설정해야 합니다. 다음 그림처럼 **[DKIM]** 항목에 있는 **[사용]** 버튼을 클릭 합니다.

> 💡 [DKIM 인증] 사용하기가 설정
> 되면 [사용] 버튼은 [사용 중]
> 상태로 바뀌면서 [사용 중지]
> 버튼이 활성화 됩니다.

5 DMARC 인증

마지막으로 **[DMARC] 인증**을 해보겠습니다. DMARC 인증은 SPF 및 DKIM과 함께 작동하여 메일 발신자를 인증하면서, SPF 및 DKIM 인증에 실패한 도메인의 발신 메일을 어떻게 처리할지 설정할 수 있습니다. [DMARC] 인증은 다른 인증과 달리 **레코드 값을 직접 설정해서 등록**해야 합니다.

⇱ DMARC 레코드 값 준비

DMARC 레코드 이름, 즉 호스트명은 반드시 **_dmarc** 를 입력해야 하며, DKIM과 동일하게 레코드 타입은 TXT로 해야 합니다. DMARC 레코드의 값은 다음과 같은 형식으로 구성됩니다.

Example → **v=DMARC1; p=none; aspf=r; adkim=r; rua=mailto:report@example.com**

항목	입력값 및 설명	필수 여부
v	**버전을 의미** • DMARC1으로 입력	필수
p	**수신 서버에서 DMARC로 인증되지 않은 메일에 대한 처리 방법** • none : 조치하지 않고 메일 수신 • quarantine : 스팸 메일함으로 수신 • reject : 수신을 차단하고 반송 처리	필수
sp	**하위 도메인에서 전송된 메일에 대한 정책** • none : 조치하지 않고 메일 수신 • quarantine : 스팸 메일함으로 수신 • reject : 수신을 차단하고 반송 처리	필수 아님
aspf	**메일 정보와 spf 서명의 문자열 일치 여부 설정** • s : 모든 부분 일치 • r : (기본값) 부분 일치를 허용, 서브 도메인 허용	필수 아님
adkim	**메일 정보와 dkim 서명의 문자열 일치 여부 설정** • s : 모든 부분 일치 • r : (기본값) 부분 일치를 허용, 서브 도메인 허용	필수 아님
rua	**해당 도메인의 DMARC 처리 보고서를 수신할 이메일 주소** • 메일 주소 앞에 mailto: 입력 • 쉼표(,)를 연결하여 여러 이메일 주소 지정 가능	필수 아님

⊟ DNS 등록

다음과 같이 호스트명을 **_dmarc** 로 입력하고, **[DMARC]** 레코드를 등록했습니다.

⊟ 인증 확인

인증 레코드를 등록하고 잠시 기다리면 **[DMARC 인증]** 항목에 있는 **[인증 일시]** 시각이 나타나는 것을 확인할 수 있습니다.

6 도메인 인증 결과 테스트

실제로 Gmail로 메일을 발송한 후 인증 결과를 테스트해 보겠습니다. Gmail 계정쪽으로 메일을 발송한 후 Gmail에 접속해서 도착한 메일을 선택하고, 오른쪽 끝에 있는 [점3개] 아이콘을 클릭하면 나타나는 메뉴에서 **[원본 보기]**를 선택합니다.

인증 PASS

메일의 **[원본 보기]**를 확인해보면 다음과 같이 [SPF], [DKIM], [DMARC] 3가지 인증 모두 **PASS**(인증이 정상적으로 완료) 되었다는 것을 알 수 있습니다.

SourceCommit

82
01-1

SOURCECOMMIT에서
GITHUB 리포지토리 복사해 가져오기

네이버 클라우드 플랫폼 SourceCommit에서 GitHub 리포지토리(Repository)를 복사해서 가져오기 위해서는 **[외부 리포지토리 복사]** 기능을 이용해야 하는데, Public Repository는 간단하게 가져올 수 있지만, Private Repository는 GitHub에서 생성한 별도의 **Personal access token**을 사용해야 가져올 수 있어서 그 내용을 정리해 보겠습니다.

10 · DEVELOPER TOOLS

1 외부 리포지토리 복사

SourceCommit에서 **[외부 리포지토리 복사]** 버튼을 클릭합니다.

2 Public Repository

퍼블릭 리포지토리는 다음과 같이 **[복사할 Git URL]** 정보를 입력한 후에 **[Git 연결 확인]** 버튼을 클릭해서 올바른 리포지토리인지 확인한 후 **[다음]** 버튼을 클릭해 이후 과정을 진행하면 완료됩니다.

3 Private Repository

프라이빗 리포지토리는 **[프라이빗 리포지토리 여부]** 옵션을 켜고 **[ID]**와 **[Password]**를 입력해야 복사해올 수 있습니다.

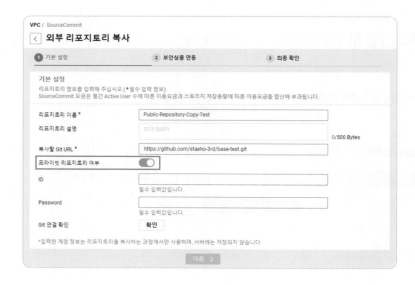

🖳 Password 오류

깃허브 계정과 패스워드를 입력하고 [Git 연결 확인] 버튼을 클릭해 보면 ID 또는 Password가 올바르지 않다는 메시지가 나타납니다. 올바르게 입력했음에도 이런 오류가 발생하는 것은 2021년 8월부터 외부에서 깃허브에 연결하려고 할 때 **계정 패스워드를 사용하지 않고 토큰을 사용하는 방식으로 바뀌었기 때문**입니다.

④ Personal Access Token 생성 ------------------------⊏▭

그러면 지금부터 **Personal access token**을 생성해 보겠습니다. 깃허브 사이트에 접속해서 **[계정] - [Settings]**를 클릭합니다.

[Settings] 화면 아래쪽에 있는 **[Developer settings]** 메뉴를 클릭합니다.

[Developer settings] 화면에서 **[Personal access tokens]** 메뉴를 클릭하고 **[Generate new token]** 버튼을 클릭합니다.

🖧 Token 생성

우선 Personal access token 생성 화면에서 **토 큰 이름**을 입력하고 **만료기간**을 설정합니다. 그 리고, 토큰으로 이용 가능한 기능의 범위 즉, 권 한 설정을 해야 하는데 단순히 리포지토리를 복사하는 용도라면 **[repo]** 그룹 항목만 체크하 셔도 됩니다. 설정을 마친 후에 아래쪽에 있는 **[Generate token]** 버튼을 클릭합니다.

🖧 Token 복사

생성된 Personal access token을 복사합니다. 생성된 Token은 바로 복사해 두어야 합니다. **이 화면을 벗어나면 이후에 다시 토큰 문자열을 확인할 수 없기 때문입니다.**

5 Personal Access Token 입력 - ⊏⊏

[Password] 항목에 **Personal Access Token**을 입력하고, **[Git 연결 확인]** 버튼을 클릭하면 문제 없이 연결되는 것을 확인할 수 있습니다.

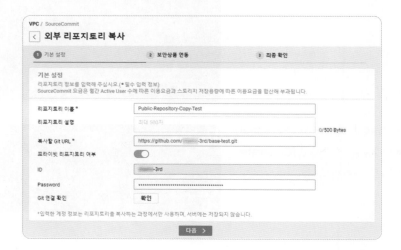

6 보안상품 연동

리포지토리에 악성코드 필터링 보안 시스템인 **File Safer**를 연동하고 싶은 경우 **[FILE SAFER 이용 신청]** 링크를 클릭해 먼저 이용 신청을 하면 됩니다. 여기서는 그냥 [다음] 단추를 클릭합니다.

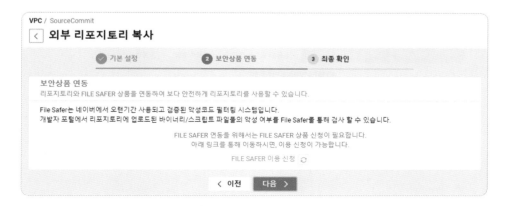

7 최종 확인

입력한 정보들이 이상이 없는지 최종 확인을 하고 **[생성]** 버튼을 클릭합니다.

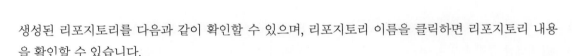

8 Repository 확인

생성된 리포지토리를 다음과 같이 확인할 수 있으며, 리포지토리 이름을 클릭하면 리포지토리 내용을 확인할 수 있습니다.

다음과 같이 깃허브에서 복사된 내용을 확인할 수 있습니다.

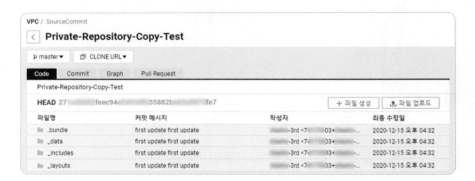

9 Personal Access Token 분실

Personal Access Token이 기억나지 않거나 분실했을 경우에는 다음과 같은 방법으로 재생성하면
됩니다. 깃허브의 **[Settings]** – **[Developer settings]** – **[Personal access token]** 메뉴에
서 토큰 이름을 클릭합니다.

토큰 수정 메뉴에서 **[Regenerate token]** 버튼
을 클릭합니다.

만약 만료 기간을 수정하려면 수정한 후에 **[Regenerate token]** 버튼을 클릭합니다.

재생성된 **[Personal access token]을 복사**합니다 마찬가지로 이 화면을 벗어나면 두번 다시 확인할 수 없으니 꼭 복사해서 별도로 저장합니다.

## Chapter 2

Jenkins

JENKINS 서버 설치 가이드

02-1

네이버 클라우드 플랫폼의 Classic 환경에서는 Jenkins 서버 이미지를 제공하고 있지만, VPC 환경에서는 제공하지 않기에 VPC 환경의 록키 리눅스(Rocky Linux) 서버에 Jenkins 서버를 설치하는 과정을 별도로 정리해 보겠습니다.

⚙️ Jenkins에 대하여

Jenkins는 지속적 통합(Continuous Integration, CI)과 지속적 배포(Continuous Delivery, CD)를 위한 대표적인 도구로 빌드, 테스트, 배포 프로세스를 자동화하여 소프트웨어 품질 향상과 개발 생산성 향상, 그리고 지속적 통합을 통한 안정적인 릴리즈 배포에 도움을 주는 도구입니다.

---

1 설치 과정 --◁═

🖧 패키지 저장소 추가

먼저 Jenkins의 패키지 저장소를 추가합니다.

```
wget -O /etc/yum.repos.d/jenkins.repo https://pkg.jenkins.io/redhat-
stable/jenkins.repo
```

GPG 키 추가

그런 다음 Jenkins GPG 키를 다음과 같이 추가합니다.

```
rpm --import https://pkg.jenkins.io/redhat-stable/jenkins.io-2023.key
```

2 패키지 업데이트

계속해서 패키지 관련한 보안-버그 수정 사항만 최소한으로 업데이트를 진행합니다.

```
dnf -y upgrade-minimal
```

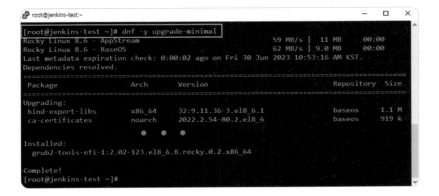

JAVA 설치

Jenkins를 구동하기 위해서 필요한 JAVA 17 버전을 설치합니다.

```
dnf -y install java-17-openjdk
```

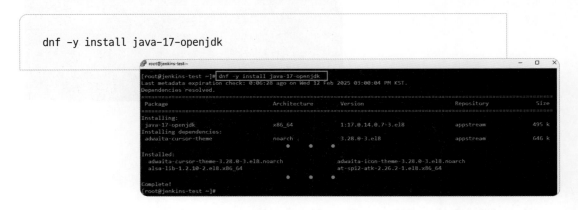

JAVA 버전 선택

현재 시스템에 설치된 JAVA는 기본 설치 버전인 [java-1.8.0]과 앞에서 설치한 [java-17] 이렇게 2가지인데, Jenkins는 [java-17] 버전을 사용하므로 다음 명령어로 [java-17] 버전이 기본으로 적용되도록 설정을 변경하고, 변경한 버전을 확인합니다.

```
update-alternatives --config java
java -version
```

명령어 입력 후 나타난 선택 화면에서 [java-17] 버전에 해당하는 2번을 입력합니다. 그리고, 변경이 제대로 되었는지 java 버전을 확인합니다.

Jenkins 설치

모든 준비가 끝났으면 Jenkins를 설치합니다.

```
dnf -y install jenkins
```

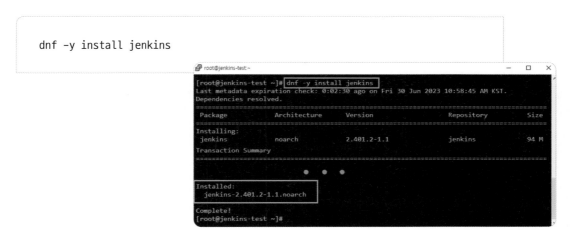

Jenkins 서비스 시작

Jenkins 서비스를 시작하고 정상 작동을 하는지 다음과 같이 확인합니다.

```
systemctl daemon-reload
systemctl enable jenkins
systemctl start jenkins
systemctl status jenkins
```

3 방화벽 ACG 설정

Jenkins 서버가 사용하는 기본 포트는 8080 입니다. 네이버 클라우드 플랫폼 방화벽 ACG에서 **8080 포트를 허용**해 줍니다.

4 초기 설정

Port 변경

Jenkins의 기본 접속 Port는 8080인데, **/usr/lib/systemd/system/jenkins.service**의 **JENKINS_PORT** 항목에서 변경할 수 있습니다.

```
vi /usr/lib/systemd/system/jenkins.service
```

초기 패스워드 확인

설치를 완료한 후 **http://{서버 IP주소}: 8080** 으로 접속하면 다음의 그림처럼 초기 어드민 패스워드를 입력하는 화면이 나타납니다.

초기 어드민 패스워드는 **/var/lib/jenkins/secrets/initialAdminPassword** 파일에 기록되어 있습니다. cat 명령어로 초기 패스워드를 확인합니다.

```
cat /var/lib/jenkins/secrets/initialAdminPassword
```

5 플러그인 설치

플러그인 설치는 추천 플러그인을 설치하는 옵션(Install suggested plugins)과 직접 선택해서 설치하는 옵션(Select plugins to install)이 있습니다. 여기서는 **[Install suggested plugins]**를 클릭하여 추천 플러그인 설치를 진행합니다. 필요하다면 개별적으로 선택하여 설치를 진행할 수도 있습니다.

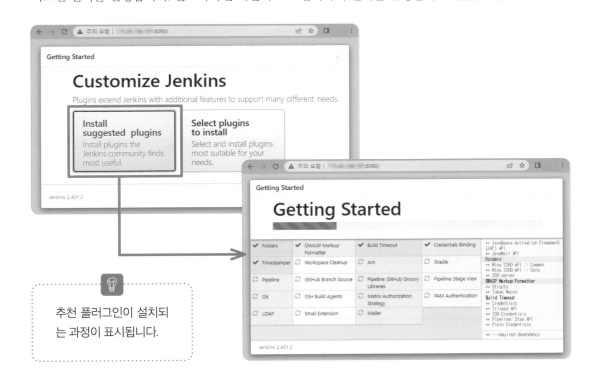

추천 플러그인이 설치되는 과정이 표시됩니다.

6   어드민 계정 정보 입력 --

플러그인 설치를 마치면 다음과 같이 어드
민 계정 정보를 입력하게 됩니다.

7   설치 완료 --

필요한 정보를 모두 입력하고 나면 마지막
으로 **Jenkins URL**을 확정하고 저장합니다.

설치가 모두 끝났습니다. Jenkins에 접속하면 다음과 같은 화면을 확인할 수 있습니다.

앞의 과정대로 설치를 진행했다면 문제 없이 설치가 되겠지만, 혹시나 설치 중에 중요한 과정을 빠뜨렸을 경우에는 다음과 같이 Jenkins를 시작하려고 할 때 오류가 발생합니다.

```
systemctl start jenkins

Job for jenkins.service failed because the control process exited with error code.
See "systemctl status jenkins.service" and "journalctl -xe" for details.
```

📡 오류 원인 분석

위 오류 메시지에서 2가지 방법으로 상세한 오류 내용을 확인해 보겠습니다.

먼저 첫번째 명령 **systemctl status jenkins.service** 으로 확인을 해보았으나 별다른 내용은 나오지 않습니다.

다음으로 **journalctl -xe** 명령을 입력해보니 상당히 긴 로그가 나오는데, 차근차근 살펴보다 보니 원인을 찾을 수 있었습니다. 해당 부분만 발췌해 보면 다음과 같습니다.

```
root@jenkins-test:~                                              —  □  ×

[root@jenkins-test ~]# journalctl -xe

-- Unit jenkins.service has begun starting up.
jenkins-test jenkins[6121]: jenkins: invalid Java version: openjdk version "1.8.0_352"
jenkins-test jenkins[6121]: OpenJDK Runtime Environment (build 1.8.0_352-b08)
jenkins-test jenkins[6121]: OpenJDK 64-Bit Server VM (build 25.352-b08, mixed mode)
jenkins-test systemd[1]: jenkins.service: Main process exited, code=exited, status=1/FAILU
jenkins-test systemd[1]: jenkins.service: Failed with result 'exit-code'.
-- Subject: Unit failed
-- Defined-By: systemd
-- Support: https://lists.freedesktop.org/mailman/listinfo/systemd-devel
--
-- The unit jenkins.service has entered the 'failed' state with result 'exit-code'.
jenkins-test systemd[1]: Failed to start Jenkins Continuous Integration Server.
-- Subject: Unit jenkins.service has failed
-- Defined-By: systemd
-- Support: https://lists.freedesktop.org/mailman/listinfo/systemd-devel
--
-- Unit jenkins.service has failed.
lines 1561-1589/1608 99%
```

오류 로그 중에서 핵심이 되는 부분은 바로 이 문장입니다.

오류 해결

즉, 오류 원인은 **JAVA 버전**이었습니다. 현재의 Jenkins는 [java-17] 버전을 사용하는데, [java-17]을 설치하지 않았거나, 현재 시스템에 JAVA가 [java-17] 뿐만 아니라 [java-1.8.0] 버전도 함께 설치되어 있는데, [java-1.8.0] 버전이 기본 버전으로 설정된 상태여서 생기는 문제입니다.

앞의 설치 단계에서 확인했던 다음 명령으로 **JAVA 기본 버전을 [java-17]로 변경**하고 Jenkins를 시작하면 문제가 해결될 것입니다. 자세한 내용은 **<596쪽>**을 참고합니다.

```
update-alternatives --config java
java –version
```

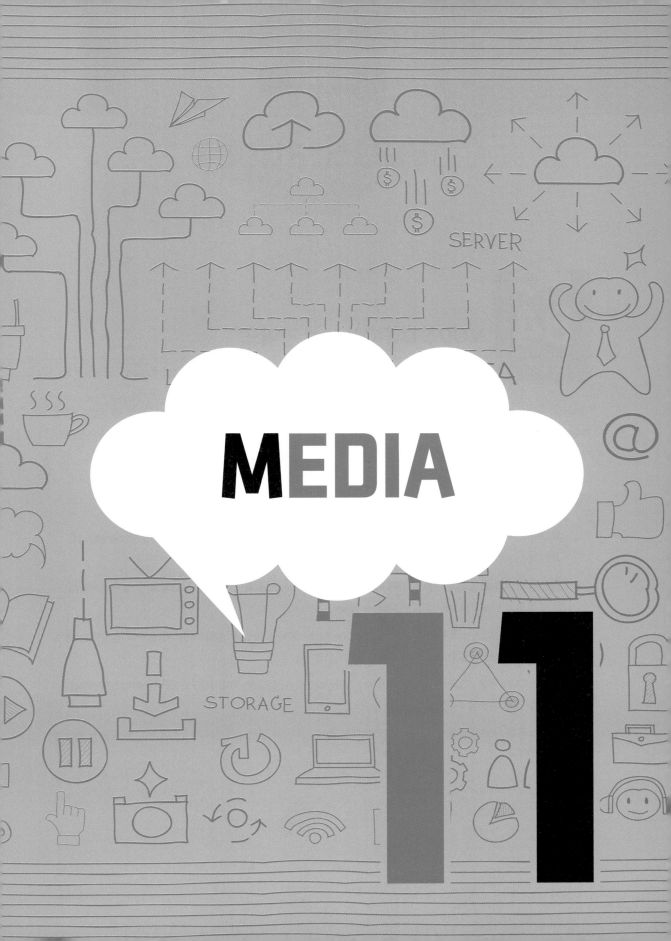

VOD Station

84

01-1

VOD STATION 생성 가이드

네이버 클라우드 플랫폼의 **VOD Station**은 저장된 영상을 다양한 디바이스에서 시청할 수 있도록 변환하는 인코딩 기능과 동영상 파일을 패킷타이징하여 네트워크를 효율적으로 사용할 수 있는 스트리밍 기능을 제공하는 VOD 전용 서비스입니다.

VOD Station 서비스의 특징은 다음과 같습니다.

- **하나의 서비스로 인코딩과 송출 가능 :** 여러 가지 VOD 서비스를 고민할 필요 없이 VOD Station 하나로 인코딩과 스트리밍이 가능합니다.

- **영상의 길이와 해상도에 따른 합리적 과금 :** 영상의 길이와 코딩 후 변환된 해상도에 따라 요금이 책정되므로 합리적인 비용으로 서비스를 이용할 수 있습니다.

- **고품질의 안정적인 스트리밍 :** Progressive Download 방식이 아닌 영상을 패킷타이징하여 송출하는 방식이므로 안정적인 품질로 스트리밍을 제공할 수 있습니다.

- **간편한 CDN 생성 :** CDN(Content Delivery Network) 선택 옵션을 통해 VOD 스트리밍 서비스에 최적화된 CDN을 쉽게 생성할 수 있습니다.

- **서비스 간의 유연한 연동 :** 인코딩, 보안, 비디오 플레이어와의 연동 등 VOD 서비스에 필요한 유연한 연동을 제공합니다.

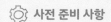

사전 준비 사항

VOD Station을 이용하기 위해서는 반드시 필요한 것이 2가지 있는데, 다음과 같습니다.

- **Object Storage** : 원본 미디어 파일과 변환된 영상 파일을 저장하기 위한 공간
- **CDN** : 영상 배포를 위한 콘텐츠 스트리밍 플랫폼

1 서비스 위치

네이버 클라우드 플랫폼 콘솔에서 [VOD Station] 서비스 위치는 다음과 같이 **[Media] - [VOD Station]** 에 있습니다.

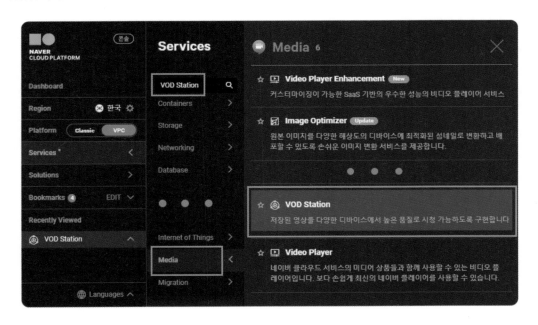

2 Object Storage 버킷 생성

VOD Station을 좀더 편하게 생성하려면 VOD Station 생성 전에 먼저 Object Storage에 버킷을 생성 하는 것이 좋습니다.

11 · MEDIA

⛓ Bucket 생성

여기서는 다음과 같이 용도별로 버킷 3개를 생성합니다.

- **vod-station-input** : 동영상 원본 파일을 저장할 버킷

- **vod-station-output** : 인코딩이 완료된 동영상을 저장할 버킷

- **vod-station-thumbnail** : 동영상에서 추출한 썸네일 이미지를 저장할 버킷

버킷 3개를 생성
하였습니다.

⛓ 파일 업로드

버킷 생성이 완료되었다면 **[vod-station-input]** 버킷에 테스트할 동영상 파일을 업로드합니다.

③ 이용 신청

[VOD Station] - [Subscription]에서 이용 신청을 합니다. 이용 신청 후 [Category]를 생성하라는 안내
팝업이 나타납니다.

④ 카테고리 생성

카테고리 생성 화면은 다음과 같습니다. 이후에 차근차근 살펴보겠습니다.

11 · MEDIA

🖳 인코딩 설정

인코딩 설정 방법은 미리 지정된 템플릿을 이용해서 간편하게 설정할 수도 있고, 원하는 옵션으로 직접 설정할 수도 있는데, 여기서는 **[템플릿 간편 설정]**으로 진행하겠습니다.

템플릿 간편 설정에는 [실속형 콘텐츠], [비즈니스 콘텐츠], [초고화질 콘텐츠] 등의 3가지 옵션이 있는데, 상세 옵션을 확인하여 필요한 것을 선택하면 됩니다.

⚙ 인코딩 템플릿의 상세 옵션 확인하기

인코딩 템플릿의 상세 옵션을 확인하려면 [템플릿 간편 설정] 옆에 있는 [물음표] 아이콘을 클릭하면 다음과 같이 자세히 확인할 수 있습니다.

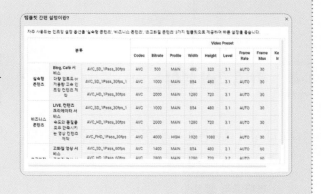

▶ **인코딩 직접 설정**

만약 템플릿을 사용하지 않고 상세 옵션을 직접 설정하려면, **[설정함]** 옵션을 선택하고 **[추가]** 버튼을 클릭합니다.

인코딩 옵션을 직접 설정하는 경우 다음과 같이 **17개의 Video 옵션**과 **4개의 Audio 옵션** 중에서 최대 5개를 선택할 수 있습니다.

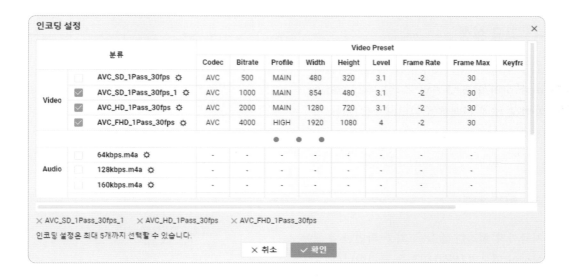

분류		Video Preset							
		Codec	Bitrate	Profile	Width	Height	Level	Frame Rate	Frame Max	Keyfra
Video	☐ AVC_SD_1Pass_30fps ⚙	AVC	500	MAIN	480	320	3.1	-2	30	
	☑ AVC_SD_1Pass_30fps_1 ⚙	AVC	1000	MAIN	854	480	3.1	-2	30	
	☑ AVC_HD_1Pass_30fps ⚙	AVC	2000	MAIN	1280	720	3.1	-2	30	
	☑ AVC_FHD_1Pass_30fps ⚙	AVC	4000	HIGH	1920	1080	4	-2	30	
Audio	☐ 64kbps.m4a ⚙	-	-	-	-	-	-	-	-	
	☐ 128kbps.m4a ⚙	-	-	-	-	-	-	-	-	
	☐ 160kbps.m4a ⚙	-	-	-	-	-	-	-	-	

✕ AVC_SD_1Pass_30fps_1   ✕ AVC_HD_1Pass_30fps   ✕ AVC_FHD_1Pass_30fps

인코딩 설정은 최대 5개까지 선택할 수 있습니다.

✕ 취소   ✓ 확인

파일 경로 설정

가능하면 썸네일은 [설정함]을 선택하고, **[+ 선택]** 버튼을 클릭해 아웃풋 파일 경로와 썸네일 아웃풋 파일 경로를 설정하겠습니다. 앞에서 미리 생성해 놓은 **[vod-station-output]** 버킷과 **[vod- station-thumbnail]** 버킷을 선택하면 됩니다.

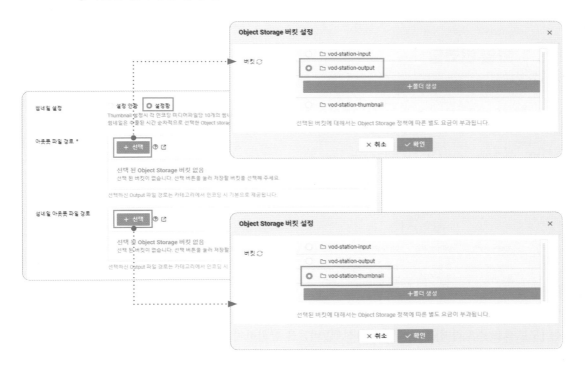

🔌 고급 설정

고급 설정에서는 [재생구간 설정]과 [워터
마크 이미지]를 추가할 수 있는데, 서비스
상황에 맞게 선택하면 됩니다. 여기서는 설
정하지 않고 완료하겠습니다.

🔌 최종 확인

지금까지 설정한 값들을 최종 확인한 후에
이상이 없으면 **[생성]** 버튼을 클릭합니다.

5 파일 인코딩 ----------------------------------⊐⊏

이제 생성된 카테고리 리스트에서 **[신규파일 인코딩]** 버튼을 클릭해 인코딩할 파일을 등록합니다.

인풋 파일 경로는 [오브젝트 스토리지]와 별도의 [HTTP 다운로드 URL]을 선택할 수 있는데, 여기서
는 [오브젝트 스토리지]를 선택하고 [+선택] 버튼을 클릭하여 앞에서 생성한 **[vod-station-input]** 버
킷의 동영상 파일을 인코딩 파일로 추가합니다.

선택한 파일이 맞는지 최종 확인하고 이상이 없으면 **[확인]** 버튼을 클릭합니다.

📊 인코딩 상태 확인

앞에서 선택한 파일의 인코딩 상태 확인은 **[VOD Station] - [Status]**에서 확인 가능합니다.

📊 썸네일 파일 확인

썸네일 파일은 앞에서 생성하고 선택했던 오브젝트 스토리지 **[vod-station-thumbnail]** 버킷에서 다음과 같이 확인할 수 있습니다.

⑥ 채널 생성

인코딩이 끝났으면, 이제 스트리밍을 위한 채널을 생성해야 합니다. **[VOD Station] – [Channel]**에서 **[채널 생성]** 버튼을 클릭해 VOD Streaming을 구성하기 위한 새로운 채널을 생성합니다.

채널 생성 구성 항목

채널 생성 시에 입력 또는 선택이 필요한 항목들을 차례대로 살펴보겠습니다.

- **Object Storage Bucket** : Streaming할 파일의 위치는 앞에서 설정했던 인코딩된 파일의 위치인 **[vod-station-output]** 버킷을 선택합니다.

- **Object Storage 비공개 파일 접근** : Object Storage 비공개 파일 접근 설정은 **[허용]**을 선택하는 것을 추천합니다. VOD Station은 Object Storage의 "공개 안함" 권한을 가진 파일도 스트리밍할 수 있는 기능을 제공하므로, Object Storage에 있는 원본 파일의 권한을 "공개" 대신 "공개 안함" 으로 설정함으로써 컨텐츠의 보안 수준을 높일 수 있습니다.

- **Protocol** : Protocol은 [HLS], [DASH] 중에서 선택하거나 두 가지 모두 선택할 수 있습니다.

- **Segment 설정** : Segment 설정도 서비스 상황에 맞게 선택하면 됩니다.

612

Chapter 1. VOD Station

- **CDN 설정** : VOD Station은 CDN 연동이 필수인 상품으로 **[Global Edge]** 상품의 프로필과 서비스 지역을 선택해야 합니다.

- **콘텐츠 보호 설정** : DRM 등의 콘텐츠 보호 설정이 필요할 경우 관련된 설정을 추가할 수 있습니다.

🖧 채널 생성 완료

채널 생성 구성 항목의 모든 설정을 마치고 **[채널 설정]** 단추를 클릭하면, 채널은 생성과 함께 운영 상태로 전환되고 그에 따라 과금이 발생하게 됩니다.

채널이 생성되면 다음과 같이 파일 리스트와 채널 정보를 확인할 수 있습니다. 자세한 채널 정 보는 상단에 있는 **[채널 정보]** 버튼을 클릭하면 확인할 수 있습니다.

7 채널 정보 ---------------------------------------🔌

채널 리스트에서 **[채널 정보]** 버튼을 클릭하면 다음과 같은 채널 정보를 확인할 수 있는데, 채널 정보 중에서 중요한 항목은 **Object Storage Bucket(암호화명), Protocol, CDN 재생경로** 등과 같은 3가지 항목입니다.

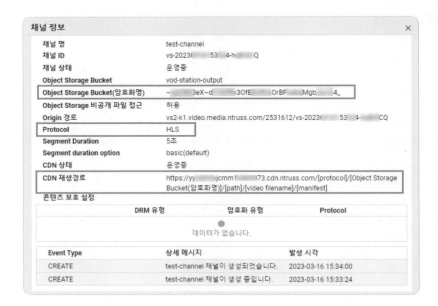

8 재생 경로 URL 확인 ---------------------------------------🔌

CDN에 위치한 VOD의 재생 경로 URL은 다음과 같은 요소로 구성되어 있습니다.

```
https://[Domain]/[Protocol]/[BucketName]/[Path]/[Filename]/[Manifest]
```

① [Domain] : example.cdn.ntruss.com → CDN 도메인

② [Protocol] : ~aiEihf7l39******fs890ilkjlkfts_ → 스트리밍 프로토콜

③ [BucketName] : /hls 또는 /dash → 암호화된 버킷 이름

④ [Path] : /example_category → 카테고리 이름으로 구성된 폴더 경로

⑤ [Filename] : /example.mp4 → 비디오 파일명

⑥ [Manifest] : /index.m3u8 또는 /manifest.mpd → 스트리밍을 위한 Mainfest 파일

재생 경로 URL 빠르게 확인하기

재생 경로 URL이 복잡하게 구성되어 있다보니 직접 작성하기가 쉽지 않은데, 이럴 때는 다음과 같은 방법으로 빠르게 확인할 수 있습니다. 사용하는 웹브라우저(여기서는 크롬을 사용)에 HLS, DASH 프로토콜 파일을 플레이할 수 있는 기능이 설치되어 있으면 보다 간편하게 확인할 수 있습니다.

만약 웹브라우저 확장 프로그램이 설치되어 있지 않을 경우 크롬 웹스토어 [확장 프로그램]에서 HLS, DASH Player를 다음과 같이 검색해서 설치합니다.

확장 프로그램이 설치되었으면 **[VOD Station]** - **[Channel]**에서 파일 리스트 오른쪽에 있는 **[HLS URL 생성]** 또는 **[DASH URL 생성]** 버튼을 클릭합니다.

그러면 아래와 같이 웹브라우저에서 해당 파일이 재생되면서 주소창에서 재생 URL을 확인할 수 있습니다.

11 · MEDIA

Video Player Enhancement

85
02-1

VIDEO PLAYER ENHANCEMENT 사용 가이드

네이버 클라우드 플랫폼의 **Video Player Enhancement**는 웹/앱에서 비디오 또는 오디오와 같은 미디어 재생을 위한 서비스로, Live Station, VOD Station과 연동을 통해 다양한 디바이스 환경에서 시청자에게 최고 품질의 경험을 제공합니다.

Video Player Enhancement 서비스의 특징은 다음과 같습니다.

- **Live Station & VOD Station** : 손쉽게 연동 가능
- **HTML5 표준** : HTML5 표준에 맞게 제작된 SaaS 기반의 서비스로 별도의 APP 설치 없이 모든 디바이스 및 OS Browser에서 재생 가능
- **사용자가 직접 커스터마이징** : Console 에서 UI & UX 패널을 제공하여 고객이 직접 커스터마이징을 할 수 있음(유료 버전)
- **개발 시간 단축** : 스크립트 코드 예제를 통해 플레이어를 웹페이지 내에 손쉽게 임베디드할 수 있으며, 완성된 코드 제공을 통해 개발 시간을 단축 시킬 수 있음

⚙ 사전 준비 사항

Video Player Enhancement의 테스트를 위해 **VOD Station**에 스트리밍 가능한 영상 파일을 미리 등록해 두었습니다. VOD Station의 사용 방법은 **<604쪽>**을 참고합니다.

1 서비스 위치

네이버 클라우드 플랫폼 콘솔에서 [Video Player Enhancement] 서비스 위치는 다음과 같이 **[Media]** - **[Video Player Enhancement]**에 있습니다.

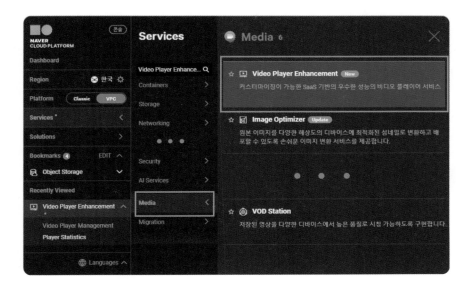

2 서비스 신청

[Video Player Enhancement] 서비스를 사용하기 위해서는 먼저 **[서비스 신청]** 버튼을 클릭해 서비스를 신청해야 합니다.

🖧 서비스 선택

[Video Player Enhancement] 서비스는
무료 서비스인 Basic 버전과 유료 서비스인
Standard 버전이 있습니다. 각각이 제공하
는 기능이 다르므로 잘 살펴보고 선택하면
됩니다. 서비스를 유료로 신청하거나, 무료
에서 유료로 전환한 후에는 다시 무료로 전
환할 수 없으므로 주의합니다.

③ 플레이어 생성

서비스 신청을 마치면 플레이어를 생성해야 합니다. 생성 화면에서는 현재 계약된 정보가 표시되며,
무료인 경우 [유료 전환] 버튼도 확인할 수 있습니다.

🖧 기본 설정

기본 설정에서는 플레이어를 사용할 **[사이트
도메인]** 또는 **[앱 패키지 ID]**를 입력해야 합니
다. 사이트 도메인은 플레이어가 노출될 사
이트 도메인에 대한 유효성을 확인하기 위
함이며, 등록된 도메인이 아닐 경우 플레이
어가 동작하지 않습니다.

4 플레이어 옵션

플레이어가 생성되면 **[옵션설정]** 단추를 클릭해 플레이어 옵션 미리보기를 할 수 있습니다.

미리 보기 화면에서 플레이어의 기본 스크립트를 확인할 수 있는데, **[복사]** 버튼을 클릭해서 스크립트를 가져옵니다.

5 플레이어 스크립트 기본 템플릿

앞에서 복사해 온 플레이어 스크립트는 기본적으로 다음과 같은 형태로 구성되어 있습니다.

```
<script type="text/javascript"
  src="https://player.vpe.naverncp.com/ncplayer.js?access_key={Access Key}"></
script>

<div id="video"></div>

<script>
  let player = new ncplayer('video',{
    playlist:[
      {
        file:"{재생 파일 URL}",
         poster:"{썸네일 이미지 URL}"
      }
    ],
  });
</script>
```

11 · MEDIA

6 플레이어 실행 화면

위 스크립트로 생성한 플레이어를 실행하면 다음과 같이 영상이 플레이되는 것을 확인할 수 있습니다.

⚙️ **음소거 옵션**

autostart: true 상태에서 muted 옵션과 관계없이 무조건 음소거 상태로 나타나는 경우가 많은데, 이것은 웹브라우저의 자체 정책으로 인해 영상의 자동재생이 차단되는 것을 막기 위해 음소거 상태로 플레이됩니다.

7 통계

[Player Statistics] 화면에서는 플레이어 사용량 등의 통계를 확인할 수 있습니다.

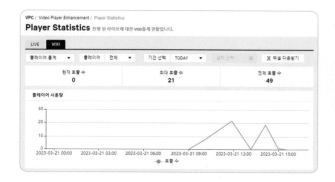

인증키

86
01-1

API 인증키 생성하기

네이버 클라우드 플랫폼을 이용하는 도중에 여러 정보를 조회하거나 서버를 생성하는 등의 작업을 위해 API를 활용하게 되는 경우가 많이 있습니다. API를 사용하기 위해 반드시 필요한 것이 [Access Key]와 [Secret Key]등으로 구성된 **API 인증키**입니다. 여기서는 API 인증키를 어떻게 생성하고, 보안과 관련해서 지켜야할 원칙이나 설정은 어떤 것이 있는지 등에 대하여 정리해 보겠습니다.

1 계정과 권한 설정 개요

API 인증키의 생성 방법을 알아보기 전에 먼저 API 인증키를 생성할 계정과 권한 설정에 대해 살펴보겠습니다.

API 인증키 생성 계정

API 인증키 생성과 관련해서 가장 중요한 원칙은 메인 계정이 아닌 최소 권한을 가진 **서브 계정(Sub Account)에서 API 인증키를 생성**하는 것입니다. 메인 계정은 클라우드 서비스의 최대 권한을 가지기 때문에 메인 계정으로 생성한 API도 메인 계정과 동일한 최대 권한을 가지게 됩니다. 그러므로 메인 계정으로 API 인증 키를 생성하게 되면 이 Key가 유출되었을 때 심각한 문제가 생기기 때문에 반드시 서브 계정에서 API 인증키를 생성하도록 합니다.

용도별 서브 계정 생성

API는 여러 가지 용도로 사용하게 됩니다. 예를 들어 [서버나 DB 관리], [서비스 이용 금액 확인], [ObjectStorage 관리], [대량 메일이나 문자 발송] 등의 경우에 사용하게 됩니다. 이렇게 여러 가지 기능을 하나의 서브 계정에 있는 하나의 API 인증키로 사용하는 것 또한 보안적으로 좋지 않은 방법입니다. 그러므로 주요 기능들을 서비스 용도나 어디서 API를 호출하는지에 따라 각각의 서브 계정으로 나누고 해당 계정에서 생성한 API 인증키를 구분해서 사용하는 것이 안전합니다.

예를 들어 [Cloud Outbound Mailer], [Object Storage], [Server] 관리를 위한 API를 사용한다고 가정할 때 위와 같이 각각의 서브 계정을 만들어서 사용하는 방법을 추천합니다.

최소 권한 설정

앞에서도 설명했듯이 서브 계정의 권한은 최소한으로 설정해야 하는데, 예를 들어 [Cloud Outbound Mailer]를 사용하기 위한 서브 계정의 권한은 다음과 같이 [개별 권한 추가]를 이용해 [NCP_CLOUD_OUTBOUND_MAILER_MANAGER] 등의 권한만 설정해야 합니다.

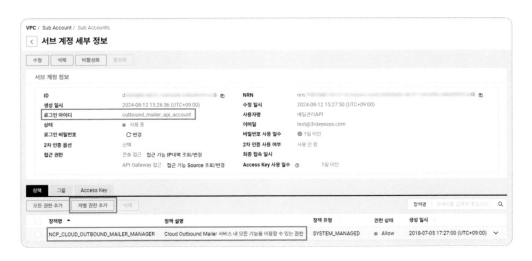

② 서브 계정 생성 ----------------------------------

계정과 권한에 대해 알아보았으니, 이제부터 **API 인증키** 생성 과정을 살펴보겠습니다. 테스트를 위해 아래와 같이 서브 계정을 준비하고, 계정을 클릭해서 [서브 계정 세부 정보] 화면으로 이동합니다. 여기서는 **outbound_mailer_api_account**라는 계정의 세부 정보 화면으로 이동하겠습니다. 서브 계정 (Sub Account)을 생성하는 방법에 대한 자세한 내용은 **<475쪽>**을 참고합니다.

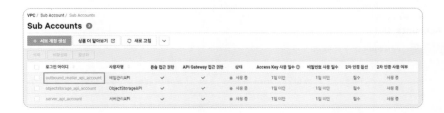

③ 계정 권한 설정 ----------------------------------

서브 계정의 권한은 최소로 설정해야 합니다. 우선, [서브 계정 세부 정보] 화면에서 아래쪽에 있는 **[정책]** 탭에 있는 **[개별 권한 추가]** 버튼을 클릭 합니다. 정책 추가 화면에서는 네이버 클라우드 플랫폼에서 기본으로 제공하는 [관리형 정책]과 사용자가 직접 정의하는 [사용자 정의 정책]이 있습니다. **[관리형 정책]**에서 필요한 정책을 선택하고 **[추가]** 버튼을 클릭하면 정책을 추가할 수 있습니다.

정책이 워낙 많기 때문에 가능하면 위쪽의 검색 기능에서 정책명이나 연관 서비스에 관련된 검색어를 입력해서 정책을 찾는 것을 추천합니다. 여기서는 테스트를 위해 **Mailer**로 검색해서 **[NCP_CLOUD_OUTBOUND_MAILER_MANAGER (Cloud Outbound Mailer 서비스 내 모든 기능을 이용할 수 있는 권한)]**을 선택했습니다.

[정책] 항목에 권한이 추가된 것을 확인할 수 있습니다.

4 API Gateway 접근 권한 설정

다음으로 [서브 계정 세부 정보] 화면에서 [수정] 메뉴 버튼을 클릭합니다. [서브 계정 수정] 화면에서
[접근 권한]에 있는 **[API Gateway 접근]**을 체크합니다. 그리고, 되도록이면 **[지정된 Source에서만 접근
가능]** 옵션을 선택하고, 지정된 IP 등을 추가하는 것을 권장합니다.

앞에서 [지정된 Source에서만 접근 가능] 항목에 있는 **[추가]** 버튼을 클릭하면 [접근 가능 Source 지정] 팝업이 나타나고, 여기에서 [IP]를 입력하거나 [VPC] 또는 [VPC Server]를 선택하면 됩니다.

- 접근 가능 Source로 IP만 지정할 경우 VPC Server에서의 API Access는 허용되지 않습니다.
- 접근 가능 Source로 VPC를 지정할 경우에는 하위 VPC Server에서의 API Access 접근이 허용됩니다.
- Object Storage, Archive Storage는 Sub Account 서비스를 통한 API Access 접근 제어를 적용받지 않습니다.

IP

IP 또는 IP 대역을 추가하면 됩니다.

VPC

지정할 VPC 그룹을 선택해서 아래쪽으로 이동시킵니다.

VPC Server

지정할 VPC Server를 선택해서 아래쪽으로 이동시킵니다. [VPC Server]의 경우 IP 주소로는 접근할 수 없으며, 그림과 같이 VPC Server 리스트에서 직접 선택해야 접

근 가능합니다. 그러므로 다른 계정의 VPC Server는 접근 가능 리소스에 추가할 수 없습니다.

5 API Access Key 생성

앞에서 [API Gateway 접근] 권한을 추가하면 계정 정보 화면에 다음과 같이 **[Access Key]** 탭이 나타나는데 **[추가]** 버튼을 클릭합니다. 계속해서 [Access Key] 추가 안내 팝업 창이 표시되면 [추가] 버튼을 클릭합니다.

모든 단계가 완료되고 **[Access Key]**와 **[Secret Key]**가 생성된 것을 확인할 수 있습니다.

API 인증키의 접근 제한 설정과 관련된 테스트 방법과 주요 API의 최소 권한에 대한 내용은 **<485쪽>**을 참고합니다.

Chapter 2

API 호출 예제

87
02-1

PHP로 API를 호출하는 샘플 예제

네이버 클라우드 플랫폼 인프라와 상품 및 솔루션 등의 활용을 도와주는 API를 **PHP**로 호출하는 샘플 예제를 소개합니다. 네이버 클라우드 플랫폼 API는 RESTful API 방식으로 제공되며, XML와 JSON 형식으로 응답합니다.

1 API 호출 샘플 코드 --◁======

다음 코드 중 기본 데이터 설정에 있는 네이버 클라우드 플랫폼 API Key는 **[콘솔] – [서브 계정] – [서브 계정 세부 정보] – [Access Key]** 탭에서 **Access Key ID**와 **Secret Key**를 가져옵니다.

```php
<?php

    // 기본 데이터 설정
    $unixtimestamp =  round(microtime(true) * 1000);

    $ncp_accesskey = "네이버 클라우드 AccessKey";
    $ncp_secretkey = "네이버 클라우드 SecretKey";
```

> Ncloud API를 호출할 때는 13자리 형식의 유닉스 타임 스탬프가 필요합니다. PHP에서 일반적으로 사용하는 time()함수는 10자리 형식이기 때문에 여기서는 microtime()을 사용합니다. microtime(true)은 float 형식의 값을 리턴하므로 1000을 곱하여 정수로 반올림합니다.

| **628** | Chapter 2. API 호출 예제 |

```php
$api_server = "https://billingapi.apigw.ntruss.com";

// API URL 예시 : 상품별 가격 리스트 호출 api
$api_url = "/billing/v1/product/getProductPriceList";
$api_url = $api_url."?regionCode=KR&productItemKindCode=VSVR";

$apicall_method = "GET";
$space = " ";
$new_line = "\n";

$is_post = false;

// hmac으로 암호화할 문자열 설정 ●
$message =
    $apicall_method
    .$space
    .$api_url
    .$new_line
    .$unixtimestamp
    .$new_line
    .$ncp_accesskey;

// hmac_sha256 암호화 ●
$msg_signature = hash_hmac("sha256", $message, $ncp_secretkey, true);
$msg_signature = base64_encode($msg_signature);

// http 호출 헤더값 설정 ●
$http_header = array();
$http_header[0] = "x-ncp-apigw-timestamp:".$unixtimestamp."";
$http_header[1] = "x-ncp-iam-access-key:".$ncp_accesskey."";
$http_header[2] = "x-ncp-apigw-signature-v2:".$msg_signature."";

// api 호출
$ch = curl_init();
curl_setopt($ch, CURLOPT_URL, $api_server.$api_url);
curl_setopt($ch, CURLOPT_SSL_VERIFYPEER, FALSE);
curl_setopt($ch, CURLOPT_RETURNTRANSFER, TRUE);
curl_setopt($ch, CURLOPT_POST, $is_post);
curl_setopt($ch, CURLOPT_HTTPHEADER, $http_header);
```

암호화할 문자열을 설정하는데 필요한 값을 사전에 정의합니다. Ncloud API에서는 호출 방식(GET, POST)과 도메인을 제외한 API URL, 유닉스 타임스탬프, API Accesskey를 공백과 개행문자를 이용해서 하나의 문자열로 설정합니다.

Ncloud API SecretKey를 이용하여 $message 문자열을 암호화, 즉 해시값을 만들고 다시 base64로 인코딩합니다.

API를 호출할 때는 http 헤더값에 유닉스 타임스탬프, 네이버 클라우드 플랫폼 Access Key, hmac_256으로 암호화한 문자열 등 3가지를 추가하여 호출합니다.

12 · API

```php
    $response = curl_exec($ch);

    curl_close($ch);

?>
```

2 응답 예시 --□⫟

```xml
<?xml version="1.0" encoding="UTF-8"?>
<getProductPriceListResponse>
  <requestId>9a6b9f7c-f688-4cec-841f-634d355cef1e</requestId>
  <returnCode>0</returnCode>
  <returnMessage>success</returnMessage>
  <totalRows>2</totalRows>
  <productPriceList>
    <productPrice>
      <productItemKind>
        <code>VSVR</code>
        <codeName>Server (VPC)</codeName>
      </productItemKind>
      <productItemKindDetail>
        <code>BM</code>
        <codeName>BareMetal</codeName>
      </productItemKindDetail>
    --- 중략 ---
      <softwareType/>
      <productType>
        <code>BM</code>
        <codeName>BareMetal</codeName>
      </productType>
      <productType>
        <code>BM</code>
        <codeName>BareMetal</codeName>
      </productType>
      <productTypeDetail/>
```

```xml
        <gpuCount>0</gpuCount>
        <cpuCount>24</cpuCount>
        <memorySize>137438953472</memorySize>
        <baseBlockStorageSize>4123168604160</baseBlockStorageSize>
        <dbKind/>
        <osInfomation/>
        <platformType/>
        <osType/>
        <platformCategoryCode/>
        <diskType>
          <code>LOCAL</code>
          <codeName>Local storage</codeName>
        </diskType>
        <diskDetailType>
          <code>SSD</code>
          <codeName>SSD</codeName>
        </diskDetailType>
        <generationCode>G1</generationCode>
      --- 중략 ---
    </productPriceList>
</getProductPriceListResponse>
```

3 오류 메시지 확인 --

앞에서 소개한 응답 예시는 정상적으로 호출이 이루어졌을 때인데, 만약 인증키가 잘못 되었다거나
접근 제한이 되어 있다거나 해서 API 서버에서 오류 메시지를 반환해줄 경우가 있습니다. 이럴 때 반
환되는 오류 메시지를 확인하는 방법은 응답 메시지로 리턴되는 값을 확인하면 됩니다.

```php
$response = curl_exec($ch);

var_dump($response);
```

그러면 다음과 같은 오류 메시지를 확인할 수 있습니다.

12 · API

```
{
  "error":
    {
      "errorCode":"200",
      "message":"Authentication Failed",
      "details":"Authentication information are missing."
    }
}
```

88 PYTHON으로 API를 호출하는 샘플 예제

02-2

네이버 클라우드 플랫폼 인프라와 상품 및 솔루션 등의 활용을 도와주는 API를 **Python**으로 호출하는 샘플 예제를 소개합니다. 네이버 클라우드 플랫폼 API는 RESTful API 방식으로 제공되며, XML와 JSON 형식으로 응답합니다.

1 API 호출 샘플 코드

```
import sys
import os
import hashlib
import hmac
import base64
import requests
import time

# unix timestamp 설정
timestamp = int(time.time() * 1000)
timestamp = str(timestamp)

# Ncloud API Key 설정
ncloud_accesskey = "네이버 클라우드 AccessKey"
ncloud_secretkey = "네이버 클라우드 SecretKey"

# 암호화 문자열 생성을 위한 기본값 설정
apicall_method = "GET"
space = " "
new_line = "\n"

# API 서버 정보
```

 Ncloud API를 호출할 때는 13자리 형식의 유닉스 타임 스탬프가 필요합니다. time.time( )은 float 형식의 값을 리턴하므로 1000을 곱하여 정수로 반올림하고, 문자열로 변환합니다.

 Ncloud API Key는 [콘솔] – [서브 계정] – [서브 계정 세부 정보] – [Access Key]탭에서 Access Key ID와 Secret Key를 가져옵니다.

 API 호출 방식은 GET과 POST 둘다 가능한데, 일반적으로 GET 방식을 많이 사용합니다.

```
api_server = "https://billingapi.apigw.ntruss.com"

# API URL 예시 : 상품별 가격 리스트 호출 api
api_url = "/billing/v1/product/getProductPriceList"
api_url = api_url +"?regionCode=KR&productCode=SPCF000000000001&responseFormatType
=json"

# hmac으로 암호화할 문자열 생성
message = apicall_method + space + api_url + new_line + timestamp + new_line +
ncloud_accesskey
message = bytes(message, 'UTF-8')

# hmac_sha256 암호화
ncloud_secretkey = bytes(ncloud_secretkey, 'UTF-8')
signingKey = base64.b64encode(hmac.new(ncloud_secretkey, message,
digestmod=hashlib.sha256).digest())

# http 호출 헤더값 설정
http_header = {
    'x-ncp-apigw-timestamp': timestamp,
    'x-ncp-iam-access-key': ncloud_accesskey,
    'x-ncp-apigw-signature-v2': signingKey
}

# api 호출
response = requests.get(api_server + api_url, headers=http_header)

print (response.text)
```

> API 호출 후 리턴되는 결과값을 xml 형식이 아닌 json 형식으로 설정하였습니다.

> Ncloud API SecretKey를 이용하여 message를 암호화, 즉 해시값을 만들고 다시 base64로 인코딩합니다.

> API를 호출할 때는 http 헤더값에 유닉스 타임스탬프, Ncloud Access Key, hmac_256으로 암호화한 문자열 등 3가지를 추가하여 호출합니다.

2 응답 예시

```
{"getProductPriceListResponse": {
  "requestId": "3e4fa6**-f967-4***-a8a9-9dd75****2d65",
  "returnCode": "0",
  "returnMessage": "success",
```

```
      "totalRows": 1,
      "productPriceList": [
        {
          "productItemKind": {
            "code": "CF",
            "codeName": "Cloud Functions"
          },
          "productItemKindDetail": {},
          "productCode": "SPCF000000000001",
          "productName": "Cloud Functions",
          "productDescription": "Cloud Functions",
          "softwareType": {},
          "productTypeDetail": {},
          "gpuCount": 0,
          "cpuCount": 0,
          "memorySize": 0,
          "baseBlockStorageSize": 0,
          "dbKind": {},
          "osInfomation": "",
          "platformType": {},
          "osType": {},
          "platformCategoryCode": "",
          "diskType": {},
          "diskDetailType": {},
          "generationCode": "",
          "priceList": [
            {
              "priceNo": "3870",
              "priceType": {
                "code": "MTRAT",
                "codeName": "Meter rate"
              },
              "chargingUnitType": {
                "code": "QUERY",
                "codeName": "Query"
              },
              "ratingUnitType": {
                "code": "SECT",
                "codeName": "Period unit"
              },
```

```
        "chargingUnitBasicValue": "1000000",
        "productRatingType": {
          "code": "CFREQ",
          "codeName": "Cloud Functions Request"
        },
        "unit": {
          "code": "REQ_CNT",
          "codeName": "Number of requests (per month)"
        },
        "price": 0,
        "conditionType": {},
        "conditionPrice": 0,
        "priceDescription": "Number of requests (1000000) * Price",
        "freeUnit": {},
        "freeValue": 0,
        "meteringUnit": {
          "code": "REQ_CNT",
          "codeName": "Number of requests (per month)"
        },
        "startDate": "2018-04-10T00:00:00+0900",
        "periodUnitList": [
          {
            "startValue": 0,
            "endValue": 1000000,
            "price": 0
          },
          {
            "startValue": 1000000,
            "endValue": -1,
            "price": 200
          }
        ],
        "countryUnitList": [],
        "packageUnitList": []
      }
    ]
  }
  ]
}}
```

앞에서 소개한 응답 예시는 정상적으로 호출이 이루어졌을 때인데, 만약 인증키가 잘못되었다거나 접근 제한이 되어 있다거나 해서 API 서버에서 오류 메시지를 반환해줄 경우가 있습니다. 이럴 때 반환되는 오류 메시지를 확인하려면 응답 메시지로 리턴되는 값을 확인하면 됩니다.

```python
response = requests.get(api_server + api_url, headers=http_header)

print (response.text)
```

그러면 아래와 같은 오류 메시지를 확인할 수 있습니다.

```json
{
  "error":
    {
      "errorCode":"200",
      "message":"Authentication Failed",
      "details":"Authentication information are missing."
    }
}
```

Python으로 코드를 작성할 때 발생할 수 있는 오류를 정리해 보겠습니다.

🖥 import requests 오류

requests는 Python에서 http 호출에 필요한 라이브러리입니다. 설치되어 있지 않으면 다음과 같은 오류가 발생할 수 있습니다.

```
ModuleNotFoundError: No module named 'requests'
```

이런 경우에는 다음과 같이 requests 라이브러리를 설치하면 해결됩니다.

```
D:\python> pip install requests

Collecting requests
  Downloading requests-2.27.1-py2.py3-none-any.whl (63 kB)
     |████████████████████████████████| 63 kB 790 kB/s
Collecting urllib3<1.27,>=1.21.1
  Downloading urllib3-1.26.8-py2.py3-none-any.whl (138 kB)
     |████████████████████████████████| 138 kB ...
Collecting idna<4,>=2.5
     |████████████████████████████████| 61 kB ...
Collecting certifi>=2017.4.17
  Downloading certifi-2021.10.8-py2.py3-none-any.whl (149 kB)
     |████████████████████████████████| 149 kB 6.4 MB/s
Collecting charset-normalizer~=2.0.0
  Downloading charset_normalizer-2.0.12-py3-none-any.whl (39 kB)
Installing collected packages: urllib3, idna, charset-normalizer,
certifi, requests
Successfully installed certifi-2021.10.8 charset-normalizer-2.0.12 idna-
3.3 requests-2.27.1 urllib3-1.26.8f
```

🖥 pip upgrade 오류

Python 코드 작성과 직접 관계가 있는 것은 아니지만 Windows 환경에서 pip 버전을 업그레이드하라는 메시지가 나타나서 다음과 같이 업그레이드를 하려고 할 때 오류 메시지가 발생하는 경우가 있습니다.

```
D:\python> pip install --upgrade pip

ERROR: Could not install packages due to an OSError: [WinError 5] 액세스가
거부되었습니다
```

이런 경우에는 **Command Prompt를 관리자 권한으로 실행**하면 해결됩니다.